Roberto Calasso

Le nozze di Cadmo
e Armonia

与神共宴

古希腊诸神的
秘密与谎言

［意］罗伯托·卡拉索　著　　金科羽　译

九 州 出 版 社
JIUZHOUPRESS

图书在版编目（CIP）数据

与神共宴：古希腊诸神的秘密与谎言 / (意) 罗伯
托·卡拉索著；金科羽译. -- 北京：九州出版社，
2023.7（2024.4重印）

ISBN 978-7-5225-1817-6

Ⅰ. ①与… Ⅱ. ①罗… ②金… Ⅲ. ①神话—研究—
古希腊 Ⅳ. ①B932.545

中国国家版本馆CIP数据核字(2023)第079866号

LE NOZZE DI CADMO E ARMONIA
Copyright ©1988 Heirs of Roberto Calasso
First published by Adelphi Edizioni S.p.A., Milano
All rights reserved

著作权合同登记号：01-2023-3747

与神共宴：古希腊诸神的秘密与谎言

作　　者	［意］罗伯托·卡拉索 著　金科羽 译
责任编辑	牛　叶
出版发行	九州出版社
地　　址	北京市西城区阜外大街甲35号（100037）
发行电话	（010）68992190/3/5/6
网　　址	www.jiuzhoupress.com
印　　刷	北京盛通印刷股份有限公司
开　　本	880 毫米×1194 毫米　　32 开
印　　张	13.25
字　　数	320 千字
版　　次	2023 年 7 月第 1 版
印　　次	2024 年 4 月第 2 次印刷
书　　号	ISBN 978-7-5225-1817-6
定　　价	79.00 元

目　录

391　363　337　301　237　209　179　151　95　53　27　1

XII　XI　X　IX　VIII　VII　VI　V　IV　III　II　I

418　417　409

出版后记　图片来源　参考文献

诸事未曾上演，然永恒不朽。

——萨卢斯特《论神祇及宇宙》[1]

---

1 萨卢斯特，四世纪人，新柏拉图派，以希腊文著述。

I

西顿（Sidone）¹之滨，牡牛动情呜咽。牡牛乃宙斯（Zeus）化形。它战栗，如有牛虻近其身畔。然这战栗生自甜蜜。厄洛斯（Eros）置少女于牛脊，少女正是欧罗巴（Europa）。雪白的巨兽分海而去，雄健之躯驮起少女悬于水面，免她湿衣。众人共睹。特里同（Tritone）²吹响海螺，应和这多情野兽的哞叫。战栗的少女紧握牡牛的一只犄角。破浪前行中，他们被玻瑞阿斯（Borea）³识出。风神的气息撩动少女前襟，这神得以窥视，吹起口哨，诡谲而嫉妒。远在高处，雅典娜（Atena）目睹化为牛形的父亲被少女跨骑，羞愧面赤。一位阿开亚（acheo）⁴水手遇见他们，惊诧：那是热切仰望天空的忒堤斯（Teti）⁵，还是一位偶尔着衣的涅瑞伊得（Nereidi）⁶？抑或又一位被波塞冬（Poseidone）⁷诱拐的女子？

---

1 腓尼基人的主要城市之一，位于地中海沿岸，在今黎巴嫩南部地区。（本书注释均为译者所加。）
2 海上的精灵，波塞冬与安菲特里忒之子。
3 北风之神。曾劫掠雅典国王厄瑞克透斯的女儿俄瑞堤伊亚，用北风将她带到特剌刻。
4 阿开亚人与埃俄利亚人、多利安人、伊俄尼亚人，共同构成古希腊的四个主要民族。荷马常把所有希腊人都称为阿开亚人。
5 提坦女神，乌剌诺斯和该亚的女儿。
6 海之宁芙，海神涅柔斯（Nereuo）与多里斯（Doris）的女儿们，被认为是海浪的化身。宁芙，直译自 Ninfa，也译作"神女""女仙"，他们体现着自然力与自然现象，种类众多，有水泽宁芙、海之宁芙、山岳宁芙等。
7 海神，奥林匹斯山的十二主神之一，克洛诺斯与瑞亚之子。

欧罗巴身处这疯狂的跨海之旅中，此刻她不知何处将是尽头。至于登陆后的一切，她已有所料想。她向风与水呼喊："告诉我的父亲，欧罗巴被牡牛带走——它是我的诱拐者，我的水手，我未来的伴侣——我如此猜测。请您，将此项链交予我的母亲。"她欲向玻瑞阿斯呼救，请他用羽翼托起自己，一如他对自己的新娘，那来自雅典的俄瑞堤伊亚（Orizia）所为。但她住了口：何必逃离一个诱拐者，而落入另一个手中？

...

这一切因何而起？少女们在河畔嬉闹、采花。屡次三番，此类场景的诱惑，众神无法抗拒。佩耳塞福涅（Persefone）被拐时，"她正与酥胸袒露的少女们嬉戏"。她也在采花：玫瑰、番红花、紫罗兰、鸢尾、风信子、水仙，水仙居多，"那鲜花奇异而焕发光彩，众神与凡人皆觉精妙"。塔利亚（Talia）被鹰爪攫起时正在山腰的花丛间玩球：又是宙斯所为。在雅典卫城的山坡，克瑞乌萨（Creusa）[1]弯腰采撷番红花，却被阿波罗（Apollo）[2]攥住手腕。欧罗巴亦如此，携其玩伴摘取水仙、风信子、紫罗兰、玫瑰及百里香。

顷刻，她们觉察自己为牡牛群所困。其中有一头通体雪白，小犄角闪烁如宝石。它这般无邪。起初欧罗巴颇感羞怯，可仍将花束送至牡牛鼻前。牡牛欢乐地哞叫，小犬般倒伏在草地上，犄角探向花环。公主爬上牛脊，大胆如阿玛宗战士（amazzone）[3]。毫不迟疑，牡牛离开干枯的河床，径直走向海滩。在伪装的犹豫不决下，它逐

---

1 厄瑞克透斯与普拉克西忒亚的女儿。
2 太阳神，奥林匹斯山的十二主神之一，宙斯与提坦女神勒托之子。
3 居住在希腊东部的一个善战的女性族群。

渐靠近水面。而后不可挽回：雪白的野兽载着欧罗巴踏浪而去。她向后张望，右手握犄角，左手扶兽身。前行中，衣袂随风飘动。

这一切因何而起？黎明时分，皇宫二楼，欧罗巴在卧室沉睡，梦遇怪事：两女子将其捉住，一女子由亚细亚大陆所变，另一位则是亚细亚对面的无名之地。两女子激烈争斗，均欲占有欧罗巴。亚细亚面目熟悉，另一位则全然陌生。陌生女子双手强劲，将她掳走。此乃宙斯之意，女子称：欧罗巴乃亚细亚女子，注定为陌生人所掳。情境生动，如在白昼。欧罗巴梦醒，惊恍，在床上默坐半晌。随后与友结伴外出，一如往常。她们径直走向海边，欧罗巴徘徊于玫瑰与浪花间，手挽金花篮。

浅色牡牛现身草甸，前额白毫蜷曲。兽有异香，盖过花草馥郁。牡牛趋前，舔舐少女脖颈。少女轻抚之，擦拭其垂涎。牡牛屈膝，献出背脊。少女攀缘而上，刹时牡牛奔赴大海。欧罗巴惊惧，回望海滨，呼唤同伴，挥舞臂膀。随即，他们身处汹涌波涛之间，欧罗巴一手攀附牛角，一手掖长袍衣襟，紧护前胸。紫色长袍在其身后鼓动如帆。

这一切因何而起？欧罗巴携友漫步，手执耀眼的金花篮。两代人之前，赫淮斯托斯（Efesto）[1]将此物赠予利比亚（Libia）[2]。利比亚将之赠予其女忒勒法萨（Telefassa），忒勒法萨继而赠予其女欧罗巴。此乃家传宝物。篮身饰以黄金浮雕，上有一迷途小牝牛，仿若泅于珐琅质海中。海滨，两位诡秘男子驻足观望。还有金色的宙斯，神

1　火神、匠神，奥林匹斯山的十二主神之一，宙斯与赫拉之子。
2　厄帕福斯的女儿，伊俄的孙女。

的手正抚过那青铜色的牝牛。背景是银质的尼罗河（Nilo）。牝牛为伊俄（Io），欧罗巴的高祖母。

伊俄的故事亦关乎化形与诱拐。为牛虻所纠缠，在永恒的烦忧中流浪，她奔跑过所有海洋。甚至将自己的名字赋予那通向意大利的海域[1]。被宙斯之爱裹挟，她遭受癫狂和灾难。一切源自怪梦。伊俄曾是祭司，奉职于赫拉神庙（Heraion）[2]。那圣殿临近阿耳戈斯（Argo）[3]，在一切神殿中历史最为悠长，亦是希腊人计量时间之所：数世纪来，神庙祭司代代接替，以为纪年。在伊俄梦中，有声音细语宙斯的炽热爱意，授意她前往勒耳纳（Lerna）[4]的旷野，她父亲的牛羊正在此觅食。值此，伊俄不再是供奉女神的祭司，而是祭献给神灵的一只野兽，一如漫步于圣殿领地的其他兽类。她的梦境这般显现，而事实亦是如此。

终有一日，它将奔跑过整个世界，还有无边海洋，以寻求庇护。伊俄自一处跋涉至另一处，为牛虻所驱赶，终日不得停歇。土地愈广阔，她的苦楚便愈多。她遇见另一位受害者，普罗米修斯（Prometeo）[5]。此时她唯愿死去，却未发觉另一受难者同她一般，求死不得。然而伊俄与普罗米修斯一样，终将从困顿中解脱。有一天，她将来到埃及，被宙斯之手轻抚。发狂的牝牛将变回少女，与神结合。她会诞下一子，取名厄帕福斯（Epafo），寓意"一只手的轻

---

1 伊俄尼亚海，以伊俄命名。地中海的一个海湾，西接意大利。
2 奥林匹斯山上地位最高的女神，克洛诺斯与瑞亚的长女，宙斯的姐姐与妻子。
3 阿耳戈斯是宙斯与尼俄柏（阿历戈斯王福洛纽斯与宁芙拉俄狄刻的女儿，为宙斯所爱的第一个凡人）之子，他得到了伯罗奔尼撒一部分统治权，把这部分领地命名为阿耳戈斯。
4 曾存在于希腊伯罗奔尼撒半岛南部的一个湖区。
5 提坦神之一，宙斯的堂兄弟。关于其受罚的原因有三种传说：为站在人类方，减少供神的祭品而蒙骗宙斯；违反禁令盗取圣火给人类，导致潘多拉人间带去灾祸；还因拒绝说出宙斯与忒提斯结合的后果（他们生下的儿子将推翻宙斯的统治）而被宙斯报复，锁于高加索山的悬崖上，肝脏被鹰啄食。

抚"，以铭记此刻。往后，厄帕福斯将成为埃及之王，传闻他亦是名为阿匹斯（Apis）[1]的牡牛。

行至海滨芳甸，欧罗巴掌握在手中的，是黄金浮雕下她的命运。若以乐章类比，属于她的曲调将如先祖伊俄之反转。一头牡牛将把她带离亚细亚，前往那将要被称作欧罗巴的大地。正如多年前，年轻牝牛那场绝望的跨海漂泊，始自希腊牧场，却伴随宙斯之手的轻抚，告终于埃及。有一日，金篮将作为礼物，传至欧罗巴手中。她自会接受，不假思索。

...

这一切因何而起？若我们意欲知晓，这历史关乎纷争。纠葛源自一位少女的被拐，又或她的献祭。此二者不断地相互转化。自腓尼基（Fenicia）乘船而来的，是"狼群般的商人"，他们在阿耳戈斯抢走"献祭给牡牛的处女（*tauropárthenos*）"。少女名为伊俄。如同烽火在山间传递，这场抢掠煽动起两片大陆间的仇恨之火。自那一刻起，欧亚的纷争将永不止息。如是，克里特人，"伊达（Ida）[2]的野猪"，从亚细亚劫走欧罗巴。乘坐牛型海船，他们回归故里，将欧罗巴献给他们的王——阿斯忒里俄斯（Asterio）做新娘。欧罗巴的孙辈中，有一人将继承这不凡的名字。那是一位牛头人身的年轻男子，深居迷宫中央，静候猎物。不过，人们常以弥诺陶洛斯（Minotauro）[3]称之。

---

1 古埃及神话里的公牛神，司丰饶及生产。
2 克里特岛上的一座山峰，传说中的圣地，据说众神曾在峰顶观看特洛伊战争。
3 克里特岛有名的怪物。克里特国王弥诺斯的妻子帕西淮和一头叫作克里特的公牛（波塞冬送给弥诺斯的）所生的儿子。

这一切因何而起？在抵达阿耳戈斯后的五六天里，腓尼基商人售卖他们从红海、埃及以及亚述带来的器物。商船下锚停泊，当地人簇拥在海岸，观赏、触摸远道而来的物品，并询问价格。当一群女子到来时，仍有一些货品待售。女子中有一人是伊俄，国王的女儿。协价与交易仍在继续，直至航海的商人们忽然扑向这些女子。一些设法逃脱，伊俄与其他人却被劫走。为雪此事之耻，克里特人拐走了腓尼基王的女儿欧罗巴。腓尼基人则另持说辞：伊俄已陷入对这异域船长的爱情。她怀有身孕，心怀愧意，故随腓尼基人离开，皆出于自由意志。

诸事贯连，历史已被构建：海伦的诱拐，特洛伊之战，在这以前，还有阿耳戈英雄（la nave Argo）[1]的远航与美狄亚（Medea）的被拐——一切皆有联系。亚欧大陆之间，诉诸武力的呼声来回震荡，每一次的传递都伴随一名女性与她的劫掠者经由此岸去往彼处。不过，希罗多德（Erodoto）[2]确实已注意到纷争中两方势力的区别："诱拐妇女，"他写道，"是卑劣者的行径。但若为被拐的女子担忧，则是愚人的举止。关于被掳者，智者并不假以片刻思虑。因事实明了，若心有不愿，她们便不会被拐。"希腊人的行为并不明智："为一个斯巴达女子，他们号集大军，直抵亚细亚，将普里阿摩（Priamo）的统治终结。"从此，亚欧战火再未平息。

---

1 乘阿耳戈船远航的英雄。阿耳戈号（Argo）由名为阿耳戈斯（Argos）的造船者所造。阿耳戈英雄以伊俄尔科斯国王埃宋之子伊阿宋为领导。远航的起因是埃宋的王位被同母异父的兄弟佩利阿斯篡夺，伊阿宋在成年后向佩利阿斯讨要王位，后者答应伊阿宋，若他能取回金羊毛就归还王位。
2 约前484—前425，古希腊历史学家，著有《历史》。

登临一座巨大的岛屿[1]，他们并未却步。相反，他们翻越山峦，直抵戈提那（Gortina）。在巨木的荫蔽中，宙斯与欧罗巴结合。宙斯化作一只鹰离去，为情人留下一名守卫。在寂静的热浪里，欧罗巴听闻铜蹄声临近。那必是某种机械，或另一世代之生物，白蜡树宁芙之子。它两者皆是：塔罗斯（Talos），另一头牡牛，守卫者，岛屿之哨兵；或者如传闻所言，它是一位机械巨人，由赫淮斯托斯所铸。在其身躯中埋有一根血管，始自脖颈，通向蹄足，或可称之为脚。一枚铜钉止住涌动的血液，令其回流。铜钉是此物命门所在，亦显铸造之艺。塔罗斯环岛疾驰，投掷石块，一些并无目标，一些则瞄准意图登岛的陌生来客。在西顿的寝宫中，欧罗巴习于被温柔地唤醒，那声音来自与她出行的女伴。此刻她却在寂静中苏醒。身处沉默的深渊，她听闻远方的异动，那声音愈发震耳。不见其人，她知晓塔罗斯正上下驰骋在那巨大岛屿的海岸线：那是克里特岛（Creta），隶属于欧罗巴大陆。

伊俄、忒勒法萨、欧罗巴、阿耳癸俄珀（Argiope）[2]、帕西淮（Pasifae）、阿里阿德涅（Arianna）[3]、淮德拉（Fedra）：这些名字唤起一张辽阔、纯净、明亮的面庞，似皎洁明月，在远方闪耀，映照众生与万物。"那巨大而苍白的人形，浩瀚、孤寂、阴郁、苍凉。命定的、莫测的眷侣，因恶行而备遭谴责。汝将成为何物？命运将席卷何方？何处可藏匿那怀揣恐惧的热切？在诸凡人心间，汝将触动何等的恐怖与怜悯，又将诱发何等庞大、赫然的悲哀，当他们注视

1　即克里特岛。戈提那（见下行）是克里特岛上的一个区域，位于今日的伊拉克里翁大区内。
2　忒勒法萨的另一个名字。
3　弥诺斯与帕西淮之女。

9

这诸多廉耻，诸多惊骇，这深重罪孽，这无比宏大的不幸。"居斯塔夫·莫罗（Gustave Moreau）[1]如是说。

狄奥多罗斯·西库路斯（Diodoro Siculo）[2]曾道："他们也称，献予诸神的荣耀，神秘的献祭与仪式，皆源自克里特岛的居民。为证实此事，他们给出自认为极有说服力的论据。雅典人在厄琉西斯城（Eleusi）举办入会仪式，有人认为在一切类似者中它最为杰出，还有萨莫色雷斯岛（Samotracia）[3]居民的仪式，以及色雷斯（Tracia）[4]的喀孔涅斯人（Ciconi）中，自俄耳甫斯（Orfeo）[5]开始的仪式。所有仪式皆凭入会者秘密相传。而在克里特岛的克诺苏斯（Cnosso）[6]，于光天化日下行此类秘仪已成传统，以至尽人皆知。他者以为不可言说之物，在克里特岛，凡有人意欲探究，皆可如愿。"

秘密仪式，在克里特岛，于所有人而言都显得平淡无奇。无人试图保守它。阿提刻（Attica）[7]的诸多不可言说之物，在此地却人皆可知。但这并不具什么挑战性。克里特如同一个巨大的玩物，它的上百城池无一建有防御城墙。仅以潮水之巨涛，或来自海上的暗夜骑兵，便足够造成毁灭。更不必说这追寻自我认知却不计后果的文明，正在此间自寻灭亡。

---

1 1826—1898，法国象征主义画家。
2 公元前1世纪，古希腊历史学家。
3 位于北爱琴海。
4 荷马史诗中的色雷斯大概西起希腊境内的阿克西奥斯河（Axios），东至赫勒斯滂海峡（今达达尼尔海峡）和黑海。
5 河神俄格洛斯与缪斯卡利俄珀之子，歌手、乐师、诗人。因失去心爱的妻子欧律狄刻而悲痛，遂决定不再续娶，许多女子因被他拒绝而悲伤。这惹怒了酒神的狂女们，她们在酒神节上将俄耳甫斯肢解。
6 克里特王国的都城。
7 希腊半岛地区，包括雅典和厄勒俄斯。

千百年后，一位知名的文明形态学者将被克里特岛的发掘所困扰。在悉数审视克里特岛遗存后，无迹象表明此地有任何历史或政治的观念，甚至连记载意识也无，而此类意识曾支配古埃及人的思维。学者迫切寻找着伟大文明遗落的蛛丝，克里特岛却提供了稚拙版本，水平低下，难以捉摸。

以线形文字 B 书写的泥板包含诸多神的名号：其中约有一半仍在奥林匹斯为神，另一半却已失落。关于他们，我们茫无所知：只是与宙斯、波塞冬、赫拉并列的名字而已。奥林匹斯诸神的数量似乎一度更多，那些失散的兄弟姊妹，如今已化作现存诸神身畔的影子。

克里特岛：码在贮藏室的盛有谷物的陶瓮，封口上镌刻的各种嵌合体形象，精美壁画，一些象牙质结纽，各种祭品清单，蜂蜜，带铭文的罂粟花荚，牛头骨，双刃斧。柏木柱，有阶梯的宫殿和透光的天井，无名的墓石。小型神像成堆，无雕像，亦无成对石像。此地并无直立的神像，也缺少直立石像的幻象。

故事从不是独立的：它们是家族式的分支，我们需溯源并做出推演。在乘骑白牛跨海的狂喜中，隐藏在欧罗巴身上、如同未曾揭晓的力量般的，是她那因爱而疯狂的孙女淮德拉与阿里阿德涅的命运。终有一日，她们将因羞愧与绝望而自缢。在故事的树形构架中，我们在与诸神有关的起源中看见那疯狂牝牛的徘徊，那是先祖伊俄。她身上又藏有另一疯狂牝牛的形象，那是帕西淮，淮德拉与阿里阿德涅的母亲。她同样将因羞愧而自缢。

立于一块岩石上，阿里阿德涅注视着荡秋千的淮德拉。在等待中她陷入沉思。她们是克诺苏斯的两位年轻公主，是弥诺斯（Minosse）[1] 与帕西淮之女。她们有众多兄弟姊妹，还有一位同母兄弟是半人，阿斯忒里俄斯。阿斯忒里俄斯长有牛头，因他的父亲是其母亲帕西淮所钟情的硕大白色牡牛。禁锢阿斯忒里俄斯的建筑由一位雅典发明家修造，此人当时正亡命天涯，传闻是因为杀人[2]。隐蔽的建筑极为古怪。公主们已然熟悉这迷宫，在过往它曾对公众开放，且有一处广阔空间可供舞蹈。她们未意识到——亦无人令她们知晓——当她们的父王弥诺斯征战大陆时，克里特人与希腊人有很多贸易往来。现在他们需将秘密掩藏，因他们终于以之为耻。代达罗斯（Dedalo），那雅典人，在克里特岛设计了一座建筑，将秘仪（舞蹈的图式）与耻辱（阿斯忒里俄斯，即弥诺陶洛斯）藏匿于石墙之后。自那天起，秘密一词也拥有了"羞耻之事"的含义。

故事照此发展，将由幻形的发展史决定。幻形时，形态是可见的。每种形态均有其恰当的外观，只要这种外观得以持续。尽人皆知，那外表或将在不久之后发生变化。在欧罗巴与伊俄的时代，神显的面纱卓有效力。喘息的牡牛，疯狂的母兽，都将变回神明与少女。伴随代际更迭，幻形变得愈加不易，真实的命定特征就愈加彰显：不可逆转、不能倒置。仅在欧罗巴的后一代，帕西淮将蜷缩于木质的牝牛体内，那是一只带有滚轮的巨大玩物。她将把自己推向遥远的戈提那牧场，因她渴慕的牡牛正在此地觅食。他们的结合孕育出一个生命，而这生命将永为杂种，永无可能回归为纯粹的兽形

---

1 克里特国王，据说在特洛伊战之前，他已活了三代。
2 代达罗斯担忧学生塔尔狄克斯会在技艺上超越自己，故将其推下卫城摔死，然后从雅典逃亡到克里特岛。

或人形。正如匠人不得不造一死物，以使那母亲如愿[1]，为此他需发明另一物，迷宫，以将那孩子掩藏[2]。弥诺陶洛斯将被杀死，帕西淮将被囚禁着羞愧而死。已无法进行幻化然后又回归本体。神显的面纱被撕成碎片。若要保持幻形的力量，别无他法，唯有再创新物，再造怪兽。

"女性参与竞技是克里特岛的习俗。阿里阿德涅就在众人之中。遇见忒修斯（Teseo）时，她备感讶异，注视他将对手一一击败，甚是仰慕。"阿里阿德涅凝视那陌生人，克里特岛随即崩塌。在遭受背叛之前，阿里阿德涅选择背叛她的岛屿。

狄俄倪索斯（Dioniso）向她求爱，责难于她，杀死她，寻回她，将她变作北方天空中的一顶王冠，是为北冕座（Corona Borealis）。但此时的狄俄倪索斯并非阿里阿德涅幼年相识之人。彼时他尚未被称作狄俄倪索斯。他是那头牡牛，那形态完整的牡牛：如同宙斯，它从天而降；又如波塞冬，它从海下而升。他在戈提那的悬铃木下觅食。他在万物之中：他存在于向神明献祭的蜂蜜与血液里，在祭坛两旁的细长号角中，在沿着宫殿墙壁所绘的牛头骨上。戴着臂环、腰间缠带、发如波浪的年轻人在赛跑中将他的犄角紧攥。牡牛总是追随阿里阿德涅，从一开始便是如此，一直陪伴她，目光永远注视着她。

现在牡牛来到一旁，轮到雅典英雄登场。他们似乎是敌人，却安然换位。故事已有定数，与怪物不再相干，只关乎肮脏与下流。此即阿里阿德涅的命运。不再稚拙，不复有宫殿，故事发生在柱廊

---

1 当帕西淮迷恋克里特牡牛时，代达罗斯为她制造了一头木牛，使她如愿。
2 帕西淮和克里特牡牛生下牛头人身的弥诺陶洛斯，克里特国王弥诺斯为遮丑，命代达罗斯建造一个迷宫，把弥诺陶洛斯藏在里面。

13

间与广场上。在此地，狡猾与冷酷之人将占取先机，从背后伤人。在此，克里特人用来盘点存货的文字，被赋予权利、活力以及敬畏。阿里阿德涅无法目睹这一切：她将在半途滞留，踏上另一座满布岩石的荒凉岛屿。她双眸紧闭，以使自己永不必再见那神或那男子。出自本性，他们的所作所为无非是出现复而消失。

是忒修斯，将劫掠少女之事由神祇之好变为凡人的消遣。每次探险，他都会劫走一名女子，不论是南行途中克里特岛的阿里阿德涅，抑或北进路上阿玛宗的安提俄珀（Antiope）[1]。这些冒险之旅永远不乏玩笑乃至鲁莽之事，其中甚少能以贵族的优雅了结：忒修斯总是迅速征服一个战利品，却以更快的速度将之抛弃，以便追逐下一个目标。五十岁后，他仍乐此不疲，劫走在阿耳忒弥斯·俄耳提亚（Artemis Orthia）神殿舞蹈的海伦（Elena）。彼时他有朋友相助，那是佩里托俄斯（Piritoo）。唯有此人，忒修斯将一生忠于他。

初次相见，他们本为对手，理应将对方置于死地。然而当他们望向对方、行将决斗时，皆发觉自己正仰慕对手，为对方的美貌与力量所倾倒。自那一刻起，他们结为莫逆，相伴冒险。忒修斯从未如此愉悦，他偕同佩里托俄斯进行鲁莽的冒险，事后又一同笑谈。他们了解这世界。此二人已阅尽世间全貌，已杀死神话中的野兽，已抢掠公主，他们不可分割，尤其不会因一个女子而分开。

…

某日，佩里托俄斯备感孤寂。希波达弥亚（Ippodamia），他的

---

1 阿玛宗人的女王，与忒修斯生下希波吕托斯。

妻子，已于近日过世。于是他前往雅典会见挚友忒修斯。鳏夫遇见了另一鳏夫：忒修斯之妻淮德拉亦已自缢。与以往一样，他们相谈甚欢，很快便发觉正谈论新的冒险。斯巴达有一个女孩，佩里托俄斯说，年方十岁，其美貌胜过世间任何女子，名为海伦。何不将她掠走？当他们捉住海伦时，便掷骰子决定其归属。忒修斯获胜。

又一日，他们交谈，如同往常。这包含密语的诸多对话是他们此生最大的喜悦（没有任何女子，或是他们独自的一些冒险，能令他们快乐如斯）。这天，他们终于谈及，他们的足迹几乎已踏遍世界，却仅剩一桩事未做：侵扰地下世界。他们已掠夺地上的公主，何不拐走神明的王后？他们已戏弄在世的君王，对冥王做相同之事又有何妨？于是佩里托俄斯与忒修斯前往冥界，去掠夺哈得斯（Ade）的王后。

忒修斯说着便要动身。连海伦，如她这般虽被囚禁但仍感快乐的囚徒，都无法将他挽留。当对复仇者的恐惧不断累积，诱拐者最强壮的朋友们密切联合以保护海伦时，佩里托俄斯想出一个计谋：掉转前进方向，沿伯罗奔尼撒（Peloponneso）径直往下，直至马塔潘角（capo Tenaro）。大地在此处龟裂，他们可向下攀缘，潜入冥界，劫掠世间所有王后中最强大的那位。于是忒修斯动身。此时问题已不似绑架在阿耳忒弥斯神庙前舞蹈的十二岁女孩那般简单（她当时或许只有十岁？），也不同于向迷人的女子学习迷宫舞步。这回，情况要艰难许多："这两人正试图将冥王的新娘从婚床上劫走。"

15

...

哈得斯已预备了对忒修斯的狡诈惩罚，以嘲弄反击嘲弄。他礼貌地聆听这二位好友诉说，佯问该如何提供帮助，并邀他们落座于嵌入岩石的黄金椅子。不可见的绳索将二人紧缚，使他们无法站立。佩里托俄斯——"他转着圈"，而忒修斯，那诱拐者，必已忘记他们的初衷，此刻正在冥界静坐。赫剌克勒斯（Eracle）[1] 前来拯救忒修斯，用力将他从椅上拽起，以致一些血肉从他的身躯剥离。因此，人们说，雅典的男孩臀部窄小。

在雅典城四周——彼时它还未被称作雅典，充斥着盗匪与野兽，他们袭击并折磨旅人。一日，海上的信使带来讯息，一位年轻人已巡遍所有道路，并杀死闹事者，略举几例：辛尼斯（Sinis）[2] 与淮亚（Fea）[3]、斯喀戎（Scirone）[4]、刻耳库翁（Cercione）[5]，以及普洛克儒斯忒斯（Procruste）[6]。年轻人是何长相？人们询问。他携一把象牙柄的佩剑，悬在一肩，另有两杆耀眼的标枪，双手各持一把。他有着黄色鬈发，头戴斯巴达帽，身着塞萨利（Tessaglia）的羊毛斗篷，胸前露出紫色衣衫。顽劣的光芒在双目中闪烁。

忒修斯额前的鬈发极短——如此在战斗中就不会被人捉住。

---

1 宙斯与阿尔克墨涅之子，最强有力的英雄。
2 波塞冬之子，强盗，把人绑在两棵扳弯的松树上，松手让树梢把人的身体扯成两半。
3 怪物，一头牝猪。
4 波塞冬或佩罗普斯之子，强盗，强迫过往行人为他洗脚，然后把他们踢下悬崖。
5 厄琉西斯国王，波塞冬之子，与过往行人角力，败者都被他摔死。
6 波塞冬之子，强盗，有两张特制的床，他让矮小的人躺在长床上，把其身子拉长，让高大的人躺在短床上，把他伸出床外的腿脚砍去，如此将投宿者们折磨死。

后脑的长发则编成辫子。原来垂于额前的鬓发，已被他在德尔斐（Delfi）献祭给阿波罗。当他初次在雅典附近现身时，年值十六，身着伊俄尼亚长袍，头发编成辫子，垂在后背。德尔斐的阿波罗神庙中的劳动者们——他们正待在屋顶——讥笑道：为何有一位适婚女子在卫城中独自游荡？忒修斯并不作答。他径直走向一辆牛车，牡牛被车轭所困，忒修斯释放了牡牛，再将它掷向空中。在人们的注视中，牡牛飞越那尚未完工的屋顶。这是忒修斯初次与一头牡牛交手。

在征途中，忒修斯又将遭遇多少次牡牛！克里特岛的弥诺陶洛斯，忒修斯将把剑埋入它的体内。他将在马拉松（Maratona）[1]捕获一头牡牛以取悦雅典人。这以后，将有一头牡牛从海面升起，杀死希波吕托斯（Ippolito），忒修斯之子。在其余诸多不甚知名的场合，忒修斯都将直面牡牛。忒修斯与此兽的关系如此密切，以至于他将把牛头铸印在其城池的第一批硬币上。这座城是神圣的雅典，是忒修斯为其命名。

有些流言对忒修斯颇为不敬，有些不逊的言语则指向亚西比德（Alcibiade）[2]。忒修斯偕好友佩里托俄斯启程，前往冥界偷回佩耳塞福涅，这是一场带有戏谑意味的拙劣模仿。有人由此联想到亚西比德，诽谤者们指责宗教秘仪里有妓女和流浪汉。正如有朝一日，亚西比德将极庄重地带队沿厄琉西斯城的圣道（la Via Sacra）前行，忒修斯同样也主持着城中最神秘的仪轨。他们以这些秘仪为乐，因为他们如此了解它们，因为自出生起，这些秘密就归属于他们。

---

1 位于阿提刻地区的东北部。
2 前450—前404，雅典杰出的政治家、演说家和将军，哲学家苏格拉底的弟子。

忒修斯并无特殊缘由将阿里阿德涅抛弃。此亦无关乎其他女子。只因她在某个片刻被遗忘，而这可能发生在任何时候。当忒修斯的注意力转移，便有人被抛弃。阿里阿德涅曾助此陌生人杀死她牛首人身的同母兄弟，她离开宫殿，准备去往雅典，为忒修斯濯足，如同一个奴隶。然而忒修斯早已将她遗忘，他开始思索他物。阿里阿德涅的被弃之地，被永久地用以告示被弃之爱。忒修斯的残酷并非在于他将阿里阿德涅抛弃。若事实如此，他的残忍将同常人无异。不，忒修斯的残酷在于他将阿里阿德涅留在那克索斯岛（Nasso）[1]。此地既非她的故乡，亦不是她渴望被迎入的新家，甚至不是介于这两者之间的某一国度。唯有被雷鸣般的潮水所冲刷的海滩，以及一处简单的栖所，其余可见的便仅有海草漂浮。这片海岛不见生迹，但凡被困便只得漫无目的地兜转，无路可逃。死亡在炫耀自己的亘古不变。此地只适宜亡灵。

阿里阿德涅已然被弃。衣服从她身上件件滑落。此景令人悲恸。弥诺斯的女儿已经清醒，却仍旧静止，如一尊酒神祭司像，凝望着远方那永远的离席者。忒修斯的敏捷海船已消失在地平线，她的思虑伴随波涛起伏。系着金发的缎带滑落，她的斗篷飘走，胸口敞露，她的前胸不再被肩带束缚。一件又一件，当她永远地离开克里特时，身上的衣衫滑落，散落足边。海波拨弄着它们，夹杂砂砾与海藻。

裸身的阿里阿德涅两眼空洞地注视着前方，想象着自己如何渴望去往雅典，成为忒修斯的新娘，为他铺床，虽然她将永远不会在上面安睡，而是服侍躺在那里的另一女子。她将为忒修斯端一小盆

---

1 爱琴海上的岛屿，位于基克拉泽斯群岛的中心部位。

18

清水，供他在宴会后洗手。简而言之，她正在脑海中细数渴望展示给那已经消失的情人的一切最为卑微的为奴者姿态。此刻，她的脑海中涌现一个新的念头：也许有其他女子正与她感同身受；她的奉献与堕落并非唯一，正如她一开始该料想到的。可那女子是谁？是王后，那耀眼的、无耻的帕西淮，她的母亲。在最后，她同样被囚禁在一头木制牝牛里，那笨拙而愚蠢的、涂有颜色的带轮玩具，她曾甘愿为奴，追随一区区牧人。她垂下颈项，让人们为她挽上轭具，她曾向一头咀嚼着牧草、从不作声的牡牛耳语她的情愫。隐匿在令人窒息的黑暗中，在木头的气息里，牧笛撩动着她的身躯，只因唯有一种声音被她渴望：那雪白牡牛的低哞。

随后，阿里阿德涅的脑海中又诞生另一想法，紧随第一个：如果她，阿里阿德涅，无非在重蹈母亲帕西淮的热情，又如果她自己便是帕西淮，而忒修斯即是那牡牛。在她的帮助下，忒修斯已杀死牡牛，即她的半兽兄弟。如此她是否在协助忒修斯杀死他自己？抑或在这故事中，所有人都将被自己杀死：帕西淮，自缢而亡，阿里阿德涅，亦准备自缢，而她的妹妹淮德拉，也将在不久后自缢。牡牛与弑牛者不断交换位置，一次又一次。于他们而言，杀戮与被杀的过程似穿衣与脱衣般简单。牡牛并未体会过那终极的、垂直悬吊着的死亡，那身体悬空的感受。

当雅典人有着彩绘船首的船只抵达克里特岛时，当忒修斯阻止弥诺斯王将雅典少女任意摆布时——他经常如此做，当忒修斯在竞技中击败那面目可憎、强健有力，曾战无不胜的牡牛时，阿里阿德涅开始思忖这不羁的陌生人或许足够强壮，足以打破她的家族所陷入的围绕牡牛的迷阵。如此，她将背弃那曾在洞穴中令她目眩的圣牛；她将背弃她的半牛人兄弟弥诺陶洛斯；她也将背弃母亲，后者曾为一头牡牛痴狂；她亦将背弃她的父亲，当初父亲因那雪白牡牛异乎寻常的美，选择将它藏匿于牧场，而非回祭给大海。在种种背弃的终点，她发现自己正流落在荒芜的海岸，被忒修斯所弃。然而，她终究未能逃离这牡牛。

狄俄倪索斯现身，他如此虚伪而富有魅力，他出现得过分准时，表现得过于喜悦，阿里阿德涅觉察到狄俄倪索斯与忒修斯似乎本非对手，而是同谋。在长笛与铃鼓的喧闹间，狄俄倪索斯压抑着自己的想法。神奉上的无比荣耀让阿里阿德涅眩晕。她投给忒修斯一个无形的冷笑，是他的背弃给予她这神赐的荣耀。她觉察到其中的晦涩交易：如果忒修斯未曾发伪誓（他已向蔑视婚姻的雅典娜起誓，阿里阿德涅仍记得那誓言的开头，剧痛袭向她），狄俄倪索斯便无法将她带到其身旁。当一位神来到你近旁，你就不必像个乡下姑娘般无谓啜泣。可狄俄倪索斯从未常驻在任何一人身畔。他的现身从不固定。狄俄倪索斯启程，为喧闹的追随者所簇拥，前往印度。阿里阿德涅再次孤身一人。

狄俄倪索斯再度现身，携珍宝与奴隶降临。阿里阿德涅目睹他的凯旋，捕捉到他瞥向一位年轻印度女郎时的热切目光。那是一位公主，困窘地站在他诸多的东方猎获之中。很快，阿里阿德涅将再次伏身海滨哭泣，长发在风中凌乱。狄俄倪索斯以他占有优势的轻佻，将她从忒修斯的抛弃中救赎，却于不久之后亲自重演这一行为，令它愈加不堪，愈发刺目。那印度情妇玷污了他们的寝具。阿里阿德涅啜泣着，并惶恐于忒修斯将永远无法听到她的哭声，她将长久为此恐惧所困扰，但这又是何等天真……难道她仍未发觉狄俄倪索斯与忒修斯并非敌人？这对立的二者皆是抛弃她的男子的不同化身，她却任由自己被背叛。"我将永远爱上同一个男子。"永远去爱，这成为她的墓志铭，它毁灭了逃离那不可抗力的怪圈、逃离那耀眼冠冕的所有希望。

阿里阿德涅的故事被悉数织进一顶王冠。"我的表兄来了"，得知狄俄倪索斯已登陆海岛时，年轻的公主如此想着。她不曾见过这位亲戚。他诞生在母亲葬礼的柴堆中，传闻他极为英俊。现身后，狄俄倪索斯不愿待在王宫中，他紧握公主的手腕，将她带到克里特岛诸多洞穴中的一个。在此地，闪耀的王冠把黑暗驱散。黄金如同火焰，伴随那些印度珠宝的光辉。在他们的初次结合后，狄俄倪索斯将王冠作为礼物献给阿里阿德涅。这王冠是诱惑之环，象征完美，"寂静吉祥的使者"。但**诱惑**，在希腊语中也意味"毁灭"（*phtheirein*）。这王冠，是一种错觉的完美，错觉将自我循环，完美本身便蕴含错觉。

当阿里阿德涅将目光投向英俊的忒修斯时，她不复是克诺苏斯王宫中与姐妹嬉闹的少女。她已是神的新娘，纵使他们的结合无人知晓。闪耀的王冠是唯一的物证。可忒修斯来自他父亲波塞冬的水下宫殿，亦手持王冠。这王冠由小巧的苹果花、滴落的水珠以及四射的光芒制成。他将其赠予阿里阿德涅，正如狄俄倪索斯向她奉上自己的王冠。在此，阿里阿德涅将狄俄倪索斯的王冠回赠给忒修斯。于忒修斯而言，他正重复神明的举动；至于阿里阿德涅，她却在背弃神明，一如她助陌生人杀死属于牡牛之神的弥诺陶洛斯。当忒修斯动身进入迷宫的阴暗步道时，他被闪耀的王冠所引领。忒修斯的佩剑在这亮光中闪烁，之后他将把剑埋入牛首人身的年轻人的躯体。值此，阿里阿德涅的骗局又加深一重：她背叛了自己的不朽伴侣，与此同时，她将神明的礼物献给另一年轻人，此人将成为她新的恋人。

难道骗局不是在最初就存在于神明奉上的礼物中？当阿里阿德

涅行将开始她的欺骗时，她恰恰已被蒙蔽：她相信，忒修斯是神明的敌对者；她以为自己将作为他的新娘，随他前往雅典，逃离与牡牛有关的邪恶怪圈。当狄俄倪索斯再次现身那克索斯时，他头戴一顶炫目的王冠。阿里阿德涅望向它，想起此生遭受的欺骗，以及掩护骗术的那些王冠。如今她意识到，王冠从始至终都是同一顶，永远如此。这是阿里阿德涅故事的真正结尾：她将永远孤独，被囚于天空中的一顶华冠——北冕座中。

在克里特岛的所有故事里，开头与结尾处都必有一头牡牛。起初，弥诺斯从海中召唤出波塞冬的雪白牡牛。他曾起誓，如果牡牛现身，他便以此牛向神明献祭。牡牛确实出现，弥诺斯却无奈食言。牡牛如此美丽，弥诺斯不忍将其杀死，却希望将之据为己有。而弥诺斯的妻子帕西淮，注定将爱上这头牡牛。

在故事的结尾，忒修斯在马拉松擒住一头牡牛，这依旧是那来自大海的克里特牡牛。在与帕西淮结合后，牡牛发狂。为捉住它，弥诺斯将向赫剌克勒斯求助。英雄捉住牡牛，把它带往大陆。牡牛将在伯罗奔尼撒漫游良久，之后来到阿提刻。无人比它强壮，即便是安德洛革俄斯（Androgeo），弥诺斯之子，他曾在竞技中击败所有雅典人。忒修斯在马拉松将它擒获，并将其献给埃勾斯（Egeo），他的父亲。埃勾斯于是将牡牛献祭给阿波罗。在开头与结尾处，亦即阿里阿德涅的命数之间，发生的一切皆源于一场错置的献祭：从波塞冬到阿波罗，从克里特岛到雅典。此路尸骸遍野。那种阒然无声，那些被献祭的牺牲品，都是宗教仪轨的一部分。可被神话选择的牺牲品另有其人，那些将倒在祭坛下的人如同被磁场吸引的铁屑般纷纷而来。献祭之后，与鲜血一同流淌的是诸多传说。悲剧中的角色由此逐一浮现。在克里特岛的故事里，这些角色是帕西淮、弥诺陶

22

洛斯、阿里阿德涅、淮德拉、弥诺斯、希波吕托斯，以及埃勾斯本人。从克里特岛折返，忒修斯忘记降下黑帆[1]，埃勾斯从卫城一跃而下，如是坠亡，成为被错置的祭祀的最末注脚。

"最终，那克索斯的一些人将创造他们自己的神话。他们声称存在两位弥诺斯、两位阿里阿德涅：一位是狄俄倪索斯在那克索斯的新娘，亦是斯塔菲罗斯（Stafilo）及其兄弟的母亲；另一位阿里阿德涅生于稍晚的时代，将被忒修斯诱拐，继而又被抛弃，之后会在乳母科耳库涅（Corcina）的陪伴下来到海岛。如你去到那里，人们会向你展示科耳库涅的墓地。第二位阿里阿德涅同样葬身此地，却未被赐予和同名者一样的荣耀：纪念第一位阿里阿德涅的节日充满竞技与娱乐，可对第二位的献祭，则夹带哀恸与伤怀。"[2]

早在最初，阿里阿德涅便注定拥有双重命运。那克索斯的仪式恰是为纪念这双重性，而不是为从死亡与重生的更迭中寻求解脱。她将成为狄俄倪索斯的"新娘"。众女子围绕狄俄倪索斯，却唯有阿里阿德涅被选中，此后她将获赠新的名字，狄俄倪索斯以利柏拉（Libera）呼之，那是被他杀死的另一女子的名字。是他请求阿耳忒弥斯执行此事。女神时刻准备拉动弓弦，狄俄倪索斯请她将阿里阿德涅用箭射穿，自己旁观了全程。时光荏苒，故事变得模糊曲折。唯有留在庞贝墙上的一幅壁画仍在讲述神明的爱情故事。

神话中的角色可活许多世，也会经历多次死亡。这些过程使他

---

1 忒修斯决定杀死弥诺陶洛斯，启程前船上挂着黑帆。埃勾斯告诉他生还后改挂白帆。忒修斯在杀死怪物后匆忙逃离克里特岛，忘记降下黑帆。埃勾斯望见黑帆，以为儿子已死，于是投海而死。

2 引自普鲁塔克《忒修斯传》。

们不同于我们在小说中读到的角色，因为那些形象通常会超越他们被设定的唯一姿态。每一次生死之间，所有的他世都会在场，我们可捕捉到他们的低声细语。当我们意识到这表面的不相容下忽然展现的一致性，我们便可说自己已踏进了神话的门槛。在那克索斯岛，被弃的阿里阿德涅被阿耳忒弥斯的弓箭杀死，是狄俄倪索斯设计了这场杀戮，并在一旁静观全程；又或是，阿里阿德涅被忒修斯抛弃在那克索斯后自缢；又或是，阿里阿德涅身怀忒修斯的骨肉，在塞浦路斯岛（Cipro）[1]遭遇海难，遂死于难产；又或是，在那克索斯，狄俄倪索斯由众多追随者相伴，为阿里阿德涅而来，他们举办圣洁的婚礼，随后她升到天空，成为北方星座中的一员，至今仍能被人们看见；又或是，狄俄倪索斯为寻找阿里阿德涅，来到那克索斯，此后阿里阿德涅将伴他冒险，四处游历，与其同眠，为其战斗：在阿耳戈斯附近的郊野，狄俄倪索斯袭击了佩耳修斯（Perseo）[2]，阿里阿德涅同他并肩作战，全副武装，与已疯癫的酒神追随者战斗，直到佩耳修斯提着美杜莎（Medusa）[3]的头颅，将她死寂的面庞朝向阿里阿德涅，使其化作岩石。自此，阿里阿德涅将作为旷野中的一块岩石，长久站立于斯。

没有其他女子或女神像阿里阿德涅一样经历过如此多的死亡。阿耳戈斯的岩石、天穹中的星云、悬垂的尸体、死于难产的母亲、被箭射进胸口而亡的少女：阿里阿德涅是上述全部。

若没有那牛虻，即赫拉的复仇工具，故事是否仍会展开？在英雄的生命中，无论我们看向何处，都将遇见女神那满怀敌意的锐利

---

1 地中海的岛屿，据说阿佛洛狄忒从这个岛屿附近的海浪中降生。
2 宙斯与达那厄之子。
3 戈尔工女妖（蛇发女妖）之一。

目光，那如牛的双眸似乎从不曾合上。赫剌克勒斯的名字（"赫拉之光荣"）从一开始便已告诉我们，那光荣皆是赫拉复仇之附带产物。

这一切因何而起？赫拉与宙斯，姐与弟，尚是儿童时他们已萌生秘密的爱恋。"双亲并未知晓，他们在床帏中的结合。"荷马说。他们享受着有史以来最为放纵而充斥欲爱的童年。"之后宙斯宠爱（赫拉）三百年。"他们的双耳聆听河神的无尽轰鸣，那是萨摩斯岛（Samo）[1]的河流。在江河与大海中，他们结合，不知疲倦，忘却了水之外的世界——宙斯为此推迟了他对世界的统治。数千年后，在河床的湿润砂砾中，人们找到一件石雕，它曾是一张木床上的某件装饰。在浮雕上，宙斯站立着，面朝赫拉。女神的前胸赤裸，宙斯正握着她的右乳。

赫拉是床笫女神——她甚至忧心于将她抚养长大的老俄刻阿诺斯（Oceano）[2]与忒堤斯是否正逐渐失去这种欢愉。于她而言，婚礼幕景中环绕婚床（thálamos）的芳草（pastós）正是那最初的面纱。在帕埃斯图姆（Paestum）[3]，在萨摩斯，仍留有证据表明床是宗教祭仪上的核心物品。当赫拉与宙斯在伽耳迦荣（Gargaro）[4]之巅交媾，土地萌生鲜花，编织成毯。"厚重而柔软，它将他们托离地面。"随后这张假拟的床褥被一片金色云团环绕，作为芳草之替代。于赫拉而言，此床是最杰出的原始之地，是爱欲奉献的游戏之所。在她最宏伟的神庙，即阿耳戈斯的赫拉神庙中，礼拜者将看到祭台的浮雕上，赫拉的唇正妖娆地裹住宙斯勃起的阳具。没有其他女神，即便是阿

---

1 位于爱琴海东边的岛屿。
2 大洋河的主神，一切海洋、河流、水泉的源头。古希腊人认为大地是一块由大洋河环绕的圆饼。
3 意大利坎帕尼亚大区的城镇。
4 克里特岛上伊达山（Ida）的三座主峰之一。

佛洛狄忒（Afrodite）[1]，会容许自己的神庙中有如此图式。

　　宙斯的首次不忠便是所有仇怨的原点，故事恰始于赫拉神庙。背叛赫拉时，宙斯选择了她的一位女祭司，一位与她最为接近的凡人，因这凡人掌管通往神庙的钥匙。她名为伊俄。出于职责，伊俄在衣着与样貌上尽己全力地复刻自己所侍奉的女神。她是一件复制品，竭力模仿着女神雕像。但宙斯选择了复制品；他渴望这微小的差异，这差异足以颠覆秩序，建立新的次序与意义。他如此做，**正因**它的不同，选择她，**正因**她是复制品。差异愈微不足道，复仇便愈可怖与狂暴。宙斯的其他冒险，赫拉的其余情敌，都无非是在赫拉惩罚那个与她最为相像的女子时，在这必定之轮底下的一丝颠簸。

1　爱与美之神，奥林匹斯山的十二主神之一。

II

众神之间存在利益的等价交换，这是一种严格的计算，根据每一段既往历史进行衡量。在狄俄倪索斯试图将阿里阿德涅除去时，阿耳忒弥斯成为他的一位得力帮手，以执行谋杀。而阿耳忒弥斯，如她这般骄傲的处女神，有一天也将讶异地发现，自己亦需要那不洁而混乱的神相助。她需要别人为她杀戮，凶器则待杀手决定。

一位凡人将她愚弄。奥拉（Aura），一位高挑的山居少女，四肢敏捷，步履如风。她可单手降服野猪与狮子，她蔑视羸弱的猎食者，因此也蔑视阿佛洛狄忒及其所做的一切。别无其他，奥拉渴望的唯有童贞与力量。在某个炎热得令人狂躁的日子里，奥拉在月桂树下休憩，梦境令她不安：粗野的、盘旋的厄洛斯正向阿佛洛狄忒与阿多尼斯（Adone）[1]献上一头母狮，他用施了魔法的腰带捉住这狮子（那或许是阿佛洛狄忒的腰带？难道这充满情欲的饰品已成为捕捉野兽的利器？）。梦境中，奥拉看见自己站在阿佛洛狄忒与阿多尼斯身旁，双臂环绕他们的肩膀。这一组合多么娇弱，又多么强健。厄洛斯带着母狮趋前，献上这动物，并说："花冠女神，我为您带来奥拉，视童贞为唯一真爱的少女。您看，那被施咒的腰带，已令这不可战胜的母狮屈服，放弃她的顽固意志。"奥拉苏醒，感到一丝紧张。第

---

[1] 密耳拉与其父亲喀倪剌斯所生的俊美少年，密耳拉骗过父亲并怀孕，被父亲追杀，被众神变为没药树，阿多尼斯从树皮中生出。阿佛洛狄忒被其迷住，将婴儿放进匣中保护并委托冥后佩耳塞福涅抚养。成年后的阿多尼斯一年中的三分之一时间与佩耳塞福涅度过，另三分之一与阿佛洛狄忒度过，最后三分之一自行支配。

一次，她目睹自己的分裂：她既是那猎物，亦是正望向猎物的女猎手。她迁怒于身下的月桂叶，继而是达佛涅（Dafne）[1]：为何一位处女神会送她荡妇的梦境？然后她将一切抛诸脑后。

又一个热浪滔天的日子。奥拉驾着阿耳忒弥斯的战车驶向桑加瑞斯河（Sangario）的瀑布，女神打算在此沐浴。女神的仆人与战车一同奔驰，她们从前额取下束发带，挽起长袍的边缘，露出双膝。她们是极北之境的处子。俄庇斯（Upis）从阿耳忒弥斯肩上取下弓，赫喀耳戈（Ecaerge）拿走箭袋，洛克索（Losso）为她解开靴子。阿耳忒弥斯谨慎地踏入水中。她的双腿并拢，当水行将打湿下摆时，她将袍子提起。奥拉以一种苛刻而好奇的目光注视女神。她审视着阿耳忒弥斯的肢体，然后在女神四周游泳，忽而又从水面冒出。她在女神身畔驻足，将胸前的水滴甩落，说道："阿耳忒弥斯，你的双乳为何柔软而肿胀，你的面颊为何洋溢着玫瑰色？你不似雅典娜：她的双乳像男孩般绷紧。或看看我的身躯，它洋溢着力量的气息。我的乳房浑圆如盾牌。我的皮肤紧致如弓弦。也许你更适合去使用、蒙受厄洛斯的箭。任何见过你身躯的人，都不会将此与不可亵渎的童贞联系。"阿耳忒弥斯在静默中聆听，"双眸闪现凶光"。她离开水池，披上袍子，系起腰带，一言不发，旋即消失。

她径直前往托罗斯山脉（Tauro）之巅，来到涅墨西斯（Nemesi）[2]的居所寻求建议。复仇女神正坐在自己的轮盘前，一如往常。一头

1　一位宁芙，河神拉冬的女儿。阿波罗在杀死皮同归来的路上遇到摆弄箭的厄洛斯，他将金箭射向阿波罗，铅箭射向达佛涅。于是阿波罗追求达佛涅而后者逃离，达佛涅祈求拉冬将自己变形，遂变成一棵月桂树。

2　惩戒之神，逐渐起到了复仇女神的作用。为摆脱宙斯的追求，她变形为各种动物，最终变成一只母鹅，宙斯变成一只公天鹅与她结合。涅墨西斯生下一只鹅蛋，被赫耳墨斯置于勒达腹中，孵化出了海伦。

格里芬（grifone）[1]蹲在其王座上。在涅墨西斯的记忆中，阿耳忒弥斯曾因各种缘由前来求助，但总是关乎男子，或至多只有一次是关于儿女成群的女子尼俄柏（Niobe）[2]，如今那女子已被变作山中一块潮湿的岩石。或许又是因为那些涉及婚姻的陈年笑谈？难道宙斯又将她戏谑，说她已到了该成婚的时候？不，阿耳忒弥斯说，这次是关于一位贞女，她是勒兰托（Lelanto）的女儿。她艰难重述了奥拉对她的身躯与双乳所作的大胆污蔑，这令她难以禁受。涅墨西斯决意不将奥拉变为石头，如她对尼俄柏曾做的那样。撇开其他因素，她与奥拉之间实有关联：少女属于古老的提坦（Titan）家族，而涅墨西斯亦如此。但她将剥夺少女的童贞，或许不再有比这更残酷的惩罚。现在，狄俄倪索斯将接手一切。阿耳忒弥斯应允。为向奥拉预示其命运，涅墨西斯乘坐由格里芬拉动的战车去见她。为让这顽固的女孩低下头颅，涅墨西斯以蛇盘绕而成的鞭子抽打她的脖颈。奥拉的身躯在命运之轮前倾倒。

　　该是狄俄倪索斯现身的时刻了。在既往的冒险中，他曾巧遇另一位女勇士：帕勒涅（Pallene）。与她共处时，他获得的体验不同于先前诸多欲爱的冒险。他允诺与这位女子比拼摔跤。竞赛在诸多围观者面前上演，尤其是众人中有她乱伦的父亲。帕勒涅现身在铺满沙砾的赛场，发辫缠绕脖颈，胸前围系束带。一块白布勉强将她的胯部遮掩。她的皮肤因涂满油脂而发亮。比拼十分漫长。有时狄俄倪索斯发现自己几乎要将对方雪白的手掌捏碎。与其战胜那躯体，他更愿去触碰之。他希望延缓那撩人的胜利，与此同时，却发觉自

---

1 狮身鹰头神兽。
2 坦塔罗斯的女儿，因拥有众多子女而骄傲，嘲笑勒托只生阿波罗与阿耳忒弥斯两个子女，惹恼女神，作为报复，阿波罗与阿耳忒弥斯将她的子女射死，只有克罗里斯幸存。尼俄柏变成一块黑色岩石，从中生出泉水，仿佛在流泪。

己正像一个区区凡人般感到呼吸困难。只因片刻的分心，仅此而已，帕勒涅已挣扎着将狄俄倪索斯举起，并将他抛出。这着实过分。狄俄倪索斯从她的掌中滑出，转而将她举起。但最后他将她体贴安放，那鬼祟的目光正游移在她身上，女孩长而浓密的头发散开在尘土中。帕勒涅立即起身。狄俄倪索斯终于决定以正确的姿势将她摔出。他捕捉她的后颈，试图令其跪下。但他错误预估了动作，于是失去平衡。他摔进尘土，仰面朝上，帕勒涅则跨坐在他的腹部。帕勒涅旋即滑下，留狄俄倪索斯一人仰躺在地面。但就在下一刻，狄俄倪索斯成功地将她摔倒。比分追平，帕勒涅希望竞赛继续，可她的父亲前来干涉。那是国王西同（Sitone），他将胜利判定给狄俄倪索斯。被汗水浸透的神抬起目光望向国王，他正走来，欲赐予他嘉赏，狄俄倪索斯却用酒神杖将国王刺穿。国王曾是杀人犯，命运注定他可能在任何场合死去。作为爱的礼物，狄俄倪索斯将滴着鲜血的酒神杖赠予帕勒涅。婚礼随之举行。

在庆典的喧哗嘈杂中，帕勒涅为西同啜泣。他也许残酷，却终究是她的父亲。温柔的狄俄倪索斯指着被鼠啃噬的二十人的头颅，以前他们皆为帕勒涅的求爱者。头颅悬挂在宫殿门前，如同庆祝丰收的第一批果实。为安抚她，神说她不应是如此残忍之人的女儿。或许她的生父其实是神明，比如赫耳墨斯（Hermes）[1]，或阿瑞斯（Ares）[2]。即便掷出这些言语，狄俄倪索斯已开始感到厌烦。他已击败帕勒涅。她已成为他的恋人。很快她便会成为他的忠诚追随者，与他人毫无二致。他仅体会了那一次的刺激，即发现自己正在尘土中与一名女子摔跤，他渴望得到她，却失去了掌控感。狄俄倪索斯渴

---

1 众神的信使，宙斯与迈亚之子。

2 战神，宙斯与赫拉之子，一说他是赫拉独自生下的。

望的，是难以得到的身体。

他独自回到山间，无法克制地去幻想一位健壮的、难以捉摸的女子，这女子必须有能力伤害他，正如他可伤害她一般。于厄洛斯而言，时机已经成熟，足以驱使狄俄倪索斯去追求一副更难得到的身躯。一阵狂风中，狄俄倪索斯感知到树丛间正藏匿着一个更为强壮，或许更为美丽的女子，甚至比摔跤手帕勒涅更饱含敌意：奥拉。他即刻明白这女子将从他的身旁挣脱。她将永不屈服。狄俄倪索斯随即决定单独行动。在寂静中，他摆脱那些喧闹的追随者。蜷缩在灌木间，他瞥见奥拉雪白的双腿在阴暗的叶子间迈进。四周有犬吠。狄俄倪索斯发觉自己正如一个女子般伤感。他从未如此无助。若与此女子攀谈，似乎就如与栎树谈话般毫无意义。松树根部有树精居住。树精告诉他需明察之事：他将永不得与奥拉同床。唯有在森林中，唯有当他绑缚住她的手脚时，他方可将她掌控。且他应当铭记，永远不要为她留下任何礼物。

精疲力竭的狄俄倪索斯进入睡眠，阿里阿德涅再次来到他的面前。为何他总是抛弃自己的女人，就如曾经对她的所为？为何，当他与帕勒涅在沙砾上摔跤时，他渴望得到那个女子，现在却已将她抛诸脑后？终究，忒修斯是更好的那一个。在离开前，阿里阿德涅做出讽刺之举。她将一枚纺锤交给狄俄倪索斯，令他将此作为礼物赠予下一位受害者。如是，有一天人们将说，她将线圈奉献给忒修斯，纺锤则赠予狄俄倪索斯。

又一次，热浪滔天。奥拉正在寻找一处泉水。狄俄倪索斯认为自己的武器中只有一件可能起效：酒。当奥拉的双唇探向泉水时，被一种未明的液体打湿。她从未品尝过类似的东西。目瞪口呆而麻木，她躺倒在巨木的阴影中，陷入沉睡。狄俄倪索斯趋前，光着脚，未发出任何声响。动作飞快地，他抽走她的弓与箭袋，将它们藏匿在一块岩石后。他无法克制自己的紧张。数日以来，他难以停止想念他熟识的另一女勇士尼开娅（Nikaia），有女美如斯，她的身躯胜过奥林匹斯的所有女神。她同样能将男人掌控，当牧羊人许谟诺斯（Hymnos）对她诉说爱恋与忠诚时，尼开娅用箭刺穿他的咽喉。歌声在树林中回荡，犹如摇篮曲："英俊的牧羊人已逝，美丽少女赢得了胜利。"这些唱词回荡着，萦绕在狄俄倪索斯的脑海中，他正谨慎地用绳子绑缚奥拉的双足。随后，他用另一根绳子缠绕奥拉的手腕。奥拉仍在睡眠中，处于饱腹后的陶醉里。她的手脚被缚，狄俄倪索斯将她占有。她的身躯全然放松，在裸露的土地上安睡。这片土地不断起伏着，树神摇动起松枝，庆祝他们的结合。当狄俄倪索斯从她身上获取巨大的欢愉——一种因卑鄙之行而愈发强烈的快乐时，女勇士正深入一个混乱的梦境，紧随她的另一个梦。她的双臂软弱无力地环绕着阿佛洛狄忒与阿多尼斯，它们逐渐收紧，甚至与异己的肉体纠缠成结，她的手腕因一种可怕的痉挛而痛苦抽搐，而这痉挛源自快感，可这快感并不属于她，却是他们的，经由手腕处相连的血管传递过来。与此同时，奥拉看见自己的头颅低垂，如同那被缚的母狮。她同意了对自己的毁灭。狄俄倪索斯从她的身体中退出，仍不发出丝毫声响，踮着足尖，他找到奥拉的弓与箭袋，将它们放回她赤裸的身躯边。他除去她手足的捆缚，然后径直回到林中。

奥拉苏醒时，见到自己裸露的腿，又看到遮盖前胸的束带散开。她发觉自己已近乎疯狂。大喊着，她迈向溪谷。正如她曾射死狮子与野猪一样，她的箭射向牧羊的人们。每至一处，她的身后便血流成河。她射死所见的每一位猎人。走进一片葡萄园中，她杀死在此劳作的农夫，因她知晓他们是狄俄倪索斯的追随者。那位神是她的敌人，虽然她自以为从未与他谋面。当她找到一座阿佛洛狄忒的神庙时，她鞭笞女神的雕像，然后从底座上举起雕像，将它掷进桑加瑞斯河的湍流，那鞭笞的痕迹仍缠绕在大理石的侧面。随后她再次躲进森林。她试图想出是哪个神将她强占，然后将他们一一咒骂。她将把箭射入他们的神庙。她要杀死神明，从阿佛洛狄忒与狄俄倪索斯开始。至于阿耳忒弥斯，她仅配得到嘲讽：这童贞女神未能保护她，正如她不知如何回应奥拉对她丰满、肿胀的双乳做出的并非戏谑却着实有趣的评价。奥拉试图将自己的子宫剖开，刮除那陌生人的体液。她毫无防备地站在一头母狮前，可母狮并不认为她值得猎捕。她想找出谁是她的"恋人"，好让他吃掉他们的孩子。

　　阿耳忒弥斯降临，面露嘲讽。她模仿奥拉沉重、缓慢的步伐，即怀有身孕的女子走路时独有的姿态。奥拉那矫健、轻盈的步伐去了哪里？不能飞奔，奥拉又将前往何处？阿耳忒弥斯询问奥拉，她的恋人狄俄倪索斯，为她留下了什么礼物？他是否给过她一些拨浪鼓，好让他们的孩子把玩？女神旋即消失。奥拉继续四处游荡。很快，她就感到生产的第一次阵痛。阵痛持续着。在奥拉受苦之时，阿耳忒弥斯又现身对她模仿。奥拉生下一对孪生子。狄俄倪索斯为此感到骄傲，却害怕奥拉将孪生子杀死。他造访女猎人尼开娅。他也曾对她用酒，将她在睡梦中占有复而遗弃，如他对奥拉做的那样。她也为狄俄倪索斯诞下一个女孩，名为特勒特（Teleté），意为"启蒙""终极的成就"。

　　重复，于神明而言，是其权威的标志，是某种必要的封印。尼开娅，那奇妙的少女，曾令鲜血从无害的牧羊人喉咙喷出，只因他胆敢对她表白几句爱意，而今她却在织布机前工作，与一位贫穷妇女无异（狄俄倪索斯是否应将阿里阿德涅的纺锤赠予她？）。但现在，尼开娅将目睹另一位女猎手的悲惨结局。狄俄倪索斯称，现在她可以在忝列神圣序列之想象中得到慰藉。但她的角色并未终结于此：她必须成为神的共犯，帮助他解救即将被奥拉杀死的孪生子，起码解救他们中的一个。这世界，这整个世界，树林外的那个遥远世界，充斥着神庙、船只、商人的世界，正在等候两个新生儿的到来：一位是尼开娅的女儿，特勒特；另一位是孪生子中的一个，而兄弟二人此刻正落在被痛苦逼疯的奥拉手上。

奥拉将两个新生儿举向天空，抛向那曾伴随她跑过整个生命的风，试图将孩子们献给清风，希望他们被摔成碎片。她又将他们奉给一头母狮，希望他们被吞噬。但一头黑豹进入了巢穴：这动物正温柔地舔舐两个婴孩，并为他们喂食，与此同时，两条蛇守卫起洞穴的入口。于是奥拉又将孪生子中的一个举在手心，将他掷向天空，在他跌入尘埃时，又跃上他的身躯，将他碾成碎片。惊恐的阿耳忒弥斯前来干涉：她将孪生子中的另一个带走，然后潜入森林，怀中初次抱着一个婴孩。

奥拉再次孤身一人。她沿着桑加瑞斯河岸向下游去，将弓与箭袋丢入水中，然后将自己溺毙。波浪盖住她的身躯，水花在其胸前飞溅。阿耳忒弥斯将幸存的孩子带给狄俄倪索斯。这位父亲带着由两位在梦境中被他强占的女子所生的后代，去往祭祀之地。甚至连雅典娜都将那年幼的男孩怀抱在她童贞的双乳前。她将孩子递给来自厄琉西斯城的追随者。在阿提刻，人们以他的名义燃起火炬。他被命名为伊阿科斯（Iacco），"现身厄琉西斯城的新生儿"。有幸见到他的人都将变得幸福。而那些未见到他的人，似乎从不知幸福为何物。

此时此刻，狄俄倪索斯的漫游与征服亦已告终。现在，他将去往奥林匹斯山巅。时而他会发觉自己仍在思念阿里阿德涅，在登山途中他编织了一枚花环以示纪念。然后他在十二主神的桌边坐下，座位在阿波罗一旁。

狄俄倪索斯的初恋是一名少年，名为安珀罗斯（Ampelo）[1]。少年与年轻的神明及萨堤洛斯（Satiro）[2]在吕底亚（Lidia）[3]的帕克托罗斯（Pattolo）河滨嬉水。当安珀罗斯露出水面时，狄俄倪索斯注意到他的长发垂在脖颈，身躯焕发着光彩。他望见安珀罗斯正与一个萨堤洛斯摔跤，四足纠缠，他顿感嫉妒。他希望自己是与安珀罗斯扭打的唯一一人。他们是些"撩拨情欲的竞技者"，把对方摔倒在地。狄俄倪索斯十分喜欢安珀罗斯将其摔倒并坐在自己裸露腹部的时刻。然后他们在河中游泳，将皮肤上的尘土与汗水洗尽。此乃他们发明的新竞技，而安珀罗斯总是获胜。安珀罗斯把蛇编成王冠戴在头顶，正如他的好友所做的那样。他也模仿狄俄倪索斯穿起一件斑驳的束腰外衣。他学会与熊、狮子以及老虎对话，狄俄倪索斯亦鼓励他这么做，但有一天狄俄倪索斯将警告他，"你不必畏惧野兽，"他说，"但需提防那残忍牡牛的犄角。"

某一日，狄俄倪索斯在独处时，眼前浮现一个场景，他将之视作预兆。在岩石间，一只长角的龙现身，身负一头鹿。它将这生灵抛向石质祭坛，把一只角刺入这具无力反抗的肉体。石头上血流成池。狄俄倪索斯目睹此景，感到悲伤，但伴随悲哀而来的，是他抑制不住想要大笑的渴望。他的心似乎被分作两半。当他再次找到安珀罗斯时，他们像往日一样四处游荡，共同狩猎。安珀罗斯喜爱吹奏牧笛，但他的演奏不堪入耳。狄俄倪索斯却从不厌倦赞扬他，因为在被称赞时，安珀罗斯会望向狄俄倪索斯。有时安珀罗斯也会记起狄俄倪索斯关于牡牛的警告，可这警告越来越不足道。现在他已熟识所有野兽，何况它们都已成为他的好友：究竟为何不能将牡牛

---

1 由一个萨堤洛斯与一个宁芙所生。
2 狄俄倪索斯的随从们，是半人半羊的神，以酒神杖与长笛为标志。
3 位于小亚细亚中西部的古国。

也视作朋友？终于有一天，他独自外出，在岩石间遇见一头牡牛。这口中干涩的动物正耷拉着舌头。牡牛饮水，然后盯着少年，打起响鼻，唇边滴着唾液。安珀罗斯试着握住它的犄角。他制作了一套鞭子与缰绳，将一块斑驳的毛毡放置牛背，然后爬了上去。片刻中，他体会到一种其他动物从未带给他的得意感。但是塞勒涅（Selene）[1]感到了一丝嫉妒。她自天穹向下俯瞰，并送去一只牛虻。牡牛被牛虻蜇咬，顿时疾驰，试图摆脱那难耐的刺痛。安珀罗斯无力驾驭这野兽。伴随最后一次颠簸，他被摔在地上。他听到自己的喉咙如枯枝般折断。牡牛顶着他，犄角在少年的肉体中愈刺愈深。

狄俄倪索斯在尘土间找到安珀罗斯，他浑身是血却美貌依旧。萨堤洛斯们围聚成圈，为他恸哭。但狄俄倪索斯无法加入他们。哭泣并非他的本性。他意识到自己是不死的存在，无法追随安珀罗斯前往冥界。一次又一次，他对自己发誓，将用酒神杖把那牡牛击成碎片。厄洛斯伪装成一个萨堤洛斯，前来安抚狄俄倪索斯。他说一条爱情的断弦唯能被另一条弦治愈，狄俄倪索斯应当看看其他地方。当一枝花枝被剪下，园丁将补植另一株。现在，狄俄倪索斯正为安珀罗斯哭泣。这意味着一些事的发生已悄然改变他的本性，以及这世界的本质。

彼时，时序女神们（le Ore）[2]正急于奔赴太阳神赫利俄斯（Helios）的居所。有迹象表明，那神圣的转轮将发生新的变化。是时候垂询哈耳摩尼亚（Armonia）的石碑了，在那里，法涅斯（Fanes），那原始神的手指早已刻下世间万事之序列。赫利俄斯为她们指出挂在房屋一面墙上的石碑。时序女神们查看其中的第四块：其上刻画着狮

1　月神，月亮的化身。
2　宙斯与忒弥斯的女儿，摩伊赖（命运女神）的姊妹，共有三人：欧诺弥亚（法纪）、狄刻（正义）、厄瑞涅（和平）。

子、处女，以及加尼米德（Ganimede）[1]，他正端起一只杯子。她们解读这图像：安珀罗斯将变为葡萄藤，他把眼泪带给那从不流泪的神，也将把快乐带到世间。听闻这些，狄俄倪索斯恢复了常态。当从安珀罗斯身上长出的葡萄成熟时，他将摘下第一串果实，并把葡萄在手中温柔地捻碎，动作娴熟。他看见一道红色液体在掌中蔓延。他轻舐手指，心想，安珀罗斯，你的死亡恰展现了你身躯的美。哪怕坠入死亡，你都不曾失去那玫红色。

没有其他神明，不论是雅典娜与她那素净的橄榄树，或是得墨忒尔（Demetra）[2]和她那富含营养的面包，能奉上堪与这饮品媲美之物。这正是生命中曾经失去的，并且是生命正期待的：迷醉。

…

狄俄倪索斯四周挤满了年轻人，追随者簇拥着他，满怀兴奋。他向那克索斯岛咆哮，现身在被弃的阿里阿德涅面前。厄洛斯紧盯着他，如同一只寻找花粉的黄蜂。追随神的女子手举叶状的酒神杖，还有年轻牡牛带血的碎肢，以及一篮篮祭品。狄俄倪索斯曾来过阿提刻，无人遗忘他在此地的作为：他为凡人揭示了琼浆的奥秘。他所留下的，是那非凡的饮品，以及又一位被弃少女的遗体。在他离开时，厄里戈涅（Erigone）缢亡在一棵树上。但她的故事无法穿插进任何高贵的画面，也不会伴随诗人的吟唱而流传。厄里戈涅并不拥有自己的诗人，直到很久以后，才有两位被同时代人压迫的古代世界学者，认为自己身负义务，要写那迄今未被讲述的故事。他们

---

1 神话中最美丽的少年，达耳达诺斯的后代。被宙斯带到奥林匹斯山，成为在众神席间斟酒的侍童。
2 司丰产与农业的女神，克洛诺斯与瑞亚的女儿，与宙斯生下佩耳塞福涅。

是埃拉托色尼（Eratostene）[1] 与诺努斯（Nonno）[2]，两位埃及人。

制作面包的奥秘在阿提刻被得墨忒尔泄露，人们决定用一个神圣之所，即厄琉西斯城，来将此事纪念。酒液的奥秘在阿提刻被狄俄倪索斯泄露给凡人，对这个日子的纪念，却仅有一场伴随面具、玩偶与秋千的仪式。这件事中有隐晦之处，庆典仪式传达了一种玩闹的气氛，看似幼稚，却暗藏不祥。

在阿提刻一位老园丁伊卡里俄斯（Icario）的家中，狄俄倪索斯以"未知宾客"（Ospite Sconosciuto）的角色现身。伊卡里俄斯与女儿厄里戈涅一起生活，他热爱培植新品种的草木。他们的屋舍简陋，但如亚伯拉罕欢迎天使来到时脑海中始终牢记要随时为他的客人备好一间空屋一样，伊卡里俄斯以相同的姿态迎接陌生人进屋。如此虔诚，足以回馈给他任何礼物。厄里戈涅立刻离开，去为宾客挤羊奶。狄俄倪索斯温柔地制止她去做有朝一日将被一位文献学家定义为"可爱的失态"（un adorabile *faux pas*）的事。他将向她的父亲透露一桩从未被人知晓的事物：酒，"作为对他的公允与虔诚的回赠"。现在厄里戈涅为她的父亲满上一杯又一杯这新奇饮品。伊卡里俄斯感觉甚妙。狄俄倪索斯向他解释，这种新饮品或许比得墨忒尔带给其他农夫的面包更具魔力，因为它既可使人清醒，也可令其入睡，融化那折磨人心的苦痛，使其流散飞逝。现在伊卡里俄斯的任务是将此物传授给他人，就如特里普托勒（Trittolemo）曾传播谷物的奥秘一样。

是否就在此时，狄俄倪索斯将厄里戈涅诱惑？我们无从得知。

1　前276—前194，古希腊数学家、历史学家、地理学家、诗人，久居埃及。
2　约公元4世纪末—5世纪初，罗马帝国时代的史诗作家，著有《狄奥尼西卡》。

就像海难后漂浮在水面的一片废料，唯一提及这桩风流韵事的，只有奥维德[1]的一行诗。无礼的阿剌克涅（Aracne）[2]向雅典娜发起一场织锦挑战。在她挥舞的布面上绣着欧罗巴被牡牛劫走的场景：你能瞧见少女的双脚惊慌地在水面抬起。还有天鹅羽翼下的勒达（Leda），以及黄金雨滴中的达那厄（Danae）[3]。它还展示了被鹰爪攫起的阿斯忒里亚（Asteria）[4]，以及厄里戈涅，她正被狄俄倪索斯用葡萄戏弄（*falsa deceperit uva*，**被伪造的葡萄愚弄**）。除此以外奥维德再未给我们留下只字片语。出于蔑视，阿剌克涅的织物图案均包含那些羞辱诸神的故事。厄里戈涅，终究被那神奇的葡萄引诱和欺骗。另有作者告诉我们，狄俄倪索斯与厄里戈涅育有一子，名为斯塔菲罗斯，"一串葡萄"，但这名字也被其他作者归于狄俄倪索斯与阿里阿德涅之子。

伊卡里俄斯遵照狄俄倪索斯的吩咐，坐上二轮马车，出发前往阿提刻各地，向人们展示这植物及其琼浆。在一个夜晚，他与一些牧羊人共饮。他们中的一些人沉沉睡去，似乎永远不会苏醒，剩下的牧羊人开始怀疑伊卡里俄斯另有所图。或许他此行的目的是将他们毒死并偷走羊群？他们涌动起杀戮的冲动，将伊卡里俄斯包围。一人抄起镰刀，另一人手持铁锹，第三人手里是斧头，第四人则拿

---

1 普布利乌斯·奥维修斯·纳索（Publius Ovidius Naso，前43—17），通称奥维德，奥古斯都时代的诗人，长诗《变形记》讲述了古希腊、罗马神话故事。
2 罗马神话中的人物。吕底亚姑娘，其父亲伊德蒙是知名的染匠。阿剌克涅擅长纺织，且不愿将技艺归功于神明，因此与弥涅尔瓦（对应希腊神话中的雅典娜）进行编织比赛。其作品无可挑剔，图案均反映神明的丑事，因此惹怒女神，被变成蜘蛛，一直织网。
3 阿耳戈斯国王阿克里西俄斯的女儿，宙斯常化作金雨与达那厄相会，她因此生下佩耳修斯。
4 提坦神，提坦神科俄斯与福柏的女儿。

41

着一块巨石。他们一齐向这位老人猛击。然后，为了结他的生命，他们用烤肉的扦子刺穿他的身躯。

伊卡里俄斯躺在地上，濒临死亡，他记起不久前发生的一些事。狄俄倪索斯教会他如何种植葡萄藤并照料它们。伊卡里俄斯观察它们的生长，心怀对待自己所植树木的同样热忱，期待自己亲手将葡萄汁液挤出的一刻。一日，他捉住一只啃食葡萄叶的山羊。他怒火中烧，将这动物就地处死。现在他意识到，那山羊正是自己。

还发生了一些事，亦与那山羊有关。伊卡里俄斯将它剥皮，并披上这外皮。与其他农夫一道，他围着山羊破碎的尸身即兴起舞。濒死的伊卡里俄斯并未领悟到这举动正是悲剧的源头，但他着实已感受到山羊的死亡与将在自己身上发生的事紧密关联。牧羊人围绕着他，每个人以不同的凶器发起攻击，直到他看到了那即将刺伤自己心脏的扦子。

有关此悲剧起源的所有重构，最后皆直指这一对矛盾。一面是埃拉托色尼的评述："彼时，阿提刻的居民第一次围绕山羊舞蹈。"这里，悲剧似乎包含了**围绕**山羊的歌唱与舞蹈。但是亚里士多德说，早期的悲剧是**山羊**的歌唱与舞蹈。一场围绕此矛盾的古老却并无意义的辩论将延续数代，可这对矛盾实际上并不成立。"如果有人想装扮成一个萨堤洛斯（一只山羊），他应首先杀死一只山羊，并将其剥皮。"事实上埃拉托色尼与亚里士多德讲述的是同一桩事，只不过亚里士多德省略了这过程的第一步，即决定性的一步：山羊的被杀。由此，于埃拉托色尼而言，就像第一次对地球圆周的精确再现，我们同样需要一个对悲剧发展过程的极简定义。它应包含三个阶段：伊卡里俄斯杀死山羊；伊卡里俄斯剥下羊皮，并将一部分羊皮充气，制成葡萄酒囊；伊卡里俄斯与他的朋友们围绕山羊起舞，身披羊皮条，并在葡萄酒囊上踩脚。因此，**围绕**着山羊的舞蹈，也正是**山羊**的舞蹈。就如一个漫长、曲折而又晦涩的过程，忽然在我们每个人的眼前被分解成一些基础元素，而这些元素却有可能释放巨大的能量。

在后来化为星座的所有女子中，厄里戈涅最为穷苦，最不为人所知。她也被唤作阿勒忒斯（Aletis）：她是流浪者，是徘徊的灵魂，是乞丐。而这女子的爱犬迈拉（Maira），却将在夜晚的天空中占得一个重要席位，成为一切悲剧、一切福祉的中心：它将成为天狼星（Sirio）[1]。一日，厄里戈涅被迈拉的呜咽唤醒。她的父亲于数月前失踪。女儿四处找寻，走遍遥远而广袤的大地，无言徘徊。她感到迈拉正拖曳自己的衣角。犬只想带她前往一个地方。它领她来到一口井前，井在巨木之下，伊卡里俄斯的遗体被抛弃在井中。厄里戈涅将他埋葬。接着她爬上巨木，然后自缢。迈拉在此守候。它看护着两具遗体，直到将自己饿毙。

很快，离奇的自杀行为风靡一时，几乎成为阿提刻的梦魇：就像在韦德金德[2]笔下的德国，学生们在春日来临时自杀；在雅典，年轻女孩们开始上吊，却并不出于任何确切原因。阿波罗的神谕给出补救的建议：他们必须采用一种仪式，向那悬于井边巨木枝丫的农夫之女致敬。在场地中央应有一座秋千。树上悬挂着玩偶与面具，在风中摇曳。

---

1 伊卡里俄斯的忠犬迈拉在死后变成了天狼星，它的出现意味着一年中最炎热季节的到来。
2 本杰明·弗兰克·韦德金德（Benjamin Franklin Wedekind，1864—1918），德国剧作家。《春之觉醒》是他的第一部重要作品，批判19世纪德国的性压抑文化，剧中有多个年轻人物自杀。

同时，谋杀伊卡里俄斯的凶手们逃亡至喀俄斯岛（Ceo）。恰逢一年中天狼星成为黄道宫的支配星座，天气在此时尤显酷热。岛屿正经受一场毁灭性的热浪。万物燃烧，生命枯萎。这一次，阿波罗通过喀俄斯岛的国王，他的儿子阿里斯泰俄斯（Aristeo）[1]传话，谋害伊卡里俄斯的凶手们必须受到惩罚。在他们被处死后，立刻刮起一阵凉爽的**北季风**（*meltemi*），希腊重归生机。经此，这风每年都将在酷热难耐的时日重返。

站在岩石上，阿里阿德涅望着秋千上的淮德拉。她们的母亲帕西淮会自缢。阿里阿德涅会自缢。淮德拉会自缢。厄里戈涅会自缢。厄里戈涅并非公主，但她将作为被绞死的女子升天。室女座（la costellazione della Vergine）是她在神界的归属。天空中，阿里阿德涅就在近旁，却是以狄俄倪索斯新娘的身份。厄里戈涅令我们想到那第一位自缢的女子。我们再次回到秋千。这个意象的原型是《梨俱吠陀》中曾提及的"天空中的金色秋千"。每一次，当太阳攀至极点，都面临失控的危险：世界开始战栗，因为那天体也许不会掉头，而是沿着轨道顺势运行，被自身的动量带走。日轨的位置十分精准，我们可以看到那弧线在天际仿若一道黄金秋千。在抵达摆动的极限时，太阳便会回转，犹如秋千上的雅典少女，正被一个萨堤洛斯推动。然这一切的发生必将伴随一些人的死去。一些受害者本身戴罪，就如谋杀伊卡里俄斯的人。但是，在他们之前，必须先有一个全然无辜的受害者：厄里戈涅。在自缢女子那垂直的痉挛中，秋千停止了摆动。

垂挂着厄里戈涅遗体的树木不能单以巨大来形容。它广阔无边，

---

1 阿波罗与宁芙库瑞涅之子。

覆盖整片大地，枝杈探入星际。苍穹中，厄里戈涅手握一把谷穗。她拒绝接受葡萄，因它将死亡带给她的父亲以及她自身。伊卡里俄斯最后的话语是"那甜蜜的（狄俄倪索斯）是厄里戈涅的敌人"。那吊死的遗孤，令我们想起这死亡，它并非生命的单纯回归。这死亡将在空中一直漫游，伴随逝者的魂魄，以及悬挂于树上的玩偶与面具。

厄里戈涅是一位伊西斯（Iside）[1]，被关于颠倒的神秘法则支配，故而恰位于天后赫拉的对立面。尘世中，厄里戈涅代表贫穷的流浪孤女的全部赢弱。伊西斯也曾是世间的乞讨者，彼时她正在世间寻找俄西里斯（Osiride）的骸骨。苍穹中，伊西斯与厄里戈涅发现她们同处于一片星云中：室女座。在天狼星中，她们都看见曾为自己提供帮助的犬只：在伊西斯的故事里，那是阿努比斯（Anubis）[2]，在厄里戈涅的故事里则是迈拉。俄西里斯过世后，伊西斯从头发中扯出一绺；而在伊卡里俄斯死后，厄里戈涅亦从头发中扯出一绺。离室女座与天狼星不远，我们能看到那些发绺叠垒在后发座（la Chioma di Berenice）中，该星座亦被称为"发绺"，甚至是"阿里阿德涅之绺"。诺努斯使用了 *bótrys* 一词，既有一束头发的意思，也可指代一串葡萄。狄俄倪索斯从未让厄里戈涅从他的身畔逃离，甚至在苍穹中也是如此。他存在于以示哀悼的礼物中。

1　古埃及神话中最重要的女神，俄西里斯的妹妹与妻子。俄西里斯被塞特（Set）杀死并剁成碎块撒遍埃及，悲痛的伊西斯到处奔波收集他的尸骸。俄西里斯在复活后成为冥王。
2　古埃及神话中的死神与信使。以胡狼头、人身形象出现在古埃及及壁画中。

因安塞斯特里昂节（le Antesterie）[1]之故，狄俄倪索斯将抵达雅典，由亡灵相伴，并与它们一道消失。那些被封印的巨大瓮罐将被打开，新酒流淌。人们用驴车载着新酒，来到沼泽地中的狄俄倪索斯神庙。他们将礼拜神明。此地颇为神秘：小神庙伫立之处本无泥沼，从未有过。但神明居住在不同于我们的世界里，狄俄倪索斯将现身的泥淖就连接那个世界。农夫，奴隶，还有被地主雇用的劳动者聚集在一起。人们起舞，等待宴会开始。神庙将在日落时分打开，一年中仅有此日，神庙的大门会一直大敞。此日天气阴郁，门上新抹的黑色柏油总让人想起在四周游荡的魂魄，它们最终将被驱散。其他的神庙均已关闭，大门用绳索紧紧拴住。一种疲麻感正攥紧城市的心脏。

夜晚，有号音传来，饮酒竞赛开始。"国王畅饮，皇后欢笑。"但他们在饮酒时并不言语，无歌唱，也无祈祷。屋檐下，数百人各自携带着硕大的酒囊。这与祭祀时传令官所要求的寂静丝毫无异。甚至连孩童也拥有自己的餐桌，自己的酒囊，并安坐在静默中。一位不可见的客人正与他们同在：俄瑞斯忒斯（Oreste）[2]，不洁者。他曾前往雅典寻求庇护。无人胆敢邀他进屋，亦无人胆敢将他驱逐。雅典人喜爱罪犯。那弑母者独自坐在桌边，不必与他人分享酒浆，在沉默中独饮。那是这场宴会的第一天：酒盅日[3]。酒与血液一同流淌，情景一如伊卡里俄斯被牧羊人杀死之时。酒壶被打开，酒神的

---

1 雅典人纪念狄俄倪索斯的四个节日之一，在阿提刻历（雅典历）的八月十一日至十三日举行，约对应太阳历二月中的日子，庆祝春日的来临和葡萄酒的酿成。节日中的三天分别为开坛日（Pithoigia）、酒盅日（Choës），以及瓦钵日（Chytroi）。
2 阿伽门农与克吕泰涅斯特拉之子，为给父亲复仇，他杀死了母亲和她的情人埃癸斯托斯，受到复仇女神的惩罚。他的保护神阿波罗为他举行净罪礼并让他前往雅典，寻求雅典娜的庇护。
3 此处作者把节日的第一天写作酒盅日（Choës）。

崇拜者不仅令酒液流淌，也将亡灵释放。她们伪装在面具下，四处游荡，且一般为女性：宁芙，或是狄俄倪索斯的其他造物。她们索要食物与琼浆，就如乞讨的厄里戈涅。她们的要求都将得到满足。宴庆的最后，人们带着酒囊与石楠王冠回到狄俄倪索斯神庙，形如被损坏的玩偶。夜晚，人们在火把的光芒中蹒跚前行，就像被国王选中的十四位尊贵夫人，篮子中藏着她们的秘密誓言。接着是另一支队伍，从神庙来到阿哥拉（ agorá ）[1] 执政官（Arconte Re ）[2] 的屋宇中。在那里，在巴赛勒斯（Basileus ）[3] 的床褥上，狄俄倪索斯将代替那男子占有王后，巴赛林娜（Basilinna ）。此地并非神庙，而是一位重要执政者的宅邸，那王后也并非神明的女祭司。一整夜，狄俄倪索斯擅自现身于一位重要公民的卧榻。他在那一天抵达比雷埃夫斯港（Pireo ）[4]，如同一位远道而来的水手。他的船被庄严地拖曳着，直抵城市。然后，他要寻求一晚隐蔽的欢愉。仍旧湿漉漉的船头强行挤进城市中央，抵在一间卧房的大门上。

　　这就是狄俄倪索斯。他总是出人意料地降临，然后将一切占有。这是一桩极大的丑闻，一方面巴赛勒斯之妻恰是一个声名狼藉的交际花的女儿，甚至算不上是一位雅典人。她的母亲名为涅艾拉（Neera ）；一次次，她出卖肉体，并很快计划要将女儿也售卖，直到她的丈夫，一个拉皮条的谄媚者，将其许配给古老的克洛尼得斯（Coroinidi ）家族中的一员，一位雅典男子，未来的巴赛勒斯。因此，神意识到自己正被一个熟于应付买家与皮条客的少女迎接。

1　古希腊城邦中的经济、文化、社交中心，常位于城市中心。字面意思为"聚集之地"或"市集"。

2　即后文的巴赛勒斯。

3　古希腊文的音译，意为"王"；巴赛林娜，意为"王后"。

4　雅典的外港，位于萨罗尼科斯湾。

受到阿耳戈斯诸女子的召唤，狄俄倪索斯化作牡牛踏海而来。在诸神中，狄俄倪索斯最善于应付女子。他的敌人们"曾言他泄露宗教的秘密，并将其传授，以此诱惑属于旁人的女子"。假使美惠三女神（Cariti）会为他带来礼物，那将是一件女式长外衣，即女子的束腰外衣。狄俄倪索斯不会像猎食者般现身在女子面前，将她掌控于怀，又忽然离开，不留踪迹。相反，他总将她们引诱，因生命的能量总会自发地向他聚集。来自葡萄藤的琼浆属于他，生命的琼浆亦如此。"统治一切润泽之物"，狄俄倪索斯自身即一条流动的河，将我们环绕。"为女人发狂"，诺努斯，最后一位颂神的诗人，常如此评价他，"为少女发狂"。带着基督徒的恶意，亚历山大的克雷芒（Clemente Alessandrino）将狄俄倪索斯称作"女阴的触摸者（*choiropsálēs*）"：他的手指令其颤动如竖琴的细弦。西锡安人奉他为"女性之主"。狄俄倪索斯是唯一不必自证男子特质的神明，即便在战事之中亦是如此。他的军队开赴印度时，看起来就如一群喧闹的女子。

...

狄俄倪索斯阳具的图像具有迷幻性，而非胁迫感。它形似一只真菌，或自然界中的一只寄生虫，又或是填充在酒神杖空腔中的毒草。它并无半点作物应有的诚实，它不会伸向伊阿西翁（Iasione）与得墨忒尔交媾的犁沟，亦不会前往那繁茂的丰收之地。它现身于最棘手的林中。如一个金属尖端，它藏匿于无害的绿叶之下。它并不有赖于迷醉而生长，但生长却伴随着醉意，如高脚杯中满盛的琼浆。狄俄倪索斯并非实用性的神明，那些神明可将万物编织串联，他却行事散漫，并时常解开那些联结。编织者是他的敌人。然而，将有一刻，编织者会丢下纺织机，仓皇地追随他进入山林。狄俄倪索斯是那河流，我们可在远处听闻其流淌，那来自远方的、从未间断的轰鸣；有朝一日，它将泛滥，冲刷一切，就像在通常的情形中，事情终会水落石出。那是一种关于存在的清晰界定，但水落石出仅是一个简单插曲，转瞬之间，真相即被淹没。

数世纪来，诗人、哲学家以及神话作者，不断叙述并扩写故事的诸多变体，它们皆源自女神沐浴时被窥视之场景：或是阿耳忒弥斯被阿克泰翁（Atteone）[1]偷窥，或是雅典娜被忒瑞西阿斯（Tiresia）[2]端详，又或是佩耳塞福涅被宙斯监视。但直到我们听闻异教徒世界的丧钟鸣响，直到君士坦丁（Costantino）[3]之后的一个世纪，诗人诺努斯才揭示了发生在女神沐浴之前的故事。并非仅是午后的炎热驱使这些神格化的躯体浸入水中。在塞墨勒（Semele）的版本中，她需要洗净身上的血污。

这一切因何而起？在忒拜（Tebe）[4]的街道上，公主塞墨勒正用一条银鞭驱赶她的骡群。忽然间，她想起前一晚的奇异梦境。有一株巨木，叶间探出一只硕大却未熟的果实，果实满沾露水。一道闪电劈下，树干燃成灰烬，但那果实却被保留，且完好无损。她瞥见飞鸟的羽翼，飞鸟夺走果实，将其携上天空。苍穹中，天堂的幕布裂开，出现男性的一双腿，然后是一只手，将那果实缝合进腿股，并

---

1 阿里斯泰俄斯与奥托诺厄之子，被马人喀戎培养为一名著名猎手。有一天他在围猎结束后无意中来到狩猎女神阿耳忒弥斯常去的森林，看见了正在沐浴的女神。阿耳忒弥斯非常生气，将阿克泰翁变为一只麋鹿，被她的猎犬咬死。
2 传说忒瑞西阿斯的母亲是雅典娜的侍女。一天，忒瑞西阿斯打猎经过时无意中看到雅典娜的裸体，被女神捂住眼睛，于是失明，作为补偿，他被赋予预言能力和长寿。
3 弗拉维·瓦莱里乌斯·奥勒里乌斯·君士坦丁（Flavius Valerius Aurelius Constantinus，280—337），罗马帝国皇帝。
4 古希腊中部玻俄提亚地区的城邦，一译"底比斯"，传说由卡德摩斯创建。

将其隐藏在黄金带扣之下。随后那肿胀处爆裂，突现一物，牛首人身。塞墨勒知晓，自己正是那巨木。

她将此梦境告诉父王卡德摩斯（Cadmo）。卡德摩斯派人去请忒瑞西阿斯。塞墨勒猜测他会建议举行一场祭祀。不论发生任何奇怪或可怖之事，你都需要杀死一只动物。但什么动物才最恰当？一头牡牛，忒瑞西阿斯道。塞墨勒需亲手将其献祭。她点燃祭坛的火炬。她离那牡牛极近。当它被杀死时，鲜血喷涌而出，溅满她的腹部。她抚摸着发辫，感到一股黏稠。塞墨勒向下望去，发现自己的衣衫已被鲜血浸透。于是她奔逃，穿过高高的芦苇丛，奔向阿索波斯河（Asopo）[1]。片刻过后，那些鲜血已被洗去。自小她就在这河中沐浴，她泅水，头颅冒出水面，逆着水流，将夜晚的噩梦抖落在风中。

宙斯被爱情啃噬着，在苍穹中注视正在游泳的塞墨勒。忘却了在脚下铺展的土地，他凝视那汪水，以及在其中游动的少女。她的骡群正耐心地等候主人，宙斯和它们一样探头张望。神的双眸扫视她湿滑的肌肤，从脚尖直到袒露的脖颈，唯克制地避开了那神秘的腹股沟。他的目光徘徊在她如盔甲般闪亮的前胸。她的乳尖似掷出的标枪，投进被厄洛斯打开的创口。片刻间，宙斯以为自己看见的是另一位公主：他从西顿劫走的欧罗巴。不，她不是欧罗巴，虽然两人血脉相连：卡德摩斯是欧罗巴的兄弟——但最重要的是，她们拥有同样闪耀、华美的光芒。在宙斯的幻想中，他正离开天穹，去塞墨勒身畔游泳。他难耐地望着太阳。直到夜幕降临，他方可前往塞墨勒的床帏。

夜幕中，守护着忒拜王宫的障栏悄然升起。宙斯在塞墨勒的床

---

1 阿索波斯是波塞冬与佩洛（一说俄刻阿诺斯与忒堤斯）之子，是同名河流的河神。

上伸展肢体，首先化身为一头长着人类四肢的牡牛，随后又幻化为一只黑豹，接着是一个鬈发间绕着葡萄蔓的年轻男子。最终他选择了完美的形态：一条巨蛇。宙斯拖延着他们的结合，如同一些没有结尾的故事，一场有关神明生活的排演就要重新开始。巨蛇滑过塞墨勒颤抖的躯体，缓缓卷过她的脖颈。然后，缠绕着她的胸脯，用他带鳞的腰环绕她的乳房，他洒向她的并非毒液，而是蜂蜜般的琼浆。现在，巨蛇将吻压向塞墨勒，一滴甘露淌在她的舌尖，令之沉醉。葡萄蔓不间断地在她的床帏萌发。黑夜中响起击鼓声，大地露出微笑。狄俄倪索斯被孕育之时，正值宙斯发出一声呼喊，在今后数百年，人们都将如此欢呼："哦嗬!"

III

得罗斯岛（Delo）[1]是岩石堆叠而成的荒凉之脊，它在海上漂浮，一如阿福花的茎秆。除了阿波罗降生于此，连被奴役的少女都不会在此埋藏自己的耻辱。在勒托（Leto）[2]之前，唯有海豹曾在这凄凉的岩石上诞子。一束棕榈叶被这位母亲紧攥手中。她孤身一人，在稀薄的草地上分开双膝。阿波罗随之降生，万物披上金色，从头开始，甚至连河里的水流也变得金黄，橄榄树叶亦是。这金色的光芒一定已到达海底深处，因它如船锚一般，将得罗斯岛固定在海床上。自这一天起，岛屿不再漂浮。

如果说奥林匹斯山与诸神的其他居所不同，这要感恩三位不凡的神明：阿波罗，阿耳忒弥斯，雅典娜。在一项职责上，他们皆不可或缺，这些独断而独一无二的守卫者，会撕破那轻薄的不透明帘幕，即环绕周身的自然力。珐琅和空洞，轮廓，箭。这些是构成他们的要素，而非水或土。奥林匹斯的不凡神明皆有自己的孤独。阿波罗、阿耳忒弥斯、雅典娜隐匿在自身的灵光中，向前行进。计划要侵扰那里的世界时，他们向大地张望，否则他们的目光是模糊不定的，就像投向一面不可见的镜子，从中再一次寻获和其余所有分开的、自身的轮廓。当阿波罗与阿耳忒弥斯拉动弓弦展开杀戮时，

---

1 爱琴海上的一个岛屿。
2 提坦女神，科俄与福柏的女儿，与宙斯生下阿波罗和阿耳忒弥斯。

他们面目平静，目光稳健地盯着箭指的方向。四周，尼俄柏的孩子们正在死去，他们或坠于岩石上，或跌落在裸露的地面。阿耳忒弥斯的衣褶甚至不会晃动：她的注意力全然集中在持弓的左臂及向后伸的右臂上，手指在背后的箭袋中摸索，正挑选着下一支夺人性命的利箭。

尚是婴孩的阿耳忒弥斯坐在宙斯膝头。她知晓自己想要的未来，并将她的愿望向父亲一一诉说：永葆童贞，拥有众多头衔，击败她的兄弟，掌握弓箭、手持火炬，身着的长袍有流苏及膝，去猎捕野兽，以六十个海仙女作护卫，还有二十个宁芙为佣，为她提鞋并照料犬只，她将统治所有山林。只要如此，则无城池也无妨。讲述间，她企图抓住父亲的胡须，却没有成功。宙斯大笑，一一应允。凡她想要的一切，他自会给予。阿耳忒弥斯离开他；知道自己将去往何处：首先是克里特岛的密林，然后是海洋。在那儿，她将为自己挑选六十名海仙女，她们都年方九岁。

年轻的阿耳忒弥斯，这永生的处女神，向父亲宙斯索要的第一件礼物，是无可战胜的超然的象征。交媾，*mîxis*，意指与世界"混合"。童贞，即处女，是孤独且至高无上的象征。当神明降临现世，让二者产生关联的便是劫掠。这一图景奠定了现今神明与世界的标准关系，通过献祭，世界变得成熟而柔软：联系仍旧可能发生，但这联系的内容已不再是一场共飨的宴席，而是一种突发的强制入侵，将思想之花悉数撕碎。

人神关系经历过两种形式：起初是欢愉的宴饮，然后是劫掠。第三种机制，即现代形式，便是冷漠，这暗示着神明已悄然撤退，并且，如果他们对我们的敬意表示淡然，我们也可对他们的存在表示冷漠，反之亦然。这便是现代世界的独特处境。但让我们回到早年：曾有一个时代，神明与凡人同坐，就如在忒拜时，他们共同出席卡德摩斯与哈耳摩尼亚的婚宴。当时，神明与凡人可轻易辨别出对方；他们甚至还结伴冒险，比如宙斯与卡德摩斯，这位凡人将为神明提供无比重要的帮助。他们不会质疑自己在宇宙中的角色，因角色早已被分配；神明与凡人的会面仅是单纯的共飨宴饮，随后双方各自散去。然后，一个新的阶段来临，神明也许**不会**被识出。这致使他们需采用一个从不曾抛弃的角色，即"未知的宾客"，一个陌生人，时至今日仍是如此。一天，阿耳卡狄亚（Arcadia）[1] 之王吕卡翁（Licaone）的儿子们邀请一位无名的劳动者加入他们的宴席，事实上此人正是宙斯。"极为迫切地，他们希望知道自己是否正款待一位真神。于是他们献祭了一个小孩，将其血肉混入奉神的祭品中。他们认为，若此陌生人是真神，便会对他们的所为有所察觉。"宙斯盛怒，掀翻餐桌。那桌子正是黄道平面。自那天起，它将永远倾斜。一场最为骇人的洪水随之袭来。

那场宴席之后，宙斯甚少再以未知宾客的名义现身。这一角色在大部分时候被转赠给其他神明。现在，当宙斯选择降临大地时，通常以暴力的形式达成目的。这是神明至高无上权力的表征，是冷漠的神明入侵凡人精神与肉体的残留能力。强奸一度象征占有与支配。神明与凡人欢宴上的亲密已不复存在，经祭祀仪式产生的联系也逐渐减弱。凡人的灵魂暴露在暴力的狂风、爱的迫害和纠缠不休的刺激中，被一种无法抗拒的煽动力所驱使。此类故事被编织成神话：它们诉说着凡人的意志与躯体如何持续不断地忍受神明的入侵，即便凡人已不再追寻神明，用以联系神明的祭仪之路已变得模糊

---

1 伯罗奔尼撒中部的高山地区。

不清。

奥林匹斯的十二神商定以完全的人形现身。这是首次，一群神明宣布放弃抽象的或带有动物头颅的变形。不再是隐藏在花瓣或"卍"字记号后的不可表象者，也不再是畸形的生物，或者从天穹坠落的岩石和涡流。现在神明套上凉爽而光滑的皮肤，或许还带有失真的暖意，在那身躯上你能看到肌肉纹理，以及长长的血管。

这种改变在很长一段时间里伴生着一种新的狂喜，以及新的恐惧。与之相比，此前的所有显圣都堪称是谨慎的试验。此前并未有神明尝试如此大胆的冒险，准确来说，是将自己伪装成人形，经由完的变形，来到人类世界。相比其他，这最后的伪装最令人激动。它愈加刺激，也愈加危险。因为神性很可能无法再完整地重组回原形。他们将在地面上遭遇人类，这些人类将用过分的热情对待他们，甚至把他们激怒。尤其是三位不凡的神明：阿波罗，阿耳忒弥斯，雅典娜，他们的特殊身份正依赖于此种超然，也因而更容易成为此类危险的目标。任何一个年迈的牧羊人都可能声称自己比阿波罗更善于演奏笛子；相反，若一个区区妓女试图教导阿耳忒弥斯如何履行她的本职，则显得不太可能。地上的人们像是一剂诱饵：因为充满故事与诡计而显得诱人，或因圈禁在自己顽固的完美主义中而不求助于神明。但他们同样是无信义的，随时准备从背后刺杀一位神明，或是捣毁神明的雕塑和石柱。一种过去未曾知晓的情感正在蔓延：它与对神明的误解、戏弄和蔑视有关。这导致的结果是一连串的仇杀与惩罚。

…

人们可以根据忒修斯冒险旅途中的大量迹象和零星的赠礼推

断，忒修斯也许是阿波罗的一个造物。忒修斯总是遇见怪物，而第一个屠杀怪物之人正是阿波罗。在德尔斐，年轻的英雄将垂挂额前的鬈发献祭给阿波罗。在抵达雅典时，他又将一头牡牛用力掷向天空。重要的是此事发生于一座神庙，而此神庙属于德尔斐人的阿波罗。在忒修斯向克里特岛进发之前，他将回到同一处神庙，这一次，他带来一条圣洁的橄榄枝，以羊皮包裹，请求神明相助。当他在马拉松捉住牡牛时，雅典人喜极而狂，而忒修斯会把它献祭给阿波罗。在杀死弥诺陶洛斯后，忒修斯前往得罗斯岛，献上鹤舞。正是隐藏在这舞蹈中的密码，揭示了迷宫的奥秘。而得罗斯岛正是阿波罗的降生之地。

阿波罗并未对此加以评述。在忒修斯的一生中，阿波罗对他说的唯一一句话是"带上阿佛洛狄忒，将她奉为你的向导"。这命令果决。一道欲爱的光芒笼罩着忒修斯的所有冒险。在奔赴克里特岛的远征中，正是阿波罗在暗处拉动弓弦。于他而言，此任务太过微妙，他的真实身份可能会暴露。在幕前，我们看到的是狄俄倪索斯与英雄忒修斯之争，但在幕后的阴影里，阿波罗已与狄俄倪索斯达成约定。这约定包含从克里特岛到雅典的**权力转移**（*translatio imperii*）：两位神明将完成交接，权力将从错综复杂的迷宫转移到雅典卫城的正面。这一切由忒修斯践行，由他人述说：关于被献祭的年轻女子，关于风流韵事、决斗、抛弃、自缢。种种人间情景剧，必将用喋喋不休的咏叹调来掩盖神明无声的约定。

…

这一次，守护者的更换发生在忒修斯对克里特岛的远征中，隐喻阿波罗与狄俄倪索斯在明显对立下的密切关系。他们并不急于将这种暧昧公布于众，因为这并非光荣之事。首先，也是最重要的，是这个故事中神明的共同之处在于他们都将被凡间女子所背叛。阿里阿德涅将为忒修斯背叛狄俄倪索斯；科洛尼斯（Coronis）[1]则因爱上凡人伊斯库斯（Ischys）而背叛阿波罗。为杀死那些爱过却背叛他们的女子，阿波罗与狄俄倪索斯向阿耳忒弥斯求助，希望那不凡的暗杀者拉开弓箭。两位神皆沉默地看着他们的女人被害。两者皆以同样的姿态，去求助同一位暗杀者，请她处死他们曾爱过的女子。于二位神而言，再无比此更大的共谋。

科洛尼斯在玻厄柏斯湖畔（lago Boibeis）[2]濯足。阿波罗见到她，意图占有。欲望从一阵突发的战栗中萌生，出其不意地将他控制。阿波罗渴望立即满足这欲望。他降临大地，如夜幕般将科洛尼斯笼罩。他们的结合激烈、欢愉并且短暂。在阿波罗看来，占有一具躯体如同射出一支利箭。于狄俄倪索斯而言，这种身体接触并不算是一场交合，而是一次碰撞。以同样的方式，阿波罗曾杀死许阿铿托斯（Giacinto），他最钟爱的少年：当时他们正一同竞技，而神掷偏了一只铁饼。

当科洛尼斯发觉自己被一位陌生人吸引时，她已孕有阿波罗的子嗣。陌生人来自阿耳卡狄亚，名为伊斯库斯。一只白鸦监视着她。阿波罗曾命令此鸟守护这个为他所爱恋的女子，"因为无人能亵渎她的纯洁"。白鸦目睹科洛尼斯献身给伊斯库斯，于是飞往德尔斐禀告主人。它说自己发现了科洛尼斯的"秘密行动"。阿波罗盛怒，扔下他的琴拨。他的月桂叶冠跌入尘土。他用恨意看向白鸦，白鸦的

1　佛律癸亚国王佛勒古阿斯的女儿，阿波罗的恋人。
2　古塞萨利的一个湖泊。

羽毛于是被烧成黑色，如同沥青。随后，阿波罗请求他的妹妹阿耳忒弥斯杀死身处拉科里亚（Lacereia）的科洛尼斯。阿耳忒弥斯的利箭将那不忠女子的胸口撕裂。除却她，女神还杀死了玻厄柏斯湖畔的许多其他女子。濒死的科洛尼斯向阿波罗耳语，说他已将自己的儿子也一并杀死。阿波罗望着科洛尼斯死去，试图将其救活，却是徒劳。他的医术在此刻无能为力。当女子散发体香的身躯被放置在堆积如墙的柴堆上时，火焰在神明紧攥的双手前蹿动。从死去母亲的腹中，他取出了医者阿斯克勒庇俄斯（Asclepio），那孩子平安而健康。

阿里阿德涅，科洛尼斯：两个人物的故事互相呼应。不仅因为凶手为同一人——阿耳忒弥斯，而且有可能凡间的诱拐者也是同一人——忒修斯。伊斯库斯这一角色模糊不清，关于他，除却名字以外，我们并无任何了解。但关于忒修斯，我们所知甚多。我们知道在一个版本中，赫西俄德（Esiodo）[1]如此写道：在"他无可救药地坠入对帕诺珀俄斯（Panopeo）的女儿埃格勒（Egle）的迷恋"的那一刻，他将阿里阿德涅抛弃。但庇西特拉图（Pisistrato）选择将这一行诗歌删除。为何如此？它是否过多地揭露了这位英雄的所作所为？在厄庇道洛斯（Epidauro）[2]有一块大理石石碑，上面刻有伊西鲁斯（Isillo）[3]的铭文，诉说着埃格勒"是如此美丽，人们也将她唤作科洛尼斯"，她育有一子，名为阿斯克勒庇俄斯。埃格勒意为"光彩的"，正如阿里安娜–阿里德拉（Arianna-Aridela）意为"光辉者"。科洛尼斯（王冠）象征着一种美丽，它不仅将光辉散布各处，还意味着一

---

1 可能生活在公元前 8 世纪，古希腊诗人。
2 古希腊城邦，医神阿斯克勒庇俄斯的神庙坐落在此。
3 古希腊诗人，他的名字出现在阿斯克勒庇俄斯神庙遗址出土石碑的铭文中。

种令人刻骨铭心的形象。但谁是那位"埃格勒，帕诺珀俄斯的女儿"呢？她的父亲是福西斯地区一个小城邦的国王，这城邦也名为帕诺珀俄斯："帕诺珀俄斯有着可爱的空旷之地，可供舞蹈"，荷马吟唱道。在那广场上舞蹈的是提伊阿得斯（Tiadi）们，即酒神的女信徒。此地是她们的长队在前行之路上停靠的某一站，她们从雅典去往德尔斐，目的是"为狄俄倪索斯举办秘仪"。我们得以想见，在迷宫之外是阿里阿德涅舞蹈的开阔之地。此外，帕萨尼亚斯（Pausania）[1] 还解释道，帕诺珀俄斯的居民"并非福西斯人（Focesi）；佛勒古阿斯（Flegi）才是他们的祖先"。我们得到提示，科洛尼斯是来自塞萨利的佛勒古阿斯的女儿，这位英雄用人民的名字为自己命名。他随他们一同迁徙到福西斯，他将作为国王统治此地。

科洛尼斯，埃格勒——福西斯国王的女儿们，居住在离广场不远处，酒神的追随者在此广场上舞蹈。她们居住的那条街恰通往阿波罗神庙。科洛尼斯与埃格勒之间有某种孪生关系，正如科洛尼斯-埃格勒与阿里阿德涅的关系，两者都为我们指出一条线索，一组更为晦涩的类比，关于这些女子的神明恋人：狄俄倪索斯与阿波罗。科洛尼斯不正是在那克索斯岛上，将狄俄倪索斯抚养长大的宁芙中的某一个的名字吗？并且，当我们查阅狄俄倪索斯的其他守卫者时，我们找到了，是的，另一个宁芙，名为埃格勒。科洛尼斯不又是在忒修斯从克里特岛返航的船上，那众多少女中某一人的名字吗？克洛涅（Korónē）意为"乌鸦的弯曲喙部"，但它同样可指代"一只花环，一顶王冠"。这不正是阿里阿德涅那关于王冠的故事吗？克洛涅也可指代"船尾"以及"盛宴的高潮"。科洛尼斯（Korōnis）意指"波浪形的华饰，用以标示书的结尾，是象征结束的封印"。在一只

1　公元 2 世纪，罗马帝国时期的希腊旅行家、地理学家。

雅典陶罐上，我们看到忒修斯劫走一位名为克洛涅的少女，此时他的另两名女子——海伦与阿玛宗的安提俄珀，正试图将他阻止，却是徒劳。克洛涅被带到天穹，被英雄的臂膀紧紧环抱，而她左手的三根手指却仍有空闲嬉闹，欢快地拨弄起忒修斯的长辫。佩里托俄斯向后方投出深深一瞥，在诱拐者身后将其掩护。"我看见了，我们走吧"，在画面一旁，匿名艺术家写下了这句话。这无疑是欧西米德斯（Eutimide）[1] 的风格。

相比神明，阿里阿德涅与科洛尼斯都更偏爱异域男子。对她们而言，陌生人意味着"力量"，即"伊斯库斯"的含义。在强壮的男子中，忒修斯最为卓越。在所有曾与神明结合的女子中，科洛尼斯最厚颜而无礼。她已因阿波罗的"纯洁种子"受孕，品达（Pindaro）[2] 形容说，她穿起长袍，体态依旧优雅。虽然如此，她却萌生"对遥远事物的热情"，并径直走向那来自阿耳卡狄亚的陌生人的床帏。品达的评论尽人皆知："最疯狂的那类人，蔑视身边已有之物，却望向他处 / 徒劳地找寻那不可能存在的东西。"在科洛尼斯的例子中，她已拥有一位神，且这神的后代，阿斯克勒庇俄斯，已在她的腹中。仿佛是出自某种必然的反复无常，希腊天堂的完满性在此刻遭受贬损。与神明相比，那位来自阿耳卡狄亚的男子显得愈加陌生，因而也更具魅力。那华丽如珐琅的神明形象忽然破裂。但这符合文学的自然属性，即拒绝神圣文本的威迫。

科洛尼斯化为一抔灰烬。经年之后，阿斯克勒庇俄斯也将变

---

1 古希腊古风时期的画家。
2 前 522—前 443，古希腊抒情诗人。

为灰烬。他竟敢将一个已死之人拉回人间，宙斯向他降下一道雷电。仅此一次，阿波罗恸哭，"流下无尽的泪水，他走向自己的信徒，那极北之境的居民"。他的泪滴变为琥珀，落入厄里达诺斯河（Eridano），它曾是地上的河流，在法厄同（Fetonte）[1] 坠入其中后升入天穹。阿斯克勒庇俄斯的尸臭经久不散。高耸的黑杨木飒飒作响，哀悼他的离去。这些杨树是太阳的女儿们。

燃烧带来的死亡是命中注定的，它存在于阿波罗与狄俄倪索斯的故事中，如同一枚伤疤。塞墨勒被烧死，她是狄俄倪索斯的母亲；科洛尼斯与阿斯克勒庇俄斯都会化作灰烬，他们是阿波罗的恋人与儿子。圣火吞噬了那些投机的人类，无论他们是背叛了一位神，或是将一个亡灵带回人间，又或是直视了一位未蒙面纱的神。一旦超出那可被接受的既定界限，火光便将熊熊燃起。阿波罗与狄俄倪索斯时常发现自己正游离在那界限的边缘，游离在神明与凡人之间；他们挑起人心的反复，挑起踏出边界的欲望。我们对边界的坚守似乎超越了人性，乃至更甚于生命本身。有时这危险的游戏会反击两位参与者自身。由极北之境的追随者相伴，阿波罗藏起他的泪水，驾驭着由天鹅拉动的二轮战车，驰骋过苍穹。同样在天空中留下剪影的是阿波罗的使者，巫师阿巴里斯（Abari）[2]。有一天他将乘着一支巨大的迷幻之箭，从极北之境抵达雅典。

自始至终，忒修斯与赫剌克勒斯的命运都是互相纠缠的。看见

---

1 太阳神赫利俄斯与克吕墨涅之子。法厄同要求赫利俄斯允许他驾驶一天太阳车以证明自己是天神的后裔，结果神马与太阳车失去控制，离开了轨道，使大地被炙烤。宙斯因此用雷电击打法厄同，使他坠入厄里达诺斯河。他的姊妹为他恸哭，都被变成了杨树。
2 阿波罗的随从，不食人间烟火，借助阿波罗的金箭四处奔走。

披着狮皮的赫剌克勒斯，尚是婴孩的忒修斯就向他掷出了一把斧头，认为那是一头狮子。这动作所暗示的悄然的敌意，在日后却被仰慕所淹没。长成一个年轻人后，忒修斯"将在夜晚梦见赫剌克勒斯的所作所为，并在白日里燃起斗志，将赫剌克勒斯模仿"。他从不厌倦聆听这位英雄的故事，"尤其是从那些曾见过他，当他做出这些伟大举动或进行演讲时在场的人口中听说"。抛却其他，这两位英雄还是表兄弟。当忒修斯足够年长时，他将离开位于特洛曾（Trezene）[1]的家园，开始自己的游历。自那时起，年复一年，忒修斯将与赫剌克勒斯取得相似的功绩，有时甚至是同一桩事，犹如在进行一场竞赛。在异域城邦里，两位英雄相遇，他们就像必将在流血之地相遇的雇佣兵。如果有一天，赫剌克勒斯将前往冥界解救忒修斯，你会说他不过是作为同一战壕的旧友，在履行自己的职责。尽管如此，两人之间相距甚远。他们的姿态或许类似，但事实上他们相当对立。一些希腊古风时期**男子**雕塑（*koûroi*）看起来也许与同时代埃及雕塑类似，而实际上一种内部秩序上的重要分歧将它们远远隔开了：埃及的雕像追溯过往，那过去已不可复原，它们通过刻板的线条试图将过去重塑，但这些努力全是徒劳。希腊的人像展现的则是在肌肉放松前一瞬间的紧绷，似乎是想最后一次遏制住那即将压倒它们的亚历山大式的柔软与顺从风格。

　　赫剌克勒斯必须拉动黄道十二宫的车轮，直至大地尽头。作为一名英雄，他与人类过于相像，他像所有凡人一样盲目，虽然他比别人更为强壮，更有能力。由于黄道宫的紧急倾斜，他被弹入苍穹，永远不会明白自己的力量到底在为何服务，更不会明白他生命中发生的那些事件都无非是些托词，带有嘲讽的滋味。这一切归结于一

位心怀恶意的国王。忒修斯则在阿耳戈斯与厄皮洛斯（Epiro）之间行动，航行至克里特岛与黑海，但他确实有一处根据地：雅典。他的行为出自一个冒险家对各种感受的回应：那些或具挑战性、或颇为古怪的念头，或出于好奇、或为了满足感。而最大限度决定了他这冒险生涯的，那启蒙性的一步，正是忒修斯向厄琉西斯城介绍赫剌克勒斯的那一刻，而非相反，虽然忒修斯才是更年轻的那一位，且对诸神而言他较不知名。若是独自一人，赫剌克勒斯永远不会被认出，而是被当作一个陌生人，一个亵渎神灵的局外人。为何？英雄的生活就像入会过程，拥有不同的阶段。在第一阶段，忒修斯与赫剌克勒斯颇为相似：这一阶段，终于会有人从耐力的竞赛中胜出。就像普鲁塔克（Plutarco）在给伟大的希腊作家们去信时评论的那样："事实上，那时的一些人，有灵巧的双手，矫健的双腿，强健的肌肉，超越了普通人类肉体所具有的原本属性，且不知疲惫。可他们从不使用肢体具备的力量去行好事，或帮助他人，而是在残忍与傲慢中狂欢，并十分享受利用力量去进行野蛮的犯罪，去做残忍之事，去征服，去虐待，并杀害任何落入他们掌心之人。于他们而言，尊敬、公正、公平、崇高是仅被那些没有勇气去伤害他人、并担忧自己会遭受伤害之人崇尚的美德；对于能够说服自我之人，这样的美德并无意义。"是忒修斯与赫剌克勒斯，首次借助力量达到与仅仅战胜对手所不同的目的。他们成为"代表人类的运动员"。并且，除却力量本身，他们所关切的还有运用力量的艺术："忒修斯发明了摔跤术，后世关于这门运动的教育便由他开启。在忒修斯之前，这仅是一场关于身高与蛮力的较量。"

这仅是英雄一生中的第一阶段。在这一层面上，他与凡人竞争。但还存在更高的阶段，一个更广阔的维度。在这里，即便将武力与智慧结合，都并不足够：在这一层面，凡人终将与神明相遇，并与之发生冲突。又一次，我们来到一个武力至上的王国，但这一回是神明的力量使然。如果英雄孑然一身，除却自身力量外再无任何依靠，那么他将永远不能踏足此地。他需得到一位女子的协助。这便是忒修斯与赫剌克勒斯行将分别的路口，这种诀别无可挽回。对赫剌克勒斯而言，女性是他命运中必须经历的。也许他会抢掠她们，正如他对奥拉所为；也许他将在一夜间令五十名女子怀孕，如他对泰斯庇斯（Tespio）的女儿们所为；又或者，他将成为她们的奴隶，就如成为翁法勒（Onfale）[1]的奴隶般。但他永远学不会占有她们的智慧。他甚至不曾意识到她们拥有的智慧恰是他欠缺的。在心底，他秉持着对女性的一种冷酷怀疑，譬如，他曾预见一位女子的礼物将给他带来终结，那是一场受尽折磨后的死亡。赫剌克勒斯是"女性主权的不可调解的敌人"，因为他知道自己将永远不会取代它。当阿耳戈号的船员们在利姆诺斯岛（Lemno）登陆并展开冒险时，他们尚未察觉，自己已身陷一群女子当中，这些女子曾将自己的丈夫谋杀。唯有赫剌克勒斯留在了甲板上。

没有什么能比忒修斯的灵魂更加矛盾，他独自升帆，去寻访阿玛宗人。很快，忒修斯便骗过她们的女王，安提俄珀。他邀她登船，讨好她，令她爱上他，成为他的妻子，成为他的儿子希波吕托斯的母亲。更重要的是，这样一来，忒修斯真正地相信安提俄珀将在最后"以一位女英雄应有的方式死去"。她将与忒修斯并肩作战，去拯救雅典，并对抗自己的同伴。她们在卫城脚下扎营，精准地袭击阿提刻，为她的被拐复仇。忒修斯知晓这女子正是他所缺少的秘密智囊，因此他最大限度地利用她，因她已将一切背叛：她的国度，她的子民，她的性别，她的秘密。当赫剌克勒斯抵达厄琉西斯城时，

---

1 吕底亚女王，赫剌克勒斯因为杀死伊菲托斯，被罚给翁法勒当三年奴隶。

作为一位不洁的陌生人，他的被接纳恰是因为忒修斯"已替他作保"。谚语说"没有忒修斯就没有一切"，此话将被雅典人复述数个世纪，暗示着：忒修斯不仅是一位英雄，也是首位英雄；没有他，那些未经加工的豪杰永远无法达成最初的完整，即 *teleiōsis*（**完成**），*teletě*（**完美**）。

赫剌克勒斯一生都无法摆脱神明的玷污。它令他发疯，最终将他毁灭。忒修斯则相反，似乎在每次冒险之后他都能将双手沾染的血迹洗净，他会不屑地将暴力与亡灵抖落。当神明想要结束一场漫长的游戏时，便寻找托词让赫剌克勒斯去执行。忒修斯却敢于在自己制定的规则中利用神明。倘若将他视作一个清楚地知道如何在任何境遇中为自己谋得好处和利益的人，却又太过武断。建立雅典城的英雄，也将成为第一个被驱逐出城的人。"在忒修斯把民主带给雅典人后，一个名为吕科斯（Lico）的人将忒修斯告发，并设法将这位英雄放逐。"在故事的结尾，连忒修斯也惨遭杀害。流放途中，他摔下悬崖，粉身碎骨。有人从背后推了他。"那时，无人关注忒修斯之死。"但他制定的规则仍运行在由他命名的城市中：雅典，在所有城市中，此地最为神圣，却最不敬畏神明。

赫剌克勒斯理应得到现代人的同情，因为他是黄道十二宫最后的受害人之一。但现代人已难以领会黄道的真正含义。他们不再习惯于将天空中的度量衡作为评判人类功绩的尺度。赫剌克勒斯是一名像牲畜般劳作的英雄：他必须犁动那无比广阔的平原，它们分布在天空十二个分区的每一个里。因此他从未能解脱自我，而这正是现代人所渴望的，也是忒修斯无比光荣地做到的。这种超脱使英雄壮举的混合与往复变成必然，那是他本就要通过随性并反复无常的个人举动去履行的义务。但对赫剌克勒斯而言，一切都是职责，直到他被凶残的火焰吞噬。一种可悲的认真令他感到沉重。他极少欢笑。有时他会发觉自己正不得不遭受他人的嘲弄。

赫剌克勒斯的臀部像一个老旧的皮盾，因长期暴露在阳光以及卡库斯（Caco）[1]或克里特岛牡牛的炽热鼻息下而发黑。赫剌克勒斯捉住哂笑的刻耳科珀斯兄弟（Cercopi）[2]，他们化成两只恼人的牛虻，叮咬他，侵扰他的睡眠。他迫使他们变回人形，随后将他们倒挂，双脚绑在秤杆上，就这样把他们扛在肩膀，两边的重量恰好持平。于是两个小捣蛋鬼的脑袋便摇晃着，恰位于英雄那强健的、未被狮皮遮盖的臀部的高度。刻耳科珀斯兄弟想起了母亲的预言："我的小白臀们，在你们遇见那个大黑臀者时，要小心提防。"两个小贼脑袋朝下地被悬挂着，因嬉笑而晃动。英雄在稳步前行时，他的臀部不断起伏。行进中，英雄听到他们在他身后捂着嘴的笑声。他感到忧伤。即便是被他鞭笞之人，都未严肃地将他对待。他把两个捣蛋鬼放下来，开始和他们一起大笑。一说他杀死了他们。

一个神话事件也许意味着某地景观的更替。阿耳戈斯的岩地曾因其燃烧般的炎热而远近闻名。人们会从干燥的尘土中穿过泥淖径直前往勒耳纳的湿地。阿耳戈斯缺乏干净的水源以提供新鲜、流淌的淡水。在它能够拥有一处水源前，必须先上演达那伊得斯姊妹们（Danaidi）的血腥事件。从埃及驶来的五十桨帆船已经抵达。每把桨旁有一位女孩。那是达那俄斯（Danao）[3]的五十个女儿，即达那伊得

---

1 罗马神话中的人物，长有三个头的喷火巨人。
2 俄刻阿诺斯与忒亚之子。
3 柏罗斯将利比亚给予达那俄斯，把阿拉伯给予埃古普托斯，埃古普托斯以自己的名字将其更名为埃及。为得到利比亚，埃古普托斯企图劝说达那俄斯将五十个女儿嫁给他的五十个儿子，遭拒绝。

斯姊妹，以及她们的父亲。被"一种与生俱来的对男子的厌斥"所驱使，她们试图逃离与五十个堂兄，即埃古普托斯（Egitto）[1]的儿子们的婚礼。逃婚时，她们选择回到祖先的居住地，她们的祖先伊俄正是在此地开始自己的流浪。她们说着异域的语言，皮肤被非洲的阳光晒黑。阿耳戈斯的老国王佩拉斯戈斯（Pelasgo）即刻把她们的到来视作一场棘手的入侵。向他走来的五十个女子，身穿过分隆重却又原始的衣衫，她们有着游牧者那沙漠般的眼睛，但在左手袖口中，每一个达那伊得斯都伸出一枝切口以白色羊毛包裹的橄榄树枝。这是她们携带的唯一能被认出的希腊符号，但它的用意非常明确：她们前来此处寻求庇护。她们补充道，如果请求不被应允，她们便将用外衣的腰带在神庙的雕像上将自己吊死。五十个女子在五十座雕像上自缢！恶臭冲天，浓稠得如同埃及多雾的空气！战争也比这要好。

　　佩拉斯戈斯为这群美丽的野蛮人提供了庇护，把她们带进城市后他略显尴尬：他不知该让她们睡在他子民的房屋中，还是睡在可供她们使用的单独的建筑中。他感到自己正在拿王国作赌注，为这群未知陌生的宾客冒险：一天前，她们才刚刚到来。但他同样不敢将她们逐走。伴随他的每次踌躇，他的眼前都会浮现五十个女子在五十座雕像上自缢的画面。从阿耳戈斯的岩石上瞭望，那五十位前来挑衅的堂兄的海船已出现在海平面，他们此行的目的是带回他们的女人。那是些埃及人，仅尊敬埃及的神祇；因此，整个希腊没有一座神庙可将他们的贪婪阻拦。佩拉斯戈斯心有希冀，也许他能达成某种协议。为那海盗般的诱拐者进行装扮，举行一场和平的婚礼如何？五十对夫妻在一场盛大的聚会上重逢？达那伊得斯们最终妥

1　达那俄斯的兄弟。

协。但每人都在前往婚床时怀藏一把匕首。那晚，四十九次，女子的手将匕首刺进她身旁男子的体内。只有最年长的姐姐，许珀耳涅斯特拉（Ipermnestra），违背了约定，她放走了自己的丈夫林叩斯（Linceo）。在此血腥之夜，火把作为暗号在山林间传递。许珀耳涅斯特拉的妹妹们割下了四十九颗头颅，将它们投进勒耳纳的沼泽。然后她们将无头的尸体堆积在阿耳戈斯的城门前。

关于后来发生在达那伊得斯们身上的事件并无定论。我们确实知晓她们被雅典娜与赫耳墨斯净化。我们也知道在灼热的阿耳戈斯周围，人们找到了最为洁净的水源。这些，以及被残杀的丈夫们，便是她们的最高成就。然后她们的父亲决定将女儿再次婚配。这并非易事。无人奉上求婚的礼物，所以此事将完全重来：达那伊得斯姐妹将被分送给一群竞技的获胜者。只有两人不见踪影：许珀耳涅斯特拉，她已与林叩斯一起逃跑，还有阿密摩涅（Amimone），她被海神波塞冬掠走。达那俄斯让四十八个达那伊得斯姐妹在比赛的终点线上排列成行，如同合唱队。达那俄斯在队列的终点将所剩的四十八个达那伊得斯送走。谁第一个触碰到一位达那伊得斯的长袍，便可将她带走，做自己的新娘。"史无前例，最快的媒约"，品达如此评论。到中午时分，一切都已结束。

当我们再次看到她们按照迷人的名字排列成队时：奥托诺厄（Autonoe），奥托梅特（Automate），克勒俄帕特拉（Cleopatra）[1]，皮瑞涅（Pirene），伊菲墨杜莎（Ifimedusa），阿斯忒里亚，戈耳革（Gorge），许珀里普（Iperippe），克利忒（Clite）——这一次发生在冥界，离西绪福斯（Sisifo）[2] 推动巨石之处不远。每一位手中都捧有

---

1 前69—前30，埃及女王。
2 埃俄罗斯与厄那瑞塔之子，因冒犯神明逃出冥府，被罚服苦役，必须把巨大的圆石推到山顶，每当推到山顶时神明便让圆石滚下，因此西绪福斯的苦役永无尽期。

一只陶罐。她们轮流将水倾倒进一只巨大而有漏孔的水罐。水不停涌出并淌走。在许多评论家看来，这成为一种负面的图示，代表着某些永远无法完成之事。但巴霍芬[1]以不同眼光看待这四十八位女子。他并不认为她们置身冥界，而是在充满芦苇与沼泽的原始景观中。尼罗河在此分成众多支流，河水将流淌进那干涸的土壤。达那伊得斯姊妹自非洲来，前往伯罗奔尼撒的最干旱之地，带去湿润作为礼物。她们的祖先伊俄，沼泽的生灵，同样喜欢手持芦苇现身。如巴霍芬认为的那样，持续不断地将水流注入无底的容器，这一行为与无用或绝望并无联系。相反，它几乎就是一幅快乐图景。他想起了神话中的另一位少女：伊菲墨狄亚（Ifimedia）。她爱上波塞冬，就如伊俄将爱上宙斯。因此她常沿着海滨散步，踏进海里，从波涛中捧起海水倾倒在前胸。那是爱的姿态。一天，波塞冬现身，将她笼罩，并由此孕育了两个孩子[2]。伊菲墨狄亚的姿势寓意着喜悦与永恒；它是阴性存在对阳性存在、任何其他存在所呈现的姿态。除非是在自身经久不衰的重复中，否则这种请求将永远得不到满足。

希腊人接受了水的馈赠，却将达那伊得斯姊妹拒绝。*Lérnē kakôn*，"勒耳纳，罪恶之地"，成为众所周知的习语，回应着"利姆诺斯岛的恶灵"（*Lémnia kaká*），是后者激发了利姆诺斯女子们的罪孽。两次屠戮有诸多共同之处。在两种情境中，谋杀者都是阿玛宗人。在两种情境中，各只有一名男子逃脱，免遭被割喉的命运。在

---

1 约翰·雅各布·巴霍芬（Johann Jakob Bachofen，1815—1887），瑞士法学家、人类学家。
2 伊菲墨狄亚与波塞冬生下阿罗伊代兄弟。

利姆诺斯岛，许普西皮勒（Ipsipile）[1]怜悯她的父亲托阿斯（Toante）。在阿耳戈斯，则是许珀耳涅斯特拉怜悯她的丈夫林叩斯。"在诸多罪孽中，利姆诺斯岛女子的所为最为恶劣"，埃斯库罗斯（Eschilo）[2]如是说。它位居残忍的顶端。时间流逝，在勒耳纳的沼泽地里，从埃古普托斯的儿子们那四十九颗腐烂的头颅中诞生了九头蛇。唯有赫剌克勒斯，既是阿玛宗女战士的灾难，也是那唯一打破约定的达那伊得斯——许珀耳涅斯特拉的后代，能将这个怪物杀死。

埃斯库罗斯著有两本以赦免为主题的三部曲：《奥瑞斯提亚》（Orestea）和《达那伊得斯》（Danaidi）。前者流传完整，后者仅存第一部悲剧、《酷刑篇》（Supplici）及部分唱段。在前一本三部曲中，雅典娜赦免了俄瑞斯忒斯犯下的一桩罪行：弑母之罪。在第二本中，阿佛洛狄忒赦免了许珀耳涅斯特拉所受的指控——她未履行约定，未杀死自己的丈夫。古典时代的雅典就建立在这两次赦免之上。

《奥瑞斯提亚》完整地流传了数个世纪，它讲述的故事已成为常识；《达那伊得斯》却被遗忘，甚少有人知晓那五十个姊妹的故事是悲剧的一个范例。但我们可以推断，在埃斯库罗斯的脑海中，这两场赦免交相呼应、互为镜像，而这两本三部曲本就具有相同的重量，在天平的两端持平。其中一部中一位男子被赦免，另一部则赦免了一位女子。每个人都觉察到俄瑞斯忒斯的罪行更笃定无疑，许

---

1 许普西皮勒是托阿斯与密里那的女儿，托阿斯是楞诺斯岛的国王。当岛上女性忽视了对阿佛洛狄忒的献祭时，女神发怒，令她们发出臭味，被丈夫厌恶。这些女性约好在同一天把岛上的男性都杀死。许普西皮勒不忍杀死父亲，在屠杀之夜，她把托阿斯藏进箱子里装船送走，使他幸免于难。

2 前525—前456，古希腊悲剧诗人，与索福克勒斯和欧里庇得斯一起被称为古希腊三大悲剧作家。

珀耳涅斯特拉的则似是而非：对预谋的杀戮表示反悔，这为何会被视作罪过？但埃斯库罗斯善于衡量罪行。许珀耳涅斯特拉真正的罪孽在于对妹妹们的背叛。她是背弃了部落的非洲阿玛宗人，而雅典人熟知此类罪行，并将之吸纳，正如他们将在阿玛宗人的女王安提俄珀成为忒修斯的新娘之时，将她的故事据为己有。这桩罪行的丰硕成果出人意料。安提俄珀将诞下希波吕托斯，他是俄耳甫斯的英俊后裔，身着白色亚麻布，从女子身边逃离。在许珀耳涅斯特拉的后代中，则有一人是赫剌克勒斯，他将成为阿玛宗人的仇敌。对阿玛宗人故事的移植奇异而微妙，生发出有益的果实。就像雅典娜会将俄瑞斯忒斯捍卫，阿佛洛狄忒亦以同样的雄辩庇护许珀耳涅斯特拉："纯洁的天空热衷于侵犯大地 / 这土地被此类结合的欲望紧攫 / 天空降下丰沛的雨水 / 令土地多产，并养育凡人 / 为他们的畜群提供牧场，以及得墨忒尔的活力 / 树上结出果实。在潮湿的结合中 / 万物诞生。而我，正是这一切的起源。"为那圣洁的童贞所吸引，希腊曾是看重婚约之地。它畏惧那些既无家庭也无丈夫的阿玛宗女战士。是许珀耳涅斯特拉将她们背叛。为此，她理应得到救赎。

阿波罗是第一个怪物猎者。然后是卡德摩斯、佩耳修斯、柏勒洛丰（Bellerofonte）、赫剌克勒斯、伊阿宋（Giasone）、忒修斯。这份猎杀怪物者的名单对应着一份女性背叛者的名单：许珀耳涅斯特拉、许普西皮勒、美狄亚、阿里阿德涅、安提俄珀、海伦、安提戈涅（Antigone）[1]。这些女子的原型并非神明，而是一位女祭司——伊俄，她背叛了自己的女神赫拉，在后者的庇护下她曾是"钥匙的守护者"。"伊俄阐释了女子从漫长梦境中苏醒的经过，那梦境关乎未

---

1 俄狄浦斯与伊俄卡斯忒的女儿。

74

遭受侵扰的婴儿时期，是一种无知却完美的幸福，苏醒后却将遭遇爱的折磨，这会立刻成为她生命中的快乐与忧愁，并永远如斯。她已因宙斯的神性而目眩。"

背叛，是女子的一种英雄式姿态：它对事件进程的影响并不亚于屠戮怪物。怪物被处死后，弥留的不洁会为英雄招致某种不幸。也有一些敌人枯朽的残骸，其力量被英雄化为自身的优势。赫剌克勒斯身披尼米亚猛狮的毛皮；佩耳修斯战斗时祭出戈尔工（Gorgone）[1] 使人石化的头颅。凡英雄经过处，背后仅剩空地以及不休的人声。咽峡变为坦途，人们开始贸易。他们创作诗歌，以追忆那些怪物。

女子的背叛，其影响力或许更为微妙，见效更迟，却具有同样的破坏力。海伦煽动起一场战争，将一代英豪摧毁，并引领一个新的纪元，那时英雄仅在诗韵中被铭记。作为一种开化之举，女性的背叛与男子猎杀怪物具有同等重要的含义。那怪物是在决斗中被击溃的对手；在女性的背叛中，那背弃信义之人，是在背离自己的本源，将其生命与之天生所属的环境分离。阿里阿德涅将毁灭克里特岛，而她诞生于此；安提俄珀与阿玛宗女战士战斗至死，而后者是团结在她身旁的忠诚追随者；海伦将她爱恋的英雄引向死亡的深渊；美狄亚则抛弃了巫术之地，在冒险旅程结束时来到了律典的国度，雅典；安提戈涅背叛自己城市的律法，向一位不属于这座城市的死者行善良之举[2]。如同一个螺旋，女子的背叛行为自发旋转，永远排斥被给予之物。并非正面否定，或力量的毁灭性碰撞，而是一种逐渐

1　三个蛇发女妖，分别是斯忒诺、欧律阿勒、美杜莎。
2　安提戈涅的兄长波吕尼刻斯是攻打忒拜的七雄之一，在战争期间借阿耳戈斯王的兵力回国与兄弟厄忒俄克勒斯争夺王位，两人因自相残杀而死。克瑞翁以舅父资格继承忒拜王位，并宣布波吕尼刻斯为叛徒，不许人们埋葬他的遗体。安提戈涅违反命令，将他埋葬。

积累的与自身对立、离自身远去，在一种或令人得意或将人摧毁的竞技中将自己抹杀，而这竞技通常兼具得意和摧毁。

怪物的被杀与女子的背叛是两种实现否定的方式。前者将一方空间清理干净，余下令人回味的一片真空，此前存在于斯的是一团杂乱的头颅及触角，还有带鳞的阿拉伯花纹。女子的背叛并不会改变空间中的各种要素，却会将它们重组。棋局上特定棋子的作用被颠倒。白子吃掉白子，黑子吃掉黑子。这导致的结果令人困惑，更令人不安，因为角色有史以来第一次被互换，而使它们互换的总是一名女子。英雄总是固执己见地迫使自己只沿某一条道路前行，从不考虑其他。因此他需要辅助和另一种形式的否定。是女子与她的背叛促成了英雄的事业：她带来终结，为故事收尾。这一切在英雄的同意下完成。对自我的抑制是英雄教化使命的一部分。因为英雄是一种怪异的存在。怪物死后，英雄也将不久于人世。

伴随这些英雄，凡人踏出超出必要范围的第一步：迈入风险、挑战、诡计、欺骗、艺术的领域。伴随这些英雄，一个有关爱情的新世界徐徐展开。女子协助英雄杀死怪物并获取宝物。一个闪耀的创始者，一个虔诚的秘法家，她焕发着光彩，从阿里阿德涅的微光，到美狄亚的璀璨。但英雄也将引领一种新的爱情：它诞生在男子之间。赫剌克勒斯与伊俄拉俄斯（Iolao），忒修斯与佩里托俄斯，阿喀琉斯（Achille）[1]与帕特洛克罗斯（Patroclo），俄瑞斯忒斯（Oreste）

---

1 埃阿科斯之孙，佩琉斯与忒提斯之子，涅俄普托勒摩斯之父，希腊神话中最伟大的英雄之一。

与皮拉德斯（Pilade）[1]——他们都享受着一件事，它被埃斯库罗斯称为"腿股间的神圣交融"，阿喀琉斯责备帕特洛克罗斯已将这种交融遗忘，仅因那微不足道的死亡。

一位男子对另一位的爱恋，伴随英雄的出现而产生，且很快达到高潮。只有英雄——也恰因为他们是英雄——可以克服对这种爱的阻挠，这阻挠于雅典人而言是长久无法逾越的存在：两种角色之间的严格区分，**爱者**（*erastés*）与**被爱者**（*erómenos*）之间一种顽固而不对称的关系，它迫使爱的联系成为令人痛苦的短暂瞬间，并被严苛的规则压迫。这诸多限制中最为残酷的是，轮到爱者享有激烈而短暂的快感时，性快感在被爱者方是被禁止的，且必须心有不甘地屈从对方，如同 19 世纪的贵族要求妻子的顺从。为避免尴尬，当爱者占有对方时，不可望向被爱者的眼眸。英雄将这些规矩悉数摒弃。他们的关系是长久的——只有死亡可令其终结——他们的爱并不会因为诸如他的被爱者的细软短须、四肢的汗毛，或其皮肤因冒险生涯变得粗硬并失去年轻人的光滑等缘由而褪色。至此，英雄取得了最令人渴望的成就，即爱者与被爱者之间开始模糊的差异。在俄瑞斯忒斯与皮拉德斯之间，"很难说两者之间谁才是爱者，因为爱者的温柔在另一方脸上得到了展现，仿佛这两人之间存在一面镜子"。同样地，托名琉善（Pseudo-Luciano）[2]所做的一些文章，也将在往后成为希腊男子最常见，也最徒劳的，关于情色幻想的镜像。

关于对怪物的屠戮，阿波罗屠杀巨蟒一事被视作英雄典范；至

---

1 斯特洛菲俄斯与阿伽门农的妹妹的儿子，当阿伽门农的妻子与埃癸斯托斯姘居时，阿伽门农的幼子俄瑞斯忒斯寄居在姑父斯特洛菲俄斯家中，与皮拉德斯一起接受教育，成为密友和忠实的伙伴。
2 约 120—180，生于叙利亚的萨莫萨塔，以希腊语创作的讽刺作家。

于如何与年轻男孩做爱，范例则是阿波罗之于许阿铿托斯与库帕里索斯（Ciparisso）。但在这位神的生活中，有一段插曲比一些命定的风流韵事更隐秘晦涩。阿波罗将成为一名仆从，侍奉在阿德墨托斯（Admeto）[1]身侧。阿德墨托斯是塞萨利的斐赖（Fere）国王，关于他，我们所知甚少：他极为英俊，因其牛群闻名，钟爱奢华宴会并天性好客，此外再无其他。但关于人们为他而做的事，我们所知的却极多。出于对阿德墨托斯的爱意，阿波罗屈就成为一名受雇用者。在很长时间里，"对那年轻的阿德墨托斯的爱将他点燃"，这众神之中最骄傲的一位，甘愿成为一区区牧人，为一个小地方的国王放牛。他那浓密而闪耀的头发因此变得蓬乱。他甚至将七弦的竖琴抛弃，吹响芦管或不比它好的什么东西。

阿波罗的妹妹阿耳忒弥斯因羞愧而面赤。出于对阿德墨托斯的爱意，他的妻子阿尔刻斯提斯（Alcesti），佩利阿斯（Pelia）[2]的女儿们中最美的一个，答应像一个陌生人般死去。她未受任何人胁迫，却将代替阿德墨托斯赴死。出于对阿德墨托斯的爱意，阿波罗将命运女神（le Moire）[3]灌醉：这必是史无前例的疯狂宴会，我们知道它着实发生过，但关于它的一切内容，我们一无所知。在普鲁塔克的想象中，年轻的命运女神的美丽臂膀转动着大地上所有生命的线，她们是"阿南刻（Ananke）[4]的女儿"。阿南刻即必然女神。而必然女神亦会遭遇同样的必然性，如欧里庇得斯（Euripide）提醒我们的，"当她同缪斯在山顶漫步"，从未"发觉比这更为强大的东西"，那唯

---

1 斐瑞斯之子，斐赖国王。

2 伊俄尔科斯国王，波塞冬与提洛之子。

3 共有三位，分别是克罗托，拉刻西斯，阿特罗波斯。统称为摩伊赖。

4 体现命运的女神，"必然""注定"的化身。在民间观念中逐渐成为一名死神。在悲剧作家笔下，她是众神都需要服从的最高权力的化身。

一的力量，不需要祭坛，亦无须雕塑。阿南刻是唯一对祭祀毫不在意的神明。她的女儿们只会因不胜酒力而被愚弄，但事实上此事极为罕见。这是一项艰巨的任务，阿波罗却将其圆满完成：仅是出于对阿德墨托斯的爱。阿波罗希望延迟此人的死亡。

阿波罗与死亡有宿怨。宙斯使他成为一名奴仆——爱情的劳役者——服务于阿德墨托斯，因为阿斯克勒庇俄斯，阿波罗与不忠的科洛尼斯的儿子，竟敢将凡人从死亡的手中夺回。宙斯用雷电令阿斯克勒庇俄斯的生命枯萎，作为复仇，阿波罗则杀死了锻造雷暴的库克罗普斯（Ciclopi）[1]。宙斯反击，策划了一桩针对阿波罗的可怕惩罚。他本计划将阿波罗掷下塔耳塔洛斯（Tartaro）[2]，唯有勒托，他的旧日恋人，祈求他不要如此做。宙斯决定将这个神送往塞萨利，判他做阿德墨托斯的仆从。至于阿波罗的其他恋人，诸如许阿铿托斯和库帕里索斯，爱情总是伴随死亡而终结。他们会遭遇意外，他们的死也令阿波罗痛苦，但事实上是阿波罗亲自将他们杀害。与许阿铿托斯竞技时，神掷出了一块铁饼，它将男孩的头颅击碎。库帕里索斯逃离了阿波罗的殷勤，在绝望中变作一株柏木。于阿德墨托斯而言，情景则发生了倒转。阿波罗的爱意如此炽热，在尝试将阿德墨托斯从死亡手里夺走时，自己却再度招致放逐，这对神而言无异于死亡。出于对阿德墨托斯的爱意，阿波罗所做的另一件事，也许是最重要的一件，是接受他的被爱者的回赠。就像一个娈童（*pórnos*）、一个无足轻重的男妓般不被任何权力保护，他成为自己城市中的一位陌生人，那为他所倾慕者，却第一个将他蔑视，也蔑视得最为彻底。这是首个**"奴役中的幸福"**（*bonheur dans l'esclavage*）。

---

1 一个独目巨人。
2 大地的最深处，冥土下的深坑。塔耳塔洛斯到地面的距离等于地面到天空的距离。

阿波罗服从于此，使这冒险愈加令人惊愕。

因此，阿波罗，最卓尔不群的爱者，带着他的爱意走向极致，在他身后，无凡人可追随至此。不仅因为他混淆了爱者与被爱者的身份，就如俄瑞斯忒斯与皮拉德斯，或者阿喀琉斯与帕特洛克罗斯所做的那样，并且阿波罗如此投入，以至于成为被他所爱者的男妓，"被认为是所有堕落者中最恶劣的一人"。在希腊，无人胆敢为他辩护。作为自己所爱之人的一名仆从，他试图撼动死亡的边界，然这边界连宙斯本人都不敢涉足，哪怕是为了他的儿子萨耳珀冬（Sarpedonte）。

可谁是阿德墨托斯？他从阿波罗处听闻死亡可被推延，只要有人愿意代其赴死。阿德墨托斯开始游说亲朋。他询问他们所有人，是否愿意代他赴死。无人愿意。于是阿德墨托斯找到自己年迈的双亲，料想他们必将同意。但甚至连他们也把他拒绝。然后是他年轻美貌的新娘，阿尔刻斯提斯应允了他。希腊人曾质疑，女性是否有能力拥有男性视角中的**爱**（*philia*）[1]？*Philia dià tòn érōta*："友谊自爱中诞生"，柏拉图如此排序，而只有男性被认为会拥有这些体验。事实上阿尔刻斯提斯正是经由那完全的献身，将爱提升至一个更高水平。甚至连柏拉图也不得不承认，与阿德墨托斯的妻子相比，俄耳甫斯"在精神上似乎相对更加脆弱，他只是一个用齐特拉琴伴奏的吟唱者"，因为他活着前往冥界，去寻找欧律狄刻（Euridice），而不是单纯地同意赴死，就像阿尔刻斯提斯所做的那样，不抱任何生还或被救赎的希冀。确实，阿尔刻斯提斯是希腊人谈及爱时的唯一一个女性例子，却是一个伟大的典范。如此伟大，连诸神都允许赫剌克勒斯将她抢回，当时这位年轻女子即将踏入死亡之湖的平静水面。

---

1 *philia*，友情，古希腊所指为"兄弟般的爱""爱"。

阿尔刻斯提斯于是被带回生者之间，回到被悲痛侵袭的阿德墨托斯身旁。斐赖国王被拯救了三次：被一位神，被一位女子，被一位英雄。一切都只源于他的殷勤好客。

在这个因为非自然性而晦涩难懂的故事里，最极致的不可预测性恰存在于爱的客体中：阿德墨托斯。欧里庇得斯让阿尔刻斯提斯在舞台上死去，像易卜生式的女豪杰。在死前，她将胸膛敞露。古代文学中有许多意味深长的引用，都关乎阿波罗的热情。虽然文本从没有把他对阿德墨托斯的爱与他身为国王的仆人会得到报酬的事实相关联。关于阿德墨托斯，我们仅知道他对年迈的、拒绝为子赴死的父亲不敬。其余一切都很模糊，好比神明之于凡人而言的那种晦涩。在所有古代文本中，这个角色只有一个特点贯穿始终：阿德墨托斯十分好客。

可谁是阿德墨托斯？阿尔刻斯提斯与阿波罗的光芒耀眼，他们对他的爱意到达了自我否定的境地，我们也许可将他们爱的客体遗忘在光芒背后的阴影里。但若我们稍事停留，仔细将他审视，详察那些景观与名字，我们会发现阿德墨托斯属于阴影，但这却是出于律法的缘由。

塞萨利，一片大陆，"在旧时曾是一片湖泊，被高耸天际的群山环绕"（群山中有一座是奥林匹斯）；一片大陆，与那由一百处泉眼与河流汇聚而成的周期性泛滥的深渊相仿；一个丰产的国度，金黄色的崎岖大地充斥着马匹、牛群以及女巫。它最尊崇的神，并非冷酷但坦率的雅典娜，而是一位在黑暗中隐约现身的伟大女神，弗莱亚（Feraia）。她的双手各执一炬，名号甚少被提及。这同样也是塞萨利精神的一种典型表现。在这片大陆上，神明更接近他们原始的匿名属性，甚少以人面现身。在此地，奥林匹亚的神明不愿屈尊。

当神明显灵时，他会突然出现，粗暴而野蛮，就像一匹斯卡斐俄斯（Scafeio），蹄子将岩石蹬裂，从其间鬃毛飞舞着跃出。飞驰在塞萨利的马群是来自深渊的阴灵，它们自大地的龟裂处冲出。同样自这裂口冲出的，是波塞冬的巨涛，它将平原淹没。它们是亡灵，是闪耀的白与黑。弗莱亚是赫卡忒（Ecate）[1]的本地名称，是夜的漫游者，是冥界的女神，用她的火把将一片黑暗撕开。作为女神，她是马，是牡牛，是母狮，是犬只，但她亦是那骑在牡牛、马匹或狮背之人。她是男孩们的乳母，是牛群的驯养者。在塞萨利，她是那强健之人（*Brimó*），与强健之子赫耳墨斯联合，即伊斯库斯（*Íschys*），被科洛尼斯垂青，甚过阿波罗。**力量**（*alké*）是阿尔刻斯提斯名字中的一部分。在塞萨利的土地上，神明拥有形象之前，会作为一种纯粹的力量展现自我。但是在赫西基奥斯（Esichio）的辞典[2]中，弗莱亚也意指"阿德墨托斯的女儿［**科瑞**］（*Kórē*）"。是否有可能，在他们成为地方的一对统治者前，阿尔刻斯提斯与阿德墨托斯早已并肩而坐，成为地下世界的统治者？

现在大地吐露了自己的秘密。它是亡灵的丰硕之地，阿波罗必须在塞萨利之地为奴，期满"漫长的一年"，直到星星们回归原点——事实上那需耗费九年光阴。阿波罗在塞萨利的逗留时间是冥界的一个周期。事实上，宙斯为阿波罗选择此处作为惩罚，而非塔耳塔洛斯，正说明这里是死亡之地。阿德墨托斯意味着"不屈不挠"。还有谁比死亡的主人更不服输？现在我们对阿德墨托斯那寥寥无几的了解为我们带来些许新的启示：还有谁，比死亡的主人更为殷勤？他仿佛身处驿栈，对任何人敞开大门，不论白天或黑夜。无

---

1 提坦神佩耳塞斯与阿斯忒里亚的女儿，独行于奥林匹斯山。

2 希腊语语法学家，约在公元5世纪—6世纪编写希腊语辞典。

人像死亡的主人一样拥有如此众多的牲畜。当阿德墨托斯邀请亲朋为他赴死时，并无任何不同寻常：这正是他向来的作为。阿德墨托斯满怀着令人代他赴死的期待，个中原因已然明了：他是死亡的主人，欢迎着即将到来的尸体，将它们排列与分配在那广阔无边的领土上。

现在我们知晓，阿波罗的爱如此极端，远甚于它看起来的那样：出于爱意，阿波罗试图从死亡手中拯救死亡的主人。现在，阿波罗与阿尔刻斯提斯两人的爱，自我揭示为一种彻头彻尾的挑衅：这是对阴影的爱，而这阴影会窃走一切。从阿尔刻斯提斯身上，我们知晓了在采集水仙时被哈得斯掳走的**科瑞**从未告诉我们的：阿波罗，那不可见的神，不仅是一个诱拐者，也是一位爱者。

文本甚少谈及阿波罗的为奴时光，因为这意味着要触碰那些最好能一直被当作秘密的事件。关于赫剌克勒斯在翁法勒手下所服的劳役，诗人们常加以讽刺。但是，关于阿波罗在阿德墨托斯处所服的劳役，却无人想冒险提及。流传至今的只有此等爱的范例（*exemplum*），即它可掩饰一切羞辱与痛苦。根据罗德岛的阿波罗尼奥斯（Apollonio Rodio）[1] 所言，在杀死库克罗普斯后，阿波罗遭到惩罚，被送往极北之境，而非塞萨利。在此地，他淌下琥珀质的泪滴，尽管神明不能哭泣。但真正令故事超越界限的，不仅是那"自天穹飞下的纯洁天神"所遭受的过分苦难（以及奴隶般的过度热情）。它背后还包含其他意义。一个古老的预言，普罗米修斯的秘密：终有一天，宙斯将目睹自己的权力被他最耀眼的儿子篡夺。

1　公元前 3 世纪，希腊化地区的埃及人，曾在罗德岛居住，因其史诗《阿耳戈船英雄纪》而知名。

阿波罗总在死亡的边界游走，而宙斯正从天穹观望。他知晓，若不留意，他儿子的游戏将带来一个新纪元的开启，即奥林匹斯山秩序的坍塌。这秘密甚少被提及，哪怕仅是暗指，阿波罗对宙斯而言就如宙斯之于克洛诺斯（Crono）[1]。死亡，通常在这两位神的力量碰撞之处。即便是在死亡之境的日光下，在塞萨利的畜群中，阿波罗仍未忘记他对父亲的挑战，并选择去抢夺——哪怕只有片刻——他那顽固不屈的被爱者阿德墨托斯，那一日"奠定了他对权力的侵犯"。自那一刻起，父子间从不被提及的纷争将永远动荡不息。

雅典男子对少男之爱建立在奇妙的不对称关系上，这种不对称性的微小细节被柏拉图详细记述，他检验一切爱欲事件。爱情全部的形而上学都集中在被爱者将其美意（*cháris*）回馈于爱者时的姿态中。这种姿态仍在意大利语的表述中回响："将自己的恩惠赐予"（*concedere le proprie grazie*），并被法语动词 *agréer*（赞成、喜欢，及其派生词 *agrément*、*agréable* 等）描绘为充满激情的交融，是爱欲剧本和所有秘仪的核心。我们该如何将它看待？如何将它成就？对蛮族而言，这是备受谴责之事；对于较放荡的希腊人及缺乏自我表达能力者，如斯巴达人或玻俄提亚人（Beoti），这只是一种享乐，本身是义务：屈从于爱者已成为国家规定。但一直以来，雅典人总是比他们的邻居更为复杂而多样（*poikíloi*），甚至在"爱的法则"中也是如此。他们不会如此无礼，去谈论那事实上已变为一种义务的"恩惠"。那么，他们能想出什么来表述被爱者并不明确的恩惠呢？语言。

就像围困堡垒的战士，他们利用计谋一次次冲击目标以将其攻

---

1 提坦神，乌剌诺斯与该亚最小的儿子，推翻乌剌诺斯的统治，后又被宙斯推翻。

克，于是长时间竖立于眼前的对象最终会在他们手中崩塌。同样，雅典的爱者也将参与一场雄辩之战，用言语围攻他的被爱者，用论点武装自己，犹如紧逼敌人的士兵。这些言语并非拙劣的谄媚，而是赤诚的开端，它们有朝一日将被一个希腊词命名为"形而上学"，却对其本源不作提及。从爱欲的对话中衍生出思想，这种概念在枯燥乏味的文字中于伟大的雅典人而言是真实的存在。相反，对柏拉图而言，一具如堡垒般行将被攻克的躯体和形而上学带来的翱翔，两者之间的交织恰是爱欲形象本身。其余的人，无非是些无法理解此事的区区蛮族，或那些没有语言天赋的希腊人，还有遭受着"灵魂怠惰"的人。他们都被从那场最绝妙的战役中除名，那是爱之战役。

就爱者而言，雅典人发明了一种完美的双重性将他提升，却也令他的大业永远含糊不定。一方面，爱者没有不可行使之事；任何程度与种类上的无所节制都将被原谅。他可以背弃誓言而不受众神责罚，因为"在与阿佛洛狄忒有关的故事中，并无任何誓言成立"。并且，他既可以极度兴奋，也可选择在夜晚卧在所爱之人屋前闩起的房门下，却无人敢加以批评。另一方面，他的道路崎岖坎坷：他的所爱之人将会在眼光锐利的教导者陪同下前往运动场，教导者为少男父亲所雇用，恰是为阻止少男聆听任何有关在此等候的潜在爱者的赞誉。男孩的朋友们令事态愈加糟糕：他们谨慎地将他看守，若他显露出任何让步迹象，他们便会将他嘲讽，让他为初次萌动的热情感到羞耻。但这热情受到爱者诱人言语的鼓励，这言语引向关于被渴望的恩惠的互换，引向爱者从他被爱之人的唇与身体中呼吸"智慧以及其他每一种美德"的时刻，当后者因为希冀得到"教育，以及每一种知识"而臣服于爱者的优越性时。（*eispneîn*，"吹入"，是爱者首要也最重要的特权；*eispnēlos*，"注入者"，是对"爱者"的另一种表述。）这是支配爱者与其被爱者生命的两条不对称法则间唯一可行也极险峻的"交汇点"。在这个被避开和自相矛盾的点上，"对于年轻的被爱者而言，屈从于他的爱者是正确的；但仅限那一点，再无其他"，柏拉图如是说。这便是爱者们的生活，在雅典人发明的诸多角色中，这最不牢固，最危险，也最挑逗。

屠杀了她们的男人，利姆诺斯岛的女子遭到神明的报复，这种惩罚在以往和以后都不再发生：她们开始散发恶臭。在这场复仇中我们窥见希腊人对女性的戒备。关于女性，希腊男子想到的是一种过于浓烈的香味，这种味道会分解成令人窒息的恶臭，如同一种巫术，"闪耀着欲望，承载着芳香，无比华丽"，却使人晕眩，因而必须将这种东西抖落。这种态度被微小的举动出卖，就像托名琉善的文章中写道，有男子从床帏中爬出，"为女性气质所浸透"，渴望能立即潜入冷水。面对女子，一种畏惧与憎恶混杂在希腊式的敏感中：一方面，对未化妆的女子有一种恐惧，即"当她一早起来，将比一只猴子更加丑陋"；另一方面，又存在一种怀疑，即化妆品正被用作**欺骗**（*apátē*）的武器，是极具魅惑的谎言。化妆品与女性气息的联合创造出一种具有蛊惑性并令人精疲力竭的温柔。于男子而言，竞技场的汗水与尘土更加宜人。"少年汗水的气息，胜于女子梳妆盒中的一切。"

在对女性的回应中，我们察觉出一些遥远的事物，它们如神经反射般被揭示。在后世更多私密而颇有特质的作品中，我们会获得一种能将我们带回到极为久远以前的回响，回到因阿玛宗人的入侵而引发的恐惧，回到利姆诺斯岛女子的可憎罪行。

……

于希腊人而言，爱欲的不可言说之处在于结合过程中的被动性。如果一个男性是**被爱者**，那他必须小心谨慎并遵守诸多规则，以将自己的行为不容置疑地与男级相区分，而那男妓"尽管是男身，却犯女子的过错"，这不单是因为任何对女性特质的接受都伴随着侮蔑，并会贬低他自身性别的地位。事实上，正是女性那种特殊的由被动带来的愉悦，才颇具嫌疑，并可能深藏恶意。这骗人的愉悦煽动起希腊男子的暴行，它针对那外表（生理学）与内里（解剖学）中本质丑陋的劣等审美，并被强迫卖弄"那突显且不成形的乳房，它们被绑缚，如同囚徒"。由于察觉到这种丑陋或许掩饰着嘲讽的力量，才逃离男性的掌控。雅典人在这一问题上含糊其词，虽然他们不厌其烦地提及对少年之爱的决疑术。

当女性在独处中不被男性的目光所注意，一种虔诚却不祥的寂静将成为主宰。当提及发生在两位女性之间的爱意时，有些作者甚至不敢使用这个词。事实上，当现代译者在关于这一主题的篇章中将那个禁忌词称作女子同性爱（lesbismo），却未觉察任何不妥时，着实令人难堪。女子同性爱一词对希腊人而言并无任何含义，而动词 *lesbiázein*（像莱斯博斯人一样的举止）意味着"舔舐生殖器官"，"磨蹭者"（*tribádes*）则被用以指代与其他女性发生关系的女子，就如在结合的狂澜中，她们都渴望品尝彼此的阴部。

但并非女子之间的强烈爱意让希腊人愤慨——想要激怒他们并非易事——这被视作一种嫌疑，根植进他们的思维中，即女性本身也许拥有一种难以言表的关乎爱欲的自我满足。那些为她们所庆祝，而男子被禁止参与的仪式与秘密，或许就是例证。抛开这一切不谈，她们最大的嫌疑关乎结合中的欢愉。只有忒瑞西阿斯[1]曾瞥见真相，显然那便是他失明的原因。

一天，宙斯与赫拉发生争执。他们召唤忒瑞西阿斯，询问他男子或女子两者中哪一方能从性中获得更多欢愉。忒瑞西阿斯回答说，若快乐被分作十份，女子便占十分之九，而男子仅得其一。闻此，赫拉发怒，令忒瑞西阿斯失明。但赫拉为何盛怒？为何她不为自己的优越感到骄傲，因这优越甚至令她超过宙斯？不，因为忒瑞西阿斯擅自透露了一个秘密，这是圣哲们被要求守卫而非泄露的诸多秘密中的一个。然而，关于性的杂谈却被继续散布。数世纪后，它仍被四处传播，虽然一如既往地伴随曲解：现在他们说女子得到的快乐只是男子的两倍。但这已然足够：它证实了一个古老的疑问，至少与太阳的女儿们的放纵一样悠久。也许女人，那被隔绝在"无半分欲念可渗透进去"的闺房中的生灵，比她那往来于角力场与柱廊间的主人所知更多。

"做个决定吧，你们觉得哪方更好，是那些爱慕男孩者，还是爱恋女性者。而我事实上已享有这两份激情，就如一只平衡的天平，两边各有一个盘子，重量恰恰相等。"狄奥尼斯都斯（Teomnesto）[2]如是说。对男子或对女子的爱，哪一种将赢得欲望的殊荣？这一问题自远古时代起就成为希腊人的肉中刺。甚至有人认为女人将俄耳甫斯撕碎，是因他第一个声称了对男子之爱的优越性。后来，即便这争论在开始倾向男性之爱前就已得到平息，人们仍不能过于直接地议论它，这成为约定俗成。最终，在托名琉善晚年的絮叨里，我

---

1 本书中提及的忒瑞西阿斯失明的第二种原因。
2 后凭借高深的学识成为柏拉图学派的领袖人物。

们听到了各种喋喋不休——或怀揣恶意，或甜蜜流畅，或迟疑不决，或傲慢自负——这些声音仍在争论不休。利喀努斯（Licino）用最好的方式对狄奥尼斯都斯做出回应：用一个故事。一天，行走在罗德岛（Rodi）[1]的柱廊下，他遇到两位熟人：卡利克勒斯（Caricle），一位来自科林斯的年轻人；还有急躁的卡利克剌提得斯（Callicratide），一位雅典人。卡利克勒斯与往常一样用一些妆容修饰自己。他认为这能使自己看起来更具魅力，那些女子总是围绕在他身旁。他的住宅充斥着舞者与歌者，除去一位老厨子和几个年轻的男性奴隶，此地便只有女子的声音。这与卡利克剌提得斯屋中的情形正好相反。卡利克剌提得斯在竞技场中奔跑，为一些极富吸引力而体毛稀少的少年所簇拥。当他们的皮肤即将长出第一根胡须时，他便以新人将他们代替，令其转投于行政杂务中。这三位朋友决定一起度过慵懒时光，轮番讨论那古老的话题：谁将得到爱欲的棕榈枝，是少年，还是女子？

于卡利克剌提得斯而言，女人是"深渊"，就像围绕雅典城的巨石发生龟裂时所产生的深沟，罪犯将从那里被抛下。而卡利克勒斯则对少年毫无兴趣，一刻不停地幻想女性。搭船前往克尼杜斯（Cnido）后，三位朋友迫切地想要欣赏由普拉克西特利斯（Prassitele）[2]创作的著名的阿佛洛狄忒雕像。在他们踏足阿佛洛狄忒神庙前，就已感受到一阵清风从神庙的方向吹来。那正是它的圣光所在。圣殿的庭院并不以常见的朴素灰石板铺设，而是满植果树与草木。在被爱神木笼罩的花园里，浆果和类似灌木的东西缠绕着女神，代表着狄俄倪索斯的植物也在此地丰茂繁盛，"阿佛洛狄忒甚

---

1 希腊第四大岛，地处爱琴海东南部。
2 公元前4世纪，古希腊雕刻家。

至比与狄俄倪索斯在一起时还要快乐，若将二者带来的礼物混合，便愈加甜美"。最后，那三位朋友进入神庙。在庙宇中央，他们看到由普拉克西特利斯雕刻的阿佛洛狄忒，用的是帕罗斯岛的大理石。那是一具裸体，唇角微微翘起，不经意间流露出一丝傲慢。卡利克勒斯即刻盛赞这绝美的正面视角。为了得到这样一个女子，人们甘愿付出任何代价，他如此说道，便上前亲吻她。卡利克剌提得斯则默默地欣赏。雕像背后有一扇门，三位朋友询问一名神庙护卫是否拥有此门的钥匙。就在那一刻，卡利克剌提得斯被阿佛洛狄忒的臀肌之美所震撼。卡利克勒斯呐喊出自己的赞美，双眼噙满泪水。

在三位朋友继续注视大理石石像时，他们都陷入沉默。他们注意到雕像的一条腿后侧有一处记号，就像长袍上的一点污迹。利喀努斯猜测这是大理石材质的缺陷，并认为这是普拉克西特利斯值得钦佩的又一个原因：他如此聪慧，将这瑕疵隐藏在雕塑最易被忽略的部位。但是神庙护卫已将门打开，她正站在观者身后，告诉他们这瑕疵背后的真实故事并非如此。

她解释道，一位来自某个显赫家族的年轻人曾有拜访此座神庙的习惯，并由此爱上女神。他终日炫耀着自己的供奉。在黎明时分他前往圣殿，在日落后心有不甘地回家。站在雕像前，他耳语着情人间的私密话语，并不时停顿，他投掷出四块利比亚瞪羚的骨头以祈求神谕。他急切等待着阿佛洛狄忒的一掷的出现，那意味着这些骨头朝上一面的数字都必须不同。一天夜里，这位年轻人藏在门后，等待神庙守卫将大门紧闭，就在这三位访客正站立的位置，他与雕塑共度了"一个不可言说的夜晚"。他那求爱后的果实将雕像玷污。白色大理石上的记号展示着女神曾遭受的侮辱。此后这位年轻人再未现身。传闻他已投海自尽。守卫的话音刚落，卡利克勒斯立即解释道："因此，男人会爱慕女子，哪怕她是从石头中雕琢而出。想一想吧，假如她曾拥有生命……"卡利克剌提得斯则微笑着说，故事实际上支持他这一方的论点。尽管这年轻人与雕像独处一整晚，可随心所欲，他与雕像结合的方式却如同这雕像是一位少男，因为他没有选择将其当作一位女性，从雕像的前方进行。这两位对手又开始辩论，利喀努斯艰难地说服他们离开神庙继续旅行。此间，信仰者已陆续抵达。

在一个相当广阔的维度中，古典道德的发展伴随着以少男为客体的男性之爱，是对这一自然本性的映射；主要来说，这种映像强调了**美德**（*aretě*）的品质，并贬低了一些不证自明之物：欢愉。**美德**寓意着一种"卓越"，同时也是"德行"。该词总是具有精神层面的特指；道德观念并非由喜好恶作剧的后人随意添加。在所有事件中，在一个男性对少男的爱慕中，无论发生在何时，**美德**都将强烈地呈现。在康德哲学中它表现为不经接触的独立性，而这几乎不为希腊人所欣赏。希腊人留给我们的关于**美德**的最后也最终极的图像，是喀罗尼亚战役（Cheronea）[1]过后散布在旷野中的忒拜年轻人的尸身。尸身被发现时皆双双横卧：他们都是眷侣，或是恋人，一起奔赴与马其顿人的战斗。这是希腊人的最后抵抗。之后，腓力二世（Filippo Ⅱ）[2]与亚历山大将着手把这个国度变成一座博物馆。

"凡人不可拥有美丽或具魅力之物，除非经由美惠女神"，忒俄克

---

1 发生在公元前338年，马其顿国王腓力二世领导的联军在喀罗尼亚战役中击败希腊联军，为马其顿称霸希腊奠定基础。
2 前382—前336，马其顿国王。

里托斯（Teocrito）[1] 如是说。而美惠女神又如何在凡人面前现身？作为三块粗糙的石头，她们从天堂降临到奥尔霍迈诺斯（Orcomeno）[2]。很久以后，这些石头旁会立起雕像。自天而降的来者从不妥协。如果一个凡人希望自己的歌喉"充满美惠女神的气息"，他就必须征服这些石像，或者说，这些有着美丽发辫的女子。从何处着手？从**美惠女神**（*Chárites*）处，他获得**美惠**（*cháris*），从女神（Grazie）处，他得到光荣。普鲁塔克为我们阐释了这种关系："古时候，普罗托耶尼斯（Protogene）[3] 曾用 *cháris*（美惠）一词表示女性自发地臣服于男性。"美惠不可被征服，它只臣服于为征服它而奋起抗争之人，此人需突破欲望的围城，而那人知晓，若非城门优雅地为他而开启，他便永远无从进入这堡垒。

爱者与**被爱者**的关系被高度地形式化，并在一定程度上遵循着仪式的规则。斯巴达与克里特岛是男性之爱的主要中心，仍然保留着关于此类仪式的确凿证据。在克里特岛，每个少男的双亲都知晓，有一天他们会得到预示，关于那即将发生在儿子身上的诱拐。然后爱者前来，若双亲认为他富有并是自由人，便允许他将少男带走。两人一起消失，他们的行踪无人知晓，将在完全的私密中共度两个月。最后，被爱者将重返城市，带着"一件盔甲，一头牛和一只高脚杯"，那是来自他的爱者的仪式性礼物。雅典城具有很强的灵活性和现代性，它不像克里特那般死板，但这表象下确实存在同等的严苛。在此地，仪式被转变为特定的行为模式，虽然浸没于广场的忙碌与喧闹中，却和舞步一样被清晰辨认。爱者们可以在

1　约前 310—前 250，古希腊诗人、学者，田园诗派的创始人。
2　位于玻俄提亚地区的古代城邦，许多早期希腊神话故事的发生地。
3　公元前 4 世纪，古希腊画家，作品无存。

竞技场中巡视，假以心不在焉的表象，他们的眼睛扫视着在尘土中锻炼的年轻人。这是欲望诞生的原初环境。爱者们将观察少男，暗中瞥向"臀部与大腿，如同将行祭祀的祭司与占卜者正打量他们的牺牲品"。他们偷偷扫视少男的外阴在沙地上留下的印记。他们会等到正午，那时，夹杂着香膏、汗水与沙子的混合物，"露珠与茸毛将挂上少男的外阴，如同挂在桃子的表皮上。"此地已被欢愉浸染，但**欢愉**一词却不可被提及，因为欢愉是一种平凡的属性——即便奴隶与外来者都可将其享有——反之，那场晨间的情色之旅，目的在于一种卓越性，一种光荣的华彩，它属于并仅属于一人：一位雅典人，那被选择的一个，那位少男。经由一些诡计、礼物与花环，他将成为被爱者。

对欢愉的承认显得极为勉强，并一直如此，即便在最基础的亲密行为中："在爱欲的举止里，少男不会像女性一样，分享那男性所得的欢愉；但他在清醒中预见对方因沉醉于阿佛洛狄式之饮而感到的兴奋。"当爱者靠近，被爱者笔直站立，目视前方，他的双眸避开了对方的注视，而他的爱者将弯下腰肢，贪婪地将身躯几乎重叠于他。陶土器皿绘者更倾向使用的图式是从两腿中间侵入肛门，这使被爱者得以保持直立、满不在乎、冷淡的姿态。但这情景很快就将扭转。少男面部长出的第一根胡须，标志着他作为被爱者的时光行将结束。这些胡须被称作哈尔摩狄奥斯（Armodio）[1]与阿里斯托革顿（Aristogitone）[2]，因为他们将少男从这种专横的爱欲中解救。然后，少男将逃离"男

---

1 前530—前514。哈尔摩狄奥斯与其恋人阿里斯托革顿同为弑僭者，密谋刺杀当时雅典的两名僭主，希帕克斯（Ipparco）及其兄希庇亚斯（Ippia）。两人在谋杀希帕克斯后先后被杀。希庇亚斯在失去兄弟后加紧了独裁统治，其政权在公元前510年被推翻，新的民主政权由此建立。哈尔摩狄奥斯与阿里斯托革顿作为捍卫民主的英雄被纪念，虽然其刺杀动机仍有争议。

2 前550—前514，古希腊弑僭者，与其恋人哈尔摩狄奥斯一起杀死雅典僭主希帕克斯。

性之爱的风暴与纠缠"，虽然这需要一些时间。但他很快就将重返这风波，以新的身份：不复赤着身在竞技场中被注视，他将巡视那些更加年轻的少男，在同样的位置，挑选他的猎物。从**被爱者**转化为**爱者**，他终将发现，作为一名爱者，被爱掌控的意味何如。唯有爱者，**被神激励**（*éntheos*），柏拉图说。唯有爱者，"充满神性"。

IV

关于奥林匹斯山诸神之事，我们首先应说明的，是他们乃**新**神。他们拥有名字与外形。但希罗多德告诉我们，"昨日之前"，无人了解"诸神自何而来，其存在是否不朽，外相何如"。希罗多德所言之"昨日"，经他计算所得，是早于其生活时代四个世纪之前的荷马（Omero）与赫西俄德的时代。在他的理解中，正是他们"赋予诸神名号，在诸神间分配艺术与光荣，并揭示其样貌"。但在赫西俄德的作品中，我们能感受到一种为建立进化理论而做出的努力，是诸神在介于过度抽象与过度具体之间的缓慢分裂。在秩序屡经震荡后，宙斯终于"将荣誉在他们之间分配"。

但荷马是一个真正的蜚语者，他对事物的缘起并不关切，亦无意于炫耀，他的叙事不始于故事开端，却选择了故事的终结处，特洛伊城墙下十年悲惨战争之结尾，数年光阴已将一代英豪抹去。英雄本身是一种新近的现象，诗人却已开始吟唱他们的往昔。奥林匹斯的神明迅速建立起英雄生命的永恒韵律，并意图将其永久保存，如同这是一种毋庸置疑的选择。大地等待着那些突袭、异想、诡计与变形的发生。但在奥林匹斯之前，又曾发生过什么？荷马确实为我们埋下了各路伏笔，然而这些提示皆转瞬即逝。无人意欲探究细节。一位特洛伊勇士的命运已足够引人入胜。

荷马史诗中有一种既定的假设，它隐藏于静默与雄辩之背面，甚少被提及。这是关于完美的理想。完美之物以其自身为源，且不欲深究自己从何而来。完美之物可维系自身与周遭的一切关联，因为它如此充沛丰盈。完美无须解释自身历史，却得以自我实现。在神学的悠长传统中，是奥林匹斯山的神明最先开始渴求完美而非力量。如一把黑曜石刀，美学初次将所有关系、纽带与忠诚斩断。唯余一组群像，在苍穹中分离，初创、完整、美满——这三个词在希腊语中被凝结成一个词：*téleios*（**全然**）。雕塑将成为新神自我显现的一种全新方式，纵使它将在很久之后才会露面。

当希腊人意图诉诸一种最高权威时，他们寻求的并非宗教经典，而是荷马史诗。希腊建立在《伊利亚特》之上。《伊利亚特》则建立在一种词汇游戏上，即名称中对某些字母的置换。布里塞伊斯（Briseide），克律塞伊斯（Criseide）。"**美颊的**（*kallipáreos*）布里塞伊斯"，是引起纷争的缘由，并揭开史诗的序章：阿伽门农（Agamennone）[1]意图用她交换或者说代替"**美颊的克律塞伊斯**"[2]。在希腊语中，两位女子的名称仅以两个字母相分。事情并非"因女子而起"。阿喀琉斯孩子气地坚称整场纷争仅因这交换而起，仿佛这位英雄察觉到，正是这关于交换的概念将束缚抽紧，没有任何英雄及其后裔可逃脱此桎梏。

汇聚了各种形式的交换，《伊利亚特》的开篇由此诞生：那儿有一名女子，更确切地讲是两名，各自面庞姣好，甚难辨别，就如两枚相同的铸币；那儿有阿伽门农与阿喀琉斯的纷争，两人互掷话语，就如两股相抗衡的力量（*antibíoisi epéessin*）；在那儿，有祭司克律

1　阿特柔斯与埃洛珀之子，迈锡尼与阿耳戈斯的国王。
2　克律塞伊斯是阿伽门农的女奴，布里塞伊斯则是阿喀琉斯的女俘。在阿波罗的帮助下，克律塞伊斯被父亲克律塞斯赎回后，阿伽门农强迫阿喀琉斯将布里塞伊斯送给他，引发阿喀琉斯的愤怒。

塞斯（Crise）为解救其女克律塞伊斯而奉上的"巨大的""壮观的赎金"，以及阿开亚人为祭司所做的"百牲祭"。在每一种情境里，交换的元素皆成对出现：女子，言语，献祭。唯一没有现身的恰是金钱，但它自会在这诸多元素的交汇中沉淀。但是，倘若让金钱以其最纯粹的方式显现，英雄必首先进行厮杀。早在修昔底德的时代 [1]，我们已准确地观察到，特洛伊之战中缺席的正是金钱。"供给的缺失"（achrēmatia）令这一切交汇变得不像后世那么强烈，却更加光荣。

"海伦是荷马史诗中唯一拥有独特名号的女子"，米尔曼·帕里（Milman Parry）[2] 观察到。"**美颊的**"——这一形容词适用于八位女子，是女性称号中最频繁出现者。《伊利亚特》叙述的故事关乎两起纷争：一是海伦之争，那独一无二的海伦，无人胆敢作为其替代；二是"美颊的"布里塞伊斯之争，阿伽门农希望以之代替"美颊的"克律塞伊斯。在毋庸置疑的唯一性与同样毋庸置疑的可取代性之间，一场战争在特洛伊平原上爆发，并将永不平息。

若我们信任宙斯之妻，同时也身为其姐姐的赫拉的言语，那么宙斯"仅对一事抱有兴趣，即与女子同眠，不论其是神明或凡人"。但至少有一位女子曾将他拒绝，令事情愈加糟糕的是，她乃一位神：忒提斯（Teti）。宙斯充满愤恨，"从天穹监视她，阻挠其意愿"。既已被她拒绝，宙斯许下最郑重的誓言，确保永无神明会成为她的伴侣。如赫拉所察，忒提斯未向宙斯屈服，是出于对他那神明伴侣赫

---

1 修昔底德认为特洛伊战争中阿开亚人的问题不在人力的缺乏而是供给（money, supplies）。
2 1902—1935，美国人，史诗学者。

拉"既敬畏，又怀揣隐秘的恐惧"。赫拉与忒提斯因此成为朋友。但同其他时候一样，赫拉审查事件的视角总过于以自我为中心。在忒提斯的拒绝中还存在一个更重要的动机，事实上这可能正是最主要的缘由：她与宙斯的结合将导致一个儿子的降生，命运注定此子将会取代其父亲，"有子如此，健硕甚于其父"，品达与埃斯库罗斯皆如是说，用词相同。

原始神忒弥斯揭晓了宙斯及奥林匹斯其余神明的整体秩序所面临的危险。只有此时，宙斯才真正将忒提斯放弃，因他期望"永固自己的统治"。也许忒提斯早已知晓这一秘密，也许她确是为此拒绝了众神之王。至少可通过类比得出这一结论，因为在另一场景中，忒提斯曾是唯一一位捍卫宙斯统治权的女子。当诸多奥林匹斯神，包括从宙斯太阳穴中降生的雅典娜，都希望将宙斯囚禁时，正是忒提斯，一位从未造访奥林匹斯山巅的海洋女神，召唤了布里阿瑞俄斯（Briareo）[1]，那百臂的巨人，她令其施以援手，将宙斯解救。在忒提斯"话语和手势"的支持下，宙斯欠下一份恩情，而她将借由此恩情保护自己的儿子，阿喀琉斯。

至于奥林匹斯神明以上千绳结捆缚宙斯的动机，荷马守口如瓶。但被囚的神明即被废黜，这恰是奥林匹斯诸神所密谋之事。因此，女子的相助不仅适用于英雄，也同样适用于神明中最伟大者。即便是正处于尚未动摇的奥林匹斯秩序中的宙斯，也知道终有一日，自己的统治将会落幕。早在荷马时代，宙斯已将自己的持久统治视作私利，在一个场景中他会为避免比自己更强壮的儿子的诞生而压抑对一名女子的欲望，在另一场景中，正因为这同一位女子召唤了布里阿瑞俄斯，那奥林匹斯诸神从不愿提及的粗鄙而原始的生灵，宙

---

1 三个百臂巨人之一，乌剌诺斯与该亚之子。

斯得以获救。即便宙斯狡黠地对抗了命运，即便这位卓越的神延缓了自己的终结，游戏却尚未结束。

在向奥林匹斯诸神揭晓秘密之前，忒弥斯先行将其透露给自己的儿子普罗米修斯。普罗米修斯被缚于一块岩石上，幻想着宙斯正无休止地继续他"毫无头脑的"调情行为，丝毫不知自己战利品中的哪一位将为他带去毁灭。那些轻佻的冒险逐渐成为一种押上性命的赌轮游戏。而普罗米修斯对此保持了缄默。

因此，宙斯对女子的亵玩具有了新的意味。每一桩风流韵事都可能隐藏着致命危险。每当靠近一位女子，宙斯知道此或招致自己的末日。目前为止故事告诉我们的就是这些，但每一个被讲述的神话中都存在另一个难以言说、未被提及的故事，它在暗中示意，仅经由一些隐喻、碎片与巧合而浮现，无人胆敢将此故事单独讲述。那个"比父亲更强壮的儿子"并不会降生，因为他早已存在：那是阿波罗。在奥林匹斯山永不散去的宴席中，父与子正望向对方，两人之间，一把仅此二人可见的锯齿镰刀正锋芒闪烁，克洛诺斯曾用它割下他父亲乌剌诺斯（Urano）的睾丸。

无论他们的生命在何时被点燃，无论是经由欲望、苦难，抑或沉思，荷马式的英雄都知晓正有神明在苍穹中操纵一切。他们容忍并洞察神明的存在，但对他们而言，实际产生的结果往往出乎意料。被操控了感情、耻辱，还有荣耀，行为的动机是否源于自身？在这一问题上，他们变得比任何人都更谨慎。"于我而言，事情并非因你而起，唯有神祇可能是缘由所在"，老普里阿摩在悉安门上望着海伦时如是说。他无法令自己憎恨她，也不会将其视作引起这九年浴血之战的罪人，纵使海伦的身影已成为这场即将以屠杀作为终结的战

101

事之代表。

　　心理学从未能将此超越；关于那些施加于我们身上的力量，我们所做的一切，便是虚构出那些愈加繁多、愈加冗长拗口的名号。相较于我们从经验中的所得，不论是愉悦还是恐惧，这些名目都显得效用甚微，也不甚相符。责任是最被现代人引以为傲之物，但现代人擅自用一种声音作答，却甚至无法肯定此声是否由自己发出。荷马式的英雄全然不知**责任**这一累赘的词，即便他们知晓，也未必会相信。于他们而言，每笔罪行都可能被归咎于精神上的某种弱点。而这样的弱点意味着正有神明现身并发挥效力。被我们视作弱点的，在他们看来则是"神圣的迷恋"（*átē*）。他们知晓这种肉眼不可察的入侵常带来毁灭：因此这个词逐渐派生出"毁灭"的含义。但他们也知道，就如索福克勒斯（Sofocle）[1] 指出的，"若非经由**神圣的迷恋**，凡人的生命将无任何宏伟之处"。

　　因此，当一个族群沉迷于"狂妄自大"（*húbris*）的想法时，他们也将对关于真正去**做**某事的呼吁置之不理，并抱以最大的怀疑。如果我们确切地知晓一个人做出了某种行为，那么这种行为往往是普通而平凡的；而一旦出现了某种预示不凡的迹象时，不论以何种形式，或可耻或道德，行为都将不再以他为主导。当他被控制自己的那个声音抛弃时，这媒介者就变得松弛而笨拙起来。在荷马式的英雄中，并不存在过错的一方，唯存在罪恶本身，那无尽的罪恶。瘴气浸染着血液、尘土以及泪水。带有一种被现代人摒弃且从未被拾回的直觉，英雄并不区分邪念与恶行、谋杀与死亡。于他们而言，罪恶就如挡路的巨石：它易于感知，赫然出现。也许有罪的一方同受难者一样，正经受苦难。面对罪恶，我们能做的便是无情地计算

1　前496—前406，古希腊悲剧作家。

102

出这中间所涉及的各种力量。并且，在衡量有罪的一方时，总会出现不确定性。我们永远无法精确衡量一个人的罪孽累积到了何种地步，因为有罪者本身便是罪行的一个重要组成部分，并遵循其运行机制。直到最后，他或被罪恶碾碎，或被抛弃，或重获自由，而罪恶却仍会继续威胁其他人，制造出新的故事，新的受害者。

每一次，突然袭来的紧张感都会将你带入神明的影响范围。并且，在这一范围中，我们所讨论的神明会在一个平行于现实境况的第二舞台上，或与其他神明争斗，或与之结为同盟。自那时起，每一件事，每一种邂逅，都将分处两地，平行发生。一个故事的被传颂，意味着平行事件的叙事轴相互缠绕，两个世界皆被呈现。

阿伽门农与阿喀琉斯因**战利品**（*géras*）而起争执，那是战争中的部分掠夺品，被军中享有声望者分享，虽然分配方式并不公允。宙斯正与诸神交谈，他们在奥林匹斯山黄金铺砌的道路上聚集。宙斯提醒他们，他偏爱特洛伊人，因他们从未忘记属于他的那份**战利品**，且会通过祭祀将其奉献给他。在论及阿伽门农、阿喀琉斯以及他们的敌人时，他如此表态。凡人话语体系中的词汇在神明的语境中另有含义，而这些词汇本身并不发生改变。在大地上或苍穹中，这些故事同时呈现。借由奥林匹斯山的幻术，这些事物甚至似乎正发生在同一舞台上。当海伦踏足帕里斯的卧室，来拜访这位刚从战场返回的，"仿佛从一场舞会中归来"的勇士时，是阿佛洛狄忒在引导着她。但这种亲密与熟稔却丝毫未能消除两个世界之间的距离。天赋异禀的善辩者也许能意识到，纵使他们有时拥有了神明般的美貌、力量或恩泽，却仍缺失一些东西，那是为奥林匹斯神明所保留的不可磨灭的特质：当看到赫淮斯托斯在宴会殿堂中跛行时，那些"抑制不住的嘲笑"，以及作为极少数得永生者的那种"轻松生活"

的能力。

阿忒（Ate）[1]发泽光亮，步伐敏捷，甚至足不触地。降落到人们头上，她用网将其围困。"她将一切羸弱者践踏"，然后又降临到下一人头上。在天神面前，她也毫无惧色。曾有一次，宙斯愚蠢地夸耀说阿尔克墨涅（Alcmena）将为他诞下一子，即赫剌克勒斯。这些话语欢快地自他的脑海中迸出，静默的阿忒早已守候其旁。昏头的神起誓说，他的下一位后代将统治其所有近邻。赫拉一跃而起，降临在阿耳戈斯；她推迟了赫剌克勒斯的降生，并提前了宙斯的另一个后代，欧律斯透斯（Euristeo）[2]的出生。在此后的岁月中，赫剌克勒斯将被迫艰苦地服侍欧律斯透斯，因后者统治其所有近邻。

荷马式的公平对降临到天神与凡人身上的命定的迷醉并不予以区分。阿忒那极难被察觉的步伐会降临到所有人头上。此时，宙斯察觉到其中的诡计，"锐痛刺入他头脑的深处"，他揪住阿忒的发辫，奋力将她掷向大地。阿忒坠落在佛律癸亚（Frigia）[3]的一处山巅[4]。有朝一日，特洛伊将在此崛起。

阿南刻，涅刻西塔斯（la necessità）[5]，"必然""注定"的化身。她不具面目，在古希腊时代凌驾于万物之上，甚至包括奥林匹斯山与居住其中的神明。荷马并未将其人格化，但他着实描述了她的三个女儿，那手持纺锤的摩伊赖，命运女神们；还有她的密使，厄里倪

---

1 "邪恶""谬误"的化身。宙斯与厄里斯的女儿，在被宙斯掷出奥林匹斯山后，失去控制神明的权力。
2 斯忒涅罗斯与尼喀珀之子，佩耳修斯之孙。
3 位于小亚细亚中部。
4 厄洛耳山。
5 阿南刻在罗马神话中的名称。

厄斯（Erinni），以及步伐轻盈的阿忒。皆为女性形象。世上仅有一处地方专为崇拜阿南刻而设：在科林斯卫城（Acrocorinto）[1] 的斜坡上。在这座属于阿佛洛狄忒及其圣妓的山上，矗立着阿南刻与暴力之神比亚（Bia）的圣殿。"此地有一传统，即不可踏入神庙"，帕萨尼亚斯如此注解。事实上，对于一位不屑于倾听的神明，人们又能问出什么？与阿南刻的关系上，神明与凡人的区别得到了终极阐释。神明忍受并利用她；而凡人只能忍受。

在阿开亚人与特洛伊人作战时，无形的宙斯与波塞冬，那统治天穹与海洋的神明，正在他们身旁奔忙。他们在忙碌些什么？"绷紧那牢不可破亦不会松弛的网，这些绳结已令多人的膝盖疲软。"勇士们在空中挥舞利剑，直到撞上他们的克星。所有移动着的都被同一张网囚禁，无数的线因被收紧而聚拢。当绳结被牢牢抽紧，勇士便会死去，即使他甚至未被那致命的金属触碰。宙斯与波塞冬在特洛伊平原上的行为，与赫淮斯托斯捉住床上的阿瑞斯与阿佛洛狄忒时并无二致，甚至与大洋神俄刻阿诺斯拥抱大地时的作为也无差异。赫淮斯托斯金制的罗网正是为奥林匹斯山而作，但它细如蛛丝，当诸神围观那被缚的情人的窘态并大笑时，他们甚至并未看到那张罗网。俄刻阿诺斯则以他的九条江河将大地缠绕。

据巴门尼德（Parmenide）所说，存在本身即意味着落入了"阿南刻之网的有力束缚"。在柏拉图式的对事物的认知中，我们得到一种巨大的启示，"以天空为边界，环抱它的整个圆周，就如束缚船体的绳索"。在每种情形中，绳结与纽带都必不可缺。必然性是一种首尾相连的纽带，一种将一切事物囊括在其边界（*péras*）之内的多结

1　古希腊城邦科林斯的卫城，最高峰为阿佛洛狄忒神庙。

绳索（*peîrar*）。一个关键词，*deî*，意为"这是必然的"，在《伊利亚特》中首度出现："阿耳戈斯人定会向特洛伊人挑起战事，为何这是必然的（*deî*）？"奥奈恩斯（Onians）[1] 将这一由非人称主语引导的动词，及其不由主语影响的单数形式，追溯至 *déō* 一词，"使结合"，及其反义，"使缺失"，其他语言学者也将承认这一点。奥奈恩斯观察到了相同的景象，"在我们的语言中都存在一种对'它注定发生'的表述，而我们并未意识到其在人类的黑暗历史中所具有的意义"。Questo è legato ad accadere：此事必然会发生。

现在我们需关注"阿南刻（*anánkē*）"一词。尚特兰（Chantraine）[2] 得出一个结论："语源学无法追溯这一词汇及其派生词的真正意义：'约束'与'亲密关系'的并存。**纽带**的潜在含义也许可证明这种双关语义的形成过程。"也有人将这个词解释为"拥抱某物"。在论及当赫剌克勒斯披上涅索斯（Nesso）[3] 的骇人衣衫时，《特拉基斯少女》（*Trachinie*）的唱段开启："倘若落入肯陶耳斯人（Centauro）[4] 的罗网，狡诈的阿南刻（*dolopoiòs anánkē*）便会将他折磨……"但我们应对**狡诈的阿南刻**作何理解？一个"虚伪的拥抱"？或是"可疑的必然性"？又或两者皆是？我们再一次遭遇罗网，这种必然性看起来犹如一个致命的拥抱。在非凡的千篇一律下，罗网的绳结时刻准备收紧。它笼罩着阿佛洛狄忒那不贞的床榻，覆盖着特洛伊城墙下的战场，也包裹它自身，以及这浩瀚宇宙，它也落在赫剌克勒斯那如被火焚

---

1 理查德·布朗克斯顿·奥奈恩斯（Richard Broxton Onians，1899—1986），古典学者。

2 皮埃尔·尚特兰（Pierre Chantraine，1899—1974），法国语言学家。

3 一个马人，被赫剌克勒斯用浸染了勒耳纳九头蛇毒血的箭杀死。为复仇，涅索斯在临死前告诉赫剌克勒斯的妻子得伊阿尼拉，当赫剌克勒斯不再爱她时，穿上他的血浸染过的衣衫就会回心转意。后来，当得伊阿尼拉令赫剌克勒斯穿上一件这样的衣服时，毒血令他疼痛难忍，赴火自焚而死。

4 马人，拥有人的上部，马的前胸与躯干。居住在深山密林中，以食生肉为主。

烧的身躯上。不论在何种境遇中，这件武器对阿南刻来说已经足够。在希腊，许多人怀疑神明的存在，但无人曾表露对这命运罗网的质疑。虽不被肉眼所见，它的力量却远胜神明。

亚历山大在抵达戈尔迪乌姆（Gordio）[1]后前往卫城。他发现了一辆战车，其辕为绳结所缚，无人能将绳结解开。关于战车，有一个传说："传言那解开捆缚战车的绳结之人将统治整片亚细亚大地。那绳结以山茱萸皮系成，丝毫不露出其开端或末尾。亚历山大无法解开绳结，亦不愿将其留在原处，以免他的失败在军中引起不安，传说他干脆用剑砍下了绳结，然后声称自己已将其解开。"但故事还有另一版本：亚历山大"将系索栓从牵引杆上拔除（这是一种被用力嵌入牵引杆的木栓，绳结被紧缚在上面），由此把车辕与牵引杆分离"。亚历山大与他的追随者们"离战车而去，确信神谕中关于解开绳索的预言已被实现"。由此，"那既无法打破，也无法松开的绳结"，即在特洛伊城墙下，被宙斯与波塞冬紧绕在勇士头颅上的绳结，在亚历山大的时代仍未能解开。然而，亚历山大却想出了一个在后世变得显而易见的解决方法：移除牵引杆上的系索栓，以此绕开既定规则。伴随亚历山大的举动，希腊分崩离析，无数后人将效仿他的做法。亚历山大已离去，绳结仍完好无损，"既无开端也无末尾"，但战车已脱离束缚。

在之后的异教时代里，我们仍能在马克罗比乌斯（Macrobio）[2]的文字中找到此类表述："**爱情以一个吻为代表，而必要性则以绳结为标志**。"（*amor osculo significatur, necessitas nodo.*）两个环形的图像，嘴唇与套索，将一切囊括。厄洛斯，"诞生在阿南刻统治的时代里，

---

1 佛律癸亚的首都。
2 约公元 4 世纪前后，古罗马作家。

万物皆在她的黑暗意志前屈膝"，曾夸口自己已得到"史前的节杖"，它如冥河之水般古老。现在他可"将自己的判决施加给诸神"。但厄洛斯并未谈及先于自己降临的阿南刻。他与阿南刻之间存在一种敌意，这敌意源自一种模糊的相似性，就如亲吻与绳结之间的关系。

阿南刻属于克洛诺斯的世界。事实上，她恰是克洛诺斯的伴侣。阿南刻坐在克洛诺斯身旁的王座上，正如奥林匹斯山上，赫拉在宙斯身旁落座。这是阿南刻不具面目的原因，因为她那非凡的伴侣也无面目。样貌，那易变的外形，在下一个世界才会出现。奥林匹斯诸神知晓，克洛诺斯的律法并未被废除，且永远不会。但他们并不希望每时每刻都感受到这律法正施加在自己身上。奥林匹斯山上掀起了一场温和抵抗，针对这精确的律法，它在当时被称为"称重与衡量"（*pondus et mensura*）。这抵抗徒劳却神圣。克洛诺斯之枷锁变为赫淮斯托斯的金网。诸神知晓此二者本质相同，发生变化的只是美观的外形。奥林匹斯山的生活秩序正建立在此基础上。在厄洛斯与阿南刻两者中，诸神更愿屈从于前者，即便他们清楚厄洛斯仅是阿南刻的美丽外壳，字义上也恰如其分：阿南刻那无法挣脱的纽带绷紧成巨大的弧形，将整个世界包围，它隐蔽在一条斑驳的腰带下，那斑驳腰带即我们所见的银河。我们也可以在阿佛洛狄忒身上见到它完美的微缩形态，当女神系着"色调纷繁的刺绣腰带，一切魅惑与魔咒都驻留其间：体贴与欲望，温柔的呢喃，心智最健全者也会被此诱惑盗取理智"。

散开的银河横贯暮色中的天空，它标志的并非骗术，而是世间的光辉。被阿佛洛狄忒系着，那腰带变得闪耀又具迷惑性。这也许正是奥林匹斯诸神所期望的：那魅惑的柔软饰带隐藏着无可更改的必然命运。因此，当时机成熟时，宙斯将用谎言推翻克洛诺斯：而现在，那饰带正装点在阿佛洛狄忒腰间。

欺骗性的腰带与必然性的巨蛇，在此二者中，奥林匹斯的神明为何倾向前者将宇宙盘绕？他们在寻求一种更为多彩、可以玩更多游戏的生活。在对星系秩序顺从了几千年之后，他们更愿相信自己是厄洛斯的属民，就如他们臣服于阿南刻，虽然他们知晓这事实上仅是一个含有亵渎意味的诡计。索福克勒斯笔下的得伊阿尼拉（Deianira）说："诸神屈从于厄洛斯的每一次突发奇想，而我也当如此。"仿佛此事再明显不过。

若仅由阿南刻一人发号施令，生活将变得死板而程式化。奥林匹斯山的神明并不喜欢美索不达米亚人的严肃，虽然他们着实享受后者的献祭。神明想要的不仅是永生，还有孩子气的漫不经心。当除掉英雄的时机成熟时，一场瘟疫将会在静默中把事情了结。但一场战争，一场漫长而复杂的战争，远比瘟疫来得有趣。因此，神明煽动起战争，并让其一直延续。宙斯占据着苍穹中的优势地位，本无兴趣观看瘟疫带去的毁灭。但当特洛伊人与阿开亚人回到战场时，他迫切观战，甚至常与他们一起体会痛苦：当时他看到萨耳珀冬，对他而言"凡人中的最亲爱者"，"被赋予的长寿"权力行将告终，却无法为他抵挡来自帕特洛克罗斯的击打。在一瞬间，宙斯曾幻想自己或许可从战斗中"将他活着抢回"。这是奥林匹斯式的童心时刻，却立刻被赫拉粉碎。在她的行动中，我们发现阿南刻正伪装成一名富有智慧的行政官，对其教唆。

不仅之于宙斯，战争对奥林匹斯的所有神明而言，都是一种奇观。当战事将近，"雅典娜与携银弓的阿波罗，如秃鹫般降临在持盾的宙斯幻化而成的巨大橡木上，他们欣赏着凡人的密集阵型，寒气在盾牌、头盔以及标枪间如波纹般传递"。

阿开亚勇士向前挺进，他们的腿上都给尘土荡得灰白。沉重的马蹄搅起尘埃，使之漫布青天。地面上布满砂砾。弥东（Midone）从战车上跌落，头颅埋入土地，腿股却尚在空中，如此停滞片刻，直到被他的战马踏入尘土。在战场的喧嚣中，有两个女性形象正在忙碌。她们是不和女神厄里斯（Eris）[1]与女战神厄倪俄（Eniò）。厄里斯身着暗色方格的长袍，其上饰有圈状与交叉纹饰。她那宽阔而柔软的翅膀也是同一色彩。她的双臂裸露而洁白。而厄倪俄正流淌汗水，散发光泽，她的傍身之物是"杀戮者的无耻喧嚣"。人们说，"被鲜血与尘土包裹"，她感到欢愉。

…

就在某一时刻，希腊奇异地与亚细亚大陆分离，就像从安那托利亚海岸脱离的某个岛屿，而其峭壁的锯齿形状仍与母体线条保持吻合。这一刻，就在明晰而干燥的日光中，希腊形成了新的轮廓，一种全新的形状。就在这一刻，人类进入到宙斯之中，进入了正午的明媚光芒。"大地回暖 / 天穹比水晶更加耀眼"，我们感悟到"**如在神明之中**"（*éndios*）。在悲剧作家笔下，当 *dîos* 被用以指代"宙斯的一种属格"时，它的唯一含义是"神圣的"。但在荷马时代，它的首要也最重要的含义是"清晰""明亮""光荣"。"出现在宙斯中"，意味着以天空为背景，焕发出绚烂的光彩，以光点亮光芒。当 *dîos* 作为修饰语形容荷马式人物时，首要含义并非他们将拥有"神圣性"，而是为了表明总有一种清晰的光芒伴随并衬托他们。苏美尔人的铅灰色眼眸是夜行飞鸟的双眼；他们将遁入黑暗。拱起脚背，嘴角泛

---

1 "争吵""冲突"的化身。

起叵测的微笑，荷马的英雄则在硝烟四起的土地上前行，他的癫狂就像正午时分被潘（Pan）[1]激发的癫狂。在时间停滞前，他产生了一种幻觉，看见物体们相互分离，却各自完整无瑕，如同被宇宙之剪从天幕中割下，并推进一道光明中，无可遁逃。

在黑暗时代，四个世纪没有手稿和文化内核的显现。之后，希腊重拾它的光荣。在荷马史诗中，凡优秀与美丽者皆光芒耀眼。胸铠在遥远之处闪亮，那些身躯不时隐现。当吟游诗人在希腊人身畔唱诵《伊利亚特》时，甚少有这般华美之物可供欣赏。殿堂的穹顶已经消逝，它们或被摧毁，或燃烧殆尽。亚细亚的宝石荡然无存。带黄金浮雕的酒杯失去踪迹，战争中的巨大战车再未归来。

这些光荣都存在于记忆中。在手持的罐与瓶上，顽固地、反复出现着同样的几何花纹，仿佛希腊人突然决定这才是唯一重要的：轮廓和锐利而具有棱角的线条分隔开来。在狄甫隆（Dipylon）出土的巨大两耳细颈酒罐上，几何纹饰相连成组，构建起一个框架，我们在这框架中看到一个包含人物形象的场景。那是一场葬礼，人物肤色黝黑，没有面目，肌肉凸显。遗体躺在一口长棺中，如同一只危险的昆虫。荷马式的光辉与昆虫的清晰外形，此二者互为前提，互相制衡。在古代希腊的所有残存证据中，此二者皆如是相互包含。

所有进步的概念都被《伊利亚特》的存在驳斥。这完美的第一步使一切关于进步与上升的想法变得荒谬。但是，《伊利亚特》同时也是对形式与形状的挑衅；它公然与之对抗，将它们拖入一个尚未完全揭晓的谜团。而这种情形尤其应归功于被这史诗所排除的，甚

---

1 森林与丛林之神，有时也被作为恐惧之神。

111

至从自身中驱逐的一种统领性的明确，而它将在接下来的世纪中被语言清晰地表述。那完美的开篇，通过其独特的表象，唤醒了缺席的平衡力，马拉美（Mallarmé）。

在阿开亚人的领袖中，奥德修斯（Odisseo）因"善于思索"而出众。人们崇拜他的复杂思维，正如他们敬重阿喀琉斯的捷足。但这并不能让奥德修斯比同伴们更不依赖神明。他并不具备狄俄墨得斯（Diomede）[1]那可靠的雄辩之才，或是涅斯托耳（Nestore）[2]的三倍于常人的寿命，但他正寻找恰当的时机，仅凭一句没有赘述的话语便得到神明的关注。奥德修斯知道如何"从燃烧的炭火盆中逃脱"。在包含了"逃脱"（*nostěsaimen*）一词的那句话中，我们理解了"回归"（*nóstos*）的含义：完好无损地逃脱，即意味着回归。无人能像奥德修斯那样归来。有一种坚实而可靠的力量从未被提及，但英雄知道自己正是依赖于此才得以全身而退，即便在更大的振荡里。这仅是精神上的一座微岛，我们可感知那微小的岩石碎片与其周遭的广阔海洋所形成的对比。但那微小却坚定的精神土地，正如英雄那宽阔的胸膛，具有抵抗与忍耐的力量，成为一种恒久的支撑。奥德修斯识出火焰，直面它，并与它对抗，但远不止于此。与那些傍神明而居的男女不同，奥德修斯**能够逃脱**火焰。正因如此，当强大的狄俄墨得斯身处黑暗中时，唯有奥德修斯在旁才感到安全，因为后者犹如一个机警的幽灵。

在阿开亚人曾经历的最绝望的那个夜里，他们因遭到特洛伊人

---

1 阿耳戈斯国王，参与特洛伊之战的英雄，能言善辩。
2 他的母亲克罗里斯是尼俄柏的女儿。克罗里斯的兄弟姊妹都被阿波罗与阿耳忒弥斯射死。为弥补这一过重的惩罚，阿波罗将他们被剥夺的寿数权力赐予涅斯托耳，使他拥有三倍于常人的寿命。

的围击而紧急撤退到船上。狄俄墨得斯将出发执行一项危险的任务，从敌人的营帐中窃取机密。奥德修斯听闻夜间有苍鹭哀鸣，却不知其身在何处。那是雅典娜在示意自己的降临。奥德修斯向这位总站在他这边的女神倾诉。他的话语简洁而私密，长度不及随后狄俄墨得斯将说的一半。奥德修斯既未提及前代先例，也未许诺任何祭祀。他对女神说："爱我，雅典娜，再一次，尽汝所能。"

在狄俄墨得斯率真的张扬与奥德修斯朴素的明澈之间，一个故事将在持续数世纪的重述与颠覆中自我阐释。但在那个夜晚，两者的联系依旧存在，就如两位英雄刚刚装备的"骇人武器"依旧产生摩擦。女神仍然公平地在二人面前现身。他们先与之对话，然后才互相交谈。她是"天堂之火"，奥德修斯将清醒着穿其而过却毫发无伤。在那以前，在那份清醒被抛弃之前，希腊人并无穿火而过的记忆，也不记得火与女神之间亘古的相似性。这位女神曾任由英雄强调她应爱他，"再一次，尽汝所能"。

阿喀琉斯独一无二，他也是一个独子，"天生**被宠坏的孩子**"（*enfant gâté*）。在他之前有六位兄长夭折，因他们的母亲忒提斯曾尝试令其不朽。他们并未熬过她的火炼。火焰舔舐着阿喀琉斯，铸就他**近乎**不死的身躯。然这意味着他将比其他凡人更具凡人特质。他注定比他人短寿，因忒提斯之故，他取代了那个本应将宙斯推翻却最终未能降生的儿子。他没能成为比其他神明更长命者，却成了比其余凡人更短命者。但在所有凡人中，只有他几近于成为一位神。因为他取代了那本将终结宙斯统治之人的位置，他的结局被强制蚀刻进他的肉体。阿喀琉斯代表着最纯粹的时光，伴随铁蹄作响，在飞驰中远去。被压缩进凡人的生命跨度中，他最接近于拥有奥林匹斯诸神所具备和依赖的品质：热烈与灵巧。他的狂暴脾性胜过其他任何勇士，正是它推动了《伊利亚特》的叙事发展，敏捷的双足带他前行，不会遭遇任何障碍。

　　阿喀琉斯与女性的交情比任何英雄都更密切。九岁时他扮成一名女孩，在斯库洛斯岛（Sciro）[1] 上与其他女孩玩耍，是奥德修斯的号声将他的少女梦惊醒。被海洋女神忒提斯生下，由两位水泽女仙抚养长大，阿喀琉斯被他的女伴们昵称为皮拉（Pirra），金发女子，白肤的金发女子。他享有一种其他男子从未获得的极乐：既身为一个女性，又诱惑其他女性。表面上，他是与吕科墨得斯（Licomedes）[2] 的女儿们嬉戏的异域少女，但这些女孩中的最年长者，得伊达弥亚（Deidamia），很快将诞下一个源自他们"秘密的激情"的孩子：涅俄普托勒摩斯（Neottolemo）。在被海风吹拂的斯库洛斯岛上有一座塔，塔下有一片牧场，吕科墨得斯的女儿们在此采摘鲜花，装满整个怀抱。她们目光坦然，面颊圆润，姿态华美。阿喀琉斯与她们一同嬉戏，只有通过将头发粗鲁地甩至脑后的这一行为，方能将他辨认出来。

　　在阿喀琉斯少年时代的爱情里，女子自愿为他赌咒赴死。而死亡将一直与他相伴。奥利斯（Aulis）[3] 最炎热的日子还在持续，焦躁不安的英雄在帐外活动以打发时间。正当阿喀琉斯幻想着"一千个少女"为"追寻他的卧榻"而来时，一个声称自己命中注定将与他成婚的女孩现身：依菲革涅亚（Ifigenia）。
　　这是令人惊愕的双关之语：依菲革涅亚的父亲阿伽门农曾以

---

1 爱琴海中的一个岛屿，为了不让阿喀琉斯参加特洛伊战争，忒提斯把他藏在这里。
2 斯库洛斯岛的国王。
3 古希腊港口城市，位于尤里普斯海峡。

婚姻作为诱饵，哄骗她成为被献祭的牺牲品走向死亡。这时，克吕泰涅斯特拉（Clitennestra）[1] 对阿喀琉斯说："若我的女儿被杀死，这将是你未来婚姻的一个不幸预兆。"而这预兆仍在风中飘荡，完整无缺。

从那时起，阿喀琉斯的情欲，自孩提时代的游戏中就已萌生的情欲，将被限制并压抑在他的血液中。与依菲革涅亚一样，阿喀琉斯在临死前，发上也戴有一顶伪造的婚礼之冠。阿伽门农的诡计将导致一些人们难以预料的，甚至连阿伽门农自己也无法参透的，产生在依菲革涅亚与阿喀琉斯之间的联系。甚至有人发声说他们育有一子。若事实如此，他们定是从未结合却诞下了他，除非是因为他们都曾被引诱进死亡的圈套。

曾有一个时代，神婚与献祭等同。在历史进程中，这种无法言说的同一性被逐渐分离。最初，那原始的神明会在交媾的同时死去。凡人追忆这壮举，但他们若想幸存，就很难将其效仿。于是他们被迫将它分裂为两个阶段：杀戮与交媾，献祭与婚姻。但献祭中仍残存着婚姻的影子，就如婚姻中同样遗留有献祭的滋味。一种有形实体将这两桩事相连：王冠。当某人步向圣坛时，无论是作为祭品还是作为新娘，都将头戴王冠。王冠的这种模糊性正是悲剧永恒而缜密的核心所在：误解、识别，令悲剧神经紧绷的双重含义，都源自王冠本身所包含的、最根本的双重意义。

若认为只有现代人才懂得欣赏这双重含义，而古典悲剧总是含蓄且无意识的，那便过于无知。相反，这一概念似乎已成为悲剧的典范背景。此外，仅需引用一个例子：欧里庇得斯的《奥利斯的依

---

1 阿伽门农的妻子，与他生下依菲革涅亚、厄勒克特拉、克律忒弥斯、俄瑞斯忒斯。

菲革涅亚》（*Ifigenia in Aulis*）中的合唱部分，十分突然地从对佩琉斯（Peleo）与忒提斯的婚礼的重现，以及忽然现身在宾客之中的神明，切换至对依菲革涅亚的叙述。她如一头"花斑小牝牛"，在奥利斯，那是她父亲声称将带她步入婚礼的地方，"有鲜血从它终有一死的喉咙里汩汩流出"。那被删去的段落分为两个部分：婚礼与献祭。而在欧里庇得斯看来，它们是同一叙事：我们必然会从其中一部分过渡到另一部分，因为它们属于彼此。同样，古代文本清晰地表明悲剧的紧张感源自谋杀与献祭之间的张力，其中一方将压制另一方，或者说是这两个词的迅速分离。事实上，现存的所有悲剧都可以根据发生在谋杀与献祭之间的冲突，或对这两种现象的陈述中模糊性程度的深浅，来进行分类。在《奥利斯的依菲革涅亚》中我们屡次听到一个动词——"杀戮"（*kteínein*），而"献祭"（*thúein*）一词却甚少被使用，夹在它们中间的词是**"割喉宰杀"**（*spházein*）。不过这部悲剧的中枢情节是一场献祭，而非谋杀。与之相反，《阿伽门农》讲述的虽是谋杀者的故事，其中却饱含关于献祭的措辞和专有术语。

当依菲革涅亚接受死亡时，如她自己所言，答应"这罪恶的父亲让鲜血罪恶地流淌"，因为"她是整个希腊的希望"，而她的死亡将助"希腊人统治蛮族，而免被蛮族统治"，因为"蛮族代表奴役，而希腊代表自由"——当这样的演讲从这位迈锡尼（Micene）[1] 处女口中流畅而自信地说出时，世间一切关于献祭的异象都已坍塌。值此，献祭不再是神明与凡人之间的平衡，而是凡人与凡人之间，是"凡人的国王"与正在帐外穿梭的危险群众之间的平衡。

这是又一个令人震惊的难解之谜：人们发现可有效取悦神明

1　荷马史诗中阿开亚人的都城，在特洛伊战争时期由阿伽门农统治。遗址位于伯罗奔尼撒半岛东北部。

的献祭行为同样具有制衡社会的作用。神的一切张力都已消逝。留给我们的是一名不知情的少女。大军被起航去进行血腥杀戮的欲望所驱使而变得疯狂，少女的喉咙将在他们面前被割开（是阿佛洛狄忒式，而非阿瑞斯，正煽动他们）。这惨死最终被证实有效。这是"**为祖国而死**"（*pro patria mori*）的第一桩案例，与其他同类事件相区分，在其衬托下它们皆变得渺小，就如伯里克利（Pericle）[1]关于民主的演说将令后世数千场同一题材的演说都变得微不足道。甚至在阿开亚人扬帆特洛伊之前，依菲革涅亚的身躯已被视作献祭活动的一种激进的世俗化进程的媒介。神明仍在，完好无损，但现在凡人与他们的关系正呈现出如同女与父、仆与主、被爱者与爱者、妻子与丈夫之间的那种羸弱与哀婉。现在，划分天堂与凡间的唯一根据是力量上巨大的悬殊，而非用精神、内心，或仪式来衡量的宏大的失衡。神明与凡人之间的宇宙支架正在剧烈晃动，生活看似变得轻松光彩，但也变得更加孤独、转瞬即逝，且无可挽回。这就是从荷马到欧里庇得斯时代的希腊觉醒时期的主流情绪。万物瓦解成一些基础而不可进一步分割的元素。生活不再是不可见力量之间的一系列交易，而成为"凝视光明时的美妙"。依菲革涅亚所说的**灵魂之爱**（*philopsychia*）正基于此，那是最后一次"眷恋生命"。她的结论十分简单："于凡人而言，最美妙之事便是望向光明；大地之下，皆是虚无。"

这无所顾忌的演说，是对整个精神世界是"一片虚无"的大胆断言，指向了一种姻亲关系，它早已注定这女孩将成为阿喀琉斯的新娘。她在临死前抛给阿伽门农的那些挑衅话语，预示着冥界中阿喀琉斯将对奥德修斯做出的回答。他自嘲对亡灵的统治无用而苍白，

1　约前495—前429，雅典黄金时期的重要领袖。

心碎地渴望得到地上世界的一部分统治权力，无论境遇何等悲惨。

在整个古典世界中，从克里特岛迷宫的壁画到罗马的宴会，都散布着叶状的冠冕。在罗马，成为一位**制冠者**（*coronarius*）意味着掌握一门有丰厚收益的手艺，因为冠冕被应用于各色场合。"古时候"，普林尼（Plinio）[1] 回忆，"冠冕被用以在公共及私人场合中展示对神明与家神、对坟墓与亡魂的尊敬"。然后是为神明雕塑献祭的牺牲者和为婚礼而奉上的冠冕。属于竞技中获胜运动员的冠冕。属于卓越的诗人与战士的冠冕。在宴会上用以取乐而被佩戴的冠冕。爱者们会将冠冕悬挂在被爱者的门上。克勒俄帕特拉甚至萌生借助冠冕上的花瓣给安东尼（Antonio）[2] 下毒的想法。从埃及法老到信仰基督教的善辩者，他们皆试图回避这种异教徒的行为，却同样再次沾染它，可以说数世纪中，地中海世界都在那环形图像中生存与活动，那些具有象征意义却命数短暂的花朵，在每种场合中的用法都不尽相同。这便是无所不在的冠冕，围绕它诞生了大批文学作品。甚少有其他主题能如此适宜于哲学家在宴会上的学识竞赛。但若我们回顾他们的轻松闲聊，回归到冠冕的源起，我们又将发现什么？

第一顶王冠是宙斯赠予普罗米修斯的礼物。它来自神明，以示对这位与他们关系不明者的尊敬，这种尊敬既是威胁也是救赎。事实上这顶王冠是宙斯对普罗米修斯之缚的补偿。冰冷的金属物转化为一件被阿喀琉斯称作"最佳的约束"之物：由树叶、细枝与花朵编织而成的一个环形。这一过程好比阿佛洛狄忒那多彩的腰带被附加在阿忒那令人窒息的罗网上。正如谎言被编织进阿佛洛狄忒的腰

---

1 盖乌斯·普林尼·塞孔都斯（Gaio Plinio Secondo, 23—79），古罗马作家、博物学家。
2 马库斯·安东尼（Marco Antonio, 前83—前30），罗马政治家与将军。

带，在普罗米修斯的王冠里我们可以看到谎言的终极挑战。希吉努斯（Igino）[1] 写道："有人说（普罗米修斯）获得了一项王冠，因此他可宣称自己已取得胜利，并未因其罪行而遭处罚。"（*Nonnulli etiam coronam habuisse dixerunt，ut se victorem impune peccasse diceret.*）和阿佛洛狄忒的腰带一样，普罗米修斯的王冠也是必然命数的束缚。只可惜这种束缚现在已被俘获，它瓦解在花瓣中，成为一种精致却累赘的装饰。在唯美外形的遮蔽下可能隐藏着那试图逃离必然命数者的孤注一掷，他仍在寻求免遭责罚，而这并不为**阿南刻**所容许。希吉努斯如此暗示。

然而埃斯库罗斯对此事持有不同观点。他将宙斯赠予普罗米修斯的王冠形容为一件"报酬"（*antipoina*），同时也是一笔赎金。普罗米修斯向宙斯透露，他与忒提斯结合所生之子将推翻宙斯的统治。如此，他先是欺骗这位神明，然后又将其拯救。现在他将重回凡人之中，为他们带去继火种之后的又一启示：王冠。从镣铐到王冠：只是形式不同的束缚；任何将我们支配的强大力量，都是一种束缚。但现在，束缚的重量已被减轻，它变得精致而柔软，温柔地环绕着头部，因为"我们的所有感觉都存在于头部"。那么，隐藏在植物的编织中的，是何物如此珍贵？是完美。在希腊，完美是最卓越的天赋，是希腊人永远追寻的目标。

很久以后，王冠才会在宴会上被分发。起初，最为关键的是关于分割的概念。作为那富有魔力的圆环的初貌，王冠把世界分成两个部分：王冠之内是一些神圣的片段（被牺牲的祭品、婚姻、雕像），其余一切则都在王冠之外。"属于祭仪的一切，无论是人和畜，牺牲品或象征物，都将被象征着献祭的王冠或头饰标示，而两者往

---

1 约前64—17，罗马帝国初期的作家，作品有《神的谱系》等。

往同时存在。"此时，王冠是"那神圣寂静的使者"，是献祭引发的杀戮的前奏。但是，在开创了这种祭祀性的用途后，希腊人以自己的方式丰富着冠冕的用途。这神圣之物具有授孕的力量，它进入少女、野兽、神像和浪潮高峰的体内，将其充盈。这神圣之物又因此成为完整之物的一部分，一种完美的完整，如亚里士多德所言，"我们仅会把完美且完整之物奉献给神明"。在《伊利亚特》中，"年轻人将酒坛填满酒液（或加冠：*epestépsanto*）"。王冠即酒杯之边沿，是由满到过剩的那一点。王冠是易变的**圣地**（*templum*），选择与危险都在此处聚集。完美为自己带来死亡，因为无人可做到没有满溢的完整，而那溢出的部分便是牺牲品为自己索取的。"完整之物，是完美的，加冕恰代表着某种意义上的完美"，阿忒纳乌斯（Ateneo）[1]如是说。用以献祭的动物唯有被确认为完美时才会被加冠，"如此便不必杀死无用之物"。

起初，王冠圈起那神圣之物，使其与俗世隔离。后来，它在自给自足的丰沛充盈中将完美圈起。凭借一种巧妙且不言而喻的语境转移，希腊人将王冠带离了流血与牺牲。他们希望用王冠本身来赞美完美。从现在起，它不再是仪式的一部分，它简单地单独存在着。王冠是至高无上的、最直观的存在。萨福（Saffo）[2]对狄喀（Dica）说："用你柔软的双手将茴香茎编织，把甜美的王冠置于你的鬓发之上；因为被庇佑的美惠女神们偏爱那些以鲜花装点的可人，而不理会那些不以王冠为饰的人。"由此可知，狄喀本就是完美的，吸引着美惠女神们的怜悯目光。我们已离依菲革涅亚很远，她相信自己所佩戴的正是新娘之冠，而事实上，是这王冠将她选作祭坛上的牺

1　公元 2 世纪末—3 世纪初，希腊雄辩家、文法学家，所著十五卷本《贤者之宴》（*Deipnosophistae*）大部分存世。
2　约前 630—前 570，古希腊诗人。

牲者。

希腊人逃离神性转投完美。他们对美的统治深信不疑。这将是一场铤而走险的短暂逃离，在神性与完美之间的张力尚可维持之时，在神性与完美可以共生，且不会削减对方之时。再没有其他民族会做出如此多的尝试。如果说，我们是在萨福的作品中首次发现王冠是为了让自己去吸引美惠女神们的注视，如果在其作品中，仪式性的功用首次成为美学修饰的托词，那么我们不必即刻称之为"**高贵的美**"（*tò kalón*）[1]，因它过于郑重，而应当归为"**欢乐**"（*habrosýnē*），这个词并未在哲学家中流行，人们只能混合一些诸如精美与辉煌、优雅与奢华之类的概念来转译它。"我热爱**欢乐**"，萨福在另一行诗中如是说，也许这是她唯一一条不容置疑的独白。

冠冕、项链、花环：它们具有同样的外形，通常可以相互转化。当安菲阿剌俄斯（Anfiarao）[2]离开他位于科林斯的宫殿，前往忒拜城墙下的战场，得益于远见及洞察，他清楚地知晓自己的远征将以死亡告终。是他的妻子，厄里费勒（Erifile）的背叛，迫使他离开蔽身之所，不得不前往波吕尼刻斯（Polinice）的领地：作为对这背叛的反击，波吕尼刻斯将曾被阿佛洛狄忒作为礼物赠予哈耳摩尼亚的项链赠予厄里费勒。在宫殿的院落中，马匹们拖曳着缰绳，难耐地曲下头，安菲阿剌俄斯已戴上头盔，剑指长虹，他最后一次转身回望。被他注视最久的是他年幼的儿子阿尔克迈翁（Alcmeone）。他已耐心地向那男孩解释，有一天他应如何杀死自己的母亲，为现在正道着

---

1 指好的、高贵的，尤其是哲学家所指的客观与精神方面的美。
2 阿耳戈斯国王，参与攻打忒拜的七雄之一。他曾预见攻打忒拜的战争必败，自己也将在战争中死去，因此隐藏起来，却因妻子厄里费勒的告密和劝说而不得不参战，临行前让儿子发誓长大后为他复仇。

永别的父亲复仇。男孩似乎未将此事放在心上，他嬉笑着，一边聆听一边闲荡，但父亲的话语将如童谣旋律般萦绕在他的记忆中。安菲阿剌俄斯注视着这赤裸而强健的幼子站在女子们前面，挥动手臂道着再见。在他身后还有其他手臂挥舞着，那些白色的臂膀属于他的女儿们，得摩那萨（Demonassa）与欧律狄刻。之后是老乳母瘦骨嶙峋的臂膀。最后面，是裹着头巾的厄里费勒：安菲阿剌俄斯触及她带着憎恶的冰冷目光，与他的注视相互抗衡。她将一只臂膀隐藏起来：它低垂着。她遮掩的指尖紧攥着哈耳摩尼亚那硕大而耀眼的项链，那是一件焕发金色光芒的花环，它闪耀着，几乎垂及地面。

这些场景标志着这座贵族宅邸没落的开端，所有人都履行着自己的职责，如同什么都未曾发生，纵使每个人都意识到灾难已经迫近。总有一人会站到人群之外，蹲下身来，一手扶额。正是此人，能够看清局面却无法作为。有朝一日，他将成为悲剧诗人，把这些故事吟诵。但他在此刻沉默。以局外人的眼光来看，并无不合常理之事发生：家族的首领即将出征，此事再寻常不过。只有那双眸紧盯地面的观察者能够察觉恐怖之事行将发生。院落中，动物们正在聚集：蜥蜴在人们的腿脚间蜿蜒爬行，毫无惧色；一只刺猬正待在安菲阿剌俄斯的车轮下，面临被碾碎的危险；个头雄伟的蝎子正沿着中庭柱子的凹槽缓慢爬行；一只紧张的、身体战栗的野兔在战车旁摩擦着侧腹；猫头鹰降落在马匹的鬃毛上；以及，在庭院外的石堆中，一尾蛇正抬起头部，纹丝不动，静观这一切。

数代人逝去，安菲阿剌俄斯与厄里费勒的故事化成诗篇，广为传颂。如今，哈耳摩尼亚的项链，即墨涅拉俄斯（Menelao）赠予海伦的项链，在所引起的一切麻烦都已过去后被保存到德尔斐神庙。在第二次神圣战争期间，福喀斯人洗劫了这座神庙，其领袖们决定将那些闻名的珠宝分配给各自的妻子。他们抽签决定谁能得到什么。

厄里费勒的项链被分配给"一个面容忧愁而充满愤恨的女子，但她极其端庄。海伦的项链则落到一个容貌出众的荡妇手中，她爱上了一名来自厄皮洛斯的年轻人，遂与他私奔。而另外那名女子则酝酿着密谋杀害自己的丈夫"。私奔的女子最终沦落风尘，"任何想将她凌辱之人都可得到她的美貌"。弑夫的女子在家中被活活烧死。是她那已疯的大儿子将火焰点燃。

项链、冠冕、花环。伴随光阴流逝，叶子与花瓣终于优雅地凋零，唯留下冰冷的圈状桎梏，成为朴素无华的必需品；那曾诱发一系列故事的忒拜之环，那特洛伊之环，现在又回归为司空见惯的罪证。主角们籍籍无名，仅有少量事件被铭记：一场私奔，一场谋杀。这样的希腊并无任何值得期许之物，它向亚历山大投诚，并执着于忘记过去。但这一切，以及它未能限制的一切，正是王冠、项链以及花环的本质属性。

在阿佛洛狄忒的腰带中，在王冠上，在海伦和她的幻影里，美被叠加于必然性之上，并用谎言将后者掩盖。必然的命数带有一种独特的光芒，在那光芒背面，人们可感觉到一种金属质地的寒意，就如一件随时可能出鞘的武器。希腊意识发生了真正的分裂，一如它曾踏出的所有不可逆转的步伐。当柏拉图第一次做出断言，"必然性的本质与美德的本质是何等不同"，他所指是一种宏大的、无法逾越的距离——正是同样的距离造就了那些"看清了事物的存在，看到这种存在是出于必然性，而非出于任何行善布施的理由，故而研究起天文及其他必然的艺术"的无神论者。"美丽"，在这一情景中，必须迅速被"美德"吸纳，成为它的代理人、它的工具以及它的教员，否则就将被空置，如一个目的不良的**法术**（goēteuma），迷惑心智，令其无助地屈从于它，屈从于必然性的号令。在荷马时代，美德尚未被提及：欢愉与不悦，荷马的勇士只知道必然命数的多彩编排，并满足于它所给予的光荣，而这光荣却会在一日将尽时把他们摧毁。"凡人难以在这些多彩的美物中无畏穿行。"阿伽门农说，瞬息间，他将倒在克吕泰涅斯特拉的斧下。

阿伽门农，"诸王之王"（*ánax andrôn*），代表着王权本身。必须由他掌管天堂与大地之间的联系。所有的交换都向他聚拢。在这些交换的本源，总存在着某种形式的死亡。正是同样的力量将车轮推动，打破"风神的寂静"。于阿伽门农而言，女儿依菲革涅亚的牺牲使一切变得更加明了。王者，掌管着交易的运行，也唯有他，必须将每一种特别之物献祭，包括自己的女儿。但这位交易大师、代替物的主人，或许会转而遭遇唯一性的攻击。当祭司克律塞斯要求赎回他的女儿克律塞伊斯，并将自己作为其替代品时，阿伽门农命令阿喀琉斯交出布里塞伊斯。就在此刻，唯一性奋起反抗这种交易。

阿喀琉斯是没有领土的王者。他本就具备神的恩典，无须依靠等级秩序将其维持。阿喀琉斯比其他任何人都更堪称王者，这是因为他的魅力，而非力量。正因如此，阿伽门农坚决地想证明自己才是真正的王者。卖弄学问的涅斯托耳明确精准地解释道："佩琉斯之子，你不该如此顽固，以至于和一位国王发生冲突：没有其他权威可匹敌一位手持权杖的王者，一位被宙斯许以荣耀的君主。你十分强健，你的母亲是一位女神；但他比你更为强健，因为有更多人在他麾下聚集。"一方面，这里有一位王者，之所以称王，是因为他本人是群体的核心；另一方面，这里还有一位个体，他那孤立中的形象，以及天赋的唯一性，令他堪比王者。阿喀琉斯让我们见证了荷马时代的光辉，那是一种吠陀世界无法想见的特质：独有，不因神性而威严，危如累卵、稍纵即逝的，不可替代、无法交换的，它那以死亡为终结的出现极其短暂，正因为此，它亦无法计量。它仅存在一次，且稍纵即逝，不能用任何利益衡量它的价值。

阿喀琉斯对阿伽门农感到愤怒。他将自己隔离在帐篷中，与"美颊"的狄俄墨得亚（Diomeda）同眠，一如"美颊"的布里塞伊斯。但阿喀琉斯仍拒绝接受布里塞伊斯的替代品。年迈的仆人福尼克斯（Fenice）深爱着阿喀琉斯，孩提时代的阿喀琉斯曾在其怀中打嗝，喷出的酒液滴在其胸前。老仆无法理解这种荒谬的坚持。阿喀琉斯何以在阿伽门农用来取悦他的众多礼物中"仅仅为了一个女孩!"拒绝来自莱斯博斯岛（Lesbo）的七名少女，而且"她们是最上等的"？以福尼克斯对部落的虔诚来说，他难以理解任何一种对唯一性的断言。恰是在阿喀琉斯身上，史诗第一次将篇幅赋予这样的发现，一种即将踏上历史舞台并留存至今的情感：在思想碎片的堆垒中，唯一对所有人而言都不证自明的想法。身在这样一个亵渎和虔诚的阵营不再被区分的时代，它在亵渎神明的同时，又是同样的虔诚。如阿喀琉斯所言："肥美的牛羊，你尽可窃取；烹煮用的陶罐与金鬃的骏马，你尽可购置；而至于生命齿牙的掉落，此人的一生（*andròs psychē*）却既不能被替代，也不可被窃取，亦无法被收买。"这些话语不仅在过去数世纪中从未遭遇驳斥，它们的力度与紧迫性还得到了加强，纵使信仰与原则都已零落，这些话语却仍独存。今日，凡有不信教条者拒绝杀戮时，阿喀琉斯的话语便正在其身上回响。

为存在所作的、包含审美意味的辩护，并非年轻尼采的发明。他只是第一个为其命名者。在更早的时代，在奥林匹斯山脚的希腊，它已是生命的一种默契前提。外在的完美无法割裂地与对一种生活的接纳产生联系，这种生活远离救赎、远离援助、远离对重复的企盼，并显示出它受制于一种不确定的奇迹。阿喀琉斯是女神之子，这一事实赐予他一种不为外人所知的力量与卓越，但他选择了简短而荣耀的一生，这一选择不可挽回。

阿喀琉斯选择的一生，绝非单一个体的一生，而是一幅集合了荷马对生命的理解的图景。后来，阿喀琉斯将在冥界发表一场演说，这演说如镜面般反射着他将阿伽门农礼物拒绝的场景。现在，英雄成为众人中的一员，他们是"精疲力尽的凡人，无动于衷的幻影"。生命仅剩漫长的倦容。奥德修斯试图称之为"快乐"，即便身在亡灵之间，他声称羡慕阿喀琉斯，因为后者虽身处此地，却仍拥有自己的"强大力量"。但再一次，阿喀琉斯备好的说辞无人能与之争辩："切勿试图为我将死亡粉饰，高贵的奥德修斯。我宁愿活着，身为一个牧人，为最贫穷的农夫服务，食不果腹，却也胜过统治这里所有的无用亡灵。"正因生命的不可挽回与无法再现，外表的壮丽才衍生出此等炽烈之情。此处并无隐藏的含义，无柏拉图式哲学将在后世强行赋予的指代或暗示。在这里，外表即是一切，它是那命数短暂之物所必不可少的一种完整。它是转瞬即逝的图像，是对生活在奥林匹斯山无人之境中的那些身影的一种简化的再现。

在特洛伊战争开始之前与结束之后的两个场景中，阿伽门农都发现自己必须主持一场处女的祭祀。第一次被献祭的是他的女儿依菲革涅亚，他假托令其与阿喀琉斯成婚的名义，将她诱至奥利斯湾。第二次被献祭的是特洛伊的波吕克塞娜（Polissena），阿喀琉斯本以为自己将在神庙中与她相见并成婚，但狡黠的阿波罗躲在神庙柱子之后，将他杀死。因为长期无风，阿开亚人的舰队无法出征，依菲革涅亚因此被献祭。而波吕克塞娜的牺牲则是由于长期的无风阻碍了阿开亚人舰队的返航。在被欺骗的新娘依菲革涅亚的例子中，阿喀琉斯企图阻止她的牺牲；而在波吕克塞娜的例子中，阿喀琉斯，那被欺骗的新郎，则作为鬼魂再次出现，前来索要他的祭品。

从一开始，阿伽门农与阿喀琉斯的命运就完美地平行着。阿伽门农永远不会成为献祭的缘由，却始终是献祭的执行者，他目光警惕，注视着那些臣服于他的人，借由这类活动，他们皆处在他的掌控之中。他关心的是如何用献祭伪装起杀戮，直到有一天，自己也如一头被用以献祭的野兽般，被克吕泰涅斯特拉谋杀。一种循环存在于他的命运中，任何偏差都不被容许。阿喀琉斯处处与他对抗：是阿喀琉斯，本将迎娶这两场献祭中的受害者。第一次是在生前，而他拒绝接受那位牺牲品；第二次他已死去，却前来索要祭品。阿伽门农执行活人的律法；阿喀琉斯则想逃脱神明的意愿，或篡夺他们的权力。阿伽门农不会亲自触及受害者，但他发出指令，令其被杀；涅俄普托勒摩斯，阿喀琉斯之子，将把他的刀刃刺入波吕克塞娜的咽喉。阿伽门农是死亡的掌管者；于阿喀琉斯而言，死亡总是过于具有吸引力，又过于令人厌恶。两位英雄各立在舞台一侧。舞台当中，在仪式性的沉寂里，上演了两场献祭，预示着特洛伊之战的开启与终了。

依菲革涅亚如此被献祭："祷告之后，阿伽门农向随他一同主持祭祀的侍者发出示意，令其将他的女儿依菲革涅亚捉住，当时她正裹着长袍，即将坠向地面。然后，如同对待一只山羊般，将她带至祭坛顶端，用一只塞子（又或是一只马嚼子？），以无声的暴力堵住她的嘴唇，那唇部的线条优美如舰首，如此她便无法将自己的家人诅咒。藏红花染就的长袍已滑落至地面，依菲革涅亚的双眸如利箭般投向将她献祭的人们，令他们产生怜悯之情，好似她是一幅欲倾诉的画作，一如她曾常在父亲宫殿的华丽大厅中举办的宴会上歌唱，以纯洁的处子之声，满怀钟情地为她深爱的父亲吟唱第三支祝祷好运的赞美诗。"

波吕克塞娜如此被献祭："人们为她欢呼，国王阿伽门农告诫年轻人给她留下些遮羞布……当波吕克塞娜听到国王的话语时，她抓住自己的长袍，将它从肩膀处撕裂，下至腰部，直到肚脐附近，于是所有人都可看见她美丽的乳房与胴体。她似一尊雕像，屈膝以侧身承受重力，在一切言辞中，她的诉说最为大胆而悲恸："看啊，年轻人，这是我的胸膛；若你们想将它击打，那就动手吧；若你们更偏好脖颈，这里便是我的咽喉，我已做好准备。'而他，涅俄普托勒摩斯，既渴望动手，却又同情少女，因此不甚情愿地用刀割开了她的喉咙。顿时血液喷溅。然而，纵使她已死去，却仍小心地以最恰当的姿态倒下，悉数遮掩起不应被暴露于众目之下的一切。"之后，一些勇士为少女盖上树叶。在书页的空白处，一位学者如此注解："他们往波吕克塞娜身上投掷树叶，就如她在竞技场上赢得了一次胜利：他们以这种方式向获胜者道贺。"

阿喀琉斯总是追逐敌对阵营的冷漠女子。当他见到特洛伊城墙上的波吕克塞娜抛下带扣与耳环，作为对赫克托耳（Ettore）遗体的赎金时，他便爱上了她。就是这个女子，阿喀琉斯将为其赴死。头戴婚礼之冠，他走进阿波罗·廷布拉欧斯（Apollo Timbreo）神庙。正是在此地，他杀死了波吕克塞娜众兄弟中的一人，特洛伊罗斯（Troilo）[1]。阿波罗本应是他们婚礼的见证者。但与此相反，这位神正藏身在石柱后，放出一支飞箭，射中阿喀琉斯之踵。这个故事被种种背叛席卷。阿喀琉斯怎会认为那位一直站在他对立面的神，如今会仁慈地见证他与普里阿摩的一个女儿的婚礼？他的阿开亚战友

1　特洛伊王子，普里阿摩与赫卡柏之子。

们又该如何理解他的决定？阿喀琉斯有能力行背叛之举，却无力反思它：他的行为是冲动的潮涌，会出乎意料地改变方向。正因如此，他对彭忒西勒亚（Pentesilea）[1]的身躯射出狂暴的箭雨，因他相信自己正在杀死一位强大到连埃阿斯（Aiace）也无力对抗的特洛伊勇士。然后他抬起那位将死的阿玛宗人的盾牌。在他初次注视彭忒西勒亚的眼眸时，他已将剑埋入她的胸膛。就在那一瞬间，激情将他吞噬。他已将那阿玛宗人钉在她的战马上。现在他却把这童贞的勇士拥入怀中，充满爱意。在尘土和血浆中，阿喀琉斯与彭忒西勒亚结合，纵使盔甲中的她已了无生气。

畸形的忒耳西忒斯（Tersite）胆敢笑着议论那次强暴，被阿喀琉斯一拳打死。阿喀琉斯坚持认为彭忒西勒亚应享有与帕特洛克罗斯同等的葬礼规格。他穿越战场，背负着那位阿玛宗人的遗体。又一次，阿开亚人们的意见与他相悖。狄俄墨得斯因亲属忒耳西忒斯的死亡而怒火中烧，试图把彭忒西勒亚的尸身扔进斯卡曼德河（Scamandro），他抓住尸体的一只脚将其拖行。其他人则大吼着、尖叫着，想把她抛给狗群。那个女子是阿喀琉斯遇到过的与其自身最为相像者。但直到杀死她的那一刻，他才意识到这一点。她来自敌对阵营，已经逝去：这正是为阿喀琉斯所钟爱的女子所必须具有的特质。

…

在特洛伊城墙下，阿喀琉斯爱过布里塞伊斯、彭忒西勒亚以及

---

1 阿玛宗人的女王，在赫克托耳死后率阿玛宗人支援特洛伊人。

波吕克塞娜。每一次，为他所爱之人都将遭遇不幸。但他的脑海中还一直萦绕着另一位女子，一个从未谋面之人：海伦。当他在伊利翁（Ilio）[1]的平原扎营时，脑海中幻想着海伦，认为她是"令人脊背颤抖的女子"。在夜晚，他梦见过她，"幻想中的面庞如幽灵一般，与他在床笫缠绵"。有人声称，是忒提斯和阿佛洛狄忒，两个狡猾的掮客，在一次休战期间安排了阿喀琉斯与海伦的会面。但多数人认为这二人的第一次见面发生在阿喀琉斯死后。一如往常，海伦只是一个幻象。阿喀琉斯成为她的第五任丈夫。

离开多瑙河（Danubio）后，在前往广阔海域的航程中，水手们必须经过琉刻（Leukè），那白色岛屿。他们看到沙丘、岩石以及树林组成的海岸线。这座孤岛为漂流者或前来祭祀之人而存在。无人胆敢在日落之后滞留此地。没有女子曾踏足它的沙滩。岛上唯一的建筑物是一座神庙，由两尊雕塑相伴：阿喀琉斯与海伦。神庙中堆积着珍贵的献礼。海鸥是此地的卫士。每个黎明，它们在海水中沾湿翅膀，将海水洒向岩石，用双翅拂去地上的尘埃。阿喀琉斯住在岛上，身为海伦的第五任丈夫。曾有人看到他穿着耀眼的盔甲现身，正是那盔甲的光辉灼伤了荷马的双眸。在雕像周围，参观者曾见到过忒拉蒙之子大埃阿斯（Aiace Telamonio）、奥伊琉斯之子小埃阿斯（Aiace Oileo）、帕特洛克罗斯以及安提罗科斯（Antiloco）[2]。夜晚，他们以高昂、清亮的声音反复吟唱荷马的诗歌。当船在海岸停靠时，水手们有时会听到马蹄声，伴随着武器的撞击以及战士的呐喊。

---

1 特洛伊的别名。
2 皮洛斯王涅斯托尔的长子，与其父亲一起参加特洛伊战争，是阿喀琉斯的挚友。

海伦在纯白中死去，一如她在纯白中诞生。阿佛洛狄忒在泡沫中降生，那泡沫变得坚硬而干燥，成为天鹅蛋的白色外壳，然后被抛入"貌如沼泽之地"。善变的、宏大的海洋坍缩为一汪沉滞的积水，被芦苇围绕。那只蛋在沼泽中孵化，海伦现身。有些作者说狄俄斯库里兄弟（Dioscuri）[1]也挤在这只蛋中。从一开始，海伦，那独一无二的存在，就与孪生和分裂的概念紧密相关。独一无二者以孪生的形式降生。因此当人们谈论海伦时，我们永远不会知道他们所指的是她的本体，还是她的副本，即幻象。

和所有斯巴达的年轻女性一样，海伦曾在室外与男孩们一同玩耍，"环绕跑道，或在体育场中，裸露腿股，长袍在风中飘动"。某日，一位雅典人与朋友一同路过，他驻足望向她。"全知的忒修斯感到激动，而这完全恰当，即便是一位如此卓越的男子，在他看来，你似乎也是一个值得掠走的猎物（*digna rapina*）。当你在体育场中运动时，身体因涂油而闪亮。在裸体少年之间，有一个裸体少女，正如你族的传统。"海伦遇到了她的第一个男人。她年方十二，忒修斯则已五十。他将其占有，并将她囚禁在阿斐德纳（Afidna）[2]的岩石上。忒修斯的母亲埃特拉（Etra）居住在那里，很快海伦就被委托给她，因忒修斯已急不可待地再次与佩里托俄斯踏上冒险之旅。这次他们打算前往冥界。愤怒的孪生子卡斯托耳（Castore）与波鲁克斯（Polluce）迅速启程寻找他们的姊妹。当他们抵达阿斐德纳时，忒修斯已经离开。他们围住囚禁海伦的岩石，然后将她夺回。埃特拉成为被他们作为奴隶带走的人群中的一员。

回到斯巴达后，英雄的母亲成为海伦的女仆。她看到三十八个

---

1 即孪生兄弟卡斯托耳和波鲁克斯的合称，与孪生姊妹海伦和克吕泰涅斯特拉同胎。
2 位于希腊的阿提刻地区。

求婚者在王宫现身，向公主示好。她看到海伦选择了墨涅拉俄斯，并目睹他们的婚礼以及赫耳弥俄涅（Ermione）的降生。一天，一位亚细亚王子来到此地，他的英俊胜过世间所有人，他带来斯巴达人从未见过的珍宝。海伦亦与他见面，她在耳语中询问他是否就是狄俄倪索斯或厄洛斯，随即他们的舌便纠缠在了一起。王子与墨涅拉俄斯驰骋在拉科尼亚（Laconia），后者因自己极尽主人之道而自豪，并炫耀着他王国中的一切可供吹擂之物。在晚间的宴席上，海伦眼中只有这位客人。王子讲述着自己的冒险，其中一些颇为情色。在酒杯的掩饰下，他一直望着海伦。有时他又不禁叹息。海伦对他面露微笑。在一个夜晚，仅在一瞬间，海伦的束腰外衣敞露，"使他的双眼可畅通无阻地"扫视到她雪白的前胸。王子正将一只酒杯抬到唇边，带饰的手柄从他的指间滑落，杯子在地上跌得粉碎。墨涅拉俄斯继续着男人们的话题。海伦则照顾着小赫耳弥俄涅，一言不发。

王子暗自发笑，在所有时日中，墨涅拉俄斯偏选择了这几日离开。墨涅拉俄斯将要前往克里特，去参加祖父卡特柔斯（Catreo）[1]的葬礼。墨涅拉俄斯从未如此严肃，在启程时，他叮嘱海伦将他们的客人好生招待。这之后，再无其他人享有此等待遇。海伦与王子在宫殿中各自独眠。在空荡的走廊中，阿佛洛狄忒召集掌管欲望的希墨儒斯（Imeros）[2]与波托斯（Pothos）[3]，以及美惠女神。但在人间层面，扮演拐客角色的则是埃特拉。帕里斯紧攥着海伦的手腕。特洛伊侍卫们装载起她的财宝，以及被王子假装为礼品奉上的什物。帕里斯高高地站立在一辆驷马战车上。海伦与他并肩而立，长袍在臂

1　弥诺斯与帕西淮之子。
2　"性欲"的化身，跟随厄洛斯服侍阿佛洛狄忒。
3　"渴望"的化身，跟随厄洛斯服侍阿佛洛狄忒。

膀后飘动，她的身躯在夜色中半裸。在这夜色中，可见的只有厄洛斯的耀眼火炬，它在他们眼前扭曲缠绕。在私奔的情人身后，另一位厄洛斯也在挥舞火炬。两位情人与他们的护卫飞驰在广阔的红色大地上，橄榄树林向后退去，这条路从斯巴达直通海岸。特洛伊人未注意到埃特拉也在他们身旁。快靠近水域时，他们看见了一座小岛，几乎像个玩物，离海岸只有几米。在这岛屿上，海伦与她的第三位恋人共度了第一个夜晚，仿佛他们身在一张巨大的、处在深水环绕之中、被松树如华盖般遮盖的床上。

海伦是幻觉和拟象的力量——这幻影并不拥有统治者。在她的五任丈夫里，海伦最爱帕里斯与阿喀琉斯。对帕里斯与阿喀琉斯而言，海伦都首先是一个幻象，然后才是一位女子。阿佛洛狄忒对伊达的牧羊人许诺说他将拥有斯巴达的海伦，仅仅是那个名字，便已战胜雅典娜与赫拉许给他的权力与王国。纵使预言残酷，伊达的牧羊人，现已贵为王子，还是用船载满了珍宝，启程向那个名字驶去。

至于阿喀琉斯，阿开亚人的领袖中，唯有他不曾冲进斯巴达向海伦求婚。就这样，他为了一个仅仅听说过名字的女子出征，明知这场战争将以他的死亡作为结束。在九年围城中，关于海伦，他能描述的并不会多于在离开特洛伊去寻找海伦之前的帕里斯："醒时我双眼看见你，睡时我灵魂看见你。"（*Te vigilans oculis，animo te nocte videbam.*）[1] 他们的幻象将在琉刻岛——拥有白色异彩之岛上一同生活，长久如此，事实上永不终结。

---

1 引自奥维德《女杰书简》第十六封：帕里斯致海伦书。

阿德剌斯忒亚（Adrastea）[1]、摩伊赖、堤刻（Tyche）[2]、阿南刻、阿忒、亚细亚、狄刻、涅墨西斯、厄里倪厄斯、赫玛耳墨涅（Eimarmene）：这些名字均包含着必然性。她们都是女性。当克洛诺斯在梦乡埋首珍馐时，当他在梦中计算着宇宙的尺度时，这些女子在守望着，确保每一个存在都履行着自己的职责，既不会更多，也没有更少，于是没有人或物会超出既定边界。然而，任何一个活物都有可能越界。正因如此，我们看到这些女子徘徊各处。她们身为乳母，或是女舵手，或是编织工，她们迅捷而杰出。她们皆相互关联：狄刻与阿南刻是克洛诺斯的女儿们。狄刻是阿德剌斯忒亚的女祭司。摩伊赖与厄里倪厄斯则是姊妹。她们拥有家族式的共性，那是命运的家族。她们来自遥远的过去，存在于那时的唯一力量是抽象且无形的，或至多是一些杂糅的复合产物。"在雾霭之间，在乌云之中"，她们移动着，女子们的躯干在雾霭缭绕的楼宇中若隐若现。这些诡谲的躯体来来去去：摩伊赖拥有神庙，却没有可供信徒们祭祀的雕像；又或者，有时她也拥有雕像，却没了用以举行仪式的神庙。她们愈是无所不包，像阿南刻那样，便愈少被描绘。与此同时，作为必然性的使者——厄里倪厄斯、摩伊赖或阿忒——却是人间的常客。她们履行职责的本性未使她们看起来面容可怖，相反，她们甚至是美丽的。但她们从不与外人交谈。

这些女子中，确有一人拥有实在而美丽的躯体：涅墨西斯。她身着白衣，发丝浓密。她的身边总陪伴着一个朋友，艾多斯（Aidòs）[3]。有朝一日，她们的名字将被译作复仇与羞耻，但此刻我们所谈论的，是刚刚从乌云中诞生的她们，此时她们的本性更复杂并

---

1 一位宁芙，宙斯的乳母。
2 "命运""机遇"的化身，幸运女神。
3 代表谦逊、敬畏的女神。

富于变化。她们有何共同点？对过错的见解。艾多斯阻止人们犯错，涅墨西斯则代表错误带来的不可避免的后果。她们在对生命的憧憬中得到统一，就如受伤之物也在挣扎中给他者带去伤害。宙斯开始监视涅墨西斯。代表着必然性的女性不曾遭遇过这种经历：宙斯从不渴望阿德刺斯忒亚、摩伊赖、堤刻、阿南刻、亚细亚，以及厄里倪厄斯的躯体。有一次，他甚至在恼怒中将阿忒丢出天堂。在他多情的冒险中，宙斯发现凡间的女子更具吸引力。他没有兴趣打扰那些与必然命运相关的角色；她们太过相似，像孪生子那样令人烦恼，她们又太过古老，并且带有敌意。但若关于涅墨西斯，事情便有所不同。在欲爱的征服中，一些宏大之物必已危如累卵。

此前，宙斯从没有为了一个女子如此长途跋涉。他穿越连绵国度，跨过重洋，"在大地之下，在黑色的、无游鱼生存的水域"，他步履不停，直抵"大地的尽头"，那湿润的巨蛇，俄刻阿诺斯。涅墨西斯固执而绝望，她不断幻化为各种动物，宙斯则永不言弃地将她追逐。当所有羽毛终于停止拍打，当地图集与动物谱系都已用尽，还剩下什么？一只雌鹅与一只天鹅。天鹅蹲在雌鹅身上，迫使她屈服。宙斯"被强有力的必然性驱使，热情地与她结合"。但这多么诡异！涅墨西斯，必然性的一个象征，却被必然性征服。当天鹅侵犯她时，涅墨西斯，艾多斯之友，**"在精神上被撕碎（*aidoî kaì nemései*）"**（在过于现代的翻译中，被渲染为"被耻辱和复仇"撕碎）。由此，涅墨西斯自我分裂。这一悖论呈现在我们面前，显然不是宙斯通常经历的冒险。每当他的冒险变得铺张，宙斯便令它们以不同变体重演，如此一来，每个版本都可能分得真相的一个闪耀片段。在涅墨西斯的例子中也是如此。

宙斯与勒达共度了半个春宵，将另外半个留给她的丈夫，廷达瑞俄斯（Tindaro）[1]。在那个夜晚，勒达孕育了四个孩子，分属于天穹与大地：宙斯令她怀上海伦与波鲁克斯，廷达瑞俄斯则令她怀上克吕泰涅斯特拉与卡斯托耳。那个夜晚，是对另一个夜晚的微妙点缀与重复，伴随同样的危险与庄重。在另一个夜里，宙斯与涅墨西斯共眠，恰如对那场结束在天鹅和雌鹅的暴力交合中的，横亘地球表面的漫长追逐的一种微妙点缀与重复。

去诱惑必然性：这必将是欲爱任务中最为艰巨的一个。后来，人们把它称作矛盾。事实上涅墨西斯对宙斯并无兴趣，并拒绝了他的恳求。宙斯需要一个诡计，一个来自神明的诡计。于是宙斯向阿佛洛狄忒求助。他们达成了共识，宙斯将把自己变成一只天鹅，而阿佛洛狄忒则伪装成一只鹰，假装正追逐那天鹅。涅墨西斯正在祭祀，她看见一只美丽的天鹅扑扇着翅膀飞来，精疲力竭。在近处一块岩石的顶端，正有一只老鹰盯着他们，纹丝不动，令人恐惧。老鹰欲张开双翼扑向猎物。受惊的天鹅依偎在涅墨西斯腿上，身体蜷缩。她没有拒绝这只动物，她希望保护它，令其免受鹰的威胁。在她进入梦乡后，这只生物挤压进她的双腿之间。他们交媾了。被天鹅占有时，涅墨西斯仍在梦中。在涅墨西斯的子宫里出现了一只白色的蛋。赫耳墨斯将它取走并带到斯巴达，然后放入勒达的腹中。当这只大蛋孵化时，破壳而出的是一个娇小而完美的女性形象：海伦。

海伦的生命象征着一种危险时刻，一种稍纵即逝的平衡。必然性与美被重叠于一身，这要归功于宙斯的虚伪与狡猾。对涅墨西斯的强占是宙斯统治时代的一次最为艰难的神学层面的博弈。迫使美

---

1 斯巴达国王佩里厄瑞斯与戈耳戈福涅之子。

与必然性结合，这是对宇宙律法的一种挑衅。显然只有在奥林匹斯山而非大地上，此番事件才被容许发生。在大地上，这种失控爆发的挑战将贯穿海伦的一生。这是一段从头至尾都以不幸事件为注解的时光。但这也是人们将一直梦想的时代，纵使那烈焰已熄灭良久。

在婚礼之夜，当新娘与新郎回到卧房休息时，墙上的白色涂料仍旧潮湿，墨涅拉俄斯发觉自己双腿迟钝，头昏眼花。漫长而折磨神经的求爱，在驷马战车上许下的誓言，荣誉，庆典，宴会——所有一切都融合成一股强劲的冲动，让他趴倒在床上，进入睡眠。海伦清醒地躺着，怀念着她的友人们，不久前她们还在宫殿中为她歌唱与舞蹈。她们是一群"年轻的民女"，共有二百四十个少女，沿着尤罗塔斯河（Eurota）前进，像男孩一样在身上抹油。现在她们正思念着她，而此时的海伦，正第一次与墨涅拉俄斯同眠。

次日清晨，黎明时分，那些少女将在草地附近收集睡莲。她们常去那里，将睡莲编成一顶王冠。然后她们会在一棵巨型悬铃木的枝杈上将王冠悬挂。枝杈探向天际，把那从淤泥中生发的鲜花抛给清风。她们中有一人拿出一只纯银圣油瓶，把用于葬礼献祭仪式的油倒在树上，一滴又一滴。其他人会在树皮上雕刻："汝必敬吾：吾乃海伦之树。"海伦这样幻想着，彻夜未眠。

在从斯巴达逃走之后，在经年的特洛伊战争之后，在返回斯巴达的崎岖旅途之后，在墨涅拉俄斯死去之后，海伦发现自己落入了两位对她心怀恶意的继子手中：尼科特剌托斯（Nicostrato）与墨伽珀提（Megapente）。于是她决定再次逃跑，这一次她独自前往一位童年好友处以寻求庇护。海伦远航至罗德岛，它由波吕克索（Polisso）统治，现在她已成为一位寡妇，是因特洛伊之战而留在这些四散岛屿上的诸多寡妇中的一员。最后，海伦向一位存在于她少女时代记忆中的女子寻求庇护。波吕克索渴望为自己的丈夫特勒波勒摩斯（Tlepolemo）复仇。与众女子一样，她将丈夫的死因归咎于海伦。但她仍心怀善意，将海伦迎接。

这是海伦生命中第一次没被男子纠缠。某日，正当她在沐浴，并做着白日里的美梦，波吕克索的一些女侍者假扮成厄里倪厄斯闯了进来。她们捉住赤裸的海伦，指甲嵌入了她的肉体，她们将湿漉漉的海伦从水中拽出，然后劫走。她们来到室外，将她吊在一棵树上。当罗德岛人为"树上的海伦"（Elena Dendritis）建起神庙时，这棵临近斯巴达的巨型悬铃木仍然身负雕刻在其树皮上的铭文："汝必敬吾：吾乃海伦之树。"神庙被建在悬挂着海伦尸身的悬铃木旁。

在逃离斯巴达时，阵风迫使海伦与帕里斯在西顿之滨登陆。就这样，勒达洁白的女儿与她的情人来到这片海滩避难，正是在同一片海滩上，欧罗巴被白色的牡牛劫走。然后他们继续航行，远到埃及，直至尼罗河河口的克诺珀斯（Canopo）。"那座海岸曾有，如今也依旧有赫剌克勒斯的神殿：任何在此避难的奴隶，只要印有将自己供奉给神明的神圣标记，别人便不可动他分毫。"这对恋人感到自己已经安全。但世上总有些人渴望知晓一切，并无动于衷地旁观：埃及的祭司们。孟菲斯（Menfi）[1]之王，普洛透斯（Proteo）[2]，即便早已从神庙祭司处听闻这对逃跑恋人的真实故事，但还是将那陌生人盘问，而帕里斯回避了他的问题。在结束讯问时他做出了判决：他不可以杀死这名罪犯，帕里斯，虽然他非常渴望这样做。因为帕里

---

1 古埃及的都城，其遗迹在拉希纳村（Mit Rahina）附近。
2 传说中的古埃及国王。

斯是一位异乡人，因此不可受到惩罚。但他要留下海伦与她的财富。帕里斯可以返回特洛伊，但只能带走海伦的影子。

根据希罗多德的看法，荷马全然知晓海伦故事中的这一片段，并已尽可能地将它告诉我们，他讲述了"西顿女子的绣花面纱，被神样的帕里斯带回，从西顿出发，他穿越辽阔海洋，在此航程中，他劫走高贵的海伦"。但诗人为何从未提及此事？这个片段尤其重要，因它意味着特洛伊人知道海伦根本不在城中，在那里的唯有一个幻象。一场十年之战因一位缺席的女子而起，只要她确实落在他们手中，特洛伊人将非常乐意把她交还给阿开亚人。荷马究竟为何对这战争诱因中异乎寻常的真相保持沉默？希罗多德答道："因为这故事并不适合史诗叙事。"这种解释令我们茫然。那些长达数世纪之久的对荷马的指责将因此被证明是真实的，这些指责说他是谎言的制造者，事实确实如此吗？出于高于一切的文学动机，荷马对特洛伊战争中一件极为重要的丑闻保持了缄默：鲜血为一个女子而溅涌，但事实上那位女子并不真的在场，却只有一个无形的魂魄。在数百甚至数千年中，诗人吟诵的故事将被反复传唱，直到时间尽头，那个谎言为英雄们带去特洛伊城墙下的死亡。是怎样的背叛促使荷马做出如此举动？

史诗，即叙事诗，是一种契约，一种反映，程式化的惯用语在其中如砖石般堆砌。荷马并不希望揭示有关海伦本质的秘密，即事实上她仅是一个幻象，因为这会给他的诗歌造成空缺。海伦这个名字必须指代一个可靠程度不亚于杰出的狄俄墨得斯的存在。幻象被藏匿，从内部吞噬那些躯体，恰是以这种方式，它掌握了统治权。

荷马预见了他那伟大的、未来的敌人——柏拉图。副本的创

139

造者，一连串的重复势不可当，席卷了整个世界。柏拉图用理性的艺术阐释这些重复，它们丰沛充盈，他试图以此解开海伦的妖术，那关于独一性的魅力。但独一无二的海伦之所以比其他事物更为耀眼，恰是因为她将影子藏匿于自身之中，即她的幻象，以及与她一同出生的孪生子们。面对被柏拉图释放到世界中的副本所形成的洪流，探寻的目光将退避三舍，被一种终极的困惑战胜。之后，它转至他方，转至那无形与安全之所，**更远处**，休憩着无形的范式：理念。对这独一无二的女子而言，柏拉图的理念是一场灾难，因它旨在将她取代。这两者蔑视对方，像一对敌人，已为任何情况做好准备，正审视着对方的伪装。为了保护自己，海伦扎根在美观的外表里，她激动得就像未曾知晓其他庞大但不实副本的形象；也不是理念，理念没有毛孔：这是存在的最高级别，它嘲笑着其他一切。荷马和柏拉图的争议集中在海伦的躯体上，但两人都取得了胜利。我们看到女神被千万次地复制，柏拉图式的重复赢得了胜利。但女神已成为夜空中一颗明亮的星，占据一个独特而无可争议的位置。

…

在所有战争中，特洛伊之战一直独一无二，"不仅因为宏大的热情被卷入其中，还因为它持续的时间如此之久，所耗费的努力如此之巨"。唯一性不单单存在于地面，也同样存在于神界。对于奥林匹斯的十二主神而言，特洛伊战争是"一场比他们与巨人的战役更伟大、也更可怕的斗争"。伊苏克拉底（Isocrate）[1]如此写道，他是雅典

---

1 前436—前338，古希腊雄辩家。

人主流思想的发言人。

但是，像提坦之战这样的宇宙性事件给诸神带去的烦扰，为何还不及凡人间的纷争？作为新一代团结一致的神明，奥林匹斯诸神共同对抗巨人。不过，当他们望向大地，观看正发生在特洛伊平原上的事件时，他们中间爆发了一场内战："他们因那个女子（海伦）而互相争斗。"凡人难以抵抗海伦的美貌，于诸神而言，那美貌同样危险。他们所冒的风险，是变得和凡人太过相像，以至于卷入那终极的、带给凡人极大恐惧的内战。伊苏克拉底极好地粉饰了真相。虽然他未增加任何东西，但这评述却成为他最著名的言论。

如果说特洛伊战争对神明或凡人而言都是一桩极凶险之事，这是因为它导致了一场强烈"剧变"的发生，从此以后，文明世界的重心将转移到希腊，以及雅典人的希腊城，即忒修斯之城。是忒修斯首次**认出**海伦，彼时她尚是青春期前的少女，他当即意识到若自己离开了"她的亲密"便无法存活。海伦在雅典的暮色中现身，作为**"幸福的罪孽"**（*felix culpa*），令希腊人打垮阔气的蛮族。希腊文明逐渐占据统治地位，伊苏克拉底对此感到骄傲。站在这转变背后的，却并非一位奠基性的英雄或国王，也不是一名勇士，而是一个不贞的女子，她只有两种特质被人们着迷般地记下：她对背叛的擅长，以及她的美貌。

从一个更广阔的历史维度看，那些不贞之事都将消逝，而美人长存。海伦一直是雅典人理论中的一个生动证据，这个理论是："美貌可统治力量，天生如此。"只有当力量将自己逼迫到极限时，当英雄们互相杀伐时，这种统治方会实现。在那时，美终将坚持自己的主张，一如它曾在忒修斯面前自我维护。作为体魄出众者，作为"他自己的主人"，忒修斯在雅典的传统中留下了一道"甜蜜印记"。

美超越了祭祀，提供了一条介于市民生活与奥林匹亚诸神之间的可靠途径。凡人与不朽者通过美进行交流，无须其他仪式。当宙斯发现自己正直面一位凡间女子的美貌时，他甚至答应放弃使用暴力，"令自己谦逊"，并同意"永远使用艺术而非武力，去追逐那种本能"。奥林匹斯诸神对美如此珍视，他们甚至宽恕"那属于他们的女子，当他们被美折服"。在被美诱入一场世俗的冒险时，没有一位女神"曾试图隐藏所发生之事，好似它令人羞愧"。相反，她们希望此事被宣告，而非迫使人们对之保持沉默。这一点明确地区分了诸神与凡人，后者无法原谅他们的美丽女子。海伦的一生被一些男子的爱慕、无数其他男性和所有女性的仇怨裹挟。在数世纪中，她将遭受辱骂与亵渎。然而她将永远是"唯一被宙斯准许称他为父亲的女子"。因此，海伦表现出与奥林匹斯山的女神如出一辙的无羞耻感，"一个夜晚，她出现在荷马面前，命他作一首关于特洛伊勇士的诗歌，以使他们的死亡比其他人的更令人称美；那首诗如此诱人（*epaphróditon*），闻名世界，部分应归功于荷马的狡黠，但主要还是因为她"。海伦并没有因自己的罪孽落泪，她像一位王者般，委任荷马创作《伊利亚特》，以赞美那些罪孽。文学遵从了她的指令，被海伦那阿佛洛狄忒般的魅力同化。

...

这是雅典人最后的自由光阴，通过伊苏克拉底，这座城市讲述了自己的历史。伊苏克拉底关于海伦的演讲似乎直指泛雅典娜节（*Panatenaico*）[1]，那是在秋天的雅典城中的一场盛大庆典。当伊苏克

---

1 希腊宗教中纪念雅典娜的节日，在公元4世纪由于基督教的胜利，泛雅典娜节的活动不再举行。

拉底开始他的写作时，这位"最温和的演说家"年已九十四。他的写作持续了三年，其间一直与疾病做着斗争。后来，当喀罗尼亚战役之殇的讯息传来时，他决定将自己饿毙。马其顿人很快就将征服阿提刻，虽然这座半岛的来自东方的敌人也试图这么做，却屡战屡败。"有人说他在绝食的第九天死去；其他人则说是在第四天。那一日，他们为陨落在喀罗尼亚的逝者举行了葬礼。"

起初，幻影意味着心中的形象（*heidōlon*）。这变幻莫测而触碰不到的物体驳斥世界，在此同时，它还使世界向混合的愤怒屈服，在不知疲惫的扩散中不断损耗外形。它迸发出一种巨大能量，那是我们面对不可见之物时表露的敬畏。它符合意志的所有特点，那是一种自黑暗中诞生、来源于无形的事物，我们的世界也正是以此种方式诞生。但这一次，混沌成为我们眼眸之后的朦胧画布，在画布上，幻视的图案不间断地产生和消逝。每时每刻，我们身上都发生着此般过程。但这并非它的唯一特质。幻象，即精神意象，将我们的头脑掌控，并与其他或类似或相异的形象结合，然后一点点地，以一种甚为详细和丰富的联结方式，占满头脑中的所有空间。那些在最初，与一切事物相断绝、以预兆形式自我呈现的，现在则相互连接，从一个到另一个，直至连接一切。

在精神意象的一个极端上，我们惊诧于形式的自给自足，及其至高无上的存在。在另一个极端上，我们则惊讶于这些联系在心灵中重现了物质世界的必然性。我们很难在幻象的光谱上看到这对立的两端。如果同时看清它们，会让人难以承受。于希腊人而言，海伦就是那种幻象的一个实例，美从必然性之卵中孵化。

存在于海伦的肉体与幻象之间的张力太过强烈：在荷马之后，

希腊人无力再同时秉持这两者。这种溃败的第一个征兆来自斯特西科罗斯（Stesicoro）[1]：在他完成作品《海伦》后，她将灼伤他的双眼，以示报复，因为在这部作品中，她被描述为"重婚者，一妻多夫，男性们的背叛者"。这之后他不得不创作另一首诗歌为她辩护。在荷马史诗中，肉体与幻象心照不宣地紧密相依；在荷马之后，联结这两者的纽带已逐渐松弛，最终分崩离析。一方面，这是一个有罪的女子，"拥有众多情人""一次次兜售美貌"，与一名最平凡的妓女无异。另一方面，这位海伦曾经被神明的预谋陷害，在埃及时，她等待墨涅拉俄斯的归来，并拒绝了当地国王的殷勤，俨然另一位佩涅罗珀（Penelope）[2]。

欧里庇得斯将两个悲剧角色——**海伦**和**特洛伊女子**——赋予这位双面的海伦，交替着只阐明她的其中一面。剧名预示着残酷的婚姻道德开始出现，往后的所有情景剧都将以此为基础。海伦那寓意不祥的通奸，及其带来的巨大而不成比例的后果，将一直持续，扣人心弦，直至德彪西（Debussy）[3]的《佩利亚斯与梅丽桑德》（*Pelléas et Mélisande*）以及霍夫曼斯塔尔（Hofmannsthal）[4]与施特劳斯（Strauss）[5]合作的《失去影子的女人》（*Die Frau ohne Schatten*）。

海伦与她的两位兄弟卡斯托耳和波鲁克斯十分相像。她拥有"简单的思想"（别管这意味着什么），优雅的仪态，华美的头发，眼

---

1 前 630 — 前 555，古希腊抒情诗人。

2 奥德修斯的妻子，对丈夫忠贞不渝。

3 全名阿希尔-克洛德·德彪西（Achille-Claude Debussy，1862—1918），法国作曲家。《佩利亚斯与梅丽桑德》是其巅峰时期的作品。

4 1874—1929，奥地利作家、诗人。

5 1864—1949，德国作曲家、指挥家。

眉之间有一颗美人痣，一张小嘴，以及完美的乳房。她曾在林多斯（Lindo）[1] 献祭了一只琥珀杯，杯子的形状正是她乳房的轮廓。当盛怒的墨涅拉俄斯攻入特洛伊去杀死她时，"人们说，在瞥见海伦袒露乳房的那一刻，墨涅拉俄斯便丢下了手中的剑"。

除去自我炫耀与背叛，海伦在一生中并无其他作为。我们对她的感受所知甚少，而这确实值得怀疑，因为她如此擅长模仿（又是拜阿佛洛狄忒所赐），以至于人们称她为女神的回声。只要她愿意，便可轻易伪造一切。她没有为人类带去任何新颖之物，连她引发的灾难也不能作数。正如带着古罗马公民果决手势的贺拉斯（Orazio）[2]所言："早在海伦出场之前，女阴已是一种挑起战争的可怕因素。"因此，即便她确实被赋予了"帐中的本领"，即使她确实（和许多人一样）从博学的埃及人那里学到了"许多教条"，海伦仍不过是人们所能想象的最不贞洁的个体。也许她缺乏心智。也许她本就无法拥有心智。倘若她哭泣，如在悉安门上所做的那样，会有一片面纱掩藏起她的泪珠，那面纱如宙斯的雷电般耀眼。她唯一在意的是外表，于是还有诗歌。当她跟随墨涅拉俄斯来到迈锡尼时，发现了她的姊妹克吕泰涅斯特拉的尸首，是俄瑞斯忒斯将她的喉咙割开，那伤口还很新鲜。海伦割下自己的发梢，用这一举动表达悲伤，但她未冒险让自己变丑而割下太多头发。她不仅迫使荷马为她创作，同时，如一位迷人的拜占庭作家后来将断言的，实际上是她构思了有关特洛伊之战的诗歌，然后被荷马借用。

拿破仑（Napoleone）像小说家一样叙述：海伦希望亲述自己的一生，并在这叙述中死去。无论如何，在她与诗歌之间必定存在

---

1 位于罗德岛。
2 前65—前8，罗马帝国奥古斯都统治时期的诗人。

一种深厚的吸引力，因为文学中从没有一个女子用如此狂热，又如此凶残的方式进行自我书写。欧里庇得斯所著《库克罗普斯》（Ciclope）中的合唱这样提及她："那么，当你们捉住那女子，你们是否会轮流击打她，因她热衷于更换丈夫？"

…

为了躲避宙斯，涅墨西斯逃到大地尽头，将自己幻化成一只又一只动物，就像外在的表现形式在被其内在的准则触及和刺穿之前逃脱和流散。先是借助幻象遁逃，然后被强占，同样的顺序在佩琉斯追逐忒提斯时重演，最后他化作一只墨鱼，与其交媾。神话事件的重复及其演化出的变体告诉我们，一些遥远的存在正在发出召唤。没有一个神话事件是孤立存在的，正如词汇的存在也并不孤独。神话就像一门语言，存在于自身的每个片段中。当一个神话带来戏剧性的重复和变体时，在水藻的缠绵与覆盖下，系统的骨架和潜在的规则便会短暂浮现。

这两场假借动物形态达成的海中交媾在数以百计的欲爱故事中脱颖而出，正如因此诞生的孤独后代将在所有人中脱颖而出：海伦和阿喀琉斯，两个独一无二的存在。海伦的唯一性在于她是宙斯在人间的诸多私生子中唯一的女孩。阿喀琉斯的唯一性则在于他的降生代替了那个真正独一无二的孩子：那个将取代宙斯，但永远不会被忒提斯生下的儿子。如果阿喀琉斯，那独一无二之人，同时也是一个独一无二之人的替代品，这便指向这样一个事实：替代品的定义中本就囊括唯一性，若离开后者，前者便不具意义，也缺乏力度。最古老的对欲爱的追逐，仍然十分接近一种反复的幻象，也因此与最当代的危机紧密相邻，而那危机属于后奥林匹克时代的黎明。

在带来海伦和阿喀琉斯的降生后，宙斯意识到自己的统治权力已拓展到极限。海伦和阿喀琉斯已经现身；现在再没有什么可以阻止那些后果发生。但现身是短暂而终极的，将被特洛伊的火焰吞噬。之后，他们被允许安然前往那无害、神佑的群岛。又或者他们将在琉刻岛团聚，以幻象的形式。但世界再不会懂得这种紧张：对神明而言它暗中作恶，对凡人而言则无力消受。这种紧张将仅存于有关他们的记忆和诗歌中。在此我们已涉及四个领域：最开始是幻象反复出现的领域，那时词汇还未从事物中被提炼，思想也没有从物质中被分离；替代品的领域，那是数字的世界，尤其是作为符号的、连续变化的数字；独一性的领域，这个世界总在逃避语言的控制，而这正是不可复现之物的独特表现；以及在希腊故事中由宙斯统治的领域，如今我们仍在其间。

在埃拉托色尼的版本中，涅墨西斯的漫长逃跑结束在阿提刻的拉姆努斯海岸（Ramnunte），变形为天鹅的宙斯在一只野鹅身上停留。这是唯一一次，涅墨西斯扮演了一个被动的角色。从那时起，千百年中她将以一个年轻女子的形象出现，神态平和而庄严，在大地上漫游，时常踩踏生机殆尽的身体。这幅有野兽栖息的遥远画面发生在荒无人烟的海洋里，没有被任何目光窥视，是我们所知的有关她生活的唯一片段。它也是宙斯统域里最高的成就：通过对必然性的强迫，美被孕育。

当拉姆努斯的居民决意为涅墨西斯献上一座神殿时，他们委托菲狄亚斯（Fidia）[1] 雕刻一尊巨大的女神雕像。有人称，拉姆努斯的涅墨西斯像事实上是由阿戈剌克里图斯（Agoracrito）雕刻的一尊阿

---

1 前490—前430，古典时期希腊最杰出的雕刻家。

佛洛狄式像，他是菲狄亚斯的学生和恋人。也有人说，是菲狄亚斯允许将这尊雕像视为他恋人的作品。无论以哪种形式，这雕像都将在数世纪中闻名于世。瓦罗（Varrone）[1] 对它偏爱尤甚。雕像头部的一块碎片已被发现；至于其余部分，我们则必须通过记述和铸币来追忆。雕像底座呈现的场景，应是勒达将不情愿的海伦带到她真正的母亲涅墨西斯面前。但这对母女之间的关系何如？我们对海伦了解甚多，但关于涅墨西斯的神明形象，却只有少许细节得到流传，而这些细节往往神秘莫测。这位回击了侵犯者的反叛女神一定极度美丽，以至于人们会将她误认作阿佛洛狄式。她是傲慢（húbris）的第一个敌人，因她体内孕育的女儿本身已是一个触犯，她也拉开希腊的傲慢帷幕：特洛伊之战。

涅墨西斯一手持方尺，或是一对缰绳，或是一条苹果树枝。命运之轮在她身边停驻，几乎要成为她那由格里芬拉动的战车的轮子。同时她还掌握命运之瓮。"掌管动机的女王，万物的仲裁者"，她总是掌握着将人们束缚在"永不松弛的必然命运之网"（necessitatis insolubili retinaculo vinciens）中的力量。涅墨西斯经常把手搭在肩头，似在整理上衣。同时她也经常低下头颅，眼眸看向胸前，似乎正陷入沉思。古时有人说，她这样做，是在往长袍上吐唾沫以抵挡厄运。菲狄亚斯（或阿戈剌克里图斯）在她的头顶雕琢了一枚端庄的王冠，上面有牡鹿与尼刻（Nike）[2] 的形象。她手持一个带饰的酒杯，上面刻有黑人群像。当帕萨尼亚斯见到这尊雕像时，这个酒杯颇令他困惑。他并不相信人们的解释，即它展示的是一群埃塞俄比亚人，这推论源于涅墨西斯的父亲是俄刻阿诺斯，而埃塞俄比亚

1　马库斯·特伦提乌斯·瓦罗（Marco Terenzio Varrone，前116—前27），古罗马学者、作家。
2　"胜利"的化身，她的形象是长有双翼高速飞行的少女。

人就居住在他附近。怀着一种对埃塞俄比亚人的固执而坚定的偏见，帕萨尼亚斯论证这种假设并无根据。但他不敢提出一个替换选项，于是作罢。其他古典作家将发现涅墨西斯的所有属性都是如此难以解释。方尺代表衡量的观念，这一宇宙规则会责罚每一次越矩。但阿佛洛狄忒式的苹果枝又代表什么？还有她额头的牡鹿？以及为何总有那不断重复的，一手举至肩头的姿势，还有格里芬形状的带扣，那是她最爱的动物吗？她这么做，是想整理衣服，还是要解开衣扣？

涅墨西斯来自小亚细亚。在抵达拉姆努斯之前，她在士麦那（Smirne）被崇拜。祭台上，雕像上方高悬着由布帕卢斯（Bupalo）创作的金色美惠女神。在士麦那，我们发现涅墨西斯并非一个孤立个体。两位相同的涅墨西斯在此地被忠诚地崇拜。一天，亚历山大大帝（Alessandro Magno）[1]在帕古斯山（monte Pago）[2]狩猎。返程途中，他在两位涅墨西斯的神殿附近的一棵巨型悬铃木下驻足休息。梦境中，两位相同的女子来到他面前。她们望向对方，都将一只手放在长袍的衣扣上，一个用左手，另一个则用右手，仿佛她们中间有一面镜子。她们告诉他，去梅莱河（Meles）外寻找一个新的士麦那，那河流"拥有最佳的水源，它从洞穴中溢出，据说荷马就是在那里创作他的诗歌"。亚历山大遵从了指示。

涅墨西斯是守护者，护卫那本质上不可分裂的宇宙律法，但她为何以两个形象出现？或许就在这一问题上，我们找到了幻象的漫长旅程的起点。海伦与狄俄斯库里兄弟一同降生。她是那独一无二的存在，她将世间所有美貌集中在一具躯体上，而在一般情况里，

---

1 前356—前323。马其顿国王腓力二世与奥林匹娅斯（Olimpiade）之子。
2 在今土耳其伊兹密尔市，亚历山大大帝选择此地作为士麦那的关隘。

美本该平等地分配给每位服从管理（némein）的人，许多古人因此将她与涅墨西斯联系。但就在那只孵化出海伦的卵中，她也被复制品纠缠，后者通过幻象进行统治。这一问题不单关于她的孪生兄弟：她的母亲也分裂成两个形象。现在，当她的母亲勒达将她带到另一位母亲，即她真正的母亲面前时，海伦意识到涅墨西斯也拥有一个重影。不仅是美本身，还有命运注定的重影，以及幻象的统治，所有一切都可追溯至那位姿态神秘的亚细亚母亲。宙斯选择了这个女子，让她诞下自己唯一的、将在凡间生活的女儿。

V

斐摩诺厄（Femonoe）、赫洛菲勒（Erofile）、得摩菲勒（Demo）、萨珀（Sabbe）：这些传达神谕者的名字流传至今。从巴勒斯坦（Palestina）到特洛德（Troade），他们留下分散的痕迹，有时还有一些韵文。一天，他们从地中海各处汇聚到一起，一同攀登德尔斐，此地"难以企及，即便对一个强壮的男子来说"。赫洛菲勒预言了海伦的到来，"她将在斯巴达长大，成为亚细亚与欧洲的祸根"。在那些韵文中，海伦有时也自称阿耳忒弥斯，她声称自己是阿波罗的姊妹，或他的女儿。在她与鼠疫神阿波罗（Apollo Smintheus）之间，有一种永恒的纽带将他们维系：阿波罗之鼠，瘟疫的预兆。如今你仍可在特洛德找到赫洛菲勒的坟墓，它位于鼠疫神阿波罗的圣林中，墓志铭写道："我紧依宁芙与赫耳墨斯长眠／未曾丧失我的统治。"

在德尔斐的后期，皮提亚（Pizia）的产生方式类似于神甫选择一位女仆：这意味着她必须年逾五十。但最初，她是所有德尔斐少女里被选中的一个年轻女孩，身着一件式样简单的女款长袍，没有金色褶边。一天，厄刻克刺忒（Echecrate），一个塞萨利人，看见了正解读神谕的处子。被激情控制了头脑，他劫走少女，将她强占。这之后，德尔斐人为传达神谕的女性设定了年龄限制，虽然她的穿着仍像一名少女。在更古老的时代，情形则非常不同。来自远方的传达神谕的女性在一块岩石上唱出她们的预言，后来，那块石头被放置在希腊人的议事院与柱廊之间。

在被神明附体的状态下，她们说着无可挑剔的韵文。事实上，直到此时人们才意识到完美的演讲应是何等样貌。六韵部诗是阿波罗赠予斐摩诺厄，他的女儿、他的山林宁芙以及他的第一位皮提亚的礼物。神明知道那种力量源于占有，源于一尾盘绕在泉水旁的蛇。但是对阿波罗而言这并不足够：他的女人们，那些会预言的女儿们，不仅必须揭晓关于未来的谜团，同时也将展示韵文本身。于是诗歌组织起那些模棱两可的词汇，问询者透过它对自己的生活做出判断，但他们往往要在事后才能领悟那些话语的真正含义。阿波罗想要的并非虔诚的僧人，而是帕那索斯山（Parnaso）洞穴中的年轻处子，那些女孩形似宁芙，说着措辞巧妙的韵文。

现代人经常将神谕的运作想象成欧萨皮亚·帕拉第诺（Eusapia Palladino）[1]与镇定的高蹈派[2]祭司间的某种合作，后者为皮提亚的吟唱润色（当然有时也会偏离她的本意，以满足他们自己的阴暗计划）。但传达神谕的女性，那些最早在德尔斐做出预言的女子，并不需要那些提词员。这种对现代人而言似乎不证自明的模式——即自制与着魔这两种美德间的互不相容——永远不会在她们身上发生。在德尔斐难以参透的历史中，俄耳甫斯和穆赛俄斯（Museo）[3]像新贵般出现，至少与传达神谕的女性相较是如此："他们说，俄耳甫斯散布与自己秘密有关的流言，如此肆意，以至于他和仿效他一切的穆赛俄斯，都拒绝为自己辩护，也不会参与任何音律竞赛。"这是他们

---

1 意大利灵媒，居里夫妇曾参与她的降神会，心灵研究协会曾把她作为主要研究对象之一。
2 19世纪法国诗的一种文学样式，源自缪斯的住处帕那索斯山，主张"为艺术而艺术"，重视形式和感情的超越。
3 神话中的歌手、诗人，俄耳甫斯的学生、朋友。

在德尔斐的作为。也许俄耳甫斯与穆赛俄斯并非出于傲慢或畏惧而避免参与竞争，而是因为那块岩石至今仍能被看到，斐摩诺厄曾站在上面，念出第一句六韵部诗。

...

阿波罗与狄俄倪索斯的友谊是虚伪的，但他们的敌对同样不实。在他们的冲突、相遇以及重叠之下，存在着一种将此二者永恒维系的东西，使他们永远区别于其他神明：占有。阿波罗和狄俄倪索斯都知道，占有是最高等级的智慧，是最伟大的权力。这正是他们追求的智慧与权力。当然，宙斯也同样对占有的艺术富有经验，事实上，他只需听闻多多纳（Dodona）[1] 橡树的沙沙声就可促使它发生。但宙斯即一切，因此这无关特权。与他相反，阿波罗和狄俄倪索斯选择把占有作为自己的独特武器，并厌恶他人的摆弄。于狄俄倪索斯而言，占有是一种即刻的、不容置疑的真实；它存在于他的所有游历中，无论是在城市的屋宇中还是在崎岖的山川间。倘若有人拒绝承认它，狄俄倪索斯便会将这恐怖的野兽释放。然后是普洛提得斯姊妹（Pretidi）[2]，那不情愿响应神明召唤的织女们，在山林间猛烈奔跑。很快她们便开始猎杀凡人，有时还是些无辜的旅者。这就是狄俄倪索斯对那些不接受**他的**占有者的惩罚。而**他的**占有，正从其体内涌动而出，如一池四季长流的泉水，或是他为凡人揭示的那种深色液体。

于阿波罗而言，占有意味着一种征服。同时，就像所有征服一

---

1 宙斯的一个神示所。
2 普洛托斯与斯忒涅波亚的女儿们，有姊妹三人，她们患上疯病，四处乱跑。

样，它必须被一双专横的手防守。像所有征服事件一样，它也企图消灭那些存在于它之前的权力。但是，吸引着阿波罗的那种占有，截然不同于狄俄倪索斯统领的占有。阿波罗希望度量自己的领地；在流动的热忱产生的那一刻，他想为其盖上形式的印记。阿波罗也对强制的逻辑负有责任：那是一种对思想之潮涌的遏制性的度量。在面对赫耳墨斯那迅猛、无序、隐匿的智慧时，阿波罗画下一道分界线：在其中一边，赫耳墨斯主持着用骰子和骨头进行的占卜，甚至还拥有特里亚三姊妹（le Trie）[1]——那是些甜美的少女，虽然他的兄长也曾爱慕她们；在另一边，阿波罗将语言可表达的至高且无敌的神谕留给了自己。

在德尔斐的碎石、大理石还有金属深处，访客想起阿波罗最早神庙中的其他幽灵，如今他们已不复存在。第一个魂魄，是坦佩谷（Tempe）底由月桂树枝搭建的小屋；第二个由蜡和羽毛构成；第三个，用赫淮斯托斯和雅典娜所铸的青铜组成。品达仍在好奇："哦，缪斯们，赫淮斯托斯与雅典娜的巧手，会拍打起怎样的节奏将神庙装饰？"我们永远无法知晓，但品达认为自己可回忆起那图像的一些碎片："青铜质地的墙壁；拔地而起的柱廊也是青铜；三角楣饰上，六位金色的女巫正在吟唱。"当帕萨尼亚斯听闻这些语句时，它们的含义已不甚明了。他推测，女妖（Incantatrici）至多可能是"对荷马史诗中塞壬（Sirene）[2]的一种模仿"。她们将这秘密藏入一个悠长的故事，这故事关于占有的起源。

---

1 三个长有翅膀的宁芙。
2 以美妙歌声诱惑水手的海妖，上身是美丽的少女，胸部以下是鸟的形状。

伊印克斯（Iynx）[1]是一个小女巫。她制作爱情的魔药，并非为了自己，而是希望让爱到处存在。一天，她为宙斯献上一杯饮品。神明将其饮下，他在此时看见的第一个女子是伊俄，后者正在阿耳戈斯的赫拉神殿中漫步。宙斯被对伊俄的爱意控制，大地上由此展开一段历史，一段关于逃离、烦扰以及变形的历史。第一个受害者却是小女巫自己。作为报复，赫拉将她变成一只以歪脖著称的鸟，它会以一种猝然的震荡扭动自己的脖子。当伊阿宋抵达科尔喀斯（Colchide）[2]时，他知道倘若要得到金羊毛，就必须击败年轻的女巫美狄亚。阿佛洛狄忒在天上俯瞰大地，决定施以援手。只有一个更强大的巫术可以战胜一名女巫。因此阿佛洛狄忒带上了歪脖鸟，那只"谵妄的、色彩斑斓的小鸟"，并用不可解开的束缚将它固定在一个四辐的小轮旁。现在，那小鸟的脖子将永远跟随轮盘的转动而抽搐般地扭动。那个小东西，那个玩物，变为一种装置，一个占有的诡计。它对精神施以一种强制的圆周运动，这种运动令它从自己的惯性中被连根拔起，并被勾连在不朽的轮子上，后者不间断地转动，如同一个球体。甚至连神明的思想也会受制于那个轮子。

伊阿宋学会利用阿佛洛狄忒的礼物。美狄亚即刻丧失了对双亲的所有顾虑。女孩的意志被一种对一个遥远国度的渴望，对一个名字——希腊——的渴望所蛊惑，并将其与伊阿宋的出现相混淆。于是，美狄亚借助自己的巫术、药草和油膏，将陌生人拯救，却将自己的家园毁灭。始作俑者并非阿波罗或狄俄倪索斯，此二人是"占

---

1 潘与厄科的女儿，将诱惑爱情的魔药给了宙斯，使他爱上伊俄。作为惩罚，赫拉把她变成一只歪脖鸟。
2 美狄亚的出生地，阿耳戈斯英雄们在此寻得金羊毛。

有"的主人，发明了爱情的咒语（*iynx*）[1]，这个古怪什物是唯一可见的关于占有的人造制品。阿佛洛狄忒最先抵达，这位女神拥有"最敏捷的箭"：情欲的占有即是一切占有形式的起点。对阿佛洛狄忒来说是一个玩物，在德尔斐则成为一个谜团。在德尔斐的阿波罗神庙中，崇拜者将看到一些小轮子从屋顶的内表面垂下，上面还附有鸟儿的尸体。据说这些轮子会发出一种声音，一种诱人的呼唤。它们是品达提及的女巫，将人类的思想与天穹中的圆周运动联系起来。

孩提时代的阿波罗在母亲勒托怀中挺直了腰身，他对一条巨蛇放出一支利箭，那动物盘踞于德尔斐树影斑驳的斜坡上。青年时代的阿波罗，肩上披着波浪般的金发，正在追逐一名年轻女孩。正当他快要将她捉住时，女孩化作一株月桂。这种种举动，每一个都是另一个的影子。如果我们仔细观察皮同（Pitone）[2]，就会在蛇身上看到柔美的达佛涅。而在月桂树叶中，我们看见了皮同的鳞片。

你还未来得及捉住一个神话，它就已展开为上千的碎片。变体即本源。一切发生着的事物，都或以本体，或以变体，或以此处所说本体即变体的形式发生。在这些发散的故事中，每一个都折射着其他故事，仿佛是同一块布面上的褶皱，被我们逐一扫视。当传统出现反常，一些神话事件仅有一个版本流传至今，就像一具躯体没了影子，我们必须在回忆中竭力搜寻那个不可见的影子。阿波罗屠杀了怪物，他是第一个怪物猎手。但这怪物又是什么？它是皮同的鳞片，在灌木与岩石间伪装自己，它是达佛涅的柔软肌肤，现在已变成月桂树与大理石。

---

1 *iynx* 是一种咒语形式，由一个转动的轮子以及挂在轮子上的歪脖鸟（由伊印克斯所变）组成。
2 瑞亚之子，一条巨蟒。

阿波罗并没能成功地将那位宁芙占有，或许他本就不想这么做。他从宁芙身上获得了一枚桂冠。伴随宁芙身体的消失，那桂冠留在阿波罗手上：他要的是象征物。至于狄俄倪索斯，没有一位宁芙可以拒绝或逃离他，因为宁芙本身就是他的一部分。只存在一个例外：奥拉，尼开娅则是奥拉的副本。奥拉的被强奸将使其子伊阿科斯成为厄琉西斯城的秘密。由此可知，在最初的二元性中，不会有比唯一性更多的存在，即仅有唯一性。

宁芙**等于**占有，**被宁芙吸引者**（*nymphóleptos*），指在被宁芙俘获时精神变得癫狂之人。阿波罗并不掌控宁芙，他不掌控掌控本身，但他会教导它、支配它。缪斯们是来自赫利孔山（Elicona）[1]的野蛮少女。是阿波罗让她们迁居到对面的帕那索斯山上；他对她们的天赋加以训练，使这群野蛮少女变成缪斯女神，从此以后，那些女子将拥有心智，各自专长一门艺术。

普鲁塔克，德尔斐阿波罗神庙中的祭司，宣称在德尔斐，狄俄倪索斯和阿波罗同等重要。在滴水成冰的季节里，在亡灵回归与火炬四处漫游在帕那索斯山坡上的月份里，狄俄倪索斯主宰德尔斐。随后，阿波罗将从极北族人（Iperborei）中折返，在剩下的九个月中，他拥有此地的最高统治权。并不存在完全的胜利，它从不足够维持一整年。阿波罗和狄俄倪索斯两人的统治皆无法永续，两者中没有一个可离开对方单独存在、永远掌权。当阿波罗再次降临并勒紧狄俄倪索斯的臂膀时，我们听到了酒神颂歌的最后一些段落，紧接其后的是阿波罗赞诗的第一个音符。音乐是唯一连续的存在。

---

1 位于玻俄提亚，阿波罗与缪斯们的圣山。

在皮提亚的至圣所（ádyton）中，阿波罗拥有一尊金色雕像，狄俄倪索斯则只有一块墓地。不过，一切都似乎进展顺利。作为一对连锁的、交替的力量，阿波罗和狄俄倪索斯不愿让自己的过往在此地浮现。甚少有人记得，在三足椅的铜盖下方，曾烹煮着狄俄倪索斯·扎格柔斯（Dioniso Zagreus）[1]的碎肢，如今皮提亚正坐在那椅子上[2]。甚少有人记得，有说法认为是狄俄倪索斯第一个用三足椅预言。也甚少有人记得，曾有一尾蛇缠绕在三足椅的一条腿上。这一切都使狄俄倪索斯的故事极容易与阿波罗的对手皮同的故事相混淆：皮同是一条蛇，与狄俄倪索斯关系密切。这神是变形成蛇的宙斯之后代，由一群处子护卫，她们的额头皆被蛇环绕，宛如发带。皮同则仿若一名先知，预告着阿波罗的降临，他（或她）将被埋在**至圣所**，在翁法洛斯石（omphalós）[3]之下。假使这一切都被铭记，狄俄倪索斯的一个神秘身份就会被揭晓：他是一个敌人，是皮同的衍生。而现在，狄俄倪索斯会在阿波罗缺席的冬季接替其统治，皮同则被阿波罗除掉，并在阳光下腐烂。

不论在全盛期，抑或衰落期，德尔斐都是19世纪希腊哲学家们所构想的古典精神的对立面。它是一处市集，是一个贮藏战利品之地，也是一片坟场。堆积是它的核心追求。盾牌与装饰船头的人像是凯旋的战士们带来的礼物。七弦琴、三足椅、战车、青铜桌、水盆、圆盘饰、大锅、酒碗、唾壶：这样的场景迎接着阿波罗神庙迈

---

1 扎格柔斯是宙斯与佩耳塞福涅之子，是"第一个狄俄倪索斯"。

2 sacrificial tripod，一种宗教用的三脚凳或三脚台，阿波罗的祭司皮提亚坐在这种凳子上预言。

3 被克洛诺斯当成刚出生的宙斯而吞下的石头。成为圣石，放在德尔斐的阿波罗神庙中，被视作是大地的中心。

加隆（*mégaron*）[1]式大厅中的目光。通往皮提亚房间的走道胡乱堆积着各色物品，它们依在墙壁和柱子上，或从顶上悬挂下来。每件物品都代表一件事，囊括某人的一生，有时还包含诸多生死。如果从外部吹进一缕气息，它们都会漂浮着随风轻轻移动。战车车轮被推动，勇士的饰带和布条飘摇着，如同微弱的襟翼。

在进入德尔斐的阿波罗神庙时，阴影中突出闪耀的各种金属体将令你目眩，有时你也可以从背景中辨认出一尊半身女子像（很多年前她曾是一个年轻女子），看起来似乎径直从地里冒出：她身着当地女孩常穿的简单袍子；她是皮提亚。坐在她的神谕椅上，就像落座在吧台椅上，她注视着新来的人们走进**迈加隆大厅**。皮提亚的房间，**即至圣所**，小于神庙的主厅，稍高于底下的一片院子。在它旁边是一个带长凳的小展台，那些前来求解神谕的人们坐在上面。在皮提亚预言时，人们无法看见她，因她坐在那堆神圣物件中：高高的三足椅被固定在地面上，地板遮住地上的一道裂痕，中央的石块被一张双重的网束缚，还有狄俄倪索斯坟墓的底座，以及金色的阿波罗雕像，空气中有少许阳光，投射在一株桂树顶部，水流在她身后淌过。

有一件器物标志着最高水平的文明：青铜器。相较而言，其他的渐渐淡出人们的视野。在中国商代，它成为一种崇拜对象，人们的生活围着它运转。今日，我们甚至只能通过这些青铜去重建那个世界。在那时，神圣器皿依据一定数量呈现规范的组合关系（具体数目仍有争议），这种规范的延续将超过两千年，材料不断更新，器皿本身变得更为脆弱和世俗化。在多利安式的希腊，青铜器却只以

---

1 希腊神殿的基本样式，起源于亚洲的小亚细亚、亚美尼亚或中东地区。

一种主要形式被铸造：三足器。

几何时代，希腊思想的正式扩张似乎都集中在这些物件上。它们成为出类拔萃的圣物。那必不可缺的朴实的功能——烹煮食物——被妄自从其他用以祭祀神明的功能中去除。"献给宙斯"（*Iaròn Diós*），我们在奥林匹亚博物馆一个三足水盆的口沿上读到这样的文字。在中国和希腊，我们都能看到饰以动物纹样的青铜器：在中国，最常见的是饕餮纹，那是一种由表意符号及多种动物组成的怪兽，从猫头鹰到蝉，从猎豹到蛇；在希腊则通常是格里芬，它大张着强劲有力的喙，吐出舌头，但也有以狮子与牡牛做装饰的青铜器。

早在商代就确立的对范式的选择，为整个中华文明烙下一道印记，并延续至今。终有一刻，青铜器与它们的绿色锈斑将失落，或湮没于黄土，或被博物馆收藏。但中式设计是对这些青铜典范的一种基因上的传承。建筑风格的装饰策略与特征总是追溯着那个开端，有的较为直接，有的则相对隐晦。在希腊也是一样，三足器的设计是一个重要开端，但随后便永远消失，被另一种形式取代：人类的形象。自那时起，在德尔斐和奥林匹亚，我们发现越来越少的三足器被奉献给神明，却有越来越多的雕像，它们通常是神明的形象，有时也代表一些意图自我标榜的在战事或竞赛中的赢家。这与今日所发生之事恰相反：那时的获胜者并不会得到一件可笑的小雕像作为奖品，他所获的奖赏是被允许竖起自己的雕像，有时甚至是一尊巨像，并把它奉献给神明。人物形象出现在高耸的石柱上，拥有名号和献词。然而，这些人像虽是三足器完全匿名性的极端对立，却暂时地继承了其神圣特质。那些翻滚在为神明炊煮的饮食中的气泡永远消失了。这种能量被迁移至大理石质长袍的褶皱间，马匹的挽具里，以及格里芬的翅膀上。贡品不再被食用：现在，有史以来第一次，你只能欣赏它们。

　　苍穹中的奥林匹斯诸神最先看到的人类是山林宁芙。这些纵然十分长寿，但毕竟是凡胎的女子在树丛与灌木中出现复而消失，通常是在追逐野兽。正是她们，第一次撩拨了奥林匹斯神明的欲火，几乎令他们加入到大地上的生灵中去。阿波罗在与男性或女性的爱情中并非总能感到愉悦。在某种程度上，总有一些事会出错——就像发生在许阿铿托斯和科洛尼斯身上的一种致命的狂怒。但至少当阿波罗与库瑞涅（Cirene）[1] 在一起时，一切似乎都很顺利。

　　当库瑞涅在佩利翁山（Pelio）[2] 狩猎时，阿波罗从高处观望良久。库瑞涅对家务事的轻蔑令他印象深刻且感到愉快。织机的存在与她无关。她日夜外出，追逐最凶猛的野兽。这让阿波罗想起他的妹妹阿耳忒弥斯。而与他的妹妹愈发相像的是库瑞涅"享受着身为一名处女，卧床不被玷污"。假装纯真的阿波罗拜访了喀戎（Chirone），库瑞涅的父亲，并向他询问，这位正与狮子搏斗的女孩是何人。喀戎对神的率真报以一笑，假装自己并不知情。此间，库瑞涅再度将狮子制服。为让她不带遗憾地献出童贞，阿波罗选择幻化为狼，这是他最神秘的外形之一。这一外形将给二人带去最大的欢愉。然后是依循惯例的婚礼上的荣耀：乘着一辆金色战车，阿波罗把库瑞涅带到利比亚，阿佛洛狄忒将带领他们来到繁盛花园深处的一座金色宫殿。但若是关于性，他们的体验则从未超越第一次。阿波罗将非洲的这部分区域赠送给库瑞涅，供她狩猎，并为她带去另一个宁芙，

1　忒萨利亚的山林宁芙。
2　忒萨利亚的山峰，喀戎及其他马人在此居住。

163

作为侍者。然后，他们的儿子阿里斯泰俄斯降生于世。就像阿波罗的另一个孩子阿斯克勒庇俄斯一样，他拥有疗伤的天赋。缪斯们用预言与蜂蜜将他抚养成人。

抽象的力量始于对史诗般百科全书派的抗拒，其中，后者的每个元素，无论是对神明力量的判决，还是固定车轴的指示，在叙述的层面上都具有同等的重要性。阿那克西曼德（Anassimandro）[1]与赫拉克利特（Eraclito）[2]追求的目标与这相反："去容纳真实性的每一面"这句话，只会令其本身晦暗不明、用其自身的光芒让人迷惑。**逻各斯**（*lógos*）的出现消除了特殊性，消除了每一个经验里象征性的琐碎的积聚，消除了需强制重复的每一处细节。如一道密码，如阿巴里斯之箭，**逻各斯**将贯通在诗赋中的事物钉在时间最微小的原子中，那些溢美之词曾在烟雾弥漫的夜晚萦绕回环。

这带来史无前例的澎湃。人们曾听闻东方的故事，那些故事远比他们自己的来得隐晦。但问题不再关乎故事本身。与以往相比，这些故事毫无遮掩地提及了带有"'那个'封印"之物。封印将一直存在，它自我封闭，是骄傲的、静止的，好比刻在德尔斐神庙上的希腊语中的第五个字符 ε。就这样，祭司们第一次意识到，知识作为一种力量，不仅源自神明的秘密，也来源于诡辩的虚构。

在每一个黎明，伊翁（Ione）清扫着德尔斐阿波罗神庙的地面。他从祭台上拾掇起献祭后的残余，并紧盯着那些从帕那索斯山盘旋而下的鹰，在它们来到金色屋顶上啄食前，他用弓将其驱逐。他仔细布置新鲜的橄榄枝环，并在神庙地面洒上一桶桶冷水。他热衷于

1　约前610—前545，古希腊唯物主义哲学家。
2　前540—前480，古希腊哲学家。

这些琐事，这份职责谦逊而郑重。当游客和前来求取神谕的人群拥挤在通往祭坛的弯曲小径上时，一切必须看起来洁净而完好。这座高居于岩石上的预言灵验的神庙，是伊翁见过的全部世界。他想象着自己将永远居住在此，就如住在一个永恒的孤儿院中。他能活下来，是因为有一天，在一个同样的黎明，皮提亚在神庙花园中发现了一只篮子。怀着奇怪的仁慈，她将篮子拾起。而神也怀有与她类似的奇异仁慈，让男孩在祭坛上玩耍和成长。然后他们让他成为阿波罗宝藏的守护者。他对自己的亲生父母一无所知，他还比不上一个奴隶，他是一个无名者，一个不属于任何人的孩子；不过，他把阿波罗想象为自己的父亲，把皮提亚想象为母亲。他感到自己生命的存在唯独应归功于他们二位。没有其他东西是重要的，也没有什么专为他而存在。年轻、纯洁、虔诚、快乐的伊翁欢迎着访客，为他们展示各种场所以及诸多仪式。但一天中最好的时间是这黎明时分的片刻寂静，他清扫着地面，四处张望。

在德尔斐，没有人会感到孤单：数百个人物在雕塑与绘画中显现，无论你去往何处，他们都会将你迎接。现在他已逐个熟识他们，并可一一细数他们的所有冒险。赫剌克勒斯、巨人们、雅典娜、酒神杖、戈尔工女妖……他思索着他们的战斗和逃离，关于那些怪物，那些武器，那些交合，那些伏击。他默想着神明，却从未将此告诉任何人。游人们会告诉他世间正发生着的那些最可怕的事，那是一个他从未见过的世界。在聆听时，伊翁的脸上浮现出微笑，他在回想他已知晓的一切。人们告诉他的，无非是对他周遭在雕刻或绘画中被呈现的沉默故事的重复，对被第一缕阳光所淹没的三角楣饰的苍白重复。或许还少了些不幸。一只天鹅在祭坛上徘徊，如鹰般巡视着，寻找献祭留下的面包屑。伊翁的快乐一如既往，他将这个生灵赶跑，告诉它应飞往得罗斯岛。德尔斐的一切都必须是馥郁的，全然远离人类带来的损耗与泪水，地面上连脚印都不会留下，不被玷污的圣洁，就如黎明时分的帕那索斯山。

然后他又开始思考：神明是每一种邪恶的榜样和标杆，如因人们模仿神明在其眼前的作为而指责他们，这是极为不公的。他最热衷的脑力游戏是尝试尽一切可能详尽地回忆宙斯与波塞冬犯下的所有强奸事件。但总是缺少一个。伊翁暗自发笑。他没能意识到自己也是这些故事的一部分，没有意识到自己正是这些故事留下的果实之一，不过是由阿波罗所为。伊翁把阿波罗想象成自己真正的父亲，而事实上他确实是。

厄里克托尼俄斯（Erittonio）之环，雅典统治者庄严的祖传物，被代代相传。当厄瑞克透斯（Eretteo）将它赠予克瑞乌萨时，女孩把它戴在手腕上，就像一只镯子。一天，当克瑞乌萨独自采撷番红花时，她在雅典卫城的北坡陷入沉思，白皙的手腕突然感到阿波罗如铁般的紧攥。关于这位神，她所见的一切，仅是对他发丝上闪烁光芒的短暂一瞥。那道光芒中有东西随番红花一起被她采撷，那些花朵正躺在她腿上的长袍褶皱间。克瑞乌萨尖叫道："哦，母亲！"在阿波罗把她拖进位于山坡稍高处的潘的洞穴时，这是她唯一来得及发出的声音。神紧攥她的手腕，片刻也不松开。克瑞乌萨感到手环的衔接部件嵌入了自己的肉体。在黑暗里，阿波罗迫使她在地面上舒张身体，撑开她的双臂。这是他所有爱欲中最为迅速而暴力的一次。没有一个字，没有一声呜咽。

在阿波罗离开后，克瑞乌萨静静躺在黑暗中，饱受伤害，并决定向那神报仇。她发誓无人会知晓这件事。几个月后，就在她被神占有、手臂被迫张开的那个洞穴中，她生产了。然后她把小小的伊翁包裹在襁褓中，将他放进一个圆形篮子，底下垫着她在孩提时代缝制的一片刺绣：刺绣上有美杜莎的头颅，细节模糊且手法笨拙。婴儿啼哭着，猛禽与野兽正欲前来将其吞食，这啼哭是唯一可能被那个可憎而冷漠的，正漫不经心地弹奏七弦琴的神听到的声音；这是克瑞乌萨唯一能够发出的反击，以重现她在"苦涩婚礼"上受到的侮辱。

阿波罗并不光明磊落，他将克瑞乌萨与伊翁的命运纠缠在一起。事实上这是他的刻意安排：只有在母亲企图杀害儿子，以及儿子企图杀害母亲后，母子才能相认。为了杀死伊翁，克瑞乌萨使用了一滴美杜莎的致命血液，这致命的液滴被封存在她的手环中。但是液滴落到了地上，将一只贪婪的鸽子杀死，仅此而已。而为了杀死克瑞乌萨，伊翁即将违反一条神圣戒律，即庇护神庙中的所有祈愿者。对神明的忠诚令他迟疑不决。克瑞乌萨被钉在阿波罗的祭坛上，等待着死亡，她将死于自己的儿子之手，却仍以为他是德尔斐神庙的某个无名护卫。皮提亚前来，带着一只篮子。她打开篮子，从襁褓和柳条中取出一片未被霉菌侵蚀的、笨拙而幼稚的刺绣，这块布料以蛇纹为边饰，中央绣着美杜莎的头颅，如同神盾埃癸斯（egida）[1]上的画面。

母亲认出了她的儿子。现在伊翁将成为雅典国王，因为他像厄里克托尼俄斯一样，也曾躺在美杜莎的头颅旁，也曾被庇护在襁褓中。当然，这与厄里克托尼俄斯的情况不完全相同，后者被雅典娜保护在温暖的胸前，而伊翁拥有的只是一块由小女孩所绣的普通织物。但这便是世界的运作方式。一种独特的纹章，它关乎凡人难以

---

[1] 宙斯的盾牌，也是雅典娜的标志，由赫淮斯托斯制造。用母山羊阿玛耳忒亚的皮做成，中间是戈尔工女妖美杜莎的头颅。

经受的张力，如投石激荡起涟漪般产生了上千副本，它们或被雕琢在神庙山墙上，或被绣在披巾上。在副本倍增的同时，原初的力量被稀释。甚至连神明的恩赐也成为时间流逝的作用对象，逐渐失去光彩：克瑞乌萨浪费了一滴被封存在手环中的致命液体，另一滴包含"生命养分"的治愈液滴则被她遗忘。没人会再费心地使用它们。现在，伊翁和克瑞乌萨的脑海中产生了别的想法：他们想象着那些神圣之物，它们总是来得太晚，以这种或那种原因，"却并非无能为力，他们得出这样的结论（*télos*）"。

飞越德尔斐的禽类会把海龟丢在岩石上，以打破它们的坚硬外壳。克罗伊斯（Creso）[1] 的领土远离德尔斐，它位于一片辽阔海洋的另一边，与其他人一样，他感到栖息山顶的捕食者的巢穴中有东西正俯瞰并监视着他。这令他想起曾向皮提亚和那些围绕她身边的，被称作"圣洁者"的难以捉摸的人们发起的挑战。他向德尔斐神谕处，以及世间其他六个最为著名的神谕处发起挑战，来预言他，克罗伊斯，在使者们离开后的第一百天，会做些什么。

信使们带回了盖着封印的答案。都是错的。但阿波罗的女祭祀皮提亚甚至在听到问题之前就已用六步格诗做出了回答："我数出砂砾与波浪的数目。/我听闻愚人交谈。我理解沉默。/我闻到巨龟的气息。/它在青铜中与羊肉一同沸腾。/它身下亦是青铜，上方还有青铜盖将之覆住。"现在到了问题中提及的那一天，事实上克罗伊斯已宰杀了"一只龟与一只羊羔，亲手将它们放入一只带盖的青铜炊具中煮沸"。他声称自己编出了这个谜团，因他觉得这是最不可能存在之事。一个可悲的谎言。这场景是一种无言讯息，克罗伊斯准确

---

1 吕底亚最后一任国王，以富有著称。

168

地模仿了一桩可追溯至远古时代的事件，它曾在神殿中发生：皮提亚坐在一只青铜三足器的盖子上，烟雾弥漫，她为一切前来解惑之人提供答案。但那烟雾只是从三足器下土地的裂隙中冒出吗？又或是从三足器中产生？从一开始，在那器盖之下，羔羊肉与龟肉就被混合在一起。那羊羔，正是被酒神的追随者提伊阿得斯在帕那索斯山的斜坡上拆解的那只羔羊。龟肉则从为阿波罗所用的龟壳中分离而来，像赫耳墨斯教他的那样，只为再一次让特里亚在帕那索斯的山坡上欣赏他的七弦琴和剧目。阿波罗与狄俄倪索斯都在这口大锅中被煮沸：那是德尔斐的混合物，带有强烈的刺鼻气息。

远不止皮提亚哽咽的声音，或被考古学家们徒劳无功地寻找的地表裂缝，德尔斐的权力之源是一只由动物面具保护的青铜锅，一些东西在其中被炖化。那是被献祭、被牺牲之物。声音和意义从牺牲中诞生。那是最原初的护身符，是阿波罗的敌人们想要窃取的东西：他的声音。皮提亚与祭司无足轻重，权力则在青铜内，由格里芬们守护，与肉一起浸渍。皮提亚坐在器盖上，昭示自己的占有。在德尔斐不计其数的曾被奉献于此的三足器都被劫掠之后，神示所行将衰落。掠夺者并不只为金属而来。他们抱有坚定的决心，去抢夺此地的所有法宝，长久以来，这里曾辐射出巨大的能量。

因此，在克罗伊斯挑战与他的国度相距甚远的神示所时，想展示的不仅是他能填满它，如他曾做过的那般——用那种带狮子和携面包少女的图案的、纯金制成的礼物。他还想证明自己知道它的力量建立在何种基础上。神示所很可能无动于衷，因为每一个神示所都希望在了解世界的同时，不被世界所了解。克罗伊斯曾寻求神谕，当时他即将迈出长久统治中最重要的一步——对抗波斯的居鲁士

（Ciro）[1]，皮提亚的回答模棱两可："你将摧毁一个伟大帝国。"克罗伊斯认为那个伟大帝国指居鲁士的领土，而事实上神谕说的是克罗伊斯自己的帝国。年迈而精疲力竭的克罗伊斯被居鲁士奴役，他送给德尔斐最后一份礼物：他的枷锁。从前没有，未来也不会有一位国王像他一样，与神示所建立如此长久而亲密的关系。

在被指责忘恩负义时，德尔斐对克罗伊斯的回答，于一处神示所而言，带有不同寻常的悲伤和同情。仿佛是在为自己申辩，阿波罗告诉这位极富有的国王，自己已竭尽所能去扭转宏大命运中凡可以让步的细节。例如，他曾设法将萨第斯（Sardi）的陨落延后三年。这样的场景极为罕见，神明变得如此真诚，以几近谦卑的姿态，透露自己只能统治富余之物。命运将超额部分留给他掌控，而他确实将其赠予了克罗伊斯，恰如克罗伊斯奉献阿波罗另一种概念上的富余，即他送到德尔斐的数以千计的被屠宰之物，以及数千磅黄金。

盈余的不正是生命本身？生命不永远是自身的一部分？死亡判决被意外地延缓，就像克罗伊斯被赠予的额外三年，就像在一个非同寻常的时刻，以突降的暴风雨，阿波罗将克罗伊斯葬礼上的火焰扑灭。一个人至多行至这一步，无法再进一步。作为最后的礼物，国王遗赠了他的枷锁。这些并非富余之物，面对它们，甚至连神明也感到无助。

在克罗伊斯与梭伦（Solone）[2]的对话中，希罗多德设置了亚细亚与欧罗巴两片大陆之间的第一次口头决斗。在所有统治者中，克罗伊斯拥有最多黄金，梭伦则是雅典的首席立法者，在雅典人承诺

1　约前600—前530，波斯第一帝国，阿契美尼德王朝的缔造者。
2　前636—前558，雅典城邦的贵族，政治家、立法者、诗人，在公元前594年出任雅典执政官，主导立法与改革，史称梭伦改革。

将维持法律十年不变之后，他开始了一场耗时十年的旅行。然而梭伦并不信任雅典人。"这是他离开的真正原因，纵使他声称自己只是想看看这个世界。"克罗伊斯的宫殿是世间珍品中的一个，梭伦按时抵达。

克罗伊斯希望梭伦承认他不仅是世间最强大，同时也是最幸福的人。梭伦引用了一个幸福之人的例子作答。那是一位无名的雅典人，年事已高，死于战场。梭伦并非刻意用普通人与国王做对比，那太过庸俗。他阐述的是一个关于幸福的希腊式悖论：只有在死亡中幸福才会降临。幸福是生命的一个要素，在它出现之前，那个生命必先消失。如果幸福是一种可以囊括人之全部的特质，那么它必须等待，直到此人的生命在死亡中达到完整。

这个悖论并不孤立存在。相反，它只是有关完整性的诸多悖论之一，希腊人对这种完整性如此敏感。这些悖论的根基就存在于语言中：**终极目的**（*télos*），一个用以表示卓越的希腊单词，意味着同时达到"完美""完整""死亡"。我们在梭伦的话语中听到的是：希腊人面对快乐时的迷醉与对逻辑的热情之间的差别。但最吸引我们的是他讲述时的那种优雅。从未有过如此有效的委婉叙述，它说明的那个真相，若是直言不讳，就将太过残酷，甚至可能不再真实：幸福并不存在。

伴随希腊化时代的开启，德尔斐阿波罗神庙前的开阔空间着实变得更为拥挤。左侧，德尔斐人献上的青铜狼仍继续着它的守卫。右侧，在许多尊阿波罗雕像（由厄庇道洛斯人或墨伽拉[1]人在一些胜仗后委托制作）的中间，闪耀着普拉克西特利斯创作的芙里

---

1 墨伽拉（Megara），位于西阿提刻地区。

尼（Frine）[1]金像，那个交际花仿佛仍在与她的崇拜者们交谈；她的情人，普拉克西特利斯，雕琢出她的身体，使这些对话变得可能。在阿波罗雕像中有一尊颇为巨大：阿波罗·西塔尔卡斯（Apollo Sitalkas）[2]立在一根七十英尺的石柱顶端，那石柱的高度是神庙石柱的两倍以上。还有一株青铜棕榈树，在它旁边立着一尊雅典娜的镀金雕像，当雅典人远征西西里岛（Sicilia）时，一群乌鸦叼走了部分镀金。或至少克吕托得弥斯（Clitodemo）让我们相信事实如此。还有来自不同地方的、数量众多的将军像，以及安布拉基亚人（Ambracesi）的青铜驴和西锡安人的祭祀队伍，仍是铜制的：这是他们履行誓言的方式，否则他们必须每年献祭给阿波罗大批动物，数目多到他们负担不起。青铜使它们的牺牲成为永恒。在芙里尼之外，矗立着另一尊坚固的金像，而它的原型与军事力量毫无瓜葛：这是来自伦蒂尼（Lentini）的高尔吉亚（Gorgia）[3]，海伦的辩护者，那个曾继承世间至高权利的男子。

在公元前 279 年[4]，布伦努斯（Brenno）率领麾下的高卢人抵达塞莫皮莱（Termopili），希腊的"炽热之门"，他们的脑海中只有一个想法：洗劫德尔斐。再没有其他事物能吸引他们的注意，他们不在乎雅典、忒拜、斯巴达，他们关心的唯有德尔斐宝藏。即使身在遥远的北境，布伦努斯也曾听闻"神明的洞穴，有黄金喷涌而出"。对于希腊人而言，历史似乎重演，虽然这一次是希腊被夺走荣耀。

1 公元前 4 世纪，古希腊著名的交际花，生于玻俄提亚地区。

2 阿波罗的一个与丰收相关的绰号。

3 约前 487—前 376，希腊诡辩学派学者、前苏格拉底时期的哲学家及修辞学家。在《颂赞海伦》篇中为海伦辩护。

4 原文如此。布伦努斯应该是公元前 4 世纪的高卢领袖。

这些新来的入侵者并非伟大的薛西斯一世（Gran Re）[1]手下的波斯人，那些波斯人戴着尖顶头盔，有着缤纷的东方式排场。这些新入侵者是金发碧眼的"野兽，充满激情与愤怒，然而无脑"，他们凭借纯粹的冲动前进，哪怕被利箭或标枪射穿，只要仍被他们的疯狂和**暴怒**（berserk）驾驭，便不会止步。反击他们的也并非利奥尼达斯（Leonida）[2]手下的斯巴达勇士，而是一群来自偏狭之地的绝望的外乡人：埃托利亚人、玻俄提亚人、福喀斯人。守护者们深知战争只会以两种方式结束：或是赢得胜利，或被斩尽杀绝。对抗波斯人的那场战役是为自由而战，这一次，则是为生存而战。

在塞莫皮莱的第一场战斗中，希腊人再次抵挡住敌人的进攻，而许多凯尔特人（Celti）则被沼泽吞没：我们永远无法知晓具体数目。于是布伦努斯决定攻击溪水侧翼，并将力量从中心分散。四万步兵与数百骑兵冲入埃托利亚（Etolia）[3]。他们屠杀能找到的所有男性，包括初生的婴儿。"他们强奸濒死或已死之人。"但是出征的高卢人中不及一半回到位于塞莫皮莱的主营区。布伦努斯没有遭遇抵抗：这一次他在雾的掩护下绕过了希腊人。在即将被完全围困时，希腊人撤军返回了家乡。布伦努斯甚至等不及让自己人重新编队，就命令他们朝德尔斐行军。也许这是三足椅之神最后一次展示自己的力量。为了回应德尔斐的受惊人群，神谕告诉他们，它将妥善照顾自己。

在布伦努斯的军队到达德尔斐时，发现它仅由福喀斯人和少许

1　前519—前465。大流士一世之子，波斯帝国的国王。第一次希波战争中的马拉松战役之后的第十年，薛西斯一世的波斯军队在温泉关之役中击败斯巴达，遂战胜希腊联军，洗劫了雅典。

2　古斯巴达国王，出自亚基亚德世系，阵亡于第二次波希战争的温泉关之役，斯巴达三百勇士的出典。

3　古希腊的一个联邦国家，以希腊中部的埃托利亚地区为中心。

埃托利亚人守护，其余人都在自己的土地上忙碌。然而，等待他们的却是一个无形的神圣联盟。阿波罗前去求助波塞冬与潘，他们是此地早前的神明，已在阿波罗的光芒下黯然失色。在高卢人的征途上，大地每天都在战栗，是波塞冬从地底深处将其撼动。他们与希腊人并肩战斗，敌人们将看到极北族人的英雄许波洛克斯（Iperoco）和拉俄多科斯（Laodoco）的影子，还有那些洁白的处子。阿波罗的神话北境就这样与生态学的真实北境角逐。涅俄普托勒摩斯，阿喀琉斯之子，已在德尔斐神庙中被阿波罗杀死，正如数年前阿波罗在另一座神庙中杀死阿喀琉斯。然而，甚至连涅俄普托勒摩斯也在电闪雷鸣中参与了战斗，那些闪电吞噬了高卢人的柳条盾。

德尔斐的所有过往，一场充斥谋杀与破坏的漫长冒险，一段充满奥秘和热情的历史，都在那一天重新整合，竖起一道由神明、魂魄以及士兵组成的铜墙铁壁。如果这一天给高卢人带去了恐惧，那么在夜幕降临时分，这恐惧便愈发增长。潘神走出科里西安洞穴（Antro Coricio）[1]，在蛮族的军队里散播恐怖，正如"他们说没有缘由的恐怖便是潘的杰作"。暮色即将褪去，高卢人听到马蹄声响起。他们分列两队，面向对方。"他们因恐慌而精神错乱，每一队人马都想象着自己正面对希腊人，他们身着希腊盔甲，用希腊语交谈。神明带去的疯狂导致了一场对高卢人的屠杀。"在那一夜中，因自相残杀而死去的布伦努斯的士兵远多过在战斗中阵亡的人数。布伦努斯也负伤，不再怀有希望。他选择死亡，饮下没有掺水的酒液。

那一年，德尔斐遭遇了干旱，饥荒紧随其后。人们知道所剩的食物已难以为继，于是决定去国王宫殿外乞讨，所有人都参与其中，

---

[1] 位于帕那索斯山。

并携带家眷。国王现身，看着自己的子民。在他身旁，仆人们提着几个所含不多的篮子。国王舀取大麦和蔬菜，将它们分发给人民，从当地的杰出人士开始。随着他逐渐靠近更为贫穷的人们，他的仆人们在篮子中越舀越深，能取出的食物却越来越少。最后，所有篮子都空空如也，却还有许多可怜人在等待。其中有一个小孤女卡里拉（Càrila），她独自站着，无人照看，她向前走去，向国王乞讨食物。一脸冷峻的国王脱下一只鞋子，将它掷在卡里拉脸上。孤儿退缩回原地，站到穷人们的队列中。然后人们各回回家，饥肠辘辘。

卡里拉离开了德尔斐。她穿过费德雷亚迪斯悬崖（Fedriadi）[1]的陡坡，在峡谷的深绿色中找到一处地方。在一棵高大的树木旁，卡里拉将她童贞的腰带解下，绕着脖子系成一个套索，然后在一根树杈上自缢。在德尔斐，饥荒仍没有任何减轻的迹象。现在流行病也开始肆虐，轻松捕获被弃的尸体。国王向皮提亚探询。"满足卡里拉，那个自缢的处女"，这就是答复。但国王不知卡里拉是何人。他来到德尔斐，让人群集结。卡里拉是谁？无人知晓。可能她是一个被所有人遗忘的神话角色？又或者，"处女的自杀"是一个谜语，对神谕而言并不新奇？德尔斐的每个人都因卡里拉这个名字而困惑，直到一位提伊阿得斯，狄俄倪索斯的女祭司中的一个，想起国王的举止，以及被掷出的鞋履，还有那之后再无人见过的女孩，于是将这些事实相互联系。女祭司知道卡里拉，因为后者很快就将成为她们中的一员。在十二月的霜冻中，她将跟随她们登上帕那索斯山，也许有一天，德尔斐人会在猛烈的暴风雪中找到她，斗篷"僵硬如一块木板，在你掀开它时破碎"。但包裹在那斗篷中的将是一具提伊阿得斯的尸体，用她的热切与兴奋抵御刺骨的冰冷。女祭司与其

---

1 位于帕那索斯山。

175

他提伊阿得斯一起离开了德尔斐。在一个难以触及之处，在墨绿色的树叶中，她看见卡里拉的遗体仍悬挂在树枝上，在风中摇晃。提伊阿得斯意味着"沙沙作响之人"。有人说她们是风神的新娘。充满爱意并小心翼翼地，她们将女孩的身体从树上取下，将它放在地面，然后掩埋。回到德尔斐的提伊阿得斯们解释了她们如何找到卡里拉。现在必须用赎罪来将她取悦。但是该怎么做呢？

最高等级的德尔斐神学者，神庙的五位智者（Hosioi）、提伊阿得斯学者、国王：所有人都在思索这个问题。他们必须找到正确方式回应皮提亚的指令。最后，他们决定将一场献祭与一种净化活动相结合。但他们应如何在饥荒时期进行献祭？德尔斐的神学家们知道，献祭标志着生命的不平衡，带着对必然性的尊重：从富余或缺乏的角度来说均是如此。在两种情况下，无论是消耗还是抛弃，都有一部分生命必须在实现平衡分配之前被驱逐，那种状态正如阿波罗的戒律所言，"不可过度"。在分发食物时，国王遗漏了穷人，令他们的生命无以为继。作为对卡里拉的反馈，国王举行的献祭并不包含任何仪典。卡里拉通过自缢让人们意识到这一点，但她的牺牲仍未得到注意。由于饥饿和流行病，德尔斐人没有注意到她的离去，没有人意识到卡里拉不仅是饥荒的又一位受害者，还是一个献祭品。他们已将她遗忘，因为她是太过理想的受害者：一个处女，一个孤儿，被人忽视，被国王侮辱。而太完美的受害者也令众人害怕，因为他们照亮了人们不堪经受的真理。德尔斐的神学家们深刻研究了辩证法和假言三段论的艺术，只是因为他们忠于那位"爱真理胜于一切"的神。他们的终极目标并非无知的奉献，而是知识。为一桩恶行赎罪并不意味着践行与此恶行相反之事，而是重复同样的恶行，但带有略微变化，以让自己沉浸在内疚中，并因此觉醒。罪恶与所做之事并不特别相关，而在于做出某些行为后却没有意识到自己做了什么。罪恶在于，人们没有意识到卡里拉已经消失。

于是德尔斐人举行了他们的仪式。公民们来到国王面前乞讨食物，就像卡里拉还在他们中间的那天一样。国王分发食物，但这一次每个人都有份额，甚至异乡人也是如此。然后卡里拉的肖像被举到人群面前。国王脱下鞋砸在肖像的脸上。随后，提伊阿得斯中领头的女祭司拿起肖像，将一条绳子系在它的脖子上，并把它带到卡里拉被找到之处。她把肖像挂在树上，任由它在风中摇晃。这之后，肖像被掩埋在卡里拉的尸体旁。那场仪式标志着饥荒的结束。从那时起，仪式将每八年重复一次。但是，正如德尔斐人没有意识到卡里拉已经离开，直到皮提亚孤独的呼声提醒了他们一样，历史也将很快忘记卡里拉和以她之名举行的仪式，直到另一个孤独的声音再次将她提及。那声音来自德尔斐的祭司普鲁塔克。

如今，卡里拉已经成为诸多"希腊问题"中的一个，成为往昔历史的数百个片段之一，其意义和起源不再有人记得。耐心而博学的普鲁塔克回答了自己提出的问题："德尔斐的卡里拉是何人？"他的回答便是那小孤儿的一生留给我们的唯一痕迹。

奥林匹亚是一幅幸福图景，只可能出现在黄金时代。生活在那个时代的人们在奥林匹亚建造了一座奉献给克洛诺斯的神庙。那时宙斯尚未出生。事实上，最早在奥林匹亚赛跑的人们是一群护卫，当瑞亚（Rea）[1] 想要藏起尚是婴儿的宙斯时，她将他交给这些守卫者。那是五位库瑞忒斯（Cureti）[2]，从克里特岛来到奥林匹亚，赫剌克勒斯也位列其中。赫剌克勒斯第一个作为获胜者戴上由野橄榄枝编成的王冠，是他在极北之境，那多瑙河的源头，把这种植物征服。只是为了荫蔽奥林匹亚比赛的终点。这是永恒的奥林匹亚：树荫和胜利的终点，最崇高的曝光和最深刻的回避，一种完美的摇摆。数代人之后，在俄克绪罗斯（Ossilo）[3] 与伊菲托斯（Ifito）[4] 统治的时代，奥林匹亚的竞技已被遗弃，被淡忘。"当伊菲托斯恢复竞技时，人们记不起它们在古时的样子；逐渐地，他们确实想了起来，每当记起一些东西时，他们便把它添上。"这恰是对柏拉图式学习过程的生动描绘：没有什么是新鲜事物，记忆意味着一切。新鲜事物亦是我们所拥有的最古老之物。帕萨尼亚斯以令人钦佩的直率补充道："这是可证明的。"他浮现的记忆是精确的："在第十八届奥林匹亚运动会上，他们想起了五项全能和摔跤。"

1　众神之母，提坦女神，乌剌诺斯与该亚的女儿。
2　瑞亚的侍从。
3　来自埃托利亚的独眼者，后成为伊利斯城的统治者。
4　俄卡利亚国王欧律托斯之子，后继承王位，统治俄卡利亚。

...

　　沿着神庙内的螺旋楼梯攀爬，你会来到最上层的走廊，在那里你可以更近距离观察菲狄亚斯的宙斯。昆体良（Quintiliano）[1]认为这尊雕像"为凡人的宗教增添了一些东西"。只有宝石能分隔它那黄金与象牙质的表面，除却它的宝座，因为那宝座含有乌木。帷幔绣满了动物和百合花纹样。宙斯头戴橄榄枝，他的右手攥着胜利女神尼刻，她的身上绑有丝带，头戴一顶王冠。在宝座的四足下，是一些小型的尼刻雕像，如正在舞蹈的精灵。但在四足之间还有其他事情发生：长有羽翼的格里芬正用它们的爪子捉住忒拜少年，阿波罗和阿耳忒弥斯瞄准尼俄柏的孩子们放出了利箭。随着眼眸慢慢适应浓重的黑暗，它会继续辨别出一个又一个新的场景，它们被雕刻在宝座的横撑上。越往下看，你见到的形象便越多。宝座的横撑上共有二十九个人物：有阿玛宗战士们，有赫剌克勒斯与他的护卫，还有忒修斯。一个男孩正在整理额上的丝带：他就是潘塔耳刻斯（Pantarche），菲狄亚斯的年轻恋人吗？因为那些绘满图案的障碍物，你无法走到王座前。图案中再次出现了忒修斯和赫剌克勒斯，然后是佩里托俄斯、埃阿斯、卡珊德拉（Cassandra）、希波达弥亚、斯忒洛珀（Sterope）、普罗米修斯、彭忒西勒亚、阿喀琉斯，以及两位赫斯珀里得斯姊妹（Esperidi）[2]。其他人物从宝座的顶端生发出来：美惠三女神和时序三女神。随着目光移回宙斯的脚凳，你可以在这里也找到一些形象：忒修斯再次出现，然后是阿玛宗人和金狮。当目光向下方进一步探索，望向那支撑起宙斯巨像及其身上的附着物的

1　马库斯·法比尤斯·昆体良（Marco Fabio Quintiliano，约35—100），罗马帝国的雄辩家。
2　提坦神的后裔，来源与数量说法不一，本书中的赫斯珀里得斯姊妹有两位。她们看护着众神的果园，里面有一株结金苹果的树。

基底时，其他场景变得愈发明显：赫利俄斯正爬上他的战车，赫耳墨斯正在前进而赫斯提亚（Hestia）紧随其后，厄洛斯迎接着阿佛洛狄忒，后者在波浪中升起，佩托（Peithò）[1]正为她加冕。雕刻家也没有遗忘阿波罗与阿耳忒弥斯，雅典娜与赫剌克勒斯，安菲特里忒（Anfitrite）[2]与波塞冬，以及乘着一匹骏马的塞勒涅。一个呈坐姿的巨像被一群生灵簇拥着，上面满施油膏，用以存护象牙，宙斯的模样倒映在一块由耀眼的黑色石头制成的地板上。

再没有其他雕像被希腊人如此欣赏，甚至宙斯自己也是如此，当菲狄亚斯完成他的作品时，他向神明寻求意见，于是宙斯向下方黑色的石头地板投掷了一个霹雳，以表认可。奥林匹亚用黄金与象牙制成的宙斯像在第五世纪的拜占庭宫殿火灾中被焚毁。唯一的遗存是一些伊利斯城（Elide）的硬币，上面铸印着雕像的图样，以及一些来自卡利马科斯（Callimaco）[3]和帕萨尼亚斯之类见过雕像并对其印象深刻的人们所留下的话语。保卢斯·埃米利乌斯（Paolo Emilio）[4]认为菲狄亚斯为荷马塑造的宙斯赋予了实体。

现代人对这些描述感到惊恐和困惑。太过丰富的色彩，太多东方式的浮华，以及对品味缺乏的怀疑。他们想知道，在这件最雄心勃勃的作品中，菲狄亚斯是否已抛却帕特农神庙雕带[5]所具有的一切令人钦佩的品质？现代人的错误在于把菲狄亚斯所作的宙斯看成一尊雕像，就如普拉克西特利斯所作的赫耳墨斯像。但是它并非如此。

---

1 司"说服""诱惑"的女神。

2 涅柔斯和多里斯的女儿，波塞冬的妻子。

3 约前305—前240，古希腊诗人。

4 卢基乌斯·埃米乌斯·保卢斯（Lucio Emilio Paolo），卒于公元前160年，古罗马执政官。

5 雕带位于柱顶过梁和挑檐之间，帕特农神庙雕带上的高浮雕作品被认为很可能是在菲狄亚斯指导下完成的作品。

菲狄亚斯的宙斯被锁在神庙的一间小室中，闪闪发光，它更接近于一座石桌坟，一处圣殿，或一块从天而降的石头，其他神明与英雄为了生存而必须将它紧依。黄金和象牙如蚁丘般堆砌并移动。若非要作为那些动物与百合花、拱门与遮挡物，以及永恒重复的旧日场景的支撑，宙斯便不会存在。但宙斯不仅是在宝座上岿然不动的守护者：他就是所有那些场景，那些行为和姿态，混沌不堪，为各地带去骚乱，他的身体如涟漪般起伏，宝座微弱地颤抖。并非刻意如此，菲狄亚斯已阐明宙斯无法独自存在：并非刻意如此，宙斯已代表了多神教的本质。

于希腊人而言，奥林匹亚代表幸福本身，而他们是制造不幸的专家。伯罗奔尼撒的浓重绿色焕发出一种幻觉般的光芒，一种如此强烈的罕见光芒，它具有终极奥义。所有类型的绿色都汇聚在奥林匹亚四周，就如运动员们会从每一个讲希腊语的定居点汇聚此处，参与竞赛。阿勒坡（Aleppo）[1]松树那酸性的磷光，被风化的深色柏树，柠檬树玻璃状的条纹叶子，原始的竹子，它们的背后是由波塞冬的拇指捏就，即由地震造成的波状丘陵。此地是赠送给阿尔甫斯（Alfeo）的礼物，此人已变成一条河流，在阿耳卡狄亚裸露而灼烫的山峰间开辟出一条水道，冲走吕凯奥山（Lykaion）——狼与食人族之山——的坡地，在此山顶峰，太阳投下的光芒从未留下任何阴影——阿尔甫斯终于被震惊，当时它正从刻律涅亚山（Caritena）的峡谷中奔涌而出、不断壮大，在一个溪谷中沿着斜坡翻滚而下，那溪谷对宙斯而言如此珍贵，就像那古老的吕凯奥山被宙斯如此仇视。希腊人不习惯无休止地提及自然，但帕萨尼亚斯在三个不同场合中

---

1 在今叙利亚境内。

将阿尔甫斯歌颂："那最伟大的河流，承载最庞大的水量，也是最令双目愉悦的风景"；一条河流，"恋人们的传奇之地"，这要感谢它的源头；最终，它将抵达宙斯的心灵深处，"一切河流中的最高贵者"。

但谁是阿尔甫斯？一位猎人。他看见女神——女猎手阿耳忒弥斯，并爱上了她。怀着凡人的徒劳勇气，他开始追逐阿耳忒弥斯。在希腊各地，女神都听见过身后响起那脚步声，她笑了起来。一天夜里，在离奥林匹亚不远的勒忒诺瓦（Letrinoi），女神决定与她的宁芙们举办一场盛宴。在阿尔甫斯赶上她们之前，女神与宁芙们将白垩抹到脸上。阿尔甫斯看见了那些在黑暗中隐约发白的面庞。哪一位是女神？他无从辨别。于是，那个"鼓起勇气试图侵犯"女神的猎人不得不放弃，并且"未达成目标便离开"，尖锐的笑声传进他的双耳。阿耳忒弥斯，最残忍的女神，从未对她的仰慕者如此仁慈，并且也不会再次这样做。女神没有让自己的犬只将他撕成碎片，就如她对待阿克泰翁那样，尽管后者甚至没有将她尾随，她史无前例地让阿尔甫斯毫发无伤地离去。在希腊故事中，涂抹面孔预兆着一桩重大而可怕的事将要发生。提坦们在脸上涂抹白色粉末，然后将扎格柔斯撕成碎片。但在这里，涂面没有成为屠杀的前奏，而是为了避免可怕事件的发生。童贞女神正是通过使自己看起来与她的宁芙们相像而避免让自己受辱。她的所为恰与起初的相反：装扮自己，戴上面具，以使自己看起来像一位女神。阿耳忒弥斯的举动将一桩即将发生的恐怖事件化解在笑声中。

阿尔甫斯遇到了女神与她的宁芙们，她们是一群戴面具的人或亡灵。而在戴面具者与亡灵中，你很难辨别出她们的关系；你甚至不能再充满信心地辨认出一位女神，因为在此地，人类已迈过另一个世界的门槛。在后退的阿尔甫斯耳畔响起的笑声，对女神而言，是一种对钟情最高限度的表达，是细致的关注。毕竟她已向这鲁莽无知之人证明了女子和女神之间难以捉摸且不可逾越的距离：只需少许黏土。在伪装成一名女子时，身为女猎者的女神逃离了所有更无法挽回之事。

但阿耳忒弥斯希望保护那位猎人。她不能将自己的身躯奉献给他，于是选择了一位宁芙，阿瑞图萨（Aretusa）[1]，作为自己的替代。阿尔甫斯开始了第二次激情澎湃的追逐。在仓促的逃跑中，阿瑞图萨穿越大海，将自己变成锡拉库扎（Siracusa）附近的一汪清泉。这一次，阿尔甫斯不能放弃他的所爱。猎人化为阿尔甫斯河，河流在抵达皮尔戈斯（Pyrgos）[2]前汇入大海，流经数百千米，作为水下的暗涌穿过伊俄尼亚海（Ionio）[3]。当他再次戴着泡沫王冠浮出水面时，已身在西西里岛，邻近阿瑞图萨。在那里，他将自己的水流与宁芙的汇聚在一起。

感谢阿尔甫斯，奥林匹亚就这样诞生。这以后，奥林匹亚的大师[4]将把一位瘦削、肌肉强健、胸腔凸出的年轻人安置在宙斯神庙东部山麓的一处角落，这就是阿尔甫斯，也是跻身希腊神庙的第一道河流。从此，人们在奥林匹亚的同一座祭坛上向阿耳忒弥斯与阿尔甫斯献祭。再后来，阿尔甫斯的水流将在中世纪改道，它会淹没奥林匹亚的石雕与贡品，把它们保存在淤泥之中。

阿尔甫斯并非本性渴望成为一个友善的寓言式人物，或一位年迈演员，被人们重新安置在文艺复兴样式别墅的弦月窗下。不，阿

---

1 一位宁芙，阿耳忒弥斯的侍从，后变为同名河流。
2 今址在基克拉泽斯群岛圣托里尼岛的最高峰。
3 通译"爱奥尼亚海"，为体现命名源头，与书中的神话人物一致，本书译为"伊俄尼亚海"。
4 对过渡时期艺术家的称呼。

尔甫斯是这样一位青年，他的短发与绷紧的脊椎就像出自奥林匹亚大师的雕琢。在未来某一天，此人将"为爱化作一条河流"。他是一位猎人，有一天决定成为自然的一部分。他是唯一一位爱者，当所爱之人化成水时，愿意将自己也化作水，而不为身份的界限所困。因此，他实现了一种其他男性或女性从未达到的结合，两条淡水溪流将很快汇聚，一起注入海洋。德尔斐神谕成为阿尔甫斯故事真实性的一个著名背书，它用一些最优美的诗句歌颂这样的幻形："某处，在雾笼罩下的海上平原，/在俄耳堤癸亚（Ortigia）[1]，相去特里那喀亚岛（Trinacria）[2]不远，/阿尔甫斯那泡沫堆成的河口/汇入阿瑞图萨喷涌而出的泉水。"

阿尔甫斯与阿瑞图萨：水与水，是从大地里涌出的清泉，是从深海中升起的涌流，两道水流相遇，已各自远行良久，终于在欲爱中结合，永恒的幸福，没有筑起堡垒以对抗世界汩汩的话语。伊俄尼亚海的波浪与阿尔甫斯的波浪，二者仅在味道或颜色上有轻微差异。在阿瑞图萨的水与阿尔甫斯的水之间，唯一的区别在于当阿尔甫斯从海上升起时，其波峰带有一些泡沫。但两种水的味道极为相似：它们都源自奥林匹亚。

希腊人最卓越的活动是对范本的塑造。这就是为何柏拉图如此迷恋在雅典从事这类工作的谦逊匠人（*dēmiourgoi*）；这也解释了为何他会以他们行会的名字为这整个世界的发明者命名。不论从事何种职业，希腊人都首先感兴趣于塑造范本。他们知道，一旦制作完

---

1 得罗斯岛的古称，阿耳忒弥斯在这座岛上出生，因此别名俄耳提亚（Orthia）。
2 希腊语中"三个海角"之意，现指西西里岛。

成，范本适用于种类极为广泛的材料。我们以为中产阶级是一些特别现代的事物，但当我们对它做出描述时，我们是在应用一种由亚里士多德在他的《政治学》(*Politica*) 中定义的"中间"(*mesótēs*) 范本。当一间公司试图加以一个品牌名称时，他们是在回应对**模式**(*týpos*)、范本所具有的无上霸权的洞察，这种权力凌驾于其他一切力量之上。

菲狄亚斯所作宙斯像中部分褶裥的范本，在奥林匹亚的雕塑家工作室中被发现，从这些范本中我们看到了与柏拉图所想象的最为接近的情景：材料是中性和相等的，差异仅存在于褶皱的起伏中。最终，被丢弃的却被保存下来。我们生活在一个铸件的仓库中，那些范本都已丢失。范本存在于一切刚开始时。

神话故事的发生总是依赖于某些基础。但它们所构成之物，既可以有序，也可能无序。希腊将这些故事按地理位置区分，沿科林斯湾 (golfo di Corinto) 画出一道清晰的分界线。如果回到开始，我们将在北侧找到猎杀怪物之人。阿波罗为德尔斐杀死怪物，卡德摩斯是为了忒拜，忒修斯则是为了雅典。正如阿波罗在身为所有怪物猎手之典范的同时，也是一位音乐家，以及缪斯们的领导者，卡德摩斯则将腓尼基人的字母表带到希腊，而忒修斯把几个朴素村庄凝聚成一个新的整体，它将以雅典这一名字为人知晓。他们的共同点在于，为蛮荒的原材料加盖了文明的印记。

科林斯湾南部的文明印记已无迹可寻。该地区被称为伯罗奔尼撒，"佩罗普斯 (Pelope)[1] 之岛"，因为这里的诸多王国都可追溯至同一个人：佩罗普斯。这些王国中的一些，如迈锡尼、阿耳戈斯，以

---

1 坦塔罗斯之子，宙斯之孙。

及梯林斯（Tirinto），拥有悠久历史和可观的力量以供吹嘘。然而，佩罗普斯及其后裔（Pelopidi）的故事完全无关乎文明，除非意外。相反，它为无法治愈的混乱埋下根基，一系列的家族仇恨、诅咒在数代人中回荡，那些被强制重复的行为，那些蓄意谋杀的背叛。它是在所有紊乱的复杂性中浮现的，存在于凡人与神明之间的特定**分界**（*karman*）。这一切都源于一个凡人邀请了奥林匹斯诸神来到他的桌旁用餐。

吕底亚王国富饶而辽阔，佩罗普斯是国王之子。国王名叫坦塔罗斯（Tantalo），他经常拜谒神明。坦塔罗斯非常健谈，实际上他说得过多了。在宫殿中，他告诉人们他曾在奥林匹斯山品尝仙酒（nettare）与神食（ambrosia）。有时他似乎会偷出少许并四处兜售。他也谈论自己所知的神明的秘密。当他在天堂中时，他则会讲述一些最疯狂的事件，然而这些事并非总能取悦奥林匹斯诸神。但宙斯对他十分仁慈，并继续邀他前去。有人认为坦塔罗斯是宙斯之子。

有一天，坦塔罗斯决定将奥林匹斯诸神邀至他的领地。那时佩罗普斯不过是一个小孩子。他看着一口准备就绪的青铜大锅被架在火上。然后，他记得有手将他的四肢扯裂，但他并未失去意识。现在神明坐在青铜锅周围，在锅里，被肢解的小佩罗普斯正在慢慢消失。坦塔罗斯为神明奉上专为他们准备的珍馐。神明陷入沉默；肉仍在盘中，没被动。只有沉浸在思虑中的得墨忒尔拿起一块并吞咽了下去，自从她的女儿科瑞（Core）消失后，得墨忒尔就一直目眩与分心。那是佩罗普斯的肩胛骨。紧接着，宙斯不再克制他的愤怒。迄今为止他对坦塔罗斯释放的所有善意都转变成暴虐的惩罚。其他神明仍沉默地坐在他们的盘子前。宙斯命令赫耳墨斯收集佩罗普斯身体的所有碎片。他必须把它们放回锅里，再次煮沸。然后，克罗托（Cloto），命运三女神（也被称作摩伊赖）中的一个，将它们一片一片缝合，仿佛在修补一个娃娃。但他的背上还有一处巨大的孔洞。得墨忒尔于是用象牙塑就一块肩胛骨。瑞亚将生命的气息注入佩罗普斯体内。现在男孩复活了，身躯完整，光芒四射。潘神十分高兴，开始围着男孩起舞。波塞冬因佩罗普斯的美貌感到眩晕，并迅速决定劫走他。驾着金马拉动的战车，波塞冬与那个男孩逃回奥林匹斯山。他希望佩罗普斯成为他的恋人与斟酒者。

与波塞冬在一起生活——我们并不知道在多久后——佩罗普斯发现自己已成为父亲领土的国王。毗邻的民族很快前来，用他们的抨击将其骚扰。佩罗普斯决定带着他的随从与珍宝漂洋过海，去寻找一名女子。在遥远之地他会遇见一位公主，并向她自荐，那个地方在希腊，朝向西方：女孩是希波达弥亚，俄诺玛俄斯（Enomao）[1]的女儿。

俄诺玛俄斯的宫殿位于奥林匹亚的克洛诺斯山岗上，宫殿门上钉着十三个人头。佩罗普斯跨过门槛，身为一个异乡人，同时也是希波达弥亚的第十四位求婚者。他得知俄诺玛俄斯计划再收集几个人头，然后将所有头带到一座神庙，那座庙宇被奉献给他的父亲，阿瑞斯。奥林匹亚的国王沉迷于两种强烈的热情：对他的马，对他的女儿希波达弥亚。两者都受法律保护。在伊利斯城不得有骡子降生。任何让驴子与母马配种的人都会被处死。希波达弥亚的求婚者们必须尝试击败俄诺玛俄斯那些具有魔力的马匹，它们是来自阿瑞斯的礼物。俄诺玛俄斯认为这些异域的王者就像低级的野兽，妄图玷污他壮美的母马希波达弥亚，并与她生下一个杂种。他的马匹与

---

[1] 阿瑞斯与哈耳品娜之子，与斯忒洛珀生下女儿希波达弥亚。相传奥林匹亚竞技会上赛车这一项目起源于他和佩罗普斯的竞赛。

他的女儿，"驯马者"，组成一枚戒指。两个半圆相连成环。有时他会在睡梦中看见一匹白色母马的脑袋从遮蔽物下冒出，那正是他的女儿。

佩罗普斯看着俄诺玛俄斯，决定将计就计。俄诺玛俄斯的马匹是来自阿瑞斯的礼物，但何人拥有世间最优的良骏，难道不是波塞冬吗？而波塞冬难道不是他的第一位恋人吗？独自待在海滨，佩罗普斯将神呼喊，令他回忆起往昔的爱情。波塞冬是否愿意看到他被那残忍的国王用长矛刺穿？他是否想要他的头颅与其他人的一同被悬挂在风中，就像狩猎的战利品？很久以前，神用飞驰的战车将他劫走：现在他同样需要那些马匹将他从死亡手中劫走。波塞冬应允了。佩罗普斯看着那些美妙的马匹，他知道阿瑞斯确实是一位强大的神，但无法与波塞冬相提并论，后者会击碎岩石，为马匹清出一条道路，好让它们在波浪的泡沫上飞驰。但这仍不足够。佩罗普斯觉得三个诡计比一个更为保险。他决定在竞赛开始前先赢得希波达弥亚的心。长久以来，希波达弥亚习惯与她的父亲同眠。她也会帮助他、捍卫他。她目睹那十三个异乡人的到来。是她爬上他们的战车，干扰他们的比赛或令他们分心，正如父亲所要求的那样。她明了他们的尸体将遭遇怎样的结局。但这一次，她倾心于那新来的陌生人，他背上的象牙正焕发出光彩。她第一次渴望自己换个眠伴分享同一张床，决定将自己的父亲毁灭。为俄诺玛俄斯驾驶战车的是一个叫密耳提罗斯（Mirtilo）的男孩，他疯狂地爱慕希波达弥亚。在比赛前夜，希波达弥亚以自己的身体为诺，让他把蜡质而非铁质的轴销安在她父亲的车轮上。密耳提罗斯眼中只有希波达弥亚的身体，便应允她的要求。佩罗普斯与希波达弥亚约定，他们将在赢得竞赛后立刻消灭密耳提罗斯。

比赛日的清晨笼罩在一片可怕的静谧中。所有人都已到达，准备就绪。高大而隐形的宙斯正站在他们中间。他左手握着闪电，右手垂在臀部，虽空无一物，却流露着紧张。他的胸部如一堵墙。似乎每个人都密切关注着自己的命运，却没有人意识到这整片土地的命运以及隐藏在地平线绿色边际之后的广阔土地的命运也即将被决定。俄诺玛俄斯的生活已围绕他计划中的血腥场景运转多年，这场景如下：首先，求婚者将用自己的战车带走希波达弥亚，俄诺玛俄斯会给他一些时间，因为他需要献祭一只黑羊。然后他将爬上自己的战车，与密耳提罗斯一起追逐逃亡者。

一个奴隶女孩正在为希波达弥亚系鞋。就在这一瞬间，父亲与女儿交换了一个代表同谋的眼神，此前他们已这样做了十三次。希波达弥亚望着她的父亲。俄诺玛俄斯的身体已有了岁月的痕迹，以及许多死在他长矛之下的人留下的印记。身体赤裸，只在双肩有一些披挂，他拉下头盔，正好盖住前额。在胡须与头盔之间，只有双眸露出，目光坚定。今晚我们将再次同眠，那双眼仿佛这么说。希波达弥亚身着复杂的多利安式长袍，这衣着并不适宜于参加一场竞赛。她的鬈发落在前额，形成一些完美的小环。她的心在倏忽间变得冰冷，仿佛竞赛在开始前就已结束，仿佛她的父亲、宫殿，以及堆积的尸身已被烟霭笼罩。佩罗普斯全身赤裸，倚着他的长矛。在肩胛骨的位置，那块象牙正闪闪发光。密耳提罗斯在蹲伏中等待号令，身体因激动而战栗。他那清瘦但灵巧的双手正不安地把弄着大脚趾。斯忒洛珀，俄诺玛俄斯的妻子，正静观这一切，面无表情，纹丝不动。她诞生自一位神对一颗星星的爱，长久以来，却不过是一介奴仆，侍奉俄诺玛俄斯对希波达弥亚的激情，却不过是她女儿的求婚者们的掘墓人。她学会不怀希望地生活：无论结局如何，于她而言，都无非是再多一份恐惧。但出于职责，她应作为王后，继续观看这一切。一位年迈的祭司站在一旁，手指捋着胡须，只有他注意到了一些东西。他是伊阿摩斯族人（Iamidi）[1]的一员，那是一个在紫罗兰中诞生、被蛇喂以蜂蜜而壮大的种族。他能听懂自然界中的声音，也能理解不着边际的言谈。这些天赋皆由阿波罗赐予。

竞赛在一瞬间结束。观者们看见俄诺玛俄斯的车轮在阳光下飞出，看到马匹把国王的身体撕裂，听闻他的声音将密耳提罗斯诅咒。但这只是一个开端：四代人中，竞赛、尘埃、鲜血、迸裂的车轮，都将永不止息。直到少有人还记得，当俄诺玛俄斯对黑色公羊举起匕首时，波塞冬的马匹飞驰而出，在一朵云中把佩罗普斯与希波达弥亚带走，在那里，他们看着彼此，他们是罪行和胜利的同谋。

与忒修斯或卡德摩斯不同，佩罗普斯并不独特。他不是一个伟大的战士，也非一位英雄，或一个发明家。他只是护身符的持有者。在出生时所不具有的唯一性，现已被植入他的体内。那块象牙肩胛成为他与神明的一种人为联系，掩盖起凡人所缺乏的东西。人造物填充起这个空腔，并与佩罗普斯的身体相连。它拥有一种庞大且集中的力量，远胜于它的持有者。这力量将被视作一种富余，代代相传，并在此过程中逐渐失去影响。

植入佩罗普斯肉体的护身符，正是佩罗普斯之子，阿特柔斯（Atreo）和堤厄斯忒斯（Tieste）[2]争夺的金色羊羔毛，他们将为它而战。阿特柔斯一直将金羊毛像一袋钱币般紧锁在一个柜子中。在成为拥有独立命运的个体之前，佩罗普斯及其后裔，直到俄瑞斯忒斯

---

1 德尔斐神谕说，伊阿摩斯（Iamo）将成为著名的预言家，以及一个庞大的祭司家族的创始人。家族成员为 Iamidai（伊阿米达）或 Iamid（伊阿米德）。
2 两人均由佩罗普斯与希波达弥亚所生，因杀死克律西波斯而与希波达弥亚一起被驱逐。后因为争夺迈锡尼王位起争执。

及其旁系，甚至晚至潘西勒斯（Pentilo），都不过是那枚护身符及其将要毁灭的一座贵族宅邸所经历的漫长岁月中的点点涟漪。一代又一代人逝去，血脉贯穿在伯罗奔尼撒半岛，就像沿山脊而设的古老防御工事所形成的灰色神经。

竞赛后的那个夜晚十分悲伤，因为一切都如已预见和被约定的那样发生。在激烈的追逐中，波塞冬的马匹张开它们的双翼，将赢得胜利的三人带至欧玻亚（Eubea）[1]。"我渴了。"希波达弥亚示意，于是佩罗普斯离开，用他的头盔去盛来一些水。年轻的密耳提罗斯望向希波达弥亚，试图用手臂将她环绕。希波达弥亚迅速挪开了身体。"稍等一会儿。"她说。当佩罗普斯回来时，她的点头是那么轻微，几乎难以察觉。这对恋人都懂得犯罪生涯的首要法则：一旦解决了敌人，就应杀死使这一切变为可能的叛徒。过了一会儿，他们在欧玻亚的最南端勒住马，那里的峭壁与海面垂直。密耳提罗斯低头看着岩石。佩罗普斯从后面推了他。这对恋人听到密耳提罗斯在临死前诅咒着佩罗普斯的家族，那声音遥远却清晰。

佩罗普斯是一位伟大的国王，但也止步于此。他征服四方的土地，将自己的王国称为伯罗奔尼撒。他的事迹并非因勇气而被铭记，却因其中的卑鄙与背叛而令人难忘。因无法在战斗中击败斯廷法罗斯（Stinfalo），阿耳卡狄亚之王，佩罗普斯邀他参与友好的商讨。国王卸甲前来，佩罗普斯却将他切成碎片，就像在很久以前，佩罗普斯被自己的父亲切成碎片一样。然后他命人将国王那沾血的肢体抛撒在郊外。一场饥荒遂席卷了整个希腊。

---

1 爱琴海上的岛屿。

194

佩罗普斯与希波达弥亚育有二十二个孩子。他们成为国王、牧人、土匪。但最为佩罗普斯喜爱的是他的第二十三个孩子，私生子克律西波斯（Crisippo），他由宁芙阿克西俄刻（Axioche）所生。克律西波斯非常英俊，因此当佩罗普斯的一位客人，忒拜的贵族拉伊俄斯（Laio）[1]，将这名少年劫走时，佩罗普斯丝毫未感到惊讶。年轻男孩是拉伊俄斯的弱点。毕竟，佩罗普斯自己的人生也曾以同样的方式开启，而他的被拐为他带来了好运。不，那个在沉默中酝酿恨意的人是希波达弥亚。她曾在佩罗普斯的床上生下二十二个孩子，现在正被一种无法摆脱的疑心吞没，她怀疑第二十三个孩子，那私生子，已被选为继承人。她感到父亲俄诺玛俄斯的血液在体内翻涌，因他厌恶一切杂种。她开始纠缠自己最爱的儿子，阿特柔斯与堤厄斯忒斯，撺掇他们将克律西波斯杀害。但最后，是她亲手将拉伊俄斯的剑埋入男孩柔软的身体，那时男孩正躺在他的爱者身旁安睡。佩罗普斯诅咒着希波达弥亚、阿特柔斯以及堤厄斯忒斯，将他们逐出宫殿。希波达弥亚在流亡中自尽。阿特柔斯与堤厄斯忒斯则去往迈锡尼，因为此地的王位尚且空置，神谕说，有一天那王座将属于佩罗普斯的一个儿子。在迈锡尼，空置着一个宝座，但有两个儿子现身，皆觊觎王位。

奥林匹亚是佩罗普斯的荣耀。在神明的历史中，库瑞忒斯们在黄金时代奔跑，就在那时，竞技被创立。在人类历史上，竞技则在佩罗普斯的统治下开启它们的光辉时期。最不正当且沾染鲜血的比赛，就这样为此地注入新生。在这里，希腊式的和平理念被奉若神明，行骗者都将遭到惩罚。在宙斯神庙与赫拉神庙之间，躺着一个

---

1 拉布达科斯之子，卡德摩斯的曾孙，俄狄浦斯的父亲。

多边形的神圣墓冢，其四周矗立着献给佩罗普斯的树木与雕像。"在奥林匹亚，伊利斯人（gli Elei）敬重佩罗普斯，胜过尊敬其他任何英雄，正如他们崇拜宙斯，胜过崇拜其他神明。"在佩罗普斯的专属之地，伊利斯人每年都献祭一头黑色公羊，并重复俄诺玛俄斯在最后一场竞赛前的行为。任何想进入宙斯神殿之人都无法品尝那祭品的肉。

当希波达弥亚的骸骨被带回奥林匹亚时，她发觉自己再度回到佩罗普斯身畔，两人的骸骨彼此相邻。如今他们已成为此地的守护者。女子的竞技历史并不比男子的更短，是希波达弥亚第一次召集十六个少女并让她们赛跑，少女们发辫松散、长袍垂至膝盖、袒露着右肩和乳房。她借此表达对赫拉的谢意，为了她与佩罗普斯的婚姻。传闻她向赫拉神庙献上了一件礼物：一张象牙小床。当帕萨尼亚斯拜访奥林匹亚时，小床还在那里。帕萨尼亚斯评论道："他们说这是希波达弥亚的玩物。"

…

佩罗普斯的故事有两条脉络：关于国王后裔的故事，伴随着一系列暴行，每一桩都比之前的更加恶劣；关于一系列护身符的传说，每一个都在沉默中接替另一个，每一个都决定着人类的命运。在故事的开端，有佩罗普斯的象牙肩胛骨，之后还有他的权杖，他计划将其传给儿子阿特柔斯；然后我们看到被阿特柔斯和堤厄斯忒斯争夺的金羊毛；接下来是佩罗普斯的长矛，它会被他的曾孙女依菲革涅亚放在卧房中；之后是俄瑞斯忒斯从陶里人（Tauri）的领土带回的古老的希腊木雕，阿耳忒弥斯像。

佩罗普斯已经长眠，特洛伊战争仍在拖延。圣人预言说，唯有赫剌克勒斯的弓与佩罗普斯的肩胛骨相助，那城市方能被攻克。于是佩罗普斯的骸骨被送往特洛伊。回程中，运载骸骨的船只在欧玻亚沉没，与密耳提罗斯在海底的长眠之处相去不远。"在特洛伊被攻克多年后，一位名叫达马墨努斯（Damarmeno）的埃雷特里亚（Eretria）渔夫将他的渔网抛入大海，把那肩胛骨捞起。惊讶于它是如此之巨，渔夫将其在砂砾中掩藏，然后前往德尔斐，探询那骨头是为何物，自己应如何将其处置。出自神明的意志，一群伊利斯人的代表恰在同时来到德尔斐，探询应如何治疗瘟疫，于是皮提亚告诉他们，他们必须寻回佩罗普斯的骨头，同时她让达马墨努斯把他的发现交给伊利斯人。他遵从了皮提亚的指示，伊利斯人以各种举动表达感激，并将达马墨努斯及其后代称为那骨头的守卫者。在我参观此地时，佩罗普斯的肩胛骨早已不在，我想这是因为它已在海底待了那么久，随着岁月流逝，盐水与时间已将它化作尘埃。"帕萨尼亚斯这样写道。护身符的存在比佩罗普斯的后裔们持续得更久，但最终它也屈服了。唯有那骸骨的守护者们仍然存在。

…

我们在佩罗普斯身上看到的那种紧张感被舒缓，它继续舒展着，直到分裂为两个极端，两个儿子：阿特柔斯与堤厄斯忒斯。他们既是兄弟，亦为敌人，与神话中、历史里、街道上的许多角色一样。如果我们用喜剧性与抽象去衡量一种对更高权利的恐惧的级别，那么相较于其他的类似组合，这二人的事件更为残酷，更滑稽，也更抽象。在每一个有这二人存在的故事中，都存在一个第三方：两双手同时抓住同一件物体，往相反方向拖拽。在此情形中，第三方是金羊毛，王权的护符。时代已经更迭：佩罗普斯的肩胛骨不再是

197

一件由神明赐予并被植入肉体的物体，而是一件外在之物，必须被双手捉住，然后奉献给一位神，在此情形中，那位神是阿耳忒弥斯。阿特柔斯紧紧捉住羔羊，将它扼杀，然后把它藏在自己的屋宇中，意图将护符变成一处秘藏。堤厄斯忒斯则忙于怂恿阿特柔斯之妻，即克里特岛的埃洛珀（Erope）[1]，在她的帮助下，堤厄斯忒斯设法将金羊毛盗走。

这应是一系列错事中的第一环。但我们很快就意识到并非如此。在堤厄斯忒斯对阿特柔斯耍弄诡谲之前，是阿特柔斯先行将阿耳忒弥斯欺骗：他拒绝献祭本已承诺的野兽。目前为止，若以罪行衡量，两兄弟不相上下。两人都协助母亲谋害了他们的私生子弟弟克律西波斯。两人又都被他们的父亲佩罗普斯的诅咒所折磨，那诅咒回荡着，又新加入了密耳提罗斯对佩罗普斯的诅咒，以及俄诺玛俄斯对密耳提罗斯的诅咒，以及在这一切的最初，宙斯对这一族系的创始者坦塔罗斯的诅咒。如此往还，两兄弟之争总是呈现出极度的匀称，几乎无法分辨两者中哪一个更加不义。两兄弟都竭力做出最坏的举动。如有任何不同，那只在于行事风格以及神明的想法。起初，诸神偏向阿特柔斯。事实上，宙斯经历漫长跋涉，以掉转太阳和星星的轨迹，正是为了如堤厄斯忒斯欺骗阿特柔斯那样，去欺骗堤厄斯忒斯，以使阿特柔斯赢得迈锡尼的统治权之争。这种干预，等同于宙斯因对吕卡翁的同类相食之举感到愤怒从而掀翻桌子时的举动：它暗示着地球自转轴的倾斜，以及伴随黄道面的倾斜而诞生的一个新世界。但宙斯的干预仅是两兄弟激烈斗争中的一个小插曲，现在他们发现了人是自主的，并将最大程度地利用这种自主机制。

阿特柔斯夺回护符，借助它的力量将堤厄斯忒斯逐出迈锡尼，

1　卡特柔斯的女儿。

在人们的想象中他应是满足的，因他的争斗已经结束，只有当堤厄斯忒斯寻求复仇时才会再起硝烟。可事实与此相反，冲突被抬升至一个更高层面：赢家试图向失败者复仇，更甚者是，他希望自己的复仇胜过世间所有。为让众人以为他正试图补偿弟弟，阿特柔斯邀请堤厄斯忒斯回到迈锡尼。堤厄斯忒斯归来，被一个盛大的欢迎宴会所接待。在一口青铜大锅中，沸腾的水泡中露出被捆扎成串的白肉，阿特柔斯挑选了几块，为他的兄弟奉上。他静滞的凝视令人难以忘怀，以至于此后人们会说，露出一个"阿特柔斯的眼神"。宴会结束时，阿特柔斯命一个仆人进来。仆人手托一只盘子，堆满人手与人足，堤厄斯忒斯意识到他方才所食的正是自己的孩子。他一脚踢翻桌子，将阿特柔斯的家族诅咒。

从这一点看，发生在两兄弟间的仇视已失去与心理学有关的所有联系，而成为纯粹的炫技，描绘出一串串蔓藤花纹。堤厄斯忒斯再度消失，作为一个惊恐的逃亡者。他的脑海中只有一件事：如何用更激烈的复仇回馈他的兄弟。与此同时，后者也已构思了自己的复仇，它必须无与伦比。堤厄斯忒斯将目光投向他们的后代。杀死阿特柔斯太过容易，他必须也杀死阿特柔斯之子，阿特柔斯之孙。现在神明站在他的一边。堤厄斯忒斯在德尔斐朝圣，向阿波罗寻求建议。带着十足的清醒，神回答："强奸你的女儿。"复仇者将从那场强奸中诞生。珀罗皮亚（Pelopia），堤厄斯忒斯的女儿，正在西锡安（Sicione）[1]的忒斯普罗托斯王（re Tesproto）的居所中避难。她是雅典娜的一位女祭司。一天夜里，她与其他女孩一起向女神献祭。堤厄斯忒斯在树篱后窥视。女祭司们围绕着一只喉咙已被割开的绵羊舞蹈。珀罗皮亚在血泊中滑倒，长袍被血液浸染。堤厄斯忒斯看见她

---

1 古希腊城邦，位于伯罗奔尼撒半岛北部。

离开人群，前往一条溪流，褪下沾染鲜血的长袍。这位父亲第一次见到女儿在赤裸中如此美丽。用斗篷将头部遮住（或者说他戴了一个面具？），他跃上那具雪白的躯体。珀罗皮亚愤怒地反抗着。两人在地上翻滚。堤厄斯忒斯设法侵入她的身体并留下体液。当一切结束后，珀罗皮亚发现自己又是独自一人，手中握着她从那不知名的侵犯者手中夺下的剑。在那个夜晚，埃癸斯托斯（Egisto）被孕育，荷马称之为"无罪之人"。

与此同时，在阿特柔斯屠杀了堤厄斯忒斯的子嗣后，迈锡尼被可怕的干旱折磨。一道神谕称，只有在逃亡的堤厄斯忒斯归来时，干旱方会结束。阿特柔斯知晓堤厄斯忒斯正与忒斯普罗托斯王同住。他前往西锡安，但堤厄斯忒斯已在强奸了自己的女儿后再度逃亡。在忒斯普罗托斯的宫廷中，阿特柔斯遇见雅典娜的一位女祭司，即刻坠入爱河。他向国王请求将那女子嫁予自己，以为珀罗皮亚是国王的女儿。忒斯普罗托斯选择了隐瞒，并将珀罗皮亚嫁予阿特柔斯。阿特柔斯回到迈锡尼，没有与他的兄弟一起，却带回了一个新婚妻子，而她的行囊中有一把剑，她仍不知剑的主人是何人。阿特柔斯被埃洛珀背叛并愚弄，因此渴望一个新家庭，一个没有罪孽的家庭。九个月后珀罗皮亚诞下埃癸斯托斯。她把孩子交给一些牧羊人，让他在山中成长，以羊奶为食。阿特柔斯猜测珀罗皮亚定曾遭遇过某种精神创伤，它发生在一瞬间却留下永久影响。他命人到山上寻找孩子。他们把他带回。在所有孩子中，阿特柔斯想，唯独这一个从未沾染污浊：因此他将成为自己的继承人。

在迈锡尼，大自然仍然拒绝改变，拒绝让草木结果，直到堤厄斯忒斯归来。最后，他被抓获并投入狱中。阿特柔斯召来埃癸斯托斯，交给他作为男人的第一项任务：他必须拿起那把总被母亲放在身侧的剑，并在囚犯的睡梦中将其杀死。被囚禁的堤厄斯忒斯设法躲开他的攻击，并从他的手中把剑夺走。看着那把剑，他认出了它：正是在那个夜晚，被他丢失在西锡安的剑。他让埃癸斯托斯叫来他的母亲。看到剑与堤厄斯忒斯，珀罗皮亚意识到发生了什么。她抓住剑并将它埋入自己的身体。堤厄斯忒斯把它从珀罗皮亚的身躯中抽出，然后把仍滴着他母亲鲜血的剑交到小埃癸斯托斯手中。他告诉男孩回到阿特柔斯身旁，向他展示此剑，证明他的命令已被执行。阿特柔斯发现自己终于摆脱了他的兄弟，也由此摆脱了执念。他决定要做的第一件事便是向神明表达感激。他筹备了一场庄严的海滨祭祀。在祭祀进行中，小埃癸斯托斯靠近阿特柔斯，将堤厄斯忒斯之剑刺入其身躯。堤厄斯忒斯成为迈锡尼国王。一只新的金色羊羔出现在他的羊群中。

于是，就目前而言，两兄弟的纷争已经告终。至少在某种意义上确实如此：一人已死，另一个却还活着。但是在他们的纷争中被加速旋转的砂轮，将会在接下来的第一代、第二代以及第三代人中，继续碾过骨骸。发生在两个敌对兄弟间的冲突已成为一场关于形式的战争，关于一种被两位狂热者所钟情的二元性。如果说堤厄斯忒斯取得了意想不到的胜利，那是因为他的创造力实际上远超他的兄弟。他的兄弟最终只驻足在食人宴的程度，堤厄斯忒斯则是真正的现代派：他创造了一种令人眩晕的谬误，并用它达成自己的目的。堤厄斯忒斯的胜利也在欧里庇得斯的《克里特人》(*Cretesi*)中被隐晦提及（并在塞涅卡[1]的《堤厄斯忒斯》中得到核实）。克里特女子埃洛珀，那个叛徒，在故事的多数版本中是她在迈锡尼把阿特柔斯出卖给堤厄斯忒斯，但在这个版本中，早前她就已在克里特岛

1　卢修斯·阿奈乌斯·塞涅卡（Lucio Anneo Seneca，前4—65），罗马哲学家。他的作品《堤厄斯忒斯》(*Tieste*)是一部希腊主题的悲剧，在欧里庇得斯同名作品的基础上写成。

见过堤厄斯忒斯，彼时他被兄弟流放，正忙于逃命。但他在公主身上立刻获得了成功，一如忒修斯对阿里阿德涅的所为。卡特柔斯王惊吓了床上的两人，正是在这张床上，他用绳子捆绑埃洛珀与她的妹妹克吕墨涅（Climene），并把她们交给另一位王者瑙普利俄斯（Nauplio）[1]，由他决定是将她们淹死还是作为奴隶出售。但瑙普利俄斯决定与克吕墨涅成婚，并把她带到阿耳戈斯。在这一版本中，阿特柔斯之子普勒斯忒涅斯（Plistene）选择将埃洛珀作为自己的新娘。普勒斯忒涅斯生而懦弱，这是阿耳忒弥斯对他父亲的报复。可是埃洛珀已因堤厄斯忒斯受孕，在腹中孕育着阿伽门农与墨涅拉俄斯。

所以当阿伽门农自特洛伊归来时，他落入了一张罗网，一只脚尚在浴池的水中。阿伽门农的妻子克吕泰涅斯特拉与复仇者埃癸斯托斯一同将他杀死，堤厄斯忒斯的一个后裔的血液正在流淌，他死在堤厄斯忒斯的另一个后裔手中，也就是说，堤厄斯忒斯的一个儿子死于自己的异母姊妹以及堤厄斯忒斯的另一个儿子之手。在阿特柔斯的家族中，难再追寻阿特柔斯的踪迹。只有堤厄斯忒斯的诅咒在空中回荡，被卡珊德拉感知，这一诅咒现在回到了自己身上，与一切外物相隔离，唯留下纯粹的形式与非凡的荣耀。

当阿伽门农，阿特柔斯之子，在特洛伊的城墙下战斗时，每个人都指望着埃癸斯托斯，堤厄斯忒斯之子，在克吕泰涅斯特拉的床上占据自己的位置，并由此取代阿伽门农对迈锡尼的统治。然而这些竞技者的进展如此缓慢。他们尽情享受那必然之事。就像一名掮客，瑙普利俄斯王正沿着阿提刻与伯罗奔尼撒海岸来回航行。他在

---

1 欧玻亚国王，著名的航海者，与克吕墨涅生下帕拉墨得斯。帕拉墨得斯加入希腊联军，参加了特洛伊之战，但被奥德修斯陷害，受石刑而死。之后，瑙普利俄斯便致力于向希腊人复仇，蛊惑参战勇士的妻子们另觅新欢。

较大的港口靠岸，拜谒每一处王座空置的宫廷。在夜晚，他会谈论特洛伊，讲述着战事多么艰辛，并且毫无结束在即的征兆。他与孤独的皇后们稍事交谈若干小时，然后提出通奸。并不是与他，不，不，不，而是与他的一些胸怀抱负且出身良好的同伴。以这种方式，他提醒着那些空置的王座，他们曾以何等不忠的方式将他的儿子帕拉墨得斯（Palamede）谋杀，就在海的另一边，就在特洛伊的城墙下。

在迈锡尼，他试图对克吕泰涅斯特拉发表自己的高谈阔论，他注意到王后难以抑制地流露出一个讽刺且心烦意乱的微笑。她真的需要有人给她建议，告诉她那些她早已知道自己将做的事吗？阿伽门农也相当精通于此。他留下一个令人讨厌的宫廷诗人，授意他密切关注王后，若有任何消息都应及时报告。此人是首个国家智者。但有朝一日，埃癸斯托斯将抓住他的颈项，把他捆在一条船上。他们把他丢弃在一座只有蓟类生长的岛屿，如此秃鹫便可在他年迈的身躯上啄食。

于是埃癸斯托斯终得以进入迈锡尼的宫殿，他穿着属于阿伽门农的鞋履，用自己的汗水玷污国王的床榻，坐在他的王位上，并占有克吕泰涅斯特拉，与其说他得到了极大的乐趣，不如说那是出于愤怒。但这恰为克吕泰涅斯特拉所钟情。他们之间有一场含义深远的共谋，他们变得如此相像，就如一对年迈的夫妇。有时，在夜晚的火光中，他们会谈论应如何杀死阿伽门农，他们正构思细节，斟酌备选，并享受着期待。后来，阿索斯（Athos）与阿剌克涅山巅的火焰宣示了国王的归来，阿伽门农在恐惧中踏过紫色毡毯，埃癸斯托斯刺伤他两次，而克吕泰涅斯特拉用自己的斧子砍下他的头颅，在这以后，两人仍将共度夜晚时光，现在他们思索的是俄瑞斯忒斯，他们该如何杀死他，而他又会如何尝试杀死他们。最后的时刻终于到来。俄瑞斯忒斯诱使他们将其放入宫殿，然后他杀死了自己的母亲和她的情人：这是一场轻而易举的谋杀，如一场屡经排练的情景剧，年复一年，演员匆忙结束表演，然后各自回家。

佩罗普斯后裔那冷酷的行事机制似乎被发生在阿瑞俄帕戈斯法庭（Areopago）[1]，即雅典人议事会（il voto di Atena）上有关俄瑞斯忒斯的高贵辩论打破。当雅典人用投票将他赦免时，他们都抬起面庞，如同从噩梦中醒来。关于俄瑞斯忒斯的审判，雅典人的获益远胜于俄瑞斯忒斯本人。他们骄傲地把自己置于犯罪之外去理解犯罪，这是迄今无人敢做的事。至于俄瑞斯忒斯，他就像从前一样不幸。在他现身雅典的那一日，所有人都回避他，但他们却仍愿意给他一些喝的，但他必须独饮，而此时那些雅典人，甚至还有孩子们，都开始用自己的小罐饮起酒来——那一天俄瑞斯忒斯意识到，在余生中，他注定要在桌边独饮，纵使他已被赦免，纵使他曾是国王，纵使在他身边曾围满女子。

这些女子是何人？是他的姊妹，厄勒克特拉（Elettra）与依菲革涅亚，他心怀不安地寻找她们，并最终将其寻获。姊妹即意味着家。这是俄瑞斯忒斯最深的痛楚——无论他去往何处，卷入的都是家庭琐事。皮拉德斯——此人曾拥有他的友谊，最终也还是他的一位亲属。他让皮拉德斯与他的一个姊妹成婚。在他的家族之外，世界或许根本不存在。还有些其他什么女人？俄瑞斯忒斯找到了赫耳弥俄涅，他的另一位亲属，他们的亲缘关系始自两代人前。但他随后意识到自己寻找她的理由使这一切变得愈发糟糕，他却无能为力。赫耳弥

---

[1] 雅典的最高法庭。位于阿瑞俄帕戈斯山，此地供奉阿瑞斯的神庙。雅典娜召集雅典公民组成陪审团，投票进行对俄瑞斯忒斯的审判，最后判定他无罪，投票表决的传统被从此保留。

俄涅已与阿喀琉斯之子涅俄普托勒摩斯订婚。当涅俄普托勒摩斯在德尔斐神庙中被阿波罗杀死，一如阿波罗曾这样杀死他的父亲阿喀琉斯时，俄瑞斯忒斯顶替了被谋杀之人在赫耳弥俄涅身旁的位置。他全然知晓那样做的人并非他自己，俄瑞斯忒斯，虽然他确实那么做了；在那一刻他是阿伽门农，再一次将阿喀琉斯心爱的布里塞伊斯夺走。

俄瑞斯忒斯从不是俄瑞斯忒斯自己，除却厄里倪厄斯令他倍感苦痛的时刻。或是在发狂后的片刻宁静时光中，当他把头依靠在伊西翁（Gythion）一座小岛的岩石上时。然而他再度启程：有人告诉他，海伦与帕里斯正是在此度过他们的第一个爱的夜晚。他立即决定再次起航。可能是在阿耳卡狄亚的那处令人窒息之地，他意识到自己再难承受厄里倪厄斯，或者说数量如此之多的厄里倪厄斯，因为他已失去从她们身边逃脱的所有希望，但她们的颜色，那种不透明的黑，仍在正午闪耀。俄瑞斯忒斯充满愤恨，咬下左手的一根指头。就在那一刻，复仇女神们变成了白色。

但这带来的缓和并没能持续很久。即使她们变成了白色，却仍将他恐吓，比以往更甚，她们从不停止对他的尾随，尽管有时她们也坠入睡眠，或寻错方向，她们毫无秩序却又相当顽固。他看见她们向他袭来，如同一群雕像从天而降。有时，譬如有一次在沿陶里得斯河（Tauride）的阴郁堤岸前行时，他开始像狗一样狂吠，因为恐惧对他来说已难以承受：一群白色牛犊迎面走来，俄瑞斯忒斯以为它们都是厄里倪厄斯，正向他逼近。

但是只有在见到厄里戈涅时，俄瑞斯忒斯才得到最有力的依据，以证明他的行为并非出于己愿，而是一些其他事物，那事物对他而言如此陌生，就像一块石头嵌入他的肉体。厄里戈涅是埃癸斯托斯与克吕泰涅斯特拉的女儿，属于家族中来自堤厄斯忒斯的一支，是他在这另一支血脉中的倒影，也因此是他的头号敌人。她与廷达瑞俄斯，即克吕泰涅斯特拉的父亲、斯巴达王，一同来到雅典，在阿瑞俄帕戈斯法庭前将俄瑞斯忒斯控诉。她那野性的骄傲一如阿耳忒弥斯，而在阿特柔斯藏起本应献祭给阿耳忒弥斯的金羊毛后，阿特里代兄弟（Atridi）[1]再没能重新赢得女神的青睐。俄瑞斯忒斯望向厄里戈涅，他看见了身为女性的自己，在此同时也看见了在这世间对他而言最为陌生，也最不可能征服的生灵。他终于明白，她，就是他唯一渴望的生灵：或杀死她，或将她扔上卧榻。

在审判期间，俄瑞斯忒斯看起来像一具由德尔斐提词员们操控的尸体。有人认为当他被赦免时，厄里戈涅在愤怒中自缢。被赦免后，俄瑞斯忒斯的生活并无多少改观。他依旧无休止地徘徊着。最后，他从陶里人的领地返回，手中攥着一尊小型的阿耳忒弥斯木雕，那是他能找到的唯一可遏制自己发狂的东西。现在他赋予厄里戈涅又一个憎恨他的理由。阿勒忒斯（Alete）[2]，厄里戈涅的兄长，迈锡尼王位的篡夺者，被俄瑞斯忒斯杀死。但是阿勒忒斯，"流浪者"或"乞丐"，也是厄里戈涅的另一个名字，是她的另一种存在形式，即当她身为伊卡里俄斯之女时所拥有的名字。杀死阿勒忒斯后，被愤怒驱使的俄瑞斯忒斯又企图杀死厄里戈涅，看起来像是想杀死她两次。但阿耳忒弥斯将她挽救。在俄瑞斯忒斯与厄里戈涅之间堆积着累累尸骸，以至于两人甚至无法看见对方。有一天，俄瑞斯忒斯终于意识到厄里戈涅是唯一吸引他的女子。他设法再次将她寻获，他们有了一个儿子：潘西勒斯。这个非法降生的孩子再次将阿特柔斯与堤厄斯忒斯的后裔们聚到一起，他们已为合法性进行了如此漫长的争斗，只为否认对方拥有合法性。在潘西勒斯的血液中，两个家族将

---

1 阿特柔斯的两个儿子，阿伽门农与墨涅拉俄斯的合称，该名称源于他们的父亲（Atreo）。
2 埃癸斯托斯与克吕泰涅斯特拉之子。

永远因诅咒而相互纠缠。除非我们接受欧里庇得斯的暗示，即潘西勒斯仅继承了堤厄斯忒斯及其后裔的那一支纯净血脉，在这种情形下，俄瑞斯忒斯与厄里戈涅成为真正意义上的兄妹，而阿特柔斯的血脉则只是一个幻影，从未在肉体中真实存在。

无论是通过继承还是征服，俄瑞斯忒斯现在都统治着庞大的王国，其疆域囊括了从拉科尼亚到阿耳卡狄亚的广阔土地。然而他有一种感觉，即整件事必在他手上结束——或者说将不得不作为一个全然不同的故事重新开始。一道神谕说，他应在莱斯博斯岛建立一处殖民地。莱斯博斯？这个名字对他而言并无意义；这是极少数他从未踏足的土地之一。只有一个小细节将他与莱斯博斯岛关联：有人说，残忍的国王俄诺玛俄斯，即他的曾曾祖父，在来到奥林匹亚前曾在那里居住。水面之下，也许莱斯博斯意味着一场回归，如带扣行将合上。但殖民莱斯博斯岛之人并非俄瑞斯忒斯。潘西勒斯从海上来到此地，带来佩罗普斯后裔的血统，并将其锁在自己体内，如同埋入一口棺材。紧接着是穷乡僻野间的经年羁旅，关于它们，人们所知极少。一切终回宁静。俄瑞斯忒斯第一次感到精神的放松。现在他年近七十，有些东西敦促他回到那些他最为自己的疯狂所折磨的地方。他回到阿耳卡狄亚。在那偌大的国度，他不再胜任君主之位。他将永远是独饮者。

一天，在一个距离俄瑞斯忒斯将手指咬下以使厄里倪厄斯变为白色之处不远的地方，他被一条蛇咬住脚踝，然后死于蛇毒，然这毒液也是除皮拉德斯外他在漫长生命中的唯一同伴。多年以后，人们前来寻找他的骸骨，正是同样的原因，曾促使另一些人寻找他曾祖父佩罗普斯的骸骨。这些骸骨被认为有助于攻陷一座城池。而这一次，那座城池不如特洛伊般宏伟，但仍是一个要塞：泰耶阿（Tegea）。数代斯巴达人尝试攻克它，却均以失败告终。神谕说俄瑞斯忒斯的骸骨将会"在风猎猎作响、错误层层堆叠"之处被发现。风阵阵相接，错误累累相叠：俄瑞斯忒斯的骸骨被埋在一个锻铺下，伴随着铁器的相互敲击而战栗。

VII

以下场景是希腊神话中的一个必要预兆，它发生在一对神明兄弟，即宙斯与哈得斯之间。有一天，宙斯看见他强健的哥哥来到奥林匹斯山与他会面。哈得斯的到来只为一个原因：索求某物。而宙斯清楚地知道某物所指。他知道这样的时代结束了：男女在大地上出现复而消失，却不问自己何故如此，他们坚定而明亮，却仍与幻象的王国相去不远，他们准备好以肉身度过一段短暂时日，然后成为冥界的疲倦身影，度过一段远比此漫长的光阴。生死的分界十分明晰，锋利如铜刀之刃，后者被用以割开被献祭动物的喉咙。没有什么比这更能取悦宙斯。他喜欢一切不具正当理由的存在。但现在哈得斯前来索要一个人质。他想在死亡的宫殿中拥有一位女子。唯一愿这么做的女子，是宙斯的一个女儿，而哈得斯的目光早已在其身上停驻良久：那女子是佩耳塞福涅，或佩耳塞法塔（Persefatta），一些晦涩的名字，在这些字母中，我们看到谋杀（*phónos*）与掠夺（*pérsis*）的回声在一位美丽女子身上萦绕，"科瑞"是她不变的名字，意为"女孩"。

　　宙斯点了头。这两个人几乎无须交谈。当三兄弟——宙斯、哈得斯、波塞冬——第一次分享他们的战利品时，宙斯是那位幸运儿：他分得处在光明中的全部生命。波塞冬退回波涛之下，哈得斯则回到地底。但这种明确的界限将能维持多久？正如宙斯曾经干涉死者之事，波塞冬有时会侵袭大地，所以有一天——无可避免地——

哈得斯会来到奥林匹斯山，向宙斯索要一个活物。哈得斯提醒宙斯他们的紧密关系，尽管从不碰面，他们之间的联系却仍变得愈加紧密。哈得斯也渴望拥有一名女子，就像他从地下居所望见他的兄弟们所做的那样。他们不是早在分配世界之前，就已决定互相平等以待吗？而现在多半是宙斯与波塞冬在他们的游戏场，即大地上，为所欲为。哈得斯从不现身：他只是将亡灵的影子迎入他那沉闷而阴郁的旅馆。他确实拥有世间最美的良骏。若非为了一场绑架，它们又是在等待什么，以至于不断在宫殿门后跺着蹄子？就以涉及大地的部分而言，兄弟们至少在一件事上应享有平等的权利：劫掠女子。并且，宙斯和波塞冬总想着掠夺多位女性，而哈得斯则满足于一次绑架。对他而言，一位女子就已足够，而他所言中包含的讽刺无人可及。他停顿，然后解释道，他想要的女孩必须是**那个**女孩：科瑞。他渴望让她坐上亡灵的宝座，直到永远。

　　哈得斯离去，留宙斯独自在奥林匹斯山。现在宙斯开始回想过往，他的一部分过往，那段只有十二人知晓的历史。每当一些预见的未来发生时，这一部分过往就总在宙斯的脑海中回荡。哈得斯的拜访正是这些事件之一，也许是最重要的那件，虽然尚无人知晓，并且在接下来的数千年里，也少有人意识到。
　　宙斯诞生在一个十分古老、危险且充斥神明的世界。在宙斯的生命中，他只创造过一项功绩，堪称真正为每一个生灵带去生机。那时他仍藏匿在夜的巢穴里。夜是神明的乳母；她那独特的本质，即神食。她建议宙斯吞下法涅斯，那位原始神（Protogonos）是世间最早的君主，然后吞下由他所生的其他神明，也吞下宇宙。由此，男女神明、大地、星空、海洋、河流以及地下世界的深谷，都被吞进宙斯那非凡的腹中，现在它正包含着曾经与未来的一切。

在他体内，所有东西集聚到一起，紧攥着他的内脏，仿佛一只爬到猎物身上的蝙蝠，或是一只遇见新鲜肉体的吸血鬼。宙斯，他本不过是提坦们的又一个孩子，现在成为唯一，成为开始、中间以及结束。他是一位男性，同时也是一位不朽的宁芙。然后，在他即将满溢的孤独中，宙斯看见自己将要降生为克洛诺斯的一个孩子，那位父亲立刻恫吓他并想要将他吞下。他明白父亲为何如此狂暴。终于，克洛诺斯曾尝试去做的事，现在被宙斯独自一人成功做到。如今，万物在他看来都明亮而清晰，因为一切都存在于他之中。带着惊奇，他意识到自己已成为唯一。他生活在一种完美的清醒中。他回到父亲克洛诺斯诞生以前的时代，不断往回，直到抵达一个最遥远的终点，因它曾是最早的起点。

空间不复存在。在它本应存在的地方留下一个凸起的表面，上面堆叠着万千鳞片。它扩张着，超越目之所及的一切。宙斯俯视那些鳞片，意识到它们都附着在其他鳞片之上，有着相同的色彩，互相交织，缠绕成结，每一个都比前一个更加紧实。眼睛被迷惑，无法再分辨鳞片属于两个卷动躯体中的哪一个。当他再次抬头看向两条缠绕着的巨蛇的头部时，第一条蛇抬起身躯，它的鳞片合拢成一个不再与蛇相关的东西：那是一位神的脸庞，这第一张脸庞揭示了神的面目，在它两边另有两个巨大的头颅，一个是狮头，另一个则是牛头，广阔无边的轻盈翅膀在肩膀处张开。一名女子的白臂挽住神明的臂膀，与此同时，下方的两条蛇尾正纠缠在一起。女子的面庞直直盯着神明，在颤抖的羽翼下，她的另一条臂膀正伸向万物最遥远的终端：她的指尖触碰到哪里，那里的一切便都结束。他们是一对高贵的、静止的夫妇：无量的时间（Tempo-senza-vecchiaia）与阿南刻。

从他们缠绕躯体的交合中，诞生了埃忒耳（Etere）[1]、卡俄斯（Caos）[2]以及夜。一片朦胧水雾笼罩着两条缠绕的蛇身。无量的时间使这阴沉的雾霭逐渐变得硬朗，形成一个椭圆形的壳。当它这样做时，壳中射出一道光芒，飘进虚空，如一条白色的长袍，或一缕薄雾。然后，蛇从阿南刻身旁逃离，盘缩在这个发光的蛋外。它想挤碎它吗？

后来蛋壳破裂，辐射出一道光芒。蛋中的东西露出面目。你无法不被这道光芒吸引，但你亦无法弄清它来自何处。只有夜将他看清：四只眼睛，四个犄角，金色的翅膀，牡羊、牡牛以及狮子的头颅，一条蛇在一个年轻的人形身躯上蜿蜒爬行，一根阳物，一条阴道，还有一些蹄足。因挤碎蛋壳而负伤的父蛇盘绕在它的儿子身旁。高处是父亲的头颅，正俯瞰着儿子；在低处，男孩的精致面庞正注视着自己身体发出的光芒。他是法涅斯，这位原始神是有形世界的初胎，是"心灵的钥匙"。

法涅斯的生命独一无二。独居在光中，"他吮吸自己的乳房"。他无须观看任何东西，除了光，因为一切都存在于他体内。他与自己相交，让自己非凡的腹部受孕。他诞下另一条蛇，厄喀德那（Echidna），后者长着一张烂漫的女性面庞，有着毛发浓密的宽额。自她笑容甜美的脸颊中，自她不断扑闪的双眸中，散发着暴力的气息。斑驳的鳞片像一片膨胀海域上的波涛，径直伸展至她柔软的白色乳房。然后法涅斯生下夜，后者在法涅斯之前就已存在。但法涅斯仍需将她生下，因为法涅斯即是一切。他让夜成为自己的情妇。

---

1 "太空上层"的化身，那里明亮灿烂。
2 "混沌"的化身。

他造访夜的巢穴。其他孩子降生：乌剌诺斯与该亚（Ge）。渐渐地，随着光从法涅斯头顶不断涌出，他创造出神明与人类即将居住的地方。万物涌入有形世界。

时间逝去，法涅斯留在洞穴中，权杖在手。作为世间的第一位王者，他却无意于统治。他把权杖交给了夜，然后独自离开。现在宇宙已经成形，法涅斯驾驶他的马车来到天空背面。他在那儿停驻良久，独自一人。偶尔他也会骑马穿越世界之巅。但无人能看见他。在天堂中，神明繁衍。

自从法涅斯回到最远离大地生灵的地方——宙斯回忆着——事件开始相互重叠。一次复一次，出现了国王，子嗣，仇敌，以及那些出手相助又行背叛之举的女子。他重温了乌剌诺斯与该亚的永无止境的交媾，他们的孩子被塞回母亲的子宫。在内心深处，该亚感到被苦涩浸没，几近窒息。宙斯记起一把锯齿状的镰刀，由一种纯白的坚硬金属锻造而成，被握在乌剌诺斯与该亚之子克洛诺斯手中，后者将在未来成为宙斯的父亲。乌剌诺斯的睾丸沉入海中。水面激荡起一些圆环，其中一个圆环的边缘泛起白色泡沫。阿佛洛狄忒从泡沫中升起，伴随她一同升起的，是最早的女侍者之一阿帕忒（Apate）[1]与仄洛斯（Zelos）[2]，即谎言与好胜。乌剌诺斯是一位残忍的父亲，而取而代之者，克洛诺斯，亦同样残忍。但他的精神柔软而强大。克洛诺斯掌管宇宙的法度。

这时已有许多生灵在宇宙中繁衍生息，无论是在高处还是低处：提坦们，库克罗普斯，百臂巨人。克洛诺斯与瑞亚继续生下更多孩

---

1 希腊神话中，"谎言"的化身。
2 "热情""好胜"的化身。

子。宙斯就这样降生，只是众多孩子中的一个。和其他人一样，他本该被父亲吞下。但瑞亚把他藏进一个洞穴——就在那时，她得到了第二个名字，得墨忒尔。关于他的幼年，宙斯记得最清楚的是在洞穴入口，在光线挥洒之处，铙钹发出的喧闹，伴随着一个挥舞钹的女子轮廓，还有年轻女战士们在舞蹈和呼喊时投下的影子。洞穴是夜的窠臼，她向婴儿时期的宙斯解释说，他将成为神明的第五位统治者。但宙斯不知前四人是谁。他所知的一切，就是他的父亲正在亮处，等待将他吞下。

就如该亚把白色镰刀交给她的儿子克洛诺斯，使他可割下乌剌诺斯的睾丸，是夜，想出一个把戏，让宙斯为克洛诺斯送行。付诸行动的是那阳性的部分，然而只有那个阴性部分才拥有墨提斯（*mêtis*）[1]，智慧在思想的沉默中决定行动。夜为克洛诺斯准备了一个盛大宴会。无数男女侍从来来回回，奉上神食、仙酒、蜂蜜。克洛诺斯继续享用他的蜂蜜，心满意足，仍旧独处，沉浸于感官的享乐。沉醉的克洛诺斯起身走到一株橡树旁躺下，仍面露无尽的狂喜。与此同时，宙斯跨骑着山羊背脊，已攀至天穹。现在他悄然迈出步伐，接近自己的父亲。他看着父亲，并用一条链子将其身躯缠绕。而这只是夜之计划的开端。现在宙斯必须捉住世间一切漫游之物，用一金链将其束缚，然后吞下。当天空、海洋、大地、神明都消失在他的腹中，宙斯还有最后一个漏洞需要填补：他必须吞下法涅斯。于是他爬到世界背后，在那里，法涅斯独自一人，与他的马匹一起生活。这一次不必再酝酿一个诡计，因为法涅斯正沉浸在自己的冥想中，并且手无寸铁。

然后，宙斯一点一点地呕吐出腹中的一切，将它们吐回光明世

---

1 "机智""计谋"的化身，原始的智慧女神。

界。树木与河流归来，星星与地下的火焰归来，神明与野兽归来。一切看似都与以往相同，但一切又都已不同。从尘埃的微粒到在苍穹中旋转的庞大身躯，都经由一道看不见的链条相互联系。一切似乎都被光芒包裹，仿佛初次降生。但宙斯知道并非如此：恰恰相反，一切都是最后一次降生。

主神们正遭受一种因对先驱者法涅斯之怀旧情绪而触发的苦楚。他们试图回归过去。宙斯对法涅斯的怀旧则借由蛇形表达。只有宙斯记得，当这个世界尚不存在时，那两条交织的蛇形。法涅斯从蛇的盘绕中降生。在宙斯将世界从自己体内呕出后，他感到一种与母亲结合的渴望。是一个遥远的记忆将这种渴望处罚。他的母亲遁逃，而宙斯不知疲倦地追逐。最后，瑞亚·得墨忒尔将自己变成蛇形。于是宙斯也化为一条蛇。他盘绕在母亲身上，以一个赫刺克勒斯之结，用自己的鳞片把她包裹。以两条蛇组成的赫刺克勒斯之结，有一天将出现在赫耳墨斯的杖上。这是一种暴力行径，如此严重，以至于一位古代评论家曾试图证明，瑞亚·得墨忒尔（Deò）这个名字源于 dēioûn，"去毁灭"。但神明为何要以这特别的结纽形式强奸自己的母亲？因为宙斯想起了些什么，并希望将之重演。正如有一天凡人将在自己做过的每一件事中回忆起神明的先例，宙斯也回忆起神明之前的那些神明，当他吞下法涅斯及其所有力量时，曾预料到这些事的发生。

宙斯重演了自己所知最宏伟的景象，他最古老的记忆追溯至世界诞生之前的无量时间与阿南刻，他们以赫刺克勒斯之结交合。因此，对瑞亚·得墨忒尔的强奸虽是宙斯后来诸多冒险的范本，却并不由他自己发明，而是对一种仅有宙斯可能知晓的既已存在的过往的回顾。将其重演，这是一种忠诚的誓言。从一条蛇到另一条蛇，

217

在一个又一个时代中，世界继续自我标示。每当宙斯把自己化作蛇形，时间的箭头便向后飞驰，将自己埋葬在事物的起源。如此世界似乎屏住了呼吸，聆听那标志着从一个时代到另一个时代过渡的后退运动。因此，从蛇形的宙斯与瑞亚·得墨忒尔的结合中，诞生了佩耳塞福涅，"名字不可被说出的女孩"，宙斯将把蛇的秘密传授给这个独特的女孩。

在佩耳塞福涅出生时，对任何人而言她的样貌都颇为可怕，除却她的父亲，唯有他能直视她最初的模样。她有两张脸，四只眼睛，前额长出犄角。那是凡人与神明都无法理解的佩耳塞福涅的光荣。但宙斯懂得。因为在看到她时，宙斯会记起法涅斯如何升入光明之中。正如一条蛇曾用自己包裹法涅斯发光的躯体，有一天宙斯会来到他的女儿面前，再次借助蛇形，把她裹挟进自己的缠绕中。事情发生在克里特岛。瑞亚·得墨忒尔把她的女儿藏在一个洞穴中，在那里，佩耳塞福涅编织着一条开满鲜花的毯子，她坐在一块岩石上劳作。洞穴的入口由蛇守卫。但是另一条蛇，即宙斯，在进入洞穴前凝视着它们的眼睛，将其催眠。佩耳塞福涅未来得及捍卫自己，蛇的鳞片便已紧贴她的雪白皮肤。蛇吐着信子，蠢蠢欲动。在阴暗的洞穴中，佩耳塞福涅惊恐的身躯辐射出光芒，就像曾经的法涅斯一样。扎格柔斯诞生在那次暴力的交合中，他是第一个狄俄倪索斯。

...

基督教的神父们并不相信化成蛇形的宙斯将与得墨忒尔交媾。他们对事情的解读甚至更加邪恶。以宙斯来说，仁慈是唐突而累赘

218

的。但非洲的阿诺比乌（Arnobio）[1] 无法抗拒这个故事。他热情洋溢，有着巴洛克式传道者的口才，沉迷于对不幸的陶醉（*delectatio morosa*）。在他的译本中，宙斯并非化成蛇形与得墨忒尔结合，而是化作一头牡牛。"神明化身为牡牛"（*Fit ex deo taurus*），阿诺比乌的诗歌以宙斯化身为牡牛为开端："当他因不义的和不可消退的欲望而对自己的母亲刻瑞斯（Ceres）[2] 欲火中烧……"（*Cum in Cererem suam matrem libidinibus improbis atque inconcussis aestuaret...*）**欲火中烧**（*aestuare*）：洪水泛滥，火光滔天。这是宙斯的愤怒。这位神明把自己变成牡牛，欺骗他的母亲，以将其强占。得墨忒尔的愤怒就在那时爆发；也是在那一刻，而非当克洛诺斯的另一个儿子劫走她的女儿时，女神得到一个新的名字：布里莫（Brimò）[3]。

就在那场强奸后，得墨忒尔第一次让神明与世界都瘫软无力：**"神明的一切秩序被祈求重置"**（*adlegatur deorum universus ordo*）。就在那时，与往后凡人用以安抚神明的方式几无差别，宙斯诉诸一个廉价伎俩将她安抚。他挑选了一只长有硕大睾丸的公羊，并将那对睾丸割下。然后，他带着悲伤与忏悔的面容回到母亲身旁，假装它们属他。他把公羊的睾丸掷到母亲膝上。这是被献祭的替代品，是一件强大的武器，有一天将被凡人用于自卫，抵御神明，它就这样被宙斯发明。得墨忒尔遂被安抚。

佩耳塞福涅在第十个月里降生。宙斯看着她长大。她变得强壮而丰沛，"淋巴肿胀"，他感到一种势不可当的欲望袭来，让他再次做出同样的举动：**"重蹈先前的行为"**（*redit ad priores actus*）。这一次他化为蛇形，将他的女儿裹挟进无边的盘绕里，将她围困在残

1　?—约公元330。基督教护教者，著有七卷护教著作，约完成于公元303年。

2　得墨忒尔在罗马神话中的名字。

3　作为"愤怒""骇人"的化身，布里莫这一名号可对应古希腊神话中的多位女神。

酷的锁链中，又体贴地与之嬉闹，在他们的交媾中，他一直用耳语诉说自己的爱慕，"**举止如此温柔而奉承，以便将她正面环绕**"（*mollissimis ludit atque adulatur amplexibus*）。因牡牛的播种而受孕，得墨忒尔曾诞下一名女婴。因蛇形宙斯的播种而受孕，佩耳塞福涅将诞下一头牡牛。

宇宙的节律在蛇和牡牛之间反复。在一段无比漫长的时光过去后，那条蛇，无量的时间，将被低吼的牡牛接替，而那牡牛正是宙斯。并不需要多久，化身牡牛的宙斯就将与得墨忒尔结合。在他们的结合中诞生了一名女子，蛇性将在其体内再次复苏，那女子正是佩耳塞福涅。几乎未耗费任何时间，欲望就再次燃起，在宙斯意识到婴儿佩耳塞福涅已长成一个少女之前，他已幻化成蛇，与他的女儿交合，并生下扎格柔斯，他是一头牡牛，是第一个狄俄倪索斯。

有关这世界的故事都包含在这样的循环往复中：先化为一头牡牛，然后是一条蛇，以此生下另一头牡牛。宙斯讲述的故事以牡牛为始，也以牡牛为终。无量的时间讲述的故事，则以一条蛇为始，它等待着再次与另一条蛇交尾。无量的时间一直在等待：

>   ……牡牛
> 蛇的父亲，蛇生的牡牛的父亲，
> 在山林中，那藏匿之人，哦， 一位牧人，那煽动者。

神（*Theós*），那含糊的神明，是对肉体与心灵的入侵。它使我们与那最陌生者变得最亲密。没有什么比蛇更陌生。一只手将蛇举至颈部，让其在新入会者的长袍下滑走。若那是个女孩，它将从咽喉游走到乳房之间的深谷，若那是个男孩，它将滑过绷紧的胸膛。

蛇将蜿蜒滑行，藏在衣物下，游向腹部。它有否在那里磨蹭？它是否正将年轻的腰肢环绕？它在腿股上游走，在两腿之间向下探出。"*Theòs dià kólpou*"："神明穿过腹部"。

...

海是连绵的，有着完美的一致性。蛇是海的使者，被派往陆地。它出现在哪里，那里便有水流涌出。蛇的眼睛是液状的。在它所盘绕之处，地下世界的水流涌动，永恒如斯。它的移动是蜿蜒的，并不需要关节。相同的花纹覆盖过整张皮肤；它的鳞片均匀一致，它的运动上下起伏并自我更新，一如波涛。蛇之于牡牛，就如海洋之于陆地。陆地从海中出现，就像牡牛自蛇诞生。为劫走欧罗巴，宙斯化作牡牛从海中现身，然后又跃回海里。欧罗巴躲避着波浪，她的一只脚浸在海里，一只手紧抓那只动物的脊背。

在武力的领地，精神便不被容纳，它被分离出来，不论是在陆地上，还是在海洋中。但阿波罗与雅典娜妒忌武力，那种力量在他们降生时已退缩回大地尽头。在那里，在盘绕成蛇形的俄刻阿诺斯近旁，仍可找到无眠或昏睡的生灵，它们潜伏在洞穴或山林中，仍拥有未灭的力量。阿波罗与雅典娜知道他们必须驱赶出这些生灵，把它们杀死，并将其力量占为己有。

阿波罗与雅典娜承载的完美与原初的完美相反，那是新生的、未经设想的完美，他们妒忌这原初的、未经分化的完美。依据战利品在克洛诺斯的儿子们之间被分配的界限，他们不可涉足波塞冬的水中疆土，也不能侵犯大地之下哈得斯的王国。这使大地成为他们的游戏场，也意味着他们只能在蛇类身上进行发挥。雅典娜杀死了

221

戈尔工，后者以蛇为冠。阿波罗杀死了皮同，它盘绕在卡斯塔利亚（Castalia）[1]的泉眼。戈尔工的蛇在雅典娜的胸前迎着风。它们被嵌在埃癸斯盾上。皮同的牙齿和骨骼则被留在三足椅下的青铜锅里，皮提亚坐在那椅子上吟唱阿波罗的神谕。皮同的鳞片包裹着**翁法洛斯**，那石头是世界之脐。肚脐是一个点，一个唯一的且不可或缺的点，完美之物与未经分化的完美就在这里相连。那也是欧罗巴浸在海水中的足。

从宙斯派生出两支统治序列：一支属于狄俄倪索斯，另一支则属于阿波罗。狄俄倪索斯的序列比阿波罗的更晦涩不清；它甚少从阴影中浮现。由于宙斯既是蛇又是牡牛，所有发生在宙斯之前的历史都在他身上被忆起，而他又成为新的起点。阿波罗的那支则更明晰，但当涉及阿波罗忤逆父亲的那部分时，却比狄俄倪索斯的更为隐晦。阿波罗既非蛇类也非牡牛，但他将杀死蛇与牡牛，他会亲自放箭将其杀死，就像对待德尔斐的皮同那样，或是派遣他的使者，忒修斯，去刺杀克里特岛的弥诺陶洛斯，或捕捉马拉松的野牛。

狄俄倪索斯与阿波罗：一个自身即是一件武器，另一个则善用武器。自他们出现以来，普叙刻（Psiche）[2]便一直在两人的怀抱中回还往来。

在哈得斯要求带走科瑞时，宙斯察觉到是时候为蛇形结纽再添一道。但这次不由他采取行动。他将是一个知情的目击者。现在，那不可见之物将重申他对可见躯体的权利，且比之前的更为严苛：

---

1 水泽宁芙，为摆脱阿波罗的追求，化为帕那索斯山的山泉。这处山泉以她的名字命名。
2 塞姬，古罗马神话里称普叙刻，爱神丘比特（厄洛斯）所爱的美女，象征灵魂。

他们之间的交易在长久以来被稀释并融入大地上的生活，现在将找到一个新的重心。

哈得斯宣示着**另一个**世界的霸权：那孤立、分离、沉默的世界。这另一个世界的霸权却在一朵可见的花朵中达到极致，花朵正是佩耳塞福涅。一个关于蛇的秘密，一个从一条蛇传递到另一条蛇，并直抵宙斯的秘密，如今将伴随她前往那不可见的世界。若这一切继续下去，宙斯将不得不听任之。哈得斯的拜访是一段预示着巨大不平衡的前奏，对奥林匹斯山或大地而言，都是如此。

···

犬只将在此地错过猎物的踪迹，因为这里的花香如此馥郁。一条溪流横贯着草场。那牧场位于峡谷边缘，溪流坠进峡谷的崎岖沟壑，落入西西里岛的腹地。科瑞在此地被劫，相去恩纳 [1] 不远。当大地龟裂，哈得斯的驷马战车出现，此时科瑞正望着一株水仙。她凝视着它，意欲攀折。就在那一刻，正当水仙将被摘下，科瑞被无形之人带往无形之地。科瑞不仅意味着"女孩"，同时也是"瞳孔"。正如苏格拉底对亚西比德所说，瞳孔"是眼睛最美妙的部分"，不仅因为它是"去看的那部分"，也因它是另一人将看向的地方，并将在其中看到"自己正在看"的景象。如果，如苏格拉底宣称的，德尔斐的箴言"认识你自己"只有在被译作"看向自己"时才能被理解，那么瞳孔就成为自我认知的唯一手段。科瑞看见水仙那黄色的"奇观"。但是什么让这朵曾被用在厄洛斯或亡灵的花环上的黄色鲜花变

---

1 Enna 或 Henna，位于意大利西西里岛中部，被誉为"西西里的瞭望塔"和"西西里的阳台"。

得如此奇妙？是什么使它独立于令草甸变得色彩斑斓的紫罗兰、番红花和风信子？那耳喀索斯（Narciso）[1]是一位年轻人的名字，他因沉醉于自我欣赏而失去生命。

科瑞，那瞳孔，正站在一道门槛上。她处在与一道凝视的目光相遇的边缘。在那目光中她将看到自我。她伸出手去拉扯那道目光，但哈得斯突然出现并将她劫走。那一刻，科瑞的目光必须离开水仙，转而与哈得斯的双眸相遇。一双瞳孔遇上另一双，并在其中看到自己。而那双瞳孔来自不可见的世界。

有人听到一声哭泣。但那哭泣代表什么？只是一个被陌生人劫走的年轻女孩的恐惧？或是一种承认事已成定局的啜泣？有一些早期的诗人认为佩耳塞福涅对被劫感到一种"命中注定的渴望"，于是她与夜的国王达成一个"爱的契约"，无耻且自愿地将自己奉献给哈得斯。她意识到自己属于对方。在哈得斯的瞳孔中科瑞看见了自己。在不可见之人的瞳中她认出那正自我审视的目光。她意识到自己属于那个人。就在那一刻，她踏入了当她注视水仙时行将迈过的门槛。那是厄琉西斯城之门槛。

如果科瑞是**瞳孔**（*kórē*），那么它追随的那双卓越眼睛则属于哈得斯。因为就在他的双眸中，当他把科瑞劫走时，她在其中看见了自己的映像。就在那时，这位倒映在一双眼睛中的女孩也成为我们的瞳孔，仿佛眼睛直到那时才挣脱亡灵的国度。视觉是一只猎物。眼睛从阴影中将女孩捕捉，并把她关进心灵的地下宫殿。

哈得斯眼中的科瑞具有双重含义：一方面，科瑞在她的诱拐者

1　河神刻菲索斯与水泽宁芙利里俄珀所生的美少年，在湖边饮水时看到自己的倒影，流连不去，憔悴而死。在他坐过的地方长出了一枝水仙花。

眼中看见自己，她发现了反射与复制，就在此时，意识开始自我审视，矛盾的是，双重的凝视同时也是视觉的极限。它无法继续分裂，因为每一次更进一步的分裂都不过是对第一次的确认；另一方面，在遇见瞳孔时，视觉的空腔将第一次把自己的宏大欲望迎接并吸纳进自身体内：图像。在精神发生两极分裂的那一秒，它们共存于诱拐者的眼中。

发生在厄琉西斯城的事是二元女神得墨忒尔·科瑞（Deò）的分裂与重组，有时，她化身为两尊难以辨别的雕像，披着同样的斗篷。这正是反射的戏剧性所在，它将自己与身体、与每一个物体，甚至与大地分离，然后又与它自身的起源重聚。然这只发生在某些周期性的特定时刻，譬如日食。

伴随科瑞的到来，"看"的客体奇妙地从物体转移到行动上。在科瑞冒险之路的开头，她看着水仙，"那美妙而光芒四射的鲜花，于神明或凡人而言都堪称奇迹"。在故事最后，她从冥界归来，科瑞自身变得"于神明或凡人而言都堪称奇迹"。通过对相同公式的重复，荷马式《赞美诗》（Inni）的匿名作者试图强调一个不可逆过程的完成：通往灵魂的路径。这个公式提醒我们一桩事实，即这件事不仅在人类的历史中引发过惊奇，也同样适用于神明的历史。

当哈得斯向他的弟弟宙斯索要一个活生生的女子时，他扰乱了存续至今的世界简明秩序：突袭的神明在丰沛的生命上留下标记与伤痕，然后将其抛弃给一个空洞而呆滞的虚无来世。宙斯不会让他的凡间情妇们消失。他占有她们，然后将她们抛弃。但哈得斯希望科瑞成为他的新娘，他想要一个活人坐上他身旁的宝座。我们可以说，死亡提出这样的要求，意在对它上方的大地造成更进一步的侮辱。但恰是现在，死亡在傲慢中自欺。伴随佩耳塞福涅的被拐，死亡捕获了一具身体，并获得了形体：在影子的国度中，现在至少已拥有一具躯体，一具美丽少女的躯体。

在过去，少有人能完好无损地被神明带到极乐之境。那里与冥界一样被定义为不具实体之地。但现在，伴随科瑞的躯体，厄洛斯正渗透进亡灵的国度。脚踝细长的佩耳塞福涅是阿佛洛狄忒命厄洛斯射向冥界的柔软箭头，当时女神将她的儿子召唤至厄律克斯（Erice）的黑色岩石上，发出如此指令。世界到达了一个临界点，在那里，在宙斯冒险时代中持续如此之久的变形已不再足够。事物失去了它们原初的流动性，固化进一个轮廓，曾经在各种形态间切换的游戏现已缩减为出现与消失的简单交替。从现在起，这个问题不仅关乎对一种单一且不变的生命形式的接纳，而且还要接受一种必然性，即这种生命形式有朝一日终将消失，且不留痕迹。得墨忒尔的愤怒是对这种关于生命的新制的反抗。但女神并不知道，就在同一时刻，关于死的新制也已开启。

当佩耳塞福涅坐上哈得斯的宝座，她那芬芳的面庞从她伴侣那钉子般的胡须后探出。在佩耳塞福涅一口咬进生长于幽灵花园中的石榴时，死亡将她咬下的每一口都转变为对生命的彻底驱逐。两个王国失去了平衡，每一个都向另一个敞开大门。哈得斯强加给大地一场缺席，强加了这样一种局面，即每一个存在都被卷入一场更大的缺席。佩耳塞福涅把鲜血强加给亡灵：并非曾在过去被献祭的殷红血液，并非死亡曾急切畅饮的血液，而是仍在她白色臂膀的脉搏中流动着的不可见的鲜血，它来自一个即便身处死亡的宫殿，却仍生息俱全的生命。

狄俄倪索斯在希腊漫游，寻找冥界的入口。他想从冥界带回他的母亲塞墨勒。有一天，他发现自己身处湖畔，那湖水有着异乎寻常的静谧。此湖在勒耳纳附近，被称为阿尔库俄纽斯湖（lago Alcionio）。湖水冰冷似金属。在四下的寂静中，芦苇和沼泽植物在风中低伏。狄俄倪索斯看见普罗斯摩努斯（Prosimno）（或者也被称作普罗摩努斯，Polimno）向他走来。他向此人询问前往冥界的道路。普罗斯摩努斯说自己会为他指路，条件是狄俄倪索斯需如一名女子般与他造爱。狄俄倪索斯承诺自己会这样做，但只有当他从哈得斯处返回后才可。他们一起靠近湖面。没有什么能比它那深邃的表面更为平静。但小湖无底。倘若你试图在湖中游泳，湖中的漩涡将无休止地将你往下吸卷。普罗斯摩努斯告诉狄俄倪索斯，如果他要前往冥界，就必须潜入这片湖水。

古人对发生在狄俄倪索斯冥界之旅尾声的事件保持了沉默。但教堂中的一位神父将其泄露。带着预先参与制造了神秘事件的早期基督徒们的残忍直白，亚历山大的克雷芒（Clemente Alessandrino）[1]告诉我们狄俄倪索斯如何侵入自己。"狄俄倪索斯渴望前往冥界。但不明道路何在。一个名叫普罗斯摩努斯的人答应为他指路，但要求回报（*misthós*）。他索要的回报并非一桩美事，虽然对狄俄倪索斯而言它足够好；这种恩惠，这位普罗斯摩努斯向狄俄倪索斯索要的回报，与阿佛洛狄忒之欢愉有关。神明认可了那种回报，并许诺，若他能成功返回，自会将回报奉上，然后他以誓言为自己的承诺背书。弄清方向后他便启程。但当他返回时，却已找不到那位普罗斯摩努斯（他已经在狄俄倪索斯离开时死去）。狄俄倪索斯坚定地要履行对恋人的承诺，他前往普罗斯摩努斯的坟墓，充满爱欲。他从一棵恰好矗立在坟前的树上砍下一根枝条，把它装扮成那具男子气概之物，

---

1 约150—215，希腊早期基督教神学家，曾在亚历山大教导学院任教。

把它推入自己体内，从而践行了他对那逝者的诺言。"

狄俄倪索斯并非唯一请凡人指出通往冥界之路的神明。当得墨忒尔寻找科瑞时，她询问厄琉西斯王刻勒俄斯（Celeo），她能在哪里找到女儿，刻勒俄斯为她指出冥界。作为"回报"（misthós），得墨忒尔告诉他面包的奥秘，但也允许他"非法地"占有她的身体。这一次，并非教堂神父走漏了细节，而是一位并不著名的训诂学者。纳西盎的格列高利（Gregorio di Nazianzo）[1]，"感到羞愧"，虽然仅是提及了"得墨忒尔的某些作为，以及她的屈从"。格列高利有理由感到震惊：得墨忒尔是律法（thesmoí）的女神，是最严苛的法律，现在她正答应"不法地"（athésmōs）将自己献给一个凡人。如俄耳甫斯的赞美诗后来所说的，一个孩子将从那次结合中降生，"出于凡人的必然性"。就在这一刻，秩序已彻底扭转方向。必然女神阿南刻，比神明更加神圣，因为她在他们之前就已存在。但她怎可成为"凡人"，将女神从自己体内剥离？女神的蒙羞发生在厄琉西斯城——这标志着奥林匹斯神明历史的一个不可逆的转折，然而，是什么推动狄俄倪索斯和得墨忒尔走到那一步？

当奥林匹斯诸神对死亡产生新的迷恋时，厄琉西斯城爆发了危机。宙斯把他的女儿科瑞嫁给哈得斯，得墨忒尔则委身于一个凡人。为了对死亡有更多了解，神明必须向凡人求教，因凡人比他们更了解死亡。并且，为得到凡人相助，狄俄倪索斯与得墨忒尔都不得不沦为出卖肉体者。一位委身凡人的神，无异于一个向死亡投降的人类：每位逝者都携带了一枚硬币，那是留给哈得斯的买路钱。神明并不使用钱币，所以他们奉出自己的身体。归根结底，从奥林匹斯诸神的角度来看，凡人本就已死，因为死亡就潜伏在他们体内。

1　329—390，基督教教父。

正如佩耳塞福涅让自己被亡灵的统治者劫走，狄俄倪索斯把无花果枝连接到一块墓碑上，并让那树枝进入自己体内，得墨忒尔则委身于凡人刻勒俄斯。这种关于肉体交易的记忆深深埋藏在秘仪之中。若非由于一位教堂神父那带有恶意的热情，以及一名学者的聒噪，我们将对此一无所知。但就在这些事件刚从寂静中挣脱后不久，各类作者便涌来将狄俄倪索斯与得墨忒尔的共谋与他们在冥界之路上的风流韵事做对比。

在勒耳纳，就在狄俄倪索斯被卷入地下世界的那片湖水附近，人们崇拜得墨忒尔·普罗斯谟那（Demetra Prosimna）。波吕许谟尼亚（Polimnia）是对普罗斯谟那的另一种称呼，也是普罗斯摩努斯的伴侣。她是费拉蒙（Filammone）的母亲，是勒耳纳秘仪的奠基者。另一个波吕许谟尼亚作为年轻的特里普托勒的母亲被提及，他驾驶有翼的战车，将得墨忒尔的粮食种子播撒在世界各地。特里普托勒的父亲应是刻勒俄斯：这意味着波吕许谟尼亚已成为刻勒俄斯的情妇，将得墨忒尔取代。在狄俄倪索斯周围的宁芙中，有一人名为波吕摩诺斯（Polimno）。**波吕摩诺斯**（*polýymnos*）本是狄俄倪索斯的绰号，后来被专用于指代"荡妇"。柏拉图对这种后续发展给出了提示。波吕许谟尼亚是一位缪斯女神，是第一位，也是最重要的一位，她司掌颂歌。但在《会饮篇》（*Simposio*）中柏拉图告诉我们，波吕许谟尼亚是一位可怕的缪斯，并不忠于"好的爱"[1]，完全不是如此，"那种爱属于天堂，属于缪斯乌剌诺斯的国度"。至于厄洛斯之爱（*eros pándēmos*），则对所有人敞开。堕落的肉体与抒情的歌谣在阴影中相互联系。在得墨忒尔的漫游中，有众多人对她献上殷勤，其中一人名叫菲塔勒斯（Fitalo），是刻菲索斯（Cefiso）河岸土

---

1 《会饮篇》中厄律克西马库阐述对两种爱的区分时，提及天上的爱与人间的爱（世俗之爱）。

地的国王，此地位于通往厄琉西斯城的道路旁。从雅典前往厄琉西斯城的队伍总是在此地停歇，在一个被称为"神圣的无花果树"的地方。在那里，得墨忒尔赠予菲塔勒斯的无花果树仍在一个由瓦片铺就的屋顶下生长，厄琉西斯城的祭司们照顾并修剪那树木。菲塔勒斯的坟墓上刻有这样的铭文："菲塔勒斯，那英雄与国王，在此地将庄严的得墨忒尔款待，当她初次带来秋的果实，凡人称其为神圣的无花果。"

狄俄倪索斯已前往冥界去赎回他的母亲，发现自己正与哈得斯面对面，就像望着一面镜子。那盯着他的正是他自己的眼睛。哈得斯告诉他，塞墨勒可以离开，但狄俄倪索斯必须先放弃一件对他而言十分珍贵的东西。狄俄倪索斯思忖着，然后向那不可见世界的主宰者奉上一根桃金娘枝作为交换。哈得斯接受了。那桃金娘枝为何适用于这样一场寓意不详的交易？大地上的年轻配偶以桃金娘枝加冠。哈得斯总想统治更多的眷侣与婚姻，永不满足。他希望亡灵的国度与欲爱之境相混合。并非为了征服它或抑制它：事实上哈得斯同意让宙斯的情人，凡间的塞墨勒，上升到天堂，并"已得到帕耳开（Parche）[1]的应允"。不，他真正想要的是将两个王国结合。在桃金娘成为狄俄倪索斯的专属植物前，它属于阿佛洛狄忒。在狄俄倪索斯造访冥界前，它只是关于造爱的一种偶尔的易逝香味。从现在起，它也将把香气向另一个国度，向那不可知的国度散播。于是桃金娘成了代表爱欲与哀悼的植物。

狄俄倪索斯手中牵着他的母亲，在同一地点返回大地，后来这里成为特洛曾的所在地。经年以后，一个体育场被建造在靠近狄俄

---

1 罗马神话中的命运女神，对应希腊神话中的摩伊赖。

倪索斯与塞墨勒爬出地下世界的地方。每一天，王子希波吕托斯都在那里训练。他是俄耳甫斯教的一位门徒，是一个素食者与童贞者。他在戏剧或雕像中的所见，即他对性所知的一切。作为阿玛宗人的儿子，他并不在意是否成为城里的重要人物。当人们谈论"权力的甜蜜"时，他表达了惊讶。他珍爱书籍和那些"奇妙文字"的醉人烟霭。他不断练习，提升自我，这就是他关心的一切。诋毁者说他在实践一种"自我礼拜"。但事实上，他那完整封存的"童贞灵魂"的崇拜对象只有一人：阿耳忒弥斯，身为处女的女猎手。他在森林中寻找她，像奴隶一样侍奉她，并捍卫她的形象。

当希波吕托斯在黎明时分的竞技场中裸身训练时，他以为这里没有别人。他的身体在闪闪发光，不可触碰。但一位女子的双眸正追随他的一举一动。他的继母淮德拉正隐藏在体育场上方的看台中，在阿佛洛狄忒·卡塔斯科皮亚（Afrodite Kataskopia），即那"在高处窥视"的阿佛洛狄忒的神庙里。淮德拉熟识年轻人的每一寸肌肉。和希波吕托斯一样，她也是独自一人。看着希波吕托斯，淮德拉燃起爱欲。她出汗的双手颤抖着抚摸桃金娘的柔软叶片。然后，当欲望变得难以承受时，她从发丝间摘下一根别针，双眼追随着希波吕托斯的每一次移动，与此同时，用针在桃金娘的叶片上扎出一个个洞眼。而"桃金娘的浆果"，*mýrton*，也指代"阴核"。

虽然希波吕托斯与世界的关系疏离，但他不能逃离后者的巫术。当他的小母马们在波塞冬的巨型牡牛前惊慌逃窜时，他将遭遇死亡。那牡牛从萨利尼喀斯（Saronico）的水域升起。希波吕托斯绝望地试图控制它们，却被甩到地上，被缰绳缠绕。马匹将他那沾满尘土与鲜血的身体拖曳过锋利的岩石。岩石将他的身体撕裂，希波吕托斯感到"在头脑中，逐渐逼近的死亡"。他也意识到自己正是桃金娘的叶片，被一个爱者的昂贵别针撕成碎片，那爱者仅通过自己的双眼熟识了他的身体，并为他自缢：那是淮德拉。

希波吕托斯散发着死亡的香甜，它在空气中与另一种更纯美的香气混合，宣告着阿耳忒弥斯的存在。濒死的希波吕托斯对着女神倾诉，女神也对他诉说，但在最终时刻，阿耳忒弥斯将他抛弃，虽然她称希波吕托斯为"凡人中的最亲爱者"。阿耳忒弥斯将他抛弃，因她不能"让凡人临死前的痛苦挣扎将她的双眼玷污"。

在被她的诱拐者带入亡灵的宫殿时，佩耳塞福涅注意到一个少女"躺在艾多扭斯（Aidoneo）[1] 的床帏中"。他们告诉她，那是门塔（Minte），科库托斯河（Cocito）[2] 的宁芙。因此，纵使在这般静寂无声的树林中，纵使在这冰冷潮湿、具有腐蚀性的河里——亡灵沿河航行，通往它们苦难的深渊，即便此地都存在宁芙！凡宁芙存在之处，就存在诱惑，那种不可战胜的冲动。就像宙斯，她的父亲，也是她不朽的恋人，曾降临地面，从山林中拖出他们；哈得斯，她那谨言慎行的伴侣，在他的床上与她们交合。背叛在整个宇宙中扩张，从一个尽头来到另一个尽头。

佩耳塞福涅捉住了门塔，将她拖至阳光下，拖到皮洛斯（Pylos）的沙滩，那是通往西土的门。在那里，她跃到宁芙身上，用继承自母亲的愤怒将其痛殴。她想将宁芙践踏至死，把宁芙像凡人女子一样撕碎。就在宁芙的身体被撕裂成一堆血肉时，她那失去生机的肢体释放出一种强烈而芬芳的气息。那是野生的薄荷，它们将一直在

1　藏匿之人（the Hidden），是哈得斯的别名之一。
2　冥界的五条河流之一，注入斯提克斯河。古希腊人相信地上世界与冥界以五条河流相连，分别是阿刻戎（哀河）、科库托斯（哭河）、勒塞（忘川）、皮里佛勒革同（火河）、斯提克斯（恨河）。

萨米库姆（Samikon）[1]的山坡上生长，面朝大海。

哈得斯，她的不朽恋人，就在不远处。他曾在保卫皮洛斯的战斗中为赫剌克勒斯所伤。当时他被尸体簇拥，尸体的数量如此之多，以至于他无法辨别出他们是不是他的臣民，抑或来自那些刚刚死去的战士。一位英雄的箭将他的肩膀撕裂。有人记得，就在那一天，赫剌克勒斯也击中了赫拉雪白的右胸。很显然，此刻天堂、大地与冥界之间产生了巨大的混乱。在痛苦中，"畸形的哈得斯"迈着异常的步伐，登上奥林匹斯山将伤口包扎。在伊利斯的长滩上，在生的危机中，死亡将自己暴露。就在那里，佩耳塞福涅从门塔的身体中榨取出一种甘甜而纯净的香氛。

包裹在深蓝色长袍里的得墨忒尔坐在厄琉西斯城的神庙中：她在等待人类死于饥荒；她在等待一个时刻，诸神将第一次理解不能再从祭坛上闻到献祭品燃烧的烟雾意味着什么。她想打破生的周期，现在那些"神明无法被容忍的行为"将她的佩耳塞福涅从她身边带走。得墨忒尔亲自命令厄琉西斯人建造起这座神庙；她教导他们为得摩福翁（Demofonte）[2]举行仪式，这孩子失去了他的永生，这归结于他虔诚而愚蠢的母亲，墨塔涅拉（Metanira），"**愚蠢的虔诚（stulte pia）**"。

但神庙和它的仪式已不可幸存：四周，厄琉西斯平原已是一具贫瘠和烧焦的躯体。种子、鲜花、果实均被大地收回，就像进入一个不可侵犯的外壳。犁在土块中碰撞，那些土块现已成为一团

1　萨摩斯岛的别称。

2　厄琉西斯国王刻勒俄斯与墨塔涅拉之子，得墨忒尔在寻找佩耳塞福涅的途中来到厄琉西斯，被墨塔涅拉留下作为得摩福翁的保姆。得墨忒尔欲使得摩福翁得永生，因此用琼浆给他擦身，夜里在火中淬炼。墨塔涅拉的尖叫使得墨忒尔受惊离开，于是前功尽弃。

尘埃。

　　赫耳墨斯前来，看见哈得斯和佩耳塞福涅正坐在宝座上，赫耳
墨斯复述了他已屡次听闻的话语：得墨忒尔希望再次见到佩耳塞福
涅，"用她自己的眼睛"。但她又能用其他什么方式看见佩耳塞福涅
呢？得墨忒尔坚持这一直白而冗长的表述，这表述中暗含一条给哈
得斯的讯息，因为哈得斯了解另一种看的方式，并计划打那张牌，
就如他想欺骗凡人使用另一种视觉的"亲眼"所见，它既不需要亮
光也不需要眼睛，因为它本身既是光也是眼。因此，赫耳墨斯，最
完美的信使，忠实地复述着得墨忒尔在最初传达给奥林匹斯山的讯
息，现在它在黑暗中发出回声。

　　哈得斯面露微笑，眉头拱起：这是我们所知最神秘的微笑，
那一天，它浮现在死亡主宰者的额头。所以并非女侍者伊阿谟柏
（Iambe）那漫不经心、放纵而软弱的微笑得以无可抗拒地影响得墨
忒尔，以至于撼动她那石头般的坚强意志，而是那个了解真相之人
的微笑，用模糊的暗示预留出自己与那正发生着的一切事物间的距
离。哈得斯能感觉到身畔那被他诱拐，然后坐在他的宝座之上的王
后正散发出的温暖。没有人可以将她带走，甚至连宙斯也不可，除
非只有片刻：而死亡之物有的是时间。现在奥林匹斯诸神需要他，
甚至派出他们中间最聪明的一个前来将他说服——这个迹象表明他
们已松弛自己的神经——哈得斯认为这次自己可以假装参与他们的
闹剧，而他通常被排除在这闹剧之外。他转向佩耳塞福涅，以一种
善意的姿态。手指触及她的臂膀，而那臂膀回应以一种沉默的不安。
在奥林匹斯山的使者面前，他对她说，她自然可以回到母亲身旁，
但必须保持她的宁静。又一次，他的话语听起来如此神秘而讽刺，
因为直到现在，佩耳塞福涅也从没能在他身畔感受片刻宁静。然后

他敦促她不应对丈夫感到羞耻：毕竟他是一位伟大的国王，并使她成为一位王后。

佩耳塞福涅已静止坐在她的宝座上许多天，现在她像一个小女孩般跃起，脸上充满喜悦。她想即刻动身。哈得斯命人将他的黑马套上黄金马车。然后，在被悉心照料的冥界花园中，他安排了自己与佩耳塞福涅的独处。当他们顺着小径行走时，哈得斯从树上摘下一只石榴，并将三粒石榴籽献给他的配偶。佩耳塞福涅的精神正在别处游离，故将之拒绝。但哈得斯不露声色地坚持着。佩耳塞福涅把石榴籽放进嘴里，她正分着神，她的心正因想到离开而激动。他们以为这是二人的独处，却正被树影后的园丁监视：阿斯卡拉福斯（Ascalafo），阿刻戎（Acheronte）[1]与一位宁芙的爱之产物。有一天他将说出自己的所见，我们方得以知晓花园中真实发生之事。佩耳塞福涅那不经意的手势，却可能是有史以来最重要的事件，是继宙斯吞下法涅斯并成为奥林匹斯山居民之后的，酝酿了最多后果的举动。

马车终于备好。赫耳墨斯抓过缰绳与鞭子。马匹慢慢地步出宫殿，然后起飞，旋即离开。从高处，佩耳塞福涅再次看到大海，看到分支的河流与长满青草的山谷，正如她在大地上所见的最后一幕。当她坐在冥界的宝座上时，常认为自己永无可能再次目睹这番情景。而现在，伴随马车穿过丰满而蓬松的云层，它们出现复而消失，如此循环，像在进行一场游戏。最后他们抵达一个佩耳塞福涅无法认出的地方。马车停在一座新建的神庙边，神庙发散着一股强烈的焚香气息。得墨忒尔在柱廊间现身。她像山林中的一位酒神追随者般，疯狂地奔向女儿。

---

1 阿刻戎河的河神。阿刻戎河位于希腊西北部的伊庇鲁斯地区。

佩耳塞福涅跳下马车，两人拥抱在一起，并无任何言语。佩耳塞福涅感到母亲正紧搂着她；母亲已把脸转开，仿佛想说些什么。"当你在冥界时，可曾进食？"佩耳塞福涅记起那些石榴籽，那甜美、浓郁的味道，仍留在她的唾液中，如一个遥远的记忆。那不可见世界的味道将永远不会离开她。她们坐在神庙外，耗费一个又一个小时向对方讲述自己的冒险。她们抚摸对方的胳膊并拥抱。不时地，得墨忒尔会从女儿身旁后退几步，然后将她凝视。痛苦随着那些字句消除，她们重新找回了快乐。得墨忒尔解释了那三粒石榴籽带来的后果：每一年中，将有半年，佩耳塞福涅不得不回到冥界，去做哈得斯的新娘。实际上她们并未将其说出口，却都接受了这一来自宙斯的安排。坚硬的石头已被永远熔化。

那一天，唯有两位女子前来与她们交谈。第一位是赫卡忒，她如乌鸦般漆黑，头戴一顶闪耀的王冠。当那身为人母的女神徘徊在绝望中时，赫卡忒曾给予帮助；现在她又将成为身为女儿者的珍贵指引。没有女子比她更了解连接大地与冥界的道路。然后，瑞亚从奥林匹斯山带来讯息。甩动着浓密的头发，她复述了宙斯的承诺，并为他们之间的和平盖上封印。得墨忒尔站起身来，回到奥林匹斯山。就在身着蓝色长袍的女神启程时，被勉强藏匿在大地之中而因此怀恨的白色芽尖穿破了地表，迎向阳光。干旱的犁沟变为肥沃的土壤，花与叶重新面朝太阳盛放，仿佛无事发生。大自然从一场长眠中慵懒复苏。

宙斯正坐在凳子上，目视远方。一阵微风拂过他的胡须，它们已沾染了灰色。他正在脑海中思索一些事，这给他带去如醉酒般的疲倦。宙斯听从该亚和乌剌诺斯的建议，吞下了他的妻子墨提斯，因为他们告诉他，有一天她将诞下一个比宙斯更为强大的神明，而这位神明将有能力篡夺宙斯的权力。当宙斯吞下墨提斯时她已孕有雅典娜。小女婴流入宙斯体内，在那里，在那个甚至连神明自己也不知晓的隐蔽之处，雅典娜继承了宙斯的旧日武器，神盾埃癸斯，连同盾上那被剥下的皮，以及有着炽热呼吸的怪物。现在宙斯感到头顶的颅骨被雅典娜的锋利标枪刺穿。有关那小女孩的一切都很锋利：她的目光，她的头脑——现在她已住进父亲的头脑中，以及她头盔上的凸起。每一个阴性特质都被隐藏，仿佛藏进了那面盾牌的背面。

　　宙斯看见两名女子向他走来：那些伊利堤亚们（le Ilizie）[1]是助产的能手。一言不发，她们将手伸向他的头颅，小心翼翼地，不敢将其触碰。然后赫淮斯托斯带着一把青铜斧前来。在宙斯吐出第一个字之前，赫淮斯托斯挥起斧头砍在他的头上，然后逃走，伊利堤亚们紧随其后。他为何逃跑？宙斯仍未发一言。他听到自己脑袋中有一声绝望而刺耳的尖叫，就像第勒尼安海（Tirreno）的旋风。

---

[1] 分娩女神，宙斯与赫拉的女儿。

239

他立刻意识到自己并不孤独：踏着沉默的步伐，其他神明从四处向他聚集过来。他看到赫拉与赫柏（Ebe）[1]；得墨忒尔和佩耳塞福涅正坐在她们的篮子上；狄俄倪索斯则躺在一张豹皮上，手中握着酒神杖。他的另一边是波塞冬、阿佛洛狄忒、厄洛斯、阿波罗、阿耳忒弥斯、赫耳墨斯，以及三个摩伊赖，最后那三人显然正互相交谈。所有人都看着宙斯，但目光回避着他的双眸。他们正盯着一个略高于他双眸的点。雅典娜在他头骨的裂缝中出现，她的武器闪闪发光，而尼刻正围绕她挥动手上的王冠。

现在宙斯也能看见她了：她已爬到地上，离开了父亲。她转过头作为沉默的问候。雅典娜是唯一与宙斯对视之人。他看到的究竟是自己的女儿，还是自己的影像，正回首将他凝视？然后宙斯转身回望其他神明。从他们脸上的严肃表情看来，奥林匹斯山的新纪元显然已经开启。

雅典娜是唯一在出生时不去抓住某物，而是丢弃了些什么的人。当女神从宙斯的头颅中现身时，赫利俄斯的战车正停在空中。奥林匹斯山的气氛变得十分紧张，令人喘不过气，因为雅典娜慢慢开始除去自己的武器。她放下她的盾牌，她的头盔，她的标枪；她解开护甲，然后，就在她即将把长至脚踝的长袍褪去时，一群利比亚女英雄挤在她周围，将她遮掩。那些女英雄披着以流苏为装饰、染成红色的羊皮。

藏在她们中间不被人看见，雅典娜出发前往利比亚的特里同尼斯湖（lago Tritone）[2]。在那里，她把自己浸没在水中，以此重塑一种

---

1 青春女神，宙斯与赫拉的女儿。
2 在一些传说中特里同被认为是特里同尼斯湖神，这一时期他有一个女儿名为帕拉斯，被雅典娜误杀。

永远不会失去的童贞。但她需要逃离一种更深层次的亲密关系：即事实上她已与父亲的身体相互混合。雅典娜浮出水面，她的身躯在非洲的干燥空气中闪亮而强壮。女英雄们把她的衣服与武器逐一递去。现在雅典娜可以开启自己的生活了。

…

她的童年在非洲度过。雅典娜与帕拉斯（Pallas）玩着战争游戏。两个小女孩看起来几乎完全一样，除却帕拉斯的肤色稍深。雅典娜是一位来自天堂的宾客。宙斯将她委托给特里同抚养，而特里同让她与自己的女儿帕拉斯终日待在一起。两个女孩被隔绝在她们的游乐场中，见不到其他任何人。她们经常打架，既暴力又无所顾忌。她们都拥有自己的武器，虽是给孩子使用的尺寸，却足以致命。

有一天，她们发现自己正面对面，手中握着长矛。很难说清谁是谁的镜像。宙斯察觉到危险：他从天空扔下盾牌，在她们中间竖起一道屏障。帕拉斯感到目眩，手里仍握着矛。片刻之后，雅典娜的长矛刺入她体内。这是雅典娜经历的第一次，或许也是最深刻的一次痛苦。回到奥林匹斯山，她决定参照死去的朋友的样子雕刻一件木制小塑像，并将它放在宙斯身旁。那雕像有四肘[1]高，双足并立，与帕拉斯的身高相仿。完工时，雅典娜用盾牌盖住了它的乳房，就像给一个玩偶穿上衣服。然后她看着雕像，从中认出了自己。

这一幕之后，雅典娜将杀死许多人与怪物，但她总是明确了解自己的所为。她的受害者中有一个巨人，他也被称作帕拉斯，与其他巨人一样，他的部分体表也被鳞片和羽毛覆盖。他声称自己是雅

---

1 肘尺（cubito），也称腕尺，是古老的长度单位，以手肘到中指顶端距离为一肘。

241

典娜的父亲，并试图强奸她。于是雅典娜将他杀死，然后发挥了作为一名巧匠的本领，从头到脚把他剥皮。她总在寻找鳞片和羽毛：用它们完善自己的盾牌。但是小女孩帕拉斯，她的勇士朋友，促成了她生命中唯一的无意识行为：她杀死了自己的影像。那一天发生在非洲的事将成为雅典娜的秘密。甚少有人知道这个与雅典娜童年有关的故事。

护城神像（Palladio）[1]是所有古代雕塑在天穹中的模范，它被设想为对一个死去女孩的招魂，以及一个不朽者的副本。它带有独特的标志，部分由于它不是被凡人之手制造，又部分因为宙斯决定让它成为独特的特洛伊城的独特守护者。然而，在它的最初定义中又带有一些将很快产生效力的双重性表现。雅典娜的原始形象展现的并非雅典娜，而是其他两位女子：握着长矛的帕拉斯，以及在盾牌中心的美杜莎——朋友与敌人。在每种情形中，她都是那另外一个人，那独特的另一人，得益于盾牌形成的屏障而与雅典娜分离。

盾牌在美杜莎的故事中也同样重要。在一座雅典娜神庙的地板上，波塞冬以海水形成的唾液舐舐着阴影中美杜莎那如珍珠般洁白的身体。雅典娜站在他们面前，那是神庙小间中的一尊雕像，被迫看着两具躯体在她寂静的圣殿中交织。她对这种侮辱感到厌恶，与此同时还深感不安，因她知道美杜莎看起来与她十分相像。所以她举起盾牌，要将他们毁灭，好将他们与自己隔离。这一举动源自雅典娜最深邃的自我，与阿耳忒弥斯拉动弓弦的姿态一样，就当雅典娜再一次在盾牌之后与其他一切分离，并以这有鳞的皮肤筑成一道

---

1 有神奇威力的神祇雕像，能够保护城市安全，普遍认为是雅典娜的形象。Palladio 是雅典娜在特洛伊城的一个理想化的称号，来自雅典娜的别名帕拉斯（Pallas）。

屏障时，美杜莎柔软的头发开始在地板上散开并隆起，你可以看见那些发梢变成了许多蛇头。

自从年轻的阿忒被宙斯挥动的手投掷，从而坠落在特洛伊，此地就一直成为迷恋之丘。但帕拉斯的木制雕像也在此处坠落，从此便被称作护城神像。宙斯将它丢在伊罗斯（Ilo）[1] 的帐前，如此他就会在山丘上建起自己的城市。现在，迷恋与形象栖居在同一个地方：一座易受幻觉影响的城市。海伦将来到特洛伊：是她的躯体，还是那虚幻的形象？在十年中这种怀疑不会被提及，但之后它将在数个世纪中回荡。那种怀疑发散自隐藏在雅典娜神庙中的雕像，来自护城神像本身。在那护城神像所有错综复杂的冒险中，都捆绑着关于原件与副本的问题。

早在柏拉图之前，关于那尊雕像就有两件令人不安之事：它可能并非由凡人之手制作，以及它可能只是一件复制品。这两种极端在护城神像身上发生了碰撞。当阿开亚人开始围困特洛伊时，特洛伊人立即决定制作一件与护城神像完全相同的复制品。因此，纵使希腊人会设法将它盗走，特洛伊也不会陷落。奥德修斯与狄俄墨得斯确实闯入了雅典娜神庙并带着护城神像逃离。但是，就像每一桩无畏的功勋都有若干版本一样，它是不是真正的护城神像？或者说他们盗走了两尊，一尊真品，一尊赝品？又或者是否如人们猜测的一样，存在数量并不确定的神像，而真正的护城神像是那尺寸最小者？又或者被两位英雄盗走的两尊护城神像均为赝品，唯一的真品是在特洛伊的陷落之夜，当卡珊德拉像一个旧麻袋般被埃阿斯拖曳过雅典娜神庙的地面时，紧攥在手中的那尊雕像？雅典人的版本认

---

1 普里阿摩家族的先祖。

为，当各色人等都在为那尊雕像战斗时，是得摩福翁[1]，忒修斯之子，假装在保卫一尊假的护城神像，并最终让阿伽门农将它夺走，而事实上他已把真的那尊交给布塞吉（Buzige），如此它就可以被保存在厄琉西斯城。

一旦副本出现在场景中，就像进入了一个镜面大厅；一切都变得难以捉摸，以某种角度延展，万物没了尽头。在雅典，有一个地方作为护城神像被人们熟知：法院，在那里，过失杀人也会遭遇审判。第一个被告是得摩福翁自己，在他之后，雅典娜作为一个同样的负罪角色，却被致以敬意，她曾无心地杀死帕拉斯。那是一个开始，是副本的第一道裂缝，这危险来自雅典娜，她的意识与她的阴影相互敌对——带来了副本，却以伤害它告终。

副本经由图像的自我复制实施复仇。最早存在的是那唯一真正的护城神像，每当女神降临在它身上，那眼睛将发出光亮，木制的身体会排出带有咸味的汗水，然而有无数护城神像在世界各地被发现，它们均为赝品。

控制力（*sophrosýnē*），是自制，是管理事物，是锐利的目光，是为得到一个结果而对途径做出清醒判断——所有这些将思想区别于雅典娜之前的那些力量，让我们认为自己可将之利用而不被其利用。这是一种有效的幻觉，并经常得到证实。双眼变得冷酷，能看清映入眼帘的一切，并准备利用一切机会自我展示。但在这覆盖三百六十度的视野中，有一个点却不为眼睛所见，一个黑色斑点：眼睛本身。眼睛无法看见自己。它不明白自己的存在本身便是一种

1　雅典国王，忒修斯与淮德拉之子。刻勒俄斯与墨塔涅拉之子亦名为得摩福翁。

力量，一如它声称要支配的那些力量。冰冷的目光看向世界，它对世界造成的改变并不逊色于埃癸斯盾的猛烈呼气，后者使从佛律癸亚到利比亚的一整片广袤土地枯萎。

雅典娜帮助眼睛看到自己。她与那些被她庇佑之人如此亲密，以至于她将自己植入他们的精神以进行心灵的沟通。正因如此，埃阿斯的父亲会对儿子说："在战场上，为胜利而战，但你要与一位神共同赢得胜利。"埃阿斯答道："父亲，若有一位神相伴，连无名之徒也可赢得胜利；但我肯定自己能够得到那般荣耀，哪怕没有神明同行。"于是雅典娜干预和摧毁了英雄的心智，就如对待一座她乐意将之洗劫的城池。对于那些利用她表象的人类，雅典娜十分无情——他们目光锐利、头脑敏捷、双手灵巧，抓取了智慧的胜利——却忘记它从何而来。奥德修斯与一个如埃阿斯般聪明却傲慢的英雄间的区别就在此处，这差异变得如鸿沟般显著。对奥德修斯而言，雅典娜的降临是一段不间断的秘密对话：他在苍鹭的鸣叫中、在一种有着金属色泽的声音中、在栖息梁上的燕子的羽翼上，以及在其他任何大大小小的证据中找到她，因为，正如曾有一次他对女神说道，"你模仿人的各色举止"。英雄知道她无处不在。他知道自己无须等待神显时的耀眼光芒。雅典娜也许会现身为一名乞丐，也可能是一位旧友。她是一个保护性的存在。

雅典娜"倾心地"热爱她与"那位男性"的关系，这以一个古老的误会为前提。雅典娜赋予人们武器，用以脱离一切形式的统治力量的压迫，尤其是那来自天穹与大地的力量，那天人们在战栗中听闻一声锐利而音调颇高的尖叫，当时女神正从宙斯的头颅中蹦出——颤抖是因为他们意识到这个年轻女孩将是新的敌人。但雅典娜并不赋予人们武器助其从她身边逃离。每当凡人以无耻的要求和讨厌的行为彰显自主性时，雅典娜即遭到侮辱。她的惩罚来得很快，且颇为极端。今日，那些不认得她的人们并非埃阿斯般的无礼英雄，而是由埃阿斯分身成的诸多"无名小卒"。那些前进着的、傲慢而眼盲的人类，玷污了足下的大地。在此同时，奥德修斯的后裔将继续与雅典娜进行这般沉默对话。

奥林匹斯诸神在他们的巨大宫殿中互访。他们聚集一堂，在夜晚举办宴会。或者也可能像一群好奇的旁观者般，观看一些不同寻常之事：当雅典娜从宙斯的头颅中挣脱；当阿佛洛狄忒与阿瑞斯被赫淮斯托斯的金网捕获。

即便是奥林匹斯也有禁区，无人得以进入它被封印的、不可侵犯之处。神明绕过那里，知道自己永远无法迈进那道门槛。那是一个正方形的、空空如也的无窗房间。在地板上，黑暗被一根棍棒撕成碎片，那棍棒的边缘仿佛正辐射出一道光芒，将在寂静中爆发：宙斯的闪电。对于任何胆敢靠近者，那发光的边缘都将呈现莲瓣的柔软形状，在闪电中绽放出"火焰之花"。

宙斯曾让雅典娜借给他一件常被她夸耀的强大武器：一张从怪物身上剥下的皮，即埃癸斯盾牌。作为回报，同时也因他难以抗拒地偏爱着女儿，他允许雅典娜偶尔触碰他的闪电。这是雅典娜最感自豪的特权。在雅典人面前，当雅典娜被要求决定俄瑞斯忒斯的命运时，她提醒那被告人，"神明之中，唯我掌有那通往房间的钥匙，闪电被封存其中"。

雅典人称有两个主要原因使他们感到自豪：其一，他们是本土的居民，真正在阿提刻之地降生，而非来自其他土地的移民；其二，雅典娜是他们的守护者。但是，若要在大地上降生，一个个体也需要一粒种子与一个子宫——但雅典人总是避免提及此事。这是为何?

在奥林匹斯山所有形式的童贞中,没有一个像雅典娜的那般神秘而刺激。没有一个女子曾像她一样与男性如此亲密。奥德修斯的女人们从未感觉到英雄的声音距离她们像他与雅典娜的那般亲近。然而,雅典娜拒绝将身体奉献给任何神明或凡人,即便是那些她曾怀着极大热忱相助的人们。虽然要责罚他们,她也不似阿耳忒弥斯那般暴烈。当忒瑞西阿斯偷窥雅典娜的沐浴时,她出于神明的职责令其失明,但旋即选择赐予他千里眼。

一天,雅典娜接近赫淮斯托斯,奥林匹斯诸神中的最丑陋者,亦是每晚与阿佛洛狄忒同眠之人。她要求他为她制作一件盔甲。在庄严的话语里,她补充说自己的确不知该如何支付他酬劳。"我将出于爱来制作它",赫淮斯托斯说道,雅典娜点头。她是唯一能让赫淮斯托斯忘却阿佛洛狄忒的女子。在她的拜访中,雅典娜没有注意到赫淮斯托斯目光中的闪烁,因她并不习惯注意那种事情。

时间流逝。雅典娜回到赫淮斯托斯的锻房,当她拿起自己的盔甲时,黑暗中那位非凡的工匠开始在她的身侧徘徊。女神感到长而有力的手指正将她勒紧,矫健的腿股正强迫她背靠墙面。当女神挣脱他的紧握时,赫淮斯托斯的体液喷洒在她腿上,就在膝盖上方。女神没有言语,只急于在那锻房中抓住手边的第一块抹布。她清洁了自己的大腿,再不想看到那抹布,遂将它从高处抛下。抹布掉在阿提刻,事情就这样发生。该亚,大地之母,这个并非从未经历原始生殖行为的角色恰好经过。抹布与赫淮斯托斯的体液一起落入该亚的子宫,使她受孕。当该亚生下孩子却不知如何处理新生儿时,雅典娜决定收养这个没人想要的生灵,她的决定非常迅速且充满信心,就像在擦除赫淮斯托斯的体液时一样。她抱起这个长着蜷曲蛇尾的小婴儿,起名为厄里克托尼俄斯。

尽管雅典人倾向于回避谈论他的出生，人们却热爱厄里克托尼俄斯。他们在他的身上看见自己，一个果实，源自一位工匠对一位女神的未被满足的欲望。无论是农夫、战士，还是祭司，他们都知道自己是从那工匠的种子中孵化而来，无论是在集市工作室中健谈的艺术家，或是宇宙中的独居巧匠。他们对雅典娜的渴望胜过对其他任何人的欲望。这使他们比其他人更接近奥林匹斯山的不凡神明，那些分离之神，那些不满足于自然及其周期，因此寻求坚硬如水晶般的形式的神明，因为水晶是自我封闭的，正如那自主的、原生的灵魂。

卡利马科斯从未说过一个不雅之词，他将赫淮斯托斯因出于对雅典娜的苍白欲望而洒落的精子称为"露水"。那露水渗透进大地，抵达该亚的子宫，孕育出半蛇形的孩子。雅典娜把他从大地上举起，拥入自己童贞的怀里。但她不能像其他母亲那样拥抱他。雅典娜不只是一位母亲。她为那孩子做出的第一个举动，是为他戴上一条挂着一个装有两滴美杜莎之血的小盒式吊坠的金项链：那两滴血，一滴能致命，另一滴则能治愈。然后她把厄里克托尼俄斯放入一个柳条篮里，并把盖子合上。她把篮子交给雅典国王刻克洛普斯（Cecrope）[1]的三个女儿，告诉她们不要为任何原因打开它。三个女孩并不知道那是怀着对阿提刻的深刻热爱的雅典娜，她希望令厄里克托尼俄斯不朽，而不被其他神明发现。

每当一位神或凡人希望使一个孩子加入不朽者之列时，总有些地方会出现问题。忒提斯与阿喀琉斯，得墨忒尔与得摩福翁，美狄

亚与她的孩子们，都是如此。总有人出现，不论是出于分心还是好奇，将那微妙的过程扰乱，并摧毁一切。分心与好奇是两种终极罪孽，释放出不耐烦的讯息，一直阻挠人们发现天堂之门。刻克洛普斯的三个女儿各自拥有一个饱沾露水的名字：阿格劳洛斯（Aglauro）意为"闪烁的"；潘德洛索斯（Pandroso），"所有露水"；以及赫耳塞（Herse），"露水"。怀着与赫淮斯托斯捉住雅典娜、并将体液喷洒在女神大腿上时同样的急不可耐，刻克洛普斯女儿们中的两个将篮子掀开，看到里面的蛇形婴儿，由另外两条蛇护卫，那是他的"守护者"。对于刻克洛普斯的女儿们而言，情况并不令人震惊。事实上，她们可能已将厄里克托尼俄斯视作一个年幼的弟弟：毕竟，她们父亲的身体末端也长有一条蜷曲的蛇尾。她们却因此感到一种初始的恐惧，因她们知道自己已犯下对希腊人而言最糟糕的罪行：她们在错误的时刻打开了那个神秘的篮子。

雅典娜正从帕勒涅[1]返回，她前往那里，怀中抱着一块硕大的岩石，为她的城池寻找一处堡垒。她本计划将岩石放在卫城，从而令雅典坚不可摧。一只携带噩耗的乌鸦来到她的面前，报告所发生之事。怒火中烧，雅典娜扔下巨石，那石头落入卫城对面的土地，从此再未移动。它成为利卡贝托山（Licabetto），时至今日，它仍在雅典占有重要地位，却不曾保卫过那城邦。然后，雅典娜出现在刻克洛普斯的女儿们面前，她们惊恐地逃散，猜测着自己将难逃最严酷的惩罚，正当她们在脑海中进行这样的假设时，她们被一种发狂的暴怒捉住。她们飞奔到卫城最陡峭的岩石上，凝望着眼前的虚无，然后一跃而下，摔成碎片，鲜血溅洒在岩石上。

---

1 古希腊阿提刻地区的聚落。

雅典娜找回蛇形的孩子。又一次，她的所为注定仍将与她自身分隔。她将盾牌的兽皮弯折，做成一只口袋，类似于有袋动物的育儿袋，然后将厄里克托尼俄斯塞入其中。现在，好奇的蛇孩从高处俯瞰大地，他在雅典娜的胸前露出脑袋，旁边是美杜莎的面庞，它在逝去的光阴中慢慢呈现一种简朴的美，与女神之美并无不同。现在你明白她为何想与女神进行美的竞争。厄里克托尼俄斯靠在雅典娜丰满的前胸。他低头望向它们中间的沟壑，看见美杜莎由蛇做成的头发，然后他触及盾牌的边缘，那也是蛇，在他的周围卷动。孩子很快喜欢上美杜莎。他尚未意识到那是他的姐姐，和他一样从该亚的子宫中诞生。厄里克托尼俄斯感到了一种快乐和自在，就像处于蛇群中的一尾蛇。透过神盾上的皮毛，他感知养母隐藏其后的体温。

他越是看着那世界，就越坚定地认为雅典娜是唯一与自己相似之人，那强壮的、焕发光彩的女子，与蛇群一起翻涌。她并未从自己的子宫中将他孕育，并蔑视他从中诞生的种子，但他们比任何母子都更亲密。再没有其他人能靠在那对完美的乳房上，也没有人能看见它们，除非在激烈的行动中或许使一只乳房极偶尔地露出埃癸斯盾。埃癸斯是厄里克托尼俄斯的家，难道不几乎已成为雅典娜身体之一部分？它不仅是一件武器，还是第二张皮肤。厄里克托尼俄斯度过他的年幼时光，忧心于同养母分离的那一刻，那离开盾牌里的小育儿袋的时刻，他将离开女勇士的"孕养"，暴露在风吹日晒中。但有一天，雅典娜确实将在卫城中把他放到地面。她在那里将他抚养长大。此地因此变得神圣。然后他们忧伤地别离。于厄里克托尼俄斯而言，这标志着他生命中神圣时期的结束。他成为一位国王，是雅典众多国王中的一员。他迎娶了一位那伊阿得斯（Naiadi），开创了泛雅典娜节，发明了驷马二轮战车和金钱。临死前，他想回到养母身边。他被埋葬在雅典娜抚养他的院子里，现在那里已是蛇的巢穴。

雅典人清楚他们的原罪，即刻克洛普斯女儿们的所为。他们崇拜雅典娜，且知晓女神选择不让他们战无不胜。这城池的灵魂是一条无名之蛇，居住在厄瑞克透翁神庙（Eretteo）。每个月，他们会为它献上一个涂满蜂蜜的蛋糕，希腊人认为蜂蜜是一种露水。有一天，当波斯人向雅典进军时，无名蛇第一次没有触碰它的蛋糕。就在那时，雅典人决定逃离这座城市，因为女神已经放弃卫城。

七个世纪后，雅典已不再受威胁，因为它已失去一切，除却那些雕像。旅者帕萨尼亚斯惊奇地偶遇一个较不为人所知的仪式。每一年，两名来自雅典最古老家族的七至十一岁的女孩将被执政者选中，她们将在雅典娜·波利亚斯（Atena Polias）与潘德洛索斯的神殿附近居住一段特定时日。在刻克洛普斯的女儿中，唯有潘德洛索斯服从了女神。小女孩们被放进一个小围栏中，她们可以在里面玩球，在这封闭空间的中央有一尊骑马男孩的雕像。女孩们被称为阿里福罗伊（arrefore）或赫耳塞弗罗伊（ersefore）[1]，这些名字意为"承载无可言说之事"（árrēta）或"承露者"（hérsē）。事实上，两者皆是。雅典娜的女祭司将在一个夜晚来到女孩们面前："女孩们头顶着雅典娜的女祭司让她们携带的物品；女祭司把物品交给女孩们，却不知自己给予的是什么，就如那携带物品之人不知自己携带着什么。"然后两个女孩沿着一条地下隧道行走，那隧道绕过花园中阿佛洛狄忒的圣殿，抵达卫城陡峭的北坡。在通道尽头，"她们放下自己携带的物品，并拿起另一件东西，将它仔细裹好，把它带回她们的出发地"。

被捆束之物的交换，在地下世界的一场夜游，两位小女孩独立完成了这些事：这是一个秘密的宗教仪式。于是雅典人在雅典娜灰

---

1 帕萨尼亚斯记录中的，雅典卫城祭祀仪式中的助手小女孩。

绿色双眸的注视中证明他们没有忘记原罪。没有人透露过她们携带着什么。但比被包裹之物更重要的是那包裹必须一直不被打开，并且两个女孩应在黑暗中携带它们而行。

　　仪式结束后，女孩们被送回家中。第二年，另外两人将取代她们的位置。有一天，当她们记起雅典曾给予她们的"卓越教育"时，都将十分感动。吕西斯特拉忒（Lisistrata）的同伴们如此回忆她们的少女时代："七岁时，我是一个阿里福罗伊；十岁时，我是一名阿勒特瑞斯（aletris）[1]，碾碎圣洁的蛋糕，以此侍奉我们的女性保护人；然后我穿上藏红花色的长袍，在布劳隆神庙（Brauronia）[2]跳起熊舞；当我长成一名优雅的女孩时，我是一个持篮者，戴着一条用无花果干做成的项链。"就像其他孩子穿过一片游戏场一样，这些女孩秘密穿行，现在，她们在卫城堆砌壁垒，拒绝被她们粗俗而贪婪的丈夫触碰。

　　　　　　　　　　　　　…

　　无论雅典发生了什么，"辉煌"，lamprótēs，总在其中扮演一部分角色。并非因为庇西特拉图之子[3]的暴政让人难以忍受，以至于哈尔摩狄奥斯和阿里斯托革顿发动起义，并因此成为后来所有对阴谋与暴政的反击之楷模。不，这是因为哈尔摩狄奥斯的身体"青春洋溢"，庇西特拉图之子希庇亚斯才渴望得到他。但阿里斯托革顿，一位普通公民，同时也是哈尔摩狄奥斯的恋人，也同样渴望得到这个男孩。是"爱欲的折磨"诱发了他们的行刺企图。

1　（祭祀仪式性的）女研磨者。
2　阿耳忒弥斯·布劳隆神庙。布劳隆（Braurone）是阿耳忒弥斯的圣地，位于阿提刻南部郊区。
3　希帕克斯与希庇亚斯。他们在僭主庇西特拉图（约前600—前527）去世后共治雅典。

当雅典人在黎明时分开始涌向比雷埃夫斯时，他们没有意识到那将是他们最后一天共享愉悦，虽然其中夹杂着恐惧。当时，亚西比德的舰队正驶向西西里岛——即使在此情形中，在一个因鲁莽、征服和死亡而色彩斑斓的场景中，目光仍逗留在以装饰做点缀的船只所形成的"壮丽风景"上，直到传令官吹响他的喇叭，沉默降临，士兵与指挥官举起他们的金杯或银杯，以奠酒敬神。这是修昔底德的回忆，他是雅典人中的最清醒者。

芙伊（Phye）是一位美丽的乡下姑娘，身高四腕尺，居住在派阿尼亚区（Peania）。当庇西特拉图决定从流亡中回归并重建他的独裁时，人们寻找芙伊。他们用奢华的盔甲为她穿戴，并教她如何站立和移动，以使她看起来更令人印象深刻。然后，他们让她爬上一辆战车，启程驶向雅典，一些使者已先于她出发。使者们在城市中大肆宣告庇西特拉图即将归来，女神雅典娜总是偏爱他，现在正引领他重回卫城。"公民们被说服，以为芙伊就是女神本人，公民们崇拜着一个人类，并欢迎庇西特拉图的归来。"

希罗多德称此骗局为"迄今最为幼稚的一回。自远古时代起，希腊人作为从蛮族中分裂出来的一支，变得愈加精明，并比蛮族更不倾向于做出幼稚行径"。但是骗局一如既往地揭示了一个本不会被我们发现的真理。庇西特拉图的第二次回归发生在公元前546年，只比赫拉克利特开始写作的时间早了数十年。雅典人仍愿接受这样一种可能，即有一天，女神雅典娜也许会乘坐一辆战车驶入他们的城市。这便是他们在政治斗争中表现出的所有离奇的机敏。

不难想象历史学家们对葛塔诺·德·桑克蒂斯（Gaetano de

Sanctis)[1] 所指"一个精明女孩的荒谬故事，她的穿戴形如帕拉斯，人们认为是她护送庇西特拉图进入城市"一事持何意见。众所周知，学者们长久以来惯于指出希罗多德的"孩子气的天真（puerile ingenuità）"，就如他指出蛮族的"孩子气的天真"。

然而，事实上亚里士多德，那将成为古典世界每一位学者的理性思考之楷模者，用与希罗多德完全相同的话语叙述了庇西特拉图的第二次归来。他甚至额外添加了一些有关芙伊的细节，并以这"无价值的哗众取宠，只表明那位收集者的可悲历史观"，进一步惹恼了葛塔诺·德·桑克蒂斯。亚里士多德写道："十一年后，被所属派别置于一个不易境地，麦加克勒斯（Megacle）[2] 与庇西特拉图展开谈判，麦加克勒斯知晓后者将在未来迎娶他的女儿，遂以一个在古时颇受尊敬并极为简单的方式将庇西特拉图迎回。他散布了一个谣言，即雅典娜正引领庇西特拉图归来，又找来一位高大且美丽的女子，希罗多德说那女子来自派阿尼亚区，也有人说她来自科尔吕图斯区（Collito），她是一个祖籍色雷斯的卖花女，名为芙伊，麦加克勒斯将她扮成女神，让她伴随僭主之侧进入城中——就这样庇西特拉图乘坐一辆战车进入城市，身边有一位女子为伴，公民们在惊讶中低下头颅，以示欢迎。"

在亚里士多德的描述中，最有趣的是他对庇西特拉图之回归的评价，它"在古时颇受尊敬并极为简单"。早于亚里士多德一个世纪，希罗多德仍在努力练习那种非凡的新希腊品质，那种机敏"异于孩子气的幼稚"。因此他被迫将庇西特拉图的回归描述为一桩几乎令人难以置信的事件。

---

1 1870—1957，意大利古典学者。
2 活跃于约公元前6世纪中期，古希腊政治家，雅典"海岸派"（Paralioi）的领袖。

相比之下，更为清醒的亚里士多德已拥有一种几乎完全现代的视角去审视事物。这恰是为何他对所发生之事未感到一丝讶异，在由卖花女扮演的女神所引领的回归中，他辨认出一个失落世界的最后幻影。在那个世界，神明与凡人间的界限被不断移动，并因此变得危险。庇西特拉图的回归于是可以真正被视作"在古时颇受尊敬"，在那个时代，变形的力量仍旧存在，因此一位卖花女也可被误认为是现身在雅典街道的一位女神。

恰从一开始，希腊式的优雅就与亚细亚式的奢华形成对立，后者混淆了庄严与挥霍的富裕。正如希腊人认为的，优雅源于发掘，它自空腔中来。*glaphyrós*，"凹面"，被荷马用于描述船只和洞穴，后来逐渐开始指代一个被雕琢并磨光的表面所具有的抛光和润泽。符号上的细微断口，或一种简洁而富有活力的表面：这些是理想的目标，每一个的实现都必须经由对材料的刨削和磨光。

希腊雕塑的表皮如此清晰地与周遭的一切相区分，因为它雕刻自空气，而美索不达米亚或埃及的雕像则仿佛自泥土中生出。盘桓在荷马诗句中的紧张感之所以优于其他，是因为这些词汇在被诗人否决的那所有空洞细节的反衬下变得醒目。后来，除去那些可触及的表皮，**优美**（*glaphyría*）打开了一条通往内在的道路，通向心灵的敏锐。直到最后，它将自己安置在一个光滑到失去了所有立足点的表面，杨布里科斯（Giamblico）[1] 使用**优美**一词定义这种精确示范的优雅。

一方面，在长而带褶的裙摆下有一双长且单薄的足伸出，紧身

1　约245—325，新柏拉图主义哲学家，该学派叙利亚分支的创始人。

胸衣压迫着弥诺斯女子们的丰满乳房；另一方面，用肩上搭扣固定的无缝长袍创造出一种柔软而镂空的遮挡，身体可透过它被感知，而那光滑且发亮的表面避免了身体被实际看到，如此那"必须被隐藏的，确被隐藏了，虽然风正在鼓动"。没有什么比女性着衣方式的变化具有更强烈的不兼容性。一种风格与另一种风格之间永远存在晦涩的过渡，这就是希腊独特性的演化。在那过渡中发生了什么？多利安人（Dori）。对于考古学家来说，他们总是一个谜团，未留下任何可确切归结于他们的事物，除却可能有一种简单的着装式样，即别在肩上的矩形垂袍。

意义是审美的首要敌对者。象征既表现为一个图案，同时也是些其他东西。审美出现在一个**像**其他许多人一样的角色上。神是一个男孩；他像任何雅典男孩一样出现，与他们一样赤裸，面露轻松的微笑。他通常不表现出任何可能会让我们将他认出的特质。他完全依赖于存在。学者们仍对科瑞（*kórai*）感到困惑：她们是死去的女孩吗？是女神的侍者？抑或女神本身？还是思想在一个男孩或男人的坟墓上的人形再现，而与这些女性毫无关联？在这里，意义似乎已经消逝，不再自我欺骗。自欺本就是一种存在，如一个不为我们所知的人。但人们并不会立刻想到意义，而是会想到眼中所见。

相比之下，最小的美索不达米亚封印正挑战我们去解密：它是凝聚在少许几条僵硬刻痕中的记忆。它预设了一个场景，以及事件与人物的顺序。雕像则蔑视此类解读。它至多会在一只手中握一枚水果。但我们感觉到，在传达任何意义前，它只想吸引我们的目光——并将它自己植于其中。

希腊神明并不施加任何诫命。他能禁止什么，当他自己已做出所有好与坏的行为？希腊人确有一些格言，与戒律有着相同的普适性。但它们并非一些从天而降的规则。若我们仔细分析这些格言，看到它们对**神志清醒**（*sōphroneîn*）、对控制，以及对任何过溢危险的坚持，我们将发现它们来自一种完全不同的本性：它们是凡人精心制订的准则，用以在神明面前自保。希腊人并不偏好节欲。他们知道那种富余是不朽的，而那不朽的将征服生命。但当他们发现自己正愈来愈陷入那神圣性时，他们就越希望能距它一臂之内，就像奴隶会不断用手抚摸自己的伤疤。西方式的清醒将在两千年后成为每个人的常识，但在一开始，它只是通过一些最骚动的元素而被瞥见的海市蜃楼。

那么，这些希腊神明想从凡人身上获取什么？他们自然不会强制我们以特定方式行动。他们准备好捍卫被其所青睐之人的不义行为，就如谴责不受其青睐之人的正义行为。所以他们想获得什么？被承认。每一种认知都是对形式的感知。以我们强大的现代词汇而言，我们也许会说，美是他们用以自我表达的首要也最重要的方式。但对一个已在岁月中失落的词汇来说：美是汇集在一个角色、一具躯体，或一种声音上的力量。

...

如果，在一种古老冲动的驱使下我们要定义神明之于希腊人的含义，我们也许会说，根据奥卡姆剃刀理论（il rasoio di Occam）：神明即一切使我们远离生命的平凡感觉之物。"有神明相伴，你总会哭泣和大笑。"我们在索福克勒斯的《埃阿斯》（*Aiace*）中读到。生命不过是如植物般的生长，凝视的目光总望向外在世界，笃信自己的存在，虽不知自己是什么：这样的生命不需要神明。它隶属于**人类**

本性（*homme naturel*）自发的无神论。

但当一些未经定义但强悍有力的事物晃动我们的精神与躯体，让我们的骨架吱吱作响时，当一个在前一秒还沉闷无言的不可知论者爆发狂笑与充满杀气的狂怒，或出于爱情的痛苦，或因为本质的幻觉，或发觉自己正泪流满面时，希腊人意识到自己并不孤独。有人正与他并肩而立。那是一位神明。他不再拥有平庸状态中的宁静与清醒的知觉。相反，那种清醒已迁移到他的神圣同伴身上。天际映现了清晰的轮廓，神明是辉煌的，而将其召唤的每个人都将被滞留在困惑与不知所措中。

看着雅典娜，她的乳房上有蛇盘曲，她的面庞纯净明媚，我们感知了古典的含义：那是野蛮与新古典主义的混血产物。

在希腊人历史上的某个特定时期，宫殿燃烧坍塌，文献散失殆尽，黄金不复可得，我们对他们历史上的这一特定时期知之甚少，因为它既未留下只言片语，也无古迹可寻。就在这一时期，希腊人选择将完美作为权力的对立面。力量幻想着无限扩张，完美却不可以。完美只是不间断变化着的存在过程中的某一瞬间，却包含着含蓄的瑕疵，而这瑕疵令希腊人惊恐：完美的时刻即是圆环合拢之时，它会带来死亡。只有在厄琉西斯的经历中，这一巨大障碍似乎被化解。这就是为何希腊人敬重厄琉西斯胜过其他一切。

厄琉西斯城的庆典并非某种日常且极端乏味的农业仪式，而是用以纪念完美与死亡的并存。在厄琉西斯城，农夫不必为作物担忧。厄琉西斯城因那些渴望完美的人而存在，为将他们治愈。在那里，也只有在那里，人们拥有一种不会消逝的完美。从厄琉西斯城归来的人们会像其他人一样欢笑与哭泣，但只有他们可以声称自己是在真正欢笑或哭泣。因为他们的笑声与眼泪产生在完美**之后**，而非它的虚弱前身。

根据品达的说法，狄俄倪索斯是"仲夏的纯净光芒"，是**果实**（*opóra*）：在七月上旬过后，天狼星升起后的五十天里。当果实坠地，厄琉西斯城的队伍将从雅典出发。庆典由一声极为高亢的呼喊开启，以一个"神圣青年"的现身为结束。于雅典人而言，他是一位"美丽的神"，是属于那一时刻的神。呼喊声与青年有着相同的名字：伊阿科斯。那被呼唤的即是那青年。

人们在九月的一个下午，即萨拉米斯（Salamina）战役[1]之日，离开狄甫隆并沿着圣道前进。伊阿科斯作为"旅伴"现身，激励年轻的舞者进行一场长达十二点五英里的舞蹈，将他们带至厄琉西斯城。成群的男孩、女人和老人，甘愿被这个"不知疲倦的神明"统领。伊阿科斯是一个声音，是一支火炬，在开满鲜花的平原上隐现。即便那是九月，夏日的热浪正灼烧田野。

什么是秘密仪式？"关于许多可笑之事和许多严肃之事的箴言。"这是阿里斯托芬（Aristofane）[2]亚里士多德的定义，未遭任何人质疑。队伍向前推进，伴随着"欢声笑语"。一位舞者侧视的目光"停留在一位极具吸引力的年轻女孩身上，她是一位旧日里的玩伴，小小的乳房正挣脱出上衣的裂缝"。空中充溢着树脂与烤猪的气息。鞋履与撕裂的衣服沾染尘埃，在舞蹈后那衣服将愈加破碎，因为"那正在庆祝的人儿不会在节日中脱下长袍，直到它被撕成碎布"。

---

1 第二次希波战争中的转折点，发生在公元前 480 年。希腊联军将波斯军队诱入萨拉米斯岛与希腊本土阿提刻地区之间狭窄的海峡中，取得决定性的胜利。
2 约前 446—前 385，古希腊早期喜剧代表作家，与哲学家苏格拉底、柏拉图有交往。作品有《阿卡奈人》《骑士》《和平》《鸟》《蛙》等。

这是些小城邦，大部分时候他们互为敌人，或半真半假的朋友。但他们在共同捍卫一件东西：*tò Hellēnikón*，"希腊性"，他们并不烦恼于如何为它定义，因为他们已全然了解。没有伟岸的宫殿和列出方阵的卫兵，没有谦逊的执政官，也没有黄金。它是一种特定的贫乏表达，就像运动员们比拼速度和美，再无其他。也许这能部分解释他们为何与蛮族不同，哪怕是蛮族中的贵族。希腊人会四处漫游而全身赤裸。他们还对一些其他东西饶有兴趣，并且只有他们会感兴趣：一片空旷的空间，阳光灿烂、尘土飞扬，在那里他们交换货物和信息。那是一个集市，一片广场。

居鲁士大帝是希腊人在意识形态上的第一位敌对者。收到一封来自斯巴达的战书，居鲁士在宝座上端坐片刻，然后询问这个名为斯巴达的未知城市究竟是怎样的存在，能号集多少战士。他的希腊顾问中有一位对此做出了解答。居鲁士的回答清楚地解释了有关"希腊性"不被亚细亚力量所容的所有问题："我从不畏惧那些聚集在城市中央某个特定地点的人们，他们向各种东西盟誓，然后又互相欺骗。"

…

在宙斯的别称中，最具影响力的是"那现身之人，**给予或带来光明（*Phanaîos*）**"。此名号同样适用于阿波罗，"因为存在之物（*tà ónta*）经由他得以显现，宇宙被照亮"。外表的至高权力以宙斯为始，自它派生而出的紧张感对希腊文化加以刺激。柏拉图对外表发动了一场毁灭性攻击，这一事实却表明外表对于柏拉图而言仍占据主导与压制地位。雕像是外表之国度的使者。再无其他古代语言像希腊语一样拥有如此丰富的词汇来指称不同类型的图像。这种引人瞩目的视觉语汇与希腊人的卓越敌人——波斯人形成了鲜明对比。在历史性的长期对抗背后，有人看到了一种不可逾越的形而上学鸿沟，被希罗多德如此描述："（波斯人）并不树立雕像或建造神庙与祭坛。相反，他们贬斥那些如此做的人的愚蠢，我认为这是因为他们不像希腊人那样相信神明拥有凡人的形态。他们的做法是在最高的山巅向宙斯献祭，他们认为宙斯是那整片蓝天。"

不像希腊人那样崇拜石或木的制品，也不像埃及人在白鹭和猫鼬前倾倒身躯，最早的波斯人只会"像哲学家一样，在火与水前"折腰。在很早以前，希腊人就与那些哲人祭司，即贤士（**Magi**）相分离，他们发展出一个新的哲学家类群，并非祭司，不必放弃图像崇拜然后爬到最高的山顶礼拜天空。有些人也会省略图像，然后发现无任何东西可供敬拜。但是，在这发生之前，外表还被认为是一种迄今未知的力量，一种挑战。

没有地方像雅典一样，在王权与祭祀的两种名义上都占据统治地位，却又被如此吝啬地记录。"巴赛勒斯"（*Basileús*）是对一类祭司的称呼，他们仅在某些特定的年度活动，如在安塞斯特里昂节中履行有限的职责。在一年中的其余时间，他们无异于其他希腊人。一般意义上祭司们必须是可敬之人，均为社会成员，但他们不被授予任何超出其在宗教中所发挥作用的权力。他们是不使用典籍的祭司，亦无须囊括一切秘密教义。

希罗多德发现，在波斯无人可举行祭祀，除非有一位贤士在场监督整场仪式。没有什么比他的惊讶更具希腊特色。在希腊，任何人都可奉献一个牺牲品，无人会对此进行审查。而波斯贤士的形象则是一双旁观的、审视的、守卫的眼睛，并通过神秘学的途径让人感受其存在，这形象代表了一种无可战胜的力量，练习着对现实的完全掌控。守护者是一类特殊形象，代表一种即将在希腊壮大的力量。它以两种形式存在：其一是斯巴达督政官的实用主义与独裁主义；其二则是理论的，通常冷酷无情，但与柏拉图思想中关于天堂的内容相联系。

希腊视两个秘密为珍宝：第一个关于厄琉西斯城，第二个关于斯巴达。雅各布·布克哈特（Jacob Burckhardt）[1] 几乎就要揭晓斯巴达的秘密。他的评论带有典型的清醒："权力在大地上具有一个伟大使命；在一个被权力庇荫的世界，或许只有依靠权力，卓越的文明才能得到发展。可斯巴达的权力似乎完全为自己存在，仅为维护自身之主张，它无法逃脱一种永恒的悲怅，即对其他种族的奴役及其统治的扩张将为自己带来灭亡。"

带来自我毁灭：当我们被某件危险之物吸引时，常如此频繁地听到这种表述，话音总带着战栗。囤积金钱，纨绔之风，实验性的研究。但言简意赅地说，第一个**为自己带来毁灭**的是斯巴达人：一种吞噬一切的冷酷而沉默的权力，无视其他一切，亦无须其他一切。它是第一个自给自足，第一个漠视自我运行机制外一切存在的存在，那种机制由一位不具面目的工匠设计：吕枯耳戈斯（Licurgo）[2]。在斯巴达人的城邦中，一切形式都隶属于它，一切惯例都从属于它的存在。这是一种古老而彻底的现代哲学，斯巴达人如此坚定地要将它隐瞒，并把自己伪装成无知的好战者。否则他们的敌人也可能被这种有助于稳固权力的机制所诱惑，而其同类者都将被视作无敌。这会带来一种可悲的矛盾……这一哲学成为战争

---

1 1818—1897，生于瑞士，文化历史学家，著有《希腊人和希腊文明》。
2 古希腊政治人物，传说中斯巴达的改革家与立法者。

中的最有效武器和一种自保手段。它并不由雅典人发明，虽然他们总是喋喋不休而又自负，分心于此类事情。不，这种哲学是**那个**斯巴达人的发明，从其中派生了其他发现，并使其他所有哲学都变得多余。

这解释了苏格拉底打着哈欠做出的讽刺，他提出一个论据以反驳普罗泰哥拉（Protagora）[1]："最伟大和最古老的希腊哲学来自克里特和斯巴达，大地上的多数哲学家都居住于此；但他们否认此事并假装无知，以此避免凭借智慧而从希腊人中脱颖而出，他们只想通过战斗与勇气自我彰显，因他们害怕其他人知晓其真正所长并为自己设立同样的目标——知识。他们的伪装吸引了来自其他城邦的斯巴达崇拜者，那些崇拜者割去双耳以将其模仿，用皮革束腿，前往竞技场，身着短袍……还以为这些便是斯巴达人得以在希腊人中享有最高地位的关键。至于斯巴达人，当他们想与哲人自由畅谈，并厌倦于隐藏真实的自我时，会把所有亲斯巴达者及其他异乡人驱逐出斯巴达的土地，以便与自己的哲学家交谈而不被任何外人听闻；更重要的是他们像克里特人一样，禁止年轻人去往其他城市，如此他们所受的教育便不会腐坏。"

在《法律篇》中，老柏拉图仍在怀念斯巴达，并抱以一种晦涩的遗憾："当目睹我们此时讨论的组织时，我发现它最为美妙。若希腊人曾拥有它，如我所言，若有人能以富有吸引力的方式对它加以利用，它会成为一笔非凡的财富。"在这些话语中浮现出一个技术性的谬误，即幻想人们可以建立一种完美机制并借其行善。关键在于，斯巴达机制的存在，是基于对善行中一切不为自己所操控者的悉数

---

1 约前 490—前 420，古希腊哲学家。

排斥。

　　一切都在自我重复，一切都在循环往来，其意涵却总存在一些轻微的扭曲：在现代，创始团体成为了监察力量。总有一些被人类学者如细齿般的筛选所遗漏的微小版图得以幸存，如存在于现代世界中的一片远古岛屿：我们就这样在古代偶遇了一些使者，他们来自一个现实，这个现实将在两千多年后显露。

　　在一个斯巴达人所接受的训练中，有一种被称为**克里普提**（*krypteia*）的活动："其组织如下：指挥官们将一些看起来最聪慧的年轻男子分批派往乡村，方向未必相同。他们配备匕首，仅携带最基本的补给，此外再无其他。他们在白天前往未知之处，寻找藏身与休息地；在夜晚他们来到路上，若他们发现一个希洛人（ilota），便割断他的喉咙。他们常在旷野中组织突袭，以杀死那些最高大和最强壮的希洛人。"

　　历史与历史学家的益处在于对事件的呈现和叙述，使这些事件的意义在其发生数百乃至数千年后仍可被揭露。布克哈特写道："在修昔底德的叙述中可能有一些基础而重要的事实，只有在百年后才能被理解。"他并未给出任何例子。但我们可以找到一个布克哈特本人并不知道的例子，因为在他的时代历史还未将它揭示，布克哈特本人并未经历斯大林（Stalin）的时代："就像考虑到希洛人的敌意以及他们的庞大数量（斯巴达人与希洛人的关系一直建立在自卫的基础上），他们甚至做如下举动：他们宣称，如有任何希洛人认为，在过去的战争中自己为斯巴达人提供了最好的服务，他们应当站出来展示证据。一经查实，他们便可获得自由。但事实上这仅是一个测试，用以甄别那些自傲者，那些自认为最具功劳，同时也最可能反抗之人。约有两千人入选。被冠以花环，他们在神庙间穿行，认为自己已获自由。不久以后斯巴达人便动手将其处置，无人知道他们被如何杀死。"

"斯巴达人只在夜间杀戮。他们从未在白天杀死任何人。"希罗多德如此写道，并未给出明确缘由。

入会涉及生理的形变：循环的血液和精神的思维模式吸收了一种新的物质，一种秘密智慧的气息，一种整体性的气息。但在斯巴达人的版本中，社会被作为一个整体。就这样我们从旧政过渡到了新的体制。

平等只有通过结社方得以实现。它不存在于自然界中，若非经由入会的组织与缜密的联系，社会将无法理解这种概念。后来，平等在某一个时刻登上历史舞台，便从此不断推进，直到不知情的民主理论家认为是自己发现了它——并将它作为结社的对立面，**仿佛这两者相互对立**。

这一历史时刻就发生在斯巴达。斯巴达人皆是"**相同之人**"（*hómoioi*），"平等者"，基于他们都是同一初始团体的成员。不过那个团体即整个社会。斯巴达：希腊唯一一处，也是欧洲历史中唯一一处由全体公民共同构成一个启蒙宗派。

在权力之饮中沉醉，虽然这更多是基于想法而非现实，斯巴达人很快开始忽略和蔑视所有其他的不朽养分：他们没有时间关心天体科学（"他们无法忍受对星球或天体运动的谈论"，悲愤的希庇亚斯观察到），他们亦不关心诗歌。事实上，除却在过去几年中阿尔克曼（Alcmane）[1]编出了迷人的唱词，以赞美如马驹般奔跑在尤罗塔斯河岸的两女子（Leucippidi）[2]，"在所有人中，斯巴达人最不欣赏诗歌与诗意的赞颂"。他们对一切形式、艺术，以及欲望的态度都可从他们对音乐的态度中看出：他们希望它"首先是无害的，然后是有用的"。

斯巴达人是最先裸体训练并在身体上涂抹油膏的族群，男女皆是如此。他们的装束演变得越来越简单实用。他们是每一种功利主义的最严苛的先驱。他们总让希洛人处在恐惧中——因而自己也被迫生活在对希洛人的恐惧中。不管前往何处，他们都手握长矛，因为死亡可能在任何一次转身中发生。并非死于他们的"相同之人"手中，而是在尚未被欺骗和消灭的侍者们的无尽沉默中。

斯巴达被寄宿学校、驻军、竞技场，以及监狱的欲爱光环所环绕。到处都有身着制服的少女，*Mädchen in Uniform*，而那所谓的制服即她们紧绷的光洁肌肤。

……

斯巴达人知道真正的敌人是无节制，而它是生活的一部分。这种认识使斯巴达区别于古代世界的其他社会。吕枯耳戈斯制定了两条富有寓意的规则以预防和挫败任何潜在的法律，即：律法不可被书写，奢侈不可被容许。这或许是斯巴达人展示的对简洁的最高示

---

1 公元前7世纪的古希腊抒情诗人，生活在斯巴达。
2 指留西帕斯（Leucippo）的女儿希莱伊拉（Ileria）和福柏（Febe）。

范，并总是假设我们会抛弃传统留下的严苛的道德戒律。在这些命令中人们几乎可以感到神谕那怀有恶意的气息：禁止写作与奢侈，此事本就足以废黜**一切**试图逃离国家掌控的事物。

"关于读写，他们只学到最低程度。"吕枯耳戈斯像一个永远清醒的狱卒，在斯巴达人生活的每个角落中追捕那多余的**奢侈**，并把它扼杀在行将滋长前。斯巴达人只会在一个时刻感到生命流动的丰沛：当笛手演奏卡斯托耳的行军曲，颂歌与之呼应，紧凑的队伍向前推进，他们的长发垂下。

战争，"一种雄壮而可怖的景象"。在那一刻，神明栖身在城邦内、在个体上；在那一刻，规则准许年轻人"裁发，用盔甲与武器将自己武装"，直到他们看起来像"马匹正骄傲地踌躇，渴望加入竞赛"。当行军停止时，斯巴达人"双腿分开，双脚紧踏着足下的大地，嘴唇紧闭"。

"正如柏拉图说神明对宇宙的诞生和投入运行感到欣喜，吕枯耳戈斯也对现已完成并付诸实施的立法感到喜悦，并满足于它的美和崇高，希望使之不朽并至高无上，至少在人类能够预见的范畴来说是如此。"柏拉图在《蒂迈欧篇》（*Timeo*）[1]中构建了世界并将它置于和谐之中，吕枯耳戈斯则第一个构想了一个将此世界排斥在外的世界：斯巴达社会。他是实验身体社会学理论的第一人，是一切现代统治者之先驱，他们均试图效仿吕枯耳戈斯，即便自己并不像希特勒一样具有影响力。

---

1 大概写于公元前 360 年。以苏格拉底、赫莫克拉提斯、克里提亚斯等哲学家的对话形式，试图去阐明宇宙万物的真理。

雅典人知道他们城邦的力量与一种过溢之美相关。他们俨然已看见雅典城的废墟，而在修昔底德看来，"若斯巴达人遗弃了他们的城市，那么只有建筑物的底基尚能幸存，伴随时间推移，后人根本不会相信这座城邦曾如传说中的这般强大"。

雅典人与斯巴达人的区别在于他们对贸易的不同应对。贸易会在斯巴达引起恐慌，在雅典则被迷恋。因此，神圣的整体被均分为二。流入斯巴达的黄金永远不会流出："伴随一代又一代人，黄金持续从希腊的每个口袋流入斯巴达，它也常来自蛮族的国度，而从不外流。"金币如此沉重而几成累赘，甚至难以被搬动。在雅典，"演讲受到欢迎"，词句从唇齿间自发流出，漂浮在城市的每条暗渠中。在斯巴达，言辞总被严格管控。

斯巴达的道德并不建立在构建起群体智慧的厚重认知上，而是一个将言辞作为敌人的决定，而这敌人是无节制的最重要的拥护者。斯巴达发明了人力能及的最冷酷的交易与稳固的权力，这正是它对柏拉图的吸引力所在，直到后来的《法律篇》中：他们的秩序似乎能够制止形象的扩散。

...

这是对斯巴达的概括，对于一贯简明而用词犀利的柏拉图来说，已属恩惠："这些人……渴望财富，在幕后疯狂地追逐金银；他们将仓库与国库中的宝物占为己有，并把财富贮藏在那里，再建起带围栏的宅邸，名副其实的隐蔽巢穴，在那里他们为女性以及他们渴望得到的任何人挥霍金钱，并享受彻底的放纵……他们也吝啬自己的财富，低调地赚取，并暗自为荣，他们只挥霍他人的财富，并带着觊觎的目光，他们将在紧闭的房门后享乐，像孩子怠慢他的父亲般怠慢法律，他们对劝告不作回应，只回馈以暴力，因为他们忽视推理与哲学的缪斯，并认为生理上的运动比音乐更值得称道。"我们永远无法完全确定柏拉图到底持何观点。

是斯巴达人最早赞同社会秩序建立在敌对之上——并且只有在这个基础能够维持的情况下才能长存。他们接受了这一发现带来的结果：他们之间是平等并可互相替换的，如此形成了一道如岩石般坚硬的防线以抵御外部世界。存在于外部世界中的是大多数（*tò plêthos*），他们与雅典人不同，不会幻想去说服和操纵。"最卓越的斯巴达思想家们认为与被严重虐待过的人们一同生活是极不安全的。他们的行事准则很不同：他们在自己人中建立起平等和必要的民主，用以确保牢固而持久的统一；而另一方面，普通大众则被留在周围的乡村，他们对自己精神的奴役并不亚于对他们的奴隶。"

斯巴达人清楚地意识到自己造成的残酷牺牲，但从不幻想他们的受害者会将这一切忘记。解决方式便是将恐怖统治固化为生活常态——这正是斯巴达人的伟大发明：创造出一种恐怖被视作正常的情形。雅典人伊苏克拉底对此感到愤慨："描述所有强加给人民的苦难又有何意义？若我单单提及最残酷的暴行，而不顾及其他，也已足够。督政官有权在那些被持续强加以可怕的虐待，却在当前境遇中仍有利用价值的人群中随意选择一些，不经审判就可将其处死；而对其他希腊人来说，即便是杀死最堕落的奴隶，也是一桩必须付出代价的罪行。"那些督政官是手握权力的官僚；与雅典的杰出并被敬畏的人士不同，他们并不因"大胆的思想"（*méga phroneîn*）而卓越。为弥补这一点，他们可在任何时候，不借由任何合理借口，杀死那无名号的大批希洛人中的任何一个。

269

雅典从未实现过斯巴达式的恐怖统治，但它未甘落后。这座城邦勉强发现了自由，在波斯或埃及，从没有人幻想过这种体验，在这之前，雅典也发明过新的迫害方式，比那些伟大君主与法老所实施的更为狡诈。告密者的队伍占据了广场和集市。他们不再是暴力机构中的秘密角色，而是由致力于公共利益的市民自由组成。因此，就在雅典人发现了个人的卓越性时，他们也产生了一种针对此卓越性的强烈怨恨。在公元前第五世纪的伟大人物中，没有人能一直安然待在雅典而没有心怀被驱逐或判处死刑的恐惧。放逐和谄媚组成利钳的两条臂膀，紧紧钳制住整个社会。雅各布·布克哈特第一个意识到这种情况，于是雅各宾党人（giacobina）的微小能量凝聚成城邦（pólis）的强大力量。公共利益可以凭借傲慢而专横的权威选择它的受害者，而那种权威原本隶属于神明。当一位神明通过预言者或皮提亚之口说话，在六步格诗中唱诵，并使用一些模糊的形象时，在这样的时代，**城邦**以一种稍逊的形式存在：公众意见，人民的声音，日复一日，穿过市集（agorá），在传播中它并不稳定，并伴随致死的力量。

　　雅典留下的遗产不仅是卫城山门，还有关于政治的喋喋不休。普鲁塔克告诉我们的逸事恰是一桩实例：一位文盲前往阿里斯忒得斯（Aristide）[1]的居所，此前他们从未谋面，文盲请他将**阿里斯忒得斯**这一名字写在陶片上，这样他就可为后者的放逐投票。阿里斯忒得斯问道："阿里斯忒得斯对你有何伤害？"文盲答道："没有。我并不认识此人，但听闻所有人都称呼他为公正的阿里斯忒得斯时，我感到恼怒。"没有片刻耽搁，阿里斯忒得斯在陶片上写下了自己的

1　公元前5世纪，雅典的政治家、军事家，在公元前483—前482年被雅典人用陶片放逐法放逐出境。

名字。

斯巴达仍以其最僵硬与可憎的方式与美德的概念产生联系，这着实是历史的残酷讽刺。正如全权公民将关于律法的强硬准则置于一切之上，从而使自己成为坚韧和冷酷的代表，在此同时又显得高贵。

事实上斯巴达人想出了一种不同的且更有效的处事方式。他们塑造出一个善良而守法的社会形象，将此作为面对外部消耗时的一种有力的宣传武器，而斯巴达社会内部的现实则是，他们比任何人都更少关心此类事情。他们把雄辩留给雅典人，还有他们脸上的微笑，因为他们知道那雄辩而健谈的城邦将会第一个怀念斯巴达人的清醒美德，却不懂得它不过是用以迷惑敌人并使之不安的有效策略。斯巴达人拒绝陌生人踏足他们的城邦，并对发生在其领地内的事保持神秘，而这并不让人感到任何惊讶。准确的报告揭露了他们麻木不仁地对律法的概念自鸣得意，而他们的邻居对此深信不疑。对于不公的漠视，最令人不安的例子并非有关那情绪动物，即暴君，而来自冷酷的督政官，他们是斯巴达秘密的至高守护者。斯科达索斯（Scedaso）的悲惨故事为我们揭露了所有不为外人所知的残酷无情。

斯科达索斯是一位居住在留克特拉（Leuttra）[1] 的穷人，他有两个女儿，希珀斯（Ippo）与弥利提亚（Milezia）。斯科达索斯殷勤好客，纵使他能招待客人的东西极为有限。一天，他为两位年轻的斯巴达人提供了住处。两人均被少女们的纯洁面貌吸引，但因女孩们的父亲也在场，他们便自我克制并继续前往德尔斐。返程途中，他们再次来到斯科达索斯的居所。这一次他并不在家。两位女孩招待陌生人进屋。当斯巴达人意识到她们独自在家时便将其强占。然后，

---

1 玻俄提亚的一个村庄。

因看到女孩因这不幸而有失美貌时，就将她们杀死，把遗体丢入井中。斯科达索斯回到家中，发现家犬正吠叫着在主人和水井间来回跑动。斯科达索斯猜出其中真相，并将遗体从井里拽出。邻居们告诉他，两个斯巴达人曾在他的居所逗留。斯科达索斯意识到发生了什么，他记起这两人"曾仰慕两位女孩，并热切地讲述着她们未来丈夫的幸福"。

于是斯科达索斯启程前往斯巴达，想将这桩恶行报告给督政官。一天夜里，他在一间旅舍投宿，身旁有一位来自奥利奥斯（Oreo）的长者，正苦涩地将斯巴达人控诉。斯科达索斯询问斯巴达人对他做了何事。长者解释说，斯巴达人任命一个名为阿里斯托得穆斯（Aristodemo）的男子为奥利奥斯的地方督政官。他爱上了长者之子，并即刻决定在竞技场中将其诱拐，却被男孩的教导者阻拦。第二天，他设法以同样的方式成功将男孩拐走。他把男孩放在船上，然后向对岸航行。他试图强占那男孩，而后者与他搏斗。于是他割开了男孩的喉咙。那天夜里，他回到奥利奥斯举办了一场盛宴。而那年迈的父亲则举办了儿子的葬礼。然后长者启程前往斯巴达，要求督政官们做出回应，他们却置之不理。接着斯科达索斯讲述了自己的故事。在他讲完时长者告诉他，前往斯巴达并无意义。但斯科达索斯不愿理会。他向督政官们诉说，而他们并不理会。于是他去见国王，与街头的人们一同起誓。皆为徒劳。最后他选择自尽。但有一天，这故事将在历史中留下痕迹。斯巴达人的强权在留克特拉战役 [1] 中一举溃败。战斗发生之处，相去斯科达索斯女儿们的坟冢不远。

---

1 公元前371年，爆发于忒拜和斯巴达之间的战争，标志着忒拜霸权的崛起和斯巴达霸权的结束。

多年来，陶里人的阿耳忒弥斯木雕被藏在距尤罗塔斯河岸不远的芦苇丛中。是俄瑞斯忒斯把它从神殿中盗走。他旅行了数个星期，每当感到身体中的疯狂开始涌动时，便把雕像紧攥手中。一天，他认为自己终于可尝试离开这雕像生活，于是将它藏在这片荒芜之处。两位拥有皇室血统的斯巴达年轻人，阿斯特剌巴枯斯（Astrabaco）与阿洛佩枯斯（Alopeco），在拨开芦苇丛时偶遇雕像。被包裹着的雕像矗立在草丛中，正凝视他们。两个斯巴达人并不知道自己所见为何物，但都被疯狂控制。这便是图像的力量：它只治愈那些知晓它为何物之人。对于其他人，则是一种疾病。

斯巴达人建造了一座神庙，围绕着阿耳忒弥斯那小而轻巧的雕像。他们将它献给阿耳忒弥斯·俄耳提亚与吕戈得斯玛（Lygodesma）。雕像矗立在草丛的环绕中。人们会为它献上一些面具，通常十分骇人，因它们是夜与冥界的图像。雕像需要年轻血液的流淌，正如此前在陶里人中，依菲革涅亚曾照顾与洗涤它。即便是斯巴达人，有时也可放宽某个苛刻教条。他们决定不再为那雕像杀死年轻人，而只是鞭笞他们，直到鲜血在女神面前流淌。于是人们看到斯巴达人中最蛮横的那些，他们曾在郊野发动突袭，以杀死希洛人为乐，如今却自愿让别的男孩鞭笞自己。有些执鞭者或许不会那么用力，特别是当被鞭笞的青年非常英俊或出身于更高贵的家族时。雕像并不喜欢这样。女祭司在被鞭笞的男孩身旁举起雕像。如果鞭笞变得轻柔，雕像就越来越沉重，像一枚陨石，意图沉到地底，这是那木头在抗议："是你正把我向下拽，是你正把我向下拽。"

柏拉图从斯巴达学到如何让一群启蒙者接管一个城邦的政治生活而不丑化任何人。从语言学角度来看，**监督者**（*éphoroi*）与**守护者**（*phýlakes*）也非常接近：两者都代表"护国者""上方的观察者"。

柏拉图说"监护一群人";索福克勒斯说"监护一片领土";柏拉图又说"监管稚子们";欧里庇得斯说"监察一场屠杀"。但如何才能成为一名护国者？让自己面对入会仪式的拷问。野心家必须"像火中的金子一样被考验（*basanizómenon*）"。然而当**考验**（*basanízein*）一词脱离那譬如金子之类高贵而无生命的材料的语境时，也就意味着"折磨"。

阿耳忒弥斯·俄耳提亚向年轻的斯巴达人，那些**相同之人**，索要的血腥鞭笞，只是一种关于那些"痛楚与欢乐……辛劳、恐惧和震撼"的小小提醒，这正是柏拉图试图强加给未来的护国者们的。在这里，他揭示了自己最大胆的计划：让入会世俗化，让它像一间优秀的学校，如果更严苛一点，则是遵照英式寄宿学校的规则，去传递一些东西，与任何一种形式的训练无异，不论是士兵的训练，还是艺术家的。在现实中它更雄心勃勃，目的在于凭借本性一劳永逸地选出一群人，他们将有能力管理整座城邦。"你知道先前我十分犹豫，所以现在才说出这鲁莽之事。"柏拉图补充了一个捏造的警示。而他最大胆的一步则是说："真正无可挑剔的护国者必须由哲学家担任。"即便如此自我掩饰，他也暗示了其中的真正含义：为了成为"无可挑剔的护国者"，哲学家必须入会，并因此暴露在连柏拉图自己也曾谴责的那些过分热情中。

谁是新入会者？一个拥有知识的人，这种知识无形且不可传达，除非经由与入会同样的过程[1]。不可避免地，柏拉图解释道，新加入者确实存在但"几乎没有"。事实上将柏拉图所说的入会仪式与斯巴达人的版本相比较时，前者更微妙也更艰巨。前方有更多障碍等待克

---

1 启蒙。

服，当幸存到最后时，入会者可能会发现自己已是"唯一一人"。或许没有足够的时间供他传授自己的经验。也可能没有任何追随者，于是这样的循环便被打破。

于是有一天，柏拉图开始撰写《理想国》。他对文本的撰写方式，让任何想理解该文本的人都可能遭受那种入会过程的"痛楚与欢乐……辛劳、恐惧和震撼"。许多人无法理解，也不被指望会理解，他们想象着自己正在阅读一本关于完美国家的专著。

新出生的男孩们被用酒液冲洗，以验证他们有多强壮。相对羸弱的新生儿会被丢进"所谓的垃圾场，即泰格特斯山脉（Taigeto）[1]斜坡上的一处峡谷"。斯巴达人并不使用襁褓，他们把婴儿留在黑暗中哭泣。那些男孩是"城邦的共同财产"，因此必须尽快对城邦有用。在他们的一生中，都与其他男性共同进食，多半是些黑色肉汤。年长者热衷于恶作剧与讲述战争故事。男孩们必须学会容忍这两者。他们也学习读写，但仅此而已。一切关于**更多**的概念都被憎恶，对于任何一件事都是如此。婚配则意味着你将在一些夜晚离开男性宿舍去看望你的妻子。性是鬼祟而迅速的，夫妇并不会同眠。"一些有孩子的人，从未在白天见过自己的妻子。"

不同于遍布希腊的傻瓜，斯巴达人从一开始就知道"他们所有人，都将穷尽一生，不断发起针对每一个城邦的战争"。而他们将在自己的城邦中加入第一场战斗。他们观察着希洛人，后者数量众多，在田野劳作，他们知道有一天自己必须杀掉其中的一个。他们也知道自己必须始终保持警戒，并时刻携带武器。他们知道必须用特别的钥匙锁上房门。他们能感觉到希洛人的仇恨。平等者并不会从**贪**

---

1 位于希腊南部伯罗奔尼撒半岛上的山脉。

婪（pleonexia）中获得太多乐趣，那是贪求权力的原罪，但他们在有一点上十分特别：玩弄政治。这是一种更为微妙而持久的乐趣：他们感到其他人的生命仰赖于他们的决定，与此同时他们可保持匿名，只作为集体的一部分，就如狼群的一员。关于吕枯耳戈斯我们所知甚少，但我们知道他名字的含义："他承担狼的工作（或庆祝狼的纵欲）。"

在婚配前被鸡奸（"在婚礼之前，女孩们被规定只能以男性对男性的方式交合"），在夜晚被丈夫在匆忙中瞥见，以便她们想象和保留"一些欲望与魅力的火花"，以供在抚养孩子的任务中解闷。她们甚至也不感兴趣于编织，斯巴达女子们究竟在做些什么？这一问题没有答案，就像宴会上的诡辩家们互相询问："**塞壬们**在唱些什么？"

令柏拉图感到遗憾的是斯巴达女性的生活并不像她们的男人一样被精密地组织，而这给"准许"留下了机会。出于恶意，除却斯巴达女性的裸露大腿可透过长袍侧面的一道裂缝被瞥见，雅典人几乎再未记述其他内容。诗人伊比库斯（Ibico）[1] 称斯巴达女性"大腿暴露"。但雅典人能够欣赏她们魁梧而健康的美。吕西斯特拉忒向斯巴达女子拉谟皮托（Lampito）致意："你的美如此耀眼，我的珍宝。你的身体如此强健而紧致。你可以扼杀一头牡牛。"拉谟皮托答道："以狄俄斯库里之名，我发誓自己可以做到。我在竞技场中锻炼，足尖可踢到臀部。"克勒俄尼刻（Cleonice）说："你拥有如此美好的乳尖。"拉谟皮托回答："你令我感到自己像头野兽，将被献祭。"

在训练和竞技中，斯巴达女孩在裸体的男孩们身边褪去衣物，"出于情欲，而非几何学上的必要"而结合，柏拉图如此评论。如果

1　活跃于公元前 6 世纪前后的古希腊诗人。

女子在公共场合发言，只会是以最好的公民精神断言。事实上我们应赋予她们最悲剧的角色，即积极的英雄。"我们独自生育后代"，利奥尼达斯一世的妻子，骄傲的歌果（Gorgo），如此描述。她的话语为拿破仑在与德·斯戴尔夫人（Madame de Staël）[1]的第一次会面中的嘲讽之语埋下伏笔。"你认为谁是最卓越的女子？"她问。"生下最多孩子的那位，女士。"他答道。但我们想知道一些不同的东西：留西帕斯的后裔在互相讲述什么，当她们沿着尤罗塔斯河岸奔跑，像马驹一样扬起尘埃？"头发在风中扬起，就像巴克坎特斯（Baccanti）[2]在挥舞着酒神杖。"但斯巴达的女性吟唱者也对此保持了同样的缄默。

幸福是不幸的早期表现，幸福的"内在"力量可招致不幸，以愤恨（*phthónos*）为媒介，无论关乎凡人还是神明，这一愿景都在希腊人中长存，其余的一切则都已淡去。但他们的确希望得到快乐。现在人们可以理解斯巴达人为何要与其他希腊人割裂，将自己变成一个不可靠近的孤岛。正如他们察觉到贸易的危险，他们也预见了幸福的危险。当他们不确定自己能否承受某物时，他们宁愿与之割裂，他们选择废止而不接受失控。他们决定实践的事，将在后世遭遇亚里士多德最为强烈的谴责："他们已失去生的幸福。"

斯巴达在吕枯耳戈斯的统治下经历了一次仅耗费数年的转型，其整个政治历史从神圣的王权制转为如今的制度。统治权从一对君主，即一种古老而隐晦的机制，转移到五督政官手中。这种表达是以司法为伪装的绝对权力的高度创新，反过来又掩盖了原先的祭祀

1　1766—1817，法国小说家、随笔作者。被拿破仑认为是阴谋家，在被驱逐出境后定居瑞士。
2　巴克斯（Bacco）的祭司，巴克斯是罗马神话中的酒神，对应希腊神话中的狄俄倪索斯。

制度。从神圣君主到核心决策机构，这之间的极大跨度在一种有违规则的猛进中完成。假装毫发无伤地离开旧秩序，这一事实为发展过程增添了大胆的现代性。没有必要砍下两位国王的头颅。他们可以留在原地，但必须被剥夺权力。不过，倘若他们引起任何麻烦，五督政官也许会决定"不经审判就将其处死"。又或者，五督政官会根据一个无月的、繁星点点的夜晚决定是否杀死国王，他们将沉默地守望星空。若有一颗流星划过天际，这意味着有一位国王"冒犯了神明"。起初，五督政官无非是双眼紧盯天空的观察者，现在他们已成为至高的管理者和"护国者"，审视的目光高高在上，俯瞰下方。他们就这样利用了过去的祭祀制度。它是一件闪耀的斗篷，用以保护政治的秘密。

一边，一位神圣的君主借由自身血肉之躯维持着世间的统治；另一边，则是一群多数时候不具面目、没有名号、能洞察一切的审判者：整个政治历史就被囊括在这两个极端之间。这故事关于仪式性的力量如何转变为无形的权力。而这种本应延续数个世纪直至今日的转变，却被斯巴达在极短时间内完成，几乎毫不费力。唯一的困难是必须确保外界无人察觉有何事发生。每个人都将继续相信那些关于斯巴达人的纪律、勇气和节俭的无伤大雅的逸事。但总有一两个人不那么容易被蒙蔽。修昔底德是其中之一。最有洞察力的则是柏拉图。

柏拉图的所有政治思想都无法离开一个角色：护国者，或统治阶层。无论他们是在《理想国》中被提出的哲学家，还是具有美德之人，就像他喜欢在《法律篇》中佯装的那样，终极的权力仍集中在统治阶层手中。但柏拉图并未把他们当作假想的角色：恰相反，护国者已存在于富裕的伯罗奔尼撒人中。他们是苏格拉底在《普罗泰哥拉篇》中提及的伟大的哲学家们，他们运用诡辩之术，不为炫耀自己的荣誉，而是为将其隐藏。他们是督政官，是完全不受神明左右的权力的最早先例。但他们同样没有让人们看到这一面；相反，不同于在当时存在的所有宗教，他们带来一种新的信仰，并忠诚地为其效力。在公共餐厅附近，他们为恐惧建造了一座庙宇。"他们敬畏她，并非因为她是某个应留在湾区的黑暗魔鬼，而是由于他们相信，恐惧令城邦团结一致。"

古代的伟大社会都折射着将其包含之物，它们与宇宙秩序同构。天空之子是世界的轴心，后成为城市的轴心。只有希腊式的傲慢能让一个社会声称可以自给自足。于是，柏拉图所说的高等动物诞生了。从那种傲慢中衍生出其他的背离：这标志着人类第一次尝试与外物断绝联系，人类种族以攻击性的编队形成了自我封闭。

这是雅典：尖刻的话语，残酷的行为，一场缤纷的戏剧。这是斯巴达人：缓慢，谨慎，谋杀，并谋求把一切纳为己有。在斯巴达人中甚至产生了一位立法者吕枯耳戈斯。他选择自杀，因为他认为这对斯巴达有益。"于是他将自己饿毙，因为对社会来说，政治家的死也具有一些价值，他们生命的终结并非毫无用处，而理应有一些崇高与灵验的价值。"

也许亚西比德比任何人都更明白斯巴达就是"政权的秘密"。作为一位流亡者，他来到斯巴达寻求庇护，他是欧帕特里德（gli Eupatridi）[1] 的后裔，其家族中几代人都与督政官恩丢斯（Endio）的家族具有联系。"他剃光头发，用冷水洗澡，让自己习惯食用干面包和黑肉汤。"虽然当时的斯巴达国王尚不是督政官的傀儡，而是

---

1 指古代雅典的世袭贵族。

一位伟大的将军阿基斯（Agide）[1]，亚西比德"诱惑了他的妻子提摩阿（Timea），令她受孕"。因为他，留存在斯巴达的最陈旧并在某种意义上十分可笑的君权，就这样在一个私生子利俄梯喀得斯（Leotichide）[2]的身上变得不再合法。"而他的母亲，在家仆与朋友面前言语温柔，却会呼唤亚西比德，那痴情如此强烈。"

亚西比德没有留给我们他对斯巴达的见解，但他曾与修昔底德对话。阅读修昔底德的著作时，读者会产生一种印象，即斯巴达的良善幻象已烟消云散。修昔底德从内部审视并评判了斯巴达人的行为，仿佛这运行机制就展现在他眼前，由两台巨大的杠杆驱动：欺骗和暴力。在米洛斯岛人[3]被雅典人摧毁殆尽，只剩一人尚能举起武器前，他们曾寄希望得到斯巴达人的援助。雅典使者徒劳地试图说服他们这希冀并不可靠，因为他们所仰赖的那些人，"比我们所知的任何民族，都更公然地相信，凡他们乐于做的，便值得尊敬，凡符合他们兴趣的，便是公正的"。

阿拜多斯（Abido）[4]位于达达尼尔海峡（Dardanelli）[5]靠近亚洲的一侧，在最狭窄之处。它被雅典列入了腐化城市的名录。亚西比德选择从此地开启他的伟大旅程。"一旦你到了年纪并得到教导者批准，便可继承他们的前例，向阿拜多斯航行，不为任何回报，也不为领袖的身份，而是因为你想从阿拜多斯女性身上学到与你那非法与堕落的精神相称的习惯，以便在未来的生活中追求此类喜好。"愤

---

1 斯巴达国王的家族谱系中亚基亚德一支的祖先。
2 前545—前469，在公元前491年—前476年间统治斯巴达。
3 米洛斯岛（Milo），位于基克拉泽斯群岛的最西南端。
4 在今埃及境内，此地有古埃及神庙遗址。
5 连接马尔马拉海和爱琴海的水道。

怒的安梯丰（Antifonte）[1]如是说。

但亚西比德的启程也证明了一种将被哲学家认知的权利，即在远处骤然升起的激情，也许只因为一个名字，或是从他人口中听说的一些故事，抑或在梦境中见到的一些形象。事实上，亚西比德曾听说过一位颇为传奇的妓女，名为米多迪斯（Medontis），正是为寻找她，亚西比德在叔叔与爱人阿克西欧修斯（Axioco）的陪同下离开雅典。吕西亚斯（Lisia）[2]继承了安梯丰对亚西比德的批判，并将每一种可能的过错归咎于一桩逸事："就这样，阿克西欧修斯与亚西比德航行至达达尼尔海峡，并在阿拜多斯登陆。在那里，他们都与阿拜多斯女子米多迪斯成婚，并与她同住。她诞下一个女儿，但无法确定谁是父亲。等女孩到了婚配的年龄，他们又都与她同住，当亚西比德与她在一起时，他会说她是阿克西欧修斯的女儿；当轮到阿克西欧修斯时，他则说她是亚西比德的女儿。"

确实，亚西比德将在之后找到机会，作为军队首领重返阿拜多斯。他在陆地和海洋上都获得胜利，紫色的船帆高扬着。但并无证据表明米多迪斯与她女儿的故事不是吕西亚斯编造的流言蜚语。我们可以断定，一种高于一切的、对一种或另一种形式的淫欲的嗜好，早在一开始就规划了亚西比德的命运。对亚西比德而言，淫欲本身即力量与卓越的秘密标志。"将斯巴达与雅典妇女抛诸脑后，他兴致盎然地闯入妓女的门房。"他出现在柏拉图的宴会上，"头戴常春藤与紫罗兰编成的花环，还绕着许多丝带"，那些花朵是"对一种邂逅的初次邀请，对欲望的展示……因为新鲜花果的诱饵，被用以交换第一个将它拾起之人的身体所初产的果实"。妓女提曼德拉

1　约前480—前411，古希腊诗人，以哀歌著称。

2　前445—前380，古希腊演说家。

281

（Timandra）发现了亚西比德的遗体，他被斯巴达暗杀者的箭与标枪所伤。"她以自己的长袍将他包裹，然后尽自己所能，为他举行了光荣而体面的葬礼。"不久之前，作为死亡的预兆，亚西比德曾在梦境中看见提曼德拉将他包裹进她的衣物，并把他的脸庞化妆成一名女性。

关于斯巴达，我们所知的一切几乎都是外人撰写的。这座城邦只有两位诗人，阿尔克曼与提尔泰奥斯（Tirteo），他们很可能并非生在斯巴达。在所有记述中，他们都生活在公元前 6 世纪的改革之前，而这改革唤起并凝固了有关斯巴达的所有幻想。斯巴达人从未透露过，正如厄琉西斯的祭司们也从不曾透露。他们真正的遗产并非简明并令人警醒的美德，而是沉默。

古希腊发生了什么此前从未发生过的事？负重的减轻。一种生硬姿态可持续数个世纪，而精神对这样的世界感到不屑。在花瓶上的几何纹样中，我们找到了一些其中有黑色人物的矩形，人物背后则留白，那是一块空地，是最后的无意义区域。也许是出于对这种傲慢姿态的感激，希腊在悲剧中庆祝那种毫无疑问是徒劳的，并注定极为短暂的尝试，让自己得以摆脱肆意姿态与行为的后果。

然后，厄里倪厄斯们令天空一点点灰暗下去，她们已越来越少这样做，直到最紧迫的忧虑开始尝试控制行为，仿佛此类控制可有效清除行为的狡猾本性，仿佛控制本身并不意味着与初始时同样险恶的进一步行动。在阿那克西曼德对**公正**（*dikē*）的论述残篇、柏拉图式的牧场概念中，那牧场的每条边缘都有四道深谷，同时隶属于天堂和大地，成群的灵魂在此聚集：这些是对**分界**（*karman*）发出的罕见恳求，申诉着希腊精神正被不耐烦地淘汰出局。希腊人将不加区分地抛弃它们，把它们留给宗教，留给新入会者，留给埃及。

如今，国际都市的居民们就像舞台上的演员，除却笑话和泪水，将很快不再需要任何东西。世界进入了亚历山大纪元。

希罗多德偏好撰写工程的杰作，而非宗教，但在埃及，宗教存在于每个角落。在一次仓促观察中，他指出将埃及区别于希腊的最明显特质："英雄们在埃及宗教中不具地位。"埃及的过去就像一片没有起伏的土地。唯一的不均衡就存在于由尼罗河每年的泛滥而沉淀的淤泥层所形成的微小斜坡中。但是，对于希腊人而言，那山丘至少打断了经年中的连续堕落，从黄金时代到铁器时代，人们仍回望英雄时代，纵使它也无非是时间表面中的一处无常的褶皱。

希腊全境遍布英雄的墓冢，就如埃及遍布猫的坟地。英雄和动物打开了通向死亡之路。就像在希腊，英雄与神明被混为一谈，英雄们重复神明的行为，并继承他们的特质，在埃及，动物们混乱地填满了日常生活，又出现在那些护送亡灵走上天堂之路的形象上，它们长有鹰、猫、白鹮或豺狼的头颅。没有人会对这种差异感到过度惊愕。最终，就像有着敏锐洞察力的希罗多德所见，宗教是一种人们不得不承认的现实。这正是他为何写道"我认为并无必要报告关于埃及宗教的听闻，因为当涉及此类事情时，我不认为有任何民族会比他们所知更多"的原因。

他们为鳄鱼佩上耳环。在它们死亡时，会被放入巨大的地下室中。鳄鱼之城。当火灾发生时，他们唯一担心的是如何将猫咪救出，而那些猫咪却转身跃进火里。与其他民族相比，他们的一切都更庞大、更广阔，也更为平坦。数字以无声而愤怒的乘法增值。这便是埃及人。在这个国度，所有的生灵，男子与野兽，在刚咽下最后一口气时就被送去进行防腐处理——除了女性，她们将在死后的第三天才被送走，这样那些抹香料者便不能强奸她们。

　　埃及人的历史就是坐在宝座上的一系列雕像。第一个系列由神明组成。第二个系列则是人类。两个系列没有太多区分，但这之间的差别亦不可逾越。赫卡塔埃乌斯（Ecateo）与所有希腊人一样说谎成性，一度声称他的家族在十六代前可追溯至神明。在埃及，忒拜祭司们用一个简单的方式将他羞辱。他们把他带入神庙中殿，为他展示数百个并排而立的木制雕像：他们是迄今为止所有的大祭司，看起来都如此相似。凡人及其后代，祭司们以审慎的嘲讽为他解释。从别的祭司那里，希罗多德将听到曾经统治埃及的三百三十位君主的名字。他们说，没有人值得被铭记，除了女王尼托克里司（Nitocri）[1]与最新的一位国王摩利士（Moeris）[2]，在他的金字塔旁有一座湖泊。

　　希腊人在尼罗河口的瑙克拉提斯（Naucrati）下锚，他们多是些商人、旅行者，以及雇佣兵。他们前往市场，就像科林斯一样，此地因妓女而闻名（"异乎寻常地美丽"，希罗多德记载）。这些希腊人是最早在埃及定居并继续说外语的人。七名来自伊俄尼亚（Ionia）[3]一些小城的雇佣兵在拉美西斯二世（Ramses II）巨像的左腿刻上他们的名字和几句话，这雕像就伫立在阿布·辛贝勒神庙（Abu Simbel）[4]的第二座瀑布旁。这里有许多雇佣军：在雅赫摩斯（Amasi）[5]统治的时代，他们组成了一个三万人的外籍兵团。

1　希罗多德与曼涅托记述中的古埃及第六王朝最后的法老。

2　也可写作 Moiris。阿蒙涅姆赫特三世（Amenemhat III），埃及第十二王朝的法老，在位时间为前1860—前1814。在希罗多德的记述中，他主持挖掘了摩利士湖（lago Moeris）。

3　古希腊时代对今天土耳其安纳托利亚西南海岸地区的称呼。

4　公元前13世纪由古埃及第十九王朝法老拉美西斯二世（Ramses II）所建。

5　埃及第二十六王朝（约前586—前526）法老。

卡拉克索斯（Carasso）是萨福的兄弟，来到瑙克拉提斯寻找财富。他带来一艘装满莱斯博斯岛产葡萄酒的船只。但他没能因此大赚一笔，相反，对多利卡（Dorica）的爱令他将财富挥霍殆尽，那女孩也被称作洛多庇斯（Rodopi）[1]，一个最美的名妓。洛多庇斯来自色雷斯，她是一名萨摩斯富翁的奴隶。与她一起为奴的同伴中，有一人是会讲故事的伊索（Esopo）。卡拉克索斯为洛多庇斯支付了赎金，并把自己的热情奉献给她。而在莱斯博斯岛，萨福写下一些愤怒的诗歌，请阿佛洛狄忒将她的兄弟送回，"毫发无伤"，并多少还能带回一些财富。

当希罗多德被告知门考拉（Micerino）金字塔[2]是为洛多庇斯而建时，他感到震惊。一座"耗费成千上万人的智慧"的建筑物怎可归属于一名妓女？但在数世纪以后，当斯特拉波（Strabone）[3]在地中海旅行，看到斯芬克斯（Sfingi）的脑袋艰难地在沙漠中勉强露出时，他的向导为他指出门考拉金字塔，并称之为妓女的金字塔。他们说它由"洛多庇斯的爱人们"建造，然后讲述了这个故事。有一天洛多庇斯外出沐浴。一只老鹰从女仆手中抢走她的一只凉鞋。鸟儿飞到孟菲斯，在那里，它把鞋子从高处丢到法老（Faraone）膝上，当时他正在户外评判人们的纷争。法老看到那美丽的鞋子，派人前往埃及各地寻找其主人。最终他们在瑙克拉提斯找到了她。她成为法老的妻子。在她死后，这座金字塔以她之名而建。

赫耳墨斯爱上了阿佛洛狄忒，而后者并不在意。宙斯对他表

---

1 一位嫁给古埃及法老的希腊少女。
2 由古埃及第四王朝的法老门考拉所建。
3 前 64 或前 63—24，古希腊历史学家、地理学家，生于今天土耳其的阿马西亚地区。

示同情。当阿佛洛狄忒在阿科洛厄斯河（Acheloo）[1]中沐浴时，他派一只鹰偷走她的一只鞋履（*soccum*）。喙中叼着鞋，鹰飞到埃及，将它交给赫耳墨斯。阿佛洛狄忒跟随鸟儿远行至阿弥塔耳尼亚（Amitarnia）。她在那里找到鞋子，以及正苦苦思念她的神。作为对找到鞋子的回报，阿佛洛狄忒允许赫耳墨斯与她做爱。为表达感激，赫耳墨斯将鹰放在天穹，位于加尼米德上方，那少年曾被一只鹰劫走。

在普鲁塔克的时代，德尔斐的向导们仍向人们展示着空荡的屋子，妓女洛多庇斯献祭给神示所的长矛曾被放置此处。她从奴役中被释放，并得到大量财富，用收入的十分之一"制造一些东西，其相似物从未被其他神庙收藏或献祭"。她这样做是因为"渴望在希腊留下一些个人印记"。有人说那是一桩丑闻，但对他们的反驳触手可得：从神庙外的空间仰望，人们看见了芙里尼的金色雕像，禁欲主义者曾鄙视地将其形容为"希腊酒色场景的丰碑"。末了，这不过是普拉克西特利斯对其情妇的致意。芙里尼曾期望将自己的金色躯体作为最初的果实，将其他"杀戮、战争，以及劫掠的最初成果与什物"一起，献给"这座神庙，它充溢着各色赃物，以及掠夺自其他希腊人的战利品"。现在只有战利品尚存。希腊已经成为另一个观光地，需要一位向导陪同，而那向导可能正是普鲁塔克。

这是诸事件的希腊版本。但埃及人，如希罗多德所言，在所有事件中都位于希腊的"对立面"，他们会把所有事都追溯到古代，并

---

1 希腊西北部最长的一条河流，亦为该河河神的名字。阿科洛厄斯是俄刻阿诺斯与忒堤斯三千个儿子中的最年长者，一次在过河时受箭伤落入水中，该河遂以他命名。

讲述一个全然不同的故事。在曼涅托（Manetone）[1]撰写的埃及统治者名录中，他提到在第六王朝结束时，有一位特别的女王尼托克里司，"她是那个时代最高贵和最美丽的女子，皮肤白皙，是她建造了第三座金字塔"，被称作门考拉金字塔。尼托克里司也是一位大胆的战争领袖，她的统治以剧变告终。为替死去的兄长复仇，她把他的所有敌人都淹死在一处地下狱室中。然后她将自己关进一间满是灰烬的房间。在留存至今的描述中，她被称为"金发女子，面颊粉红"。而 ródopis 即意味着"粉色面颊"。

尼托克里司生活的时代，与卡拉克索斯为之挥霍财富的妓女之间，大约间隔一千五百年。萨福和斯特拉波相隔约六百年。这便是将一位埃及女王变成一个抵达埃及的色雷斯金发女奴，以及将希腊妓女重新变为埃及女王所需的全部时间。现在她们在一座金字塔中相聚。时间证实了波斯迪普斯（Posidippo）[2]为洛多庇斯所书诗句的真实性："多利卡，你的骨骼因束起柔软长发的丝带而生色／还有芳香的披巾／你曾用它包裹英俊的卡拉克索斯，／肉体紧紧依偎，直到黎明。／但是萨福诗歌中那纯白的、回荡的篇章／被留下，并将永存。／你的名字最受庇护，瑙克拉提斯将永远守护它／只要船只仍在宁静的尼罗河航行，驶向大海。"

对于特洛伊城墙下的英雄们而言，生命并不需要被拯救。他们甚至没有发明一个意味"救赎"的词汇，除非可能是 pháos，"光"。救赎是对某些已存在事物的暂时的重新确认。这并不意味着挽救某种存在，或拯救自己。存在甚于救赎。生命：一种无法治愈之物，需接受它自身的样子，它所有的恶意与辉煌。你可期待的至多是在

---

1 公元前 4 世纪末—前 3 世纪初，古埃及祭司与历史学家，用希腊文写成《埃及史》一书。
2 前 310—前 240，古希腊警句诗人。

顺着陡峭的斜坡坠入黑暗的旋涡之前，让自己随波漂流一段更久的时间。这是常被用来定义死亡的词汇：*aipýs*，"陡峭的"。死亡意味着向下坠去，就在你抵达有形世界的巅峰不久。

荷马式来世的最可怕特点在于它的冷漠，并伴随着所有惩罚的缺失。如果每个人都会在来世遭遇同样的无助，同样的羸弱，以及同样的嗜血渴望，以供养在火葬中没被完全燃烧而剥离于白化骸骨的灵魂碎片，那么区别美德和其对立面的意义何在？在这样的时代，此番愿景难以长存。英雄时代已经过去，只有诗人们吟唱着过往英雄的事迹。

当俄耳甫斯圣典首个宗派的第一批门徒在雅典云集，荷马的吟唱仍在每个人的耳畔回荡。现在一切都已不同，或至少俄耳甫斯教徒所言如是。每一个举动，无论多么微不足道，都可能启动宇宙计量的齿轮。通过背诵华丽的辞藻，或者前奥林匹亚时代神明的名号，人们可获得所有形式的奖赏。他们敲响富人的房门。他们带来古怪的物品——书籍，一堆书籍——暗示他们与神明有过接触。如果有人因负罪感而心怀负担，如果有人感到克敌的冲动，俄耳甫斯教徒便会提供帮助，只要出价合理。献祭，护符，净化仪式。直到最后，他们开始变得顽劣：任何谢绝其服务的人，都可能在冥府的沼泽中遭遇骇人的惩罚。宗派的门徒，圣典的追随者，俄耳甫斯教众和他们的"成捆书籍"，与毕达哥拉斯学派甚是相似，他们如此致力于倾听声音的细微变化，以至于看起来像在"试图窃听隔壁的谈话"，他们都曾遭遇怀疑和厌烦。至于柏拉图或阿里斯托芬之类伟大希腊人的继承者们，在他们的信仰中也存在一些恼人与不雅之物。然而他们最终赢得胜利，说来奇怪，这需感谢柏拉图。因为他以对话体进行叙述，将晦涩的诗歌协调地转化到舞台上，所有事物都呈现出夸张的利落并泛起讽刺的涟漪，新的教义也以同样的方式匍匐前行。

"为使自己脱离那个引起疲倦与压倒性的沮丧的循环"，逃离存在，就如逃离一种负担，或一桩罪行；这种基本的俄耳甫斯式教条通过柏拉图的风格得到进一步传播，甚于经由认知的改变。最后它将与福音邀请产生密不可分的联系，并抵制这个世界的王者。

只有那些携带异教或基督教的紧要任务而逃离世界的人们，只有那些已回归到灵魂碎片中去，而那灵魂的本源存在于他处的人们，更进一步地说，只有那些并不完全属于此世界的人们方能利用这个世界，并有效而无情地改变它。最后我们过渡到仅是简单地对世界加以利用，来到一个既不属于异教也非基督的时代，但那不自知者继续实践着分离与飞行的双重姿态，与此同时将它的触手伸向地球与月球的尘埃。

柏拉图从未原谅荷马所犯的一个巨大错误，即他没有对宇宙结构做出任何严肃评论。天堂的居民保持了匿名并充满活力。荷马的叙述只涉及三个层面：奥林匹斯，高在天穹；大地，一个多彩的盘状物，一具仰卧的躯体，哈得斯那无形的寄生虫正紧贴在其后背；以及最后，冰封的塔耳塔洛斯。但在宙斯的宫殿与大地之间，以及大地与塔耳塔洛斯的坚冰之间，根本不存在荷马乐于谈论之物。

大地表皮下的巨大空洞证明了一种有渎神明的欢愉。这是一种省略，甚至舍去了天体的运行机制，以及巧匠们那具有数学特质的作品。这是由诗歌锻造的第一个能力：宇宙本身被遗忘。但通过俄耳甫斯教徒，圣典的追随者们，以及之后的柏拉图，迦勒底人用智慧报复了荷马。天体成为漂浮的岛屿，银河的扩展带来损耗，星云们重获统治权。荷马式视角中那奇妙的平坦无际，跌进了预设的峡谷中，在一个个天堂之间关闭复而开启。哈得斯从他发霉的地府闪现，被弹射进大气，落入地球与月亮之间的锥形阴影，好似地球的内里已被颠倒翻转，正面向天空抖动着，洒出被它安置在混沌黑暗中的无数灵魂。这便是亡灵那巨大的、鼓起风的候车室。

一个激进并令人震惊的分歧，存在于荷马和后世所有神学家之间，而赫西俄德也在此列。根据普鲁塔克的注释，荷马拒绝区分神明与**代蒙**（*daimones*）："他似乎把这两个词当成同义词，并将神明唤作**代蒙**。"如此，关于**代蒙**是神明之更晦涩部分的论调就无可指摘，并排除了关于阶梯式存在的一切想法，即通过一系列净化行为，凡人有可能升格到神明的高度，或相反，神明会以有序的方式被降格为凡人。这一想法成为柏拉图主义的每种形式的共同出发点，它已隐藏在赫西俄德对生命的四分法中：凡人，英雄，**代蒙**，神明。

但荷马忽略了这样的调停。于他而言，"英雄"一词也能用"凡人"代替，他并不认为有任何必要引入代蒙这一单独类别。因此他把极端情况也直接代入，而不借助任何东西以柔化冲突可能造成的暴力。然而，正如我们从普鲁塔克的作品中再次读到的那样，"那些拒绝承认代蒙这一类别的人将疏离人性与神性，使两者无法再像柏拉图所说的那样，经由'解释性与协助性的自然规律'混杂并融合。换言之，它们将迫使我们做一盘杂烩，把神明引入人类情感和所发生之事，每当神明适用于某事，就把他拖到我们的同等水平，就像塞萨利妇女被认为能够摘下月亮"。在后世的博学家普鲁塔克的书中出现的段落成为荷马的无形丑闻，他是调和的敌人，被如此清晰地暴露。当基督教神父批判荷马式的堕落时，他们所做的无非是重温柏拉图及其追随者们对丑闻的知觉，它被普鲁塔克如此透彻地总结。因此，希腊文明的历程自证为一个创立权威的过程，而荷马自己，正变得越来越不被接受。

提马耳枯斯（Timarco）是苏格拉底的一位年轻门徒，他渴望

"了解老师的过人力量"。他"十分勇敢，最近才初尝哲学"。于是他决定用自己做一个可怕的实验：他将爬到勒巴狄亚（Lebadeia）山顶的特洛福尼俄斯（Trofonio）洞穴，科瑞曾与宁芙赫尔西亚（la Ninfa Ercina）在那里玩耍，后者养了一只鹅。当宁芙分心时，鹅消失在岩石后的一个洞穴中。于是科瑞走进洞穴寻找那动物，她捉住它并搬起岩石，此时一股水流在黑暗中从石头背后涌出。在科瑞曾经历的所有变形中，这一次最为偏僻且秘密，它如此神秘以至于无人了解：这件事留下的唯一记录就是赫尔西亚神庙中一尊怀中抱鹅的少女雕像。

在抵达勒巴狄亚后的数天里，提马耳枯斯待在好运与良好精神之屋，进行自我净化。他在赫尔西亚河的冰水中洗澡。他食用那些作为祭品的动物肉体。每当祭司献祭又一个牺牲品时，一位先知者将审视其内脏，以了解特洛福尼俄斯是否对访客抱有善意并愿意仁慈地将其接纳。一天晚上，提马耳枯斯被带离那间屋子，然后被送至河边。两个年轻人为他沐浴，如奴隶般顺从。然后他们把他带到一些祭司前，就在泉眼附近。他们命他在两处泉水中畅饮。第一眼泉水被称为遗忘之水。另一处则是记忆之水。然后提马耳枯斯朝着神示所的方向走去，身着一件有带状装饰的亚麻长袍。他的脚上套着笨重的本地靴子。两支青铜杆被一道链子系着，矗立在神示所前。后面则是那洞穴：一个狭窄的人工入口，就像烤面包的烘箱。

提马耳枯斯携带着一把很轻的梯子，并为蛇准备了一些蜂蜜蛋糕。他先把脚伸入洞穴入口，立刻感到自己被吸了进去，进入黑暗之中——蛇已在此等候。他躺在黑暗中良久。然后意识到自己的头骨正在从骨缝处慢慢分离。他的灵魂峭然滑出，如同原来长期受到压抑般畅快呼吸，然后逐渐上升，不断膨胀与蔓延。它是天空中的一张帆。被它犁开的海面点缀着"因纤弱火苗而闪闪发光的岛屿"。

它的四周环绕着巨大的岛屿，虽然面积各异。在高处，他看到月球的面庞正逐渐向他靠拢。佩耳塞福涅正与她的犬只们奔过天空，那些犬只是跟随在她身后的行星。在下方，即大地所在之处，升起一些叹息的呓语，就像一种永无止境的遥远骚动。

在爬进特洛福尼俄斯的洞穴里时，提马耳枯斯已想好自己将去往冥界。但现在他意识到冥界已被翻转，从而升上天穹，成为月亮和地球之间的锥形阴影，而地球无非是冥界在深渊中的一个延续。同样作为流放之地，为何这两个世界如此不同？正如在提马耳枯斯的意识中闪回的那样，他看到了那个地方，在月球附近，锥形的影子已在那里缩为一个小点，他看到那里是游魂的聚集之所。他们试图降落在那女子的脸庞，即月亮上，尽管当他们愈发靠近时，它看起来就愈加可怕。那张脸似乎施有一层极为细腻的粉末，亡灵将它误认作其他灵魂。当他们试图抓住月球表面的一些褶皱时，将被白色的光芒灼瞎，许多灵魂发觉自己被一阵不可抗拒的逆流往回拖曳，直到再次坠入太空。然而救赎即存在于此，他们与之如此接近。若他们设法踏足佩耳塞福涅的前哨，就将在一天内经历第二次死亡，比第一次更平缓也更微妙。有一天，佩耳塞福涅会将他们的思想，*noûs*，从他们的灵魂中分离，就像阿波罗从战士的肩膀上剥下铠甲。然后，当他们灵魂的实体被遗留在白色的尘土上，只留下“外壳和对生命的梦想”时，他们会出现在月球的另一边，乐土（la pianura elisia）在此扩张至地球生物从未涉足的疆域。提马耳枯斯从神谕的烤炉中折返，脚先触地，身体灼热，并辐射出光芒。三个月后，他在雅典死去。

柏拉图对神话的态度有时比现代人更简明。而另一方面，愚钝之人还在争论**信仰**的概念，这对神话学来说是一个极重要的词，仿

292

佛古人给予神话的信任，类似于维拉莫维茨（Wilamowitz）[1]时代的哲学家们迷信于桌上一颗通电灯泡发出的光芒。不，苏格拉底在临死前阐明了这一点：当我们进入神话世界时，我们便踏入了危险境地，而神话是此类时刻中我们为自己造出的魔法。不仅是一种信仰。它是一条神奇的纽带，在我们周围收紧。这是灵魂对自身施展的法术。"这种风险确实存在，我们必须对自身施展巫术（epádein）。" epádein 是一个动词，意味着"迷人的旋律"。如苏格拉底常说的，"这些东西"就是寓言，就是神话。

在希腊，神话逃离了仪式，就像一个灵魂从瓶中遁走。仪式是固定的行为，且动作极为有限：一旦你焚烧了祭品，奠酒祭神，弯腰鞠躬，在身上涂抹油膏，赛跑，进食，繁衍，你还能做些什么？但如果故事开始变得独立，并发展出名字和关系，那么有一天你会发现它们已开启各自的生活。在地中海，希腊人显得独一无二，因为他们并不通过祭司的权威来传承自己的故事。他们的故事四处漫游，这部分解释了它们为何容易混淆。希腊人习于听闻一个故事的不同版本，这对他们而言已成常态。没有一个最高权威能够将某一版本背书为正确版本。荷马是人们可想到的那个终极名字：但荷马并没能讲述所有故事。

神话从仪式中逃离，应和着宙斯的连续冒险。在此番入侵中，宙斯身为狄刻的父亲，让她作为正义与秩序的人格化，坐在他右手边的王位。这揭示了他自身的"反正义"，并正酝酿着"逆秩序的想法"。这带来一种启示，即特许并不会被反复谴责，反而可能被接

1　恩诺·弗里德里希·维夏德·乌尔里希·冯·维拉莫维茨–默伦多夫（Enno Friedrich Wichard Ulrich von Wilamowitz-Moellendorff, 1848—1931），德国古典文献学者。

受，至少如果它来自上方：作为宙斯时代的礼物。神明的入侵是现实中一种意想之外的充溢。因此，相较于对仪式的严格强制，历史是一种持续的流溢，在它清醒时，我们能看见它留下的遗迹，并称之为品质。

如今，希腊神话中的诸多线索已经失传。当我们仰望夜空时，最初的印象大约是惊讶于散布在黑暗背景上的随机而丰富的群星。柏拉图仍能辨认出"天空的条纹"。他坚持认为那些条纹是"最美丽和精确的"可见秩序的图景。但当我们看见一条磨砂白的银河时——它宛如巨人的腰带，我们无法感觉到任何秩序，更不必说存在于秩序内部的运动。不，我们立即联想到距离，那不可思议的光年。我们已失去将神话搬运到天空的能力，尤其是视觉能力。然而，尽管被削弱到仅剩一些美好的外壳，我们仍能感受到希腊神话是相互凝聚和关联的，直至最微小的变体，仿佛我们知道为何如此。然而我们一无所知。赫耳墨斯、阿耳忒弥斯、阿佛洛狄忒或雅典娜，他们各具有整体的某一部分特质，就像原材料的纹样出现在随机散布的幸存碎片上。

剩余的未解之谜仍留有巨大空间，我们不应太过关注神话中业已失传的秘仪，虽然我们必须学会感知它们的不在场。怀旧之情就存在于仰望星空时，我们期望看到七位塞壬，各自在七重天堂中的某一层兀自吟咏。然而，不仅没能看到塞壬，我们甚至已辨认不出天堂。不过我们仍可在身上包裹撕烂的布条，让自己沉浸在神明的残酷故事中。在这世间，在我们心中，仍编织着同样的织锦。

数世纪来，人们谈论着希腊神话，就仿佛在谈论一件将被重新发现、重新认识之物。事实上神话始终在那里，等待将我们唤醒，并为我们所见，就如一棵树正等待着迎接我们刚睁开的双眼。

神话由自我对立的行为构成。英雄将怪物杀死，但即便确实如此，我们仍可认为相反的情况也同样真实：怪物将英雄杀死。英雄带走公主，但即便如此，相反的情况也同样真实——英雄抛弃公主。我们该如何确认？通过故事的诸多变体。它们使神话的血液保持流动。但让我们想象一下，若某个神话的所有变体都已失落，被一些看不见的手抹去。神话仍能保持原样吗？我们来到了神话与其他类型叙述的分界线。即使没有变体，神话本身也包含自身的对立面。我们如何知晓？通过小说的固有本质。小说是一种乏有变体的叙事，并试图通过更丰富、更细节化的单一文本来掩盖这一点。因此，小说会趋向其对立面，就像趋向其天堂的方向，这正是神话拥有的某种特权。

神话作者生活在一种年代序列永远模糊的状态中，并假意想解决这一问题。他在一张桌子上把时代与王朝按序排列，就像一位比主人更了解家族历史的老管家，而你可以确信在另一张桌子上，混乱的秩序将愈发糟糕，各种线条交织缠绕。没有一位神话作者曾成功把他的材料按一致顺序排布，虽然在一开始他们都希望强加以秩序。以这种方式，他们对神话保持了忠诚。

神话的姿态像一道波浪，在断裂时拥有形状，就像我们掷出的骰子会组成一个数字。但伴随波浪撤退，未被征服的复杂性会在冲击中膨胀，就在这种混乱与无序中，下一个神话开始成形。因此神话不允许系统的存在。事实上，在它初次成形时，系统本身不过是神明斗篷的轻轻一挥，是阿波罗的一份微小馈赠。

希腊神话是一些拥有诸多变体的故事。神话作家——无论是品达还是奥维德——每次都以不同的方式重写它们，在这里略去一些，在那儿又添上一笔。但新的变化必须少量且不可引人注目。所以每位作家都会构建并精简故事的主体。神话就这样在文学中长存。

《论崇高》的崇高作者把文学追溯为 *megalophyía*，"自然的伟大"，它有时会在读者心中唤起类似的品质。但是"喜好隐匿"的自然如何接受修辞手段的烦冗与炫耀？它又如何逃避**技艺**（*téchnē*）的傲慢？自然与艺术的交叉（*chassé-croisé*）曾在两千年中引发评议，并被浓缩进17世纪的资本中，但仅凭一句话，它就回归到了古典时代的巅峰："只有当艺术看起来像自然时，只在那时，艺术才完美，与此同时，只有当自然中包含艺术时，它方触及要害。"

完美，任何形式的完美，总是需要某种遮蔽。若没有东西将它隐藏，或使之保持隐匿，完美便不复存在。但作者如何隐瞒语言的直白显著，以及它所叙述的角色？用光芒。匿名作者写道："修辞学家如何掩饰他使用的比喻？很明显，用光将其隐藏。"用光遮掩：这是希腊人擅长的。宙斯从未停止过用光芒作为掩饰。这就是为何在希腊之光以后的所有光芒都是其他一种，且不再如此耀眼。这另一种光的目的在于找出隐藏之物。而希腊之光则保护此物，令其继续隐匿，即便是在白昼。它甚至设法隐藏起清晰可见之物，后者被蒙上阴影，就如修辞学的比喻在被壮美淹没，被"从四方倾泻而至的伟大"淹没时，变得难以识别。匿名作者的文学分析使他得出这样的结论。所以他正确地声称"文学评价是伟大经验的完美结果"。

…

年迈而失明的荷马在萨摩斯岛度过冬天。当五月来临，他将从一扇扇门前经过，身后跟着一群孩子。他们手持艾瑞斯俄涅（*eiresiōnē*）[1]，那是一束缠着白色与紫色羊毛的橄榄枝，上面挂着此季初产的果实。荷马的吟唱淹没在童谣的嗡嗡声中。他们反复论及艾瑞斯俄涅，还有无花果干与蓬松的面包卷，以及蜂蜜和葡萄酒。他们走到哪里都携带着它，他们说，如此**艾瑞斯俄涅**便可"在沉醉中入睡"。

但他们为何要让这带有装饰的枝条入睡？又是什么让它如此清醒？荷马被孩子们簇拥着，来到富裕的萨摩斯人屋前。他宣称，他们的大门将自动打开，在那里，财富，更多的财富将会涌入，并带来"浪漫精神以及和平的礼物"。富有的主人在诗人的吟唱中现身，赠予老人和他的童子军们一些物品。然而即便他什么也不给，也并无关系。荷马还会再来，像一只燕子。现在，是时候离开萨摩斯岛了，因为他是一位没有固定家园的流浪者。他在某日离开，然后再未归来。在阿波罗的节日里，萨摩斯的孩童继续在富人的屋子外表演他行乞的歌谣。

不论异教的愚钝在何时被抛弃，不论生命在何时变得更加炽烈，不论以何种方式，经由荣誉或死亡，胜利或牺牲，婚姻或祷告，创始或占有，净化或哀恸，任何事物，一切事物，只要它把一人煽动，或追寻一个意义，希腊人便将其珍视。他们用飘动的羊毛条，大多为白色或红色，环绕自己的脑袋或武器，或绑上一根树枝、船首、一尊雕像、一把斧头、一块石头、一口烹锅。现代人的眼睛触及这些羊毛条，它们那无处不在的碎片留续至今，却不被看

---

1 是希腊宗教仪式所用橄榄或月桂枝的人格化，孩子们唱的童谣也被称为 *eiresiōnē*。

见，因为眼睛把它们当作无足轻重的装饰细节，从焦距中移除。在希腊人的眼中，情况恰好相反：正是那些光，那些闪烁的羊毛条制造出意义，赋予意义以边界，并使之被珍视。在这些羊毛条构成的柔软框架中，所发生的一切都与其他事物不同，并与之分离。那些羊毛条，那些流苏代表什么？一种冗余的、流淌的尾迹，附着在一个个体或一件物品上。与此同时，也成为束缚那个活物或东西的一条拴带。

　　塞维利亚（Siviglia）的伊西多尔（Isidoro）[1]仍然写道："*Vittae dictae sunt, quod vinciant.*"（羊毛条被如此称呼，因它们可以捆绑。）但这种捆绑是什么？它是那裹挟着世界的不可见之网中某一环的瞬时表面，囊括了从天堂到大地的世界，将两者捆绑在一起，令其在风中摇曳。人们难以承受一直看见那张完整的网：他们将被它捕获，同时窒息。但每当有人取得或被迫经受一些将他提升、生发热情与意义之物时——不过每一项成就都是一次征服，而每一次征服也是一项成就——那羊毛条，那些束带，就会出现。它们的一端可变成绞索，紧紧缚住那躯体。另一端则在空中闪烁，将我们陪伴、护航以及保卫。获胜的运动员把羊毛条绑在自己的胳膊、躯干以及大腿上，它们将跟随着他，在空中舞动，形如一条得意扬扬的蛇。胜利女神尼刻也总带着一束羊毛条，将它们分发给被选中之人。新入会者会保存他在入会仪式那天所系的羊毛条，将之视作自己完整一生的某项遗产。羊毛条也会被悬挂在被献祭的牡牛角上。在仪式开始前，少女们仔细地将它们绑在那里，就如新娘的母亲把它们捆绑在婚礼的山楂木火把上，或亲友们将它们悬挂在逝者

1　570—636，一说560—636，西班牙主教、圣人，中世纪百科全书式学者，著有《词源》（*Etymologae*）。

298

的床上。

所有这些条带，这些无用的流苏，是交织的（*nexus rerum*）神经，将万物相连，为生命带来意义。我们生命中的每一时刻都承载于这些羊毛条上。白色部分，缘于奥林匹斯诸神喜好白色；红色部分，是因鲜血与死亡相关；此外还有紫色、黄色、绿色。但我们并非总能看见它们，事实上我们绝不可以，因为这将令我们丧失勇气，并被其束缚。当我们的冷漠被一些事物消解，那是它们正在将我们吹拂，然后我们意识到自己被一条溪流载向未明之物。在某些时刻，不过这极少发生，这些束带会在我们身边扭曲、转动、缠绕，直到松散的一端与另一端缠成结纽。然后它们将极温柔地环抱我们，围成一圈，这正是一顶王冠。这就是完美。

饱饮仙酒的波罗斯（Poros）在宙斯的花园中舒展肢体。他坠入睡眠，但精神仍在思考："花园是何物？是财富的流光溢彩。"随后阿佛洛狄忒在众神中现身。她是思想的女儿。很快阿佛洛狄忒的副本将遍布各地。它们是恶灵，每一个都由一位发出牛虻般嗡嗡声的厄洛斯相伴。

IX

抵达帕特拉斯（Patrasso）[1]卫城时，帕萨尼亚斯听说了三位一体阿耳忒弥斯（Artemis Triclaria）神庙的故事："据说在很久以前，女神有一位祭司名叫科迈托（Cometò），这位少女如此美丽。事情就这样发生，少女爱上墨兰尼波斯（Melanippo），在一切事物中他都是佼佼者，最重要的是他极为英俊。墨兰尼波斯征服了少女的心，他请求少女的父亲应允二人成婚。自然，长者往往在许多事情上与年轻人对立，在爱情方面尤甚。对于墨兰尼波斯来说也不例外：尽管事实上他与科迈托都希望与对方成婚，他们从彼此父母处得到的却都是坚定的否决。就像许多其他事件一样，墨兰尼波斯几经周折展示了爱情将如何破坏人间律法，并颠覆他们对神明的热忱。无法成婚的墨兰尼波斯与科迈托在阿耳忒弥斯神庙中满足他们对激情的渴望，并定期将那神庙作为婚房。作为后果，阿耳忒弥斯开始将她的怒火向当地居民发泄。大地不再结果，人们患上奇怪而致命的疾病。于是他们逃亡至德尔斐以探询神谕，而皮提亚将责任归咎于墨兰尼波斯和科迈托。是神谕的命令，这对爱人应被献祭给阿耳忒弥斯，并且此后每一年中，都应有一名最美丽的年轻女孩和一名最英俊的年轻男孩被献祭给女神。由于此番献祭，人们将神庙近旁的河流命名为无情河（Spietato）。此前它籍籍无名。对于那些未犯任何过错却行

---

1 帕特雷的旧称，位于伯罗奔尼撒半岛西北部帕特雷湾畔。

将枯萎的年轻男女而言，这样的命运何其可怖，对他们的家庭而言也是如此；但我着实相信，在墨兰尼波斯和科迈托看来，这并非不幸——对凡人来说只有一件事的价值堪比性命：即爱情应被成就。"

这并非《罗密欧与朱丽叶》（在那故事中，再一次上演了对三位一体阿耳忒弥斯的献祭）。这也并非由莎士比亚为我们展现的示威，那如此激烈而明确的爱意，足以颠覆律法并将它践踏，造成柏拉图为之担忧的"所谓阿佛洛狄式的混乱"。当然，我们不会在古典时代的希腊找到此类故事的相似版本，因它总对邪恶的攻击感到不安。不，这故事出现在希腊的秋天，出现在帕萨尼亚斯的散文中，他是一位卓有学识、巡视废墟的评论家，而今那些废墟已成为牧场。在他讲述的故事中，那些情节回味了一种亚历山大式的浪漫。但它的意义在于一场秘密的逃亡。它暗示着象形文字与祭祀仪式之间一种隐匿的紧张感。

倘若被献祭并不是，或不仅是，科迈托与墨兰尼波斯的一种"不幸"，那是因为他们恰从一开始就扮演了仪式的一部分，那最隐蔽的部分，因他们的鲁莽而被揭露。厄洛斯将律法所隐瞒之物公之于众，此物却包含于律法之中：事实上神庙的确是一处婚室。又一次，我们必须从一位亚历山大和"觉醒的琉善"处寻求答案[1]，在文字中我们得知那座"叙利亚女神"的秘密房间被称为婚室，*thálamos*。不过那名字的溯源早在琉善之前，如此久远，以至于人们认为没有必要在已不那么鲁莽的时代将之再次提及。如果献祭的秘密在于神婚，那么献祭的用途则在于将此事实隐藏。科迈托与墨兰尼波斯在他们那难以达成的爱情前自我放弃，"成就爱情"，那里将竖立起一

---

1 《亚历山大——伪先知》"献给一位名叫刻尔苏斯的伊壁鸠鲁主义者"一文中，琉善用他自己给刻尔苏斯写信的方式，揭露了亚历山大的骗术，从而揭露了预言的欺骗性。

道血与尸体的壁垒。

神庙的外观被施加了"凡人的律法"，其婚配性质的内涵则将律法颠覆。倘若其内部属性外化，世界将被**魔鬼附身**（*diable au corps*）的青春期所威胁和入侵。于是世界进行反击，并导致杀戮。献祭和神婚是两种力量，互为彼此的先决条件，也相互重叠并产生联系。它们两相对抗也彼此支持。每一方都是另一方辐射的圣光。那即将被献祭的女孩似乎正等候她的配偶，情爱欢愉的背景却黑暗而血腥。所发生的一切都是这两种力量之间的钟摆运动。两人直面彼此，各自倒影在对方凝视的目光中。神婚趋向于破坏律法，而献祭则在于重建其血腥根基。只需一种"成功的爱"就可破坏这种均衡。但历史会确保均衡长存。

神婚：这是神明选择的与凡人沟通的首要方式。这种途径是一场入侵，对身体与心灵皆如此，因而它浸染了尤为充沛的神性。自奥林匹亚诸神的时代以来，同样的充沛就已经发源。当宙斯和赫拉在伊达岛上造爱，他们被隐藏在一团金色的云雾中，闪烁的水珠滴落到大地上。

为何神婚无法在人类中继续进行？因为一次犯罪，即普罗米修斯之罪。人类必须回应那种入侵，为达到目的，他们选择以自己的方式与神明交流：他们将与神明共享牺牲，他们食用祭品的血与内脏，将烟雾留给神明。那就是"奥林匹亚之献祭"的基础。那就是为何 *thýein*，"献祭"，对他们而言实际上意味着"熏制"：这是对神明的一种略带虚伪的致敬。普罗米修斯之罪是人类的本性，它迫使他们进食，从而也进行杀戮。因此对人类来说，同化将永远与杀戮相关联。

305

献祭的执行方式富于变化，但可被简化为两类动作：驱逐（净化）与同化（圣餐）。这两类动作只有一个共同特征：破坏。在每一个具体的事件中，牺牲品都被杀死或吞食，或以某种特定方式死亡。我们杀戮，为了进食，为了消化；我们杀戮，为了分离，为了驱逐。在其他任何方面，这两类动作都截然不同。

驱逐的最极端形式是石刑，因为当石刑发生时，献祭的执行者们不会面临将自己暴露在与牺牲品接触的风险中；最极端的同化形式则是在牺牲品的肉体尚且温热并仍有悸动时将其食用。但这可能源自一个被误解的习俗，一个古老的谬称，将这两种仪式都定义为**献祭**？看起来似乎是这样，直到我们意识到在两种举动的背后另有一个现象，将此二者再度统一：神婚。神婚并不涉及任何将献祭的两种极端形式联系在一起的破坏因素。对此我们应做何解释？神婚是献祭的前提，但它存在于神明的部分中。第一次，神明与凡人的世界相互混淆，而献祭正是对此做出的回应，但这种回应仅涉及凡人，那生活在不可逆转的国度中的生灵，那离开了杀戮便无法同化（或驱离）的生灵。情欲入侵了我们的身体，我们回馈以割裂喉咙的匕首，以及掷出石块的双手。

伴随时间推移，凡人与神明将发展出一种由神婚与献祭组成的通用语言。这两种现象将无止境地分裂与对立，又相互融合，作为该语言的表达形式。而当它成为一种已死的语言后，人们开始谈论神话。

神婚与献祭都通过对身体的占有而实现，将之侵犯或吞食。但是，正如普罗米修斯的举动，为了同化一具躯体，人们必须将其杀死并吞食它死去的肌肉。与此同时，烟雾将萦绕诸神周围。作为回馈，神明如云朵般包裹起那些躯体，吸吮其被爱欲浸润的汁液。唾

306

液成为一种尤其卓越的献祭要素，它是汇集了献祭的两面性——驱逐和交融——的唯一元素。我们吐掉唾沫，如同它是不洁之物，但我们也会在爱欲中将之与其他类似物质混合，然后吞下。

于凡人而言，神婚和献祭仅在不可见的世界中重叠，这是自我对本我做出的牺牲，是自我与本我的**联合**（*coniunctio*）。凡人无法看见神明所见之物。世界的样貌诞生在一位神与一个非神存在的交媾中，并伴随神身躯的撕裂和弥散；它是受感染之物形成的云团，由神圣者滋养，被驱逐进宇宙空间。

奠酒祭神是一种最谨慎而微妙的让神明了解凡人那无可逆转的苦难的方式：把一些珍贵液体倾倒在地面，并永远失去它。这是致敬之举，当然，也是对一种不可见力量的存在及其权力的认同。但它有时还是些别的东西：对沟通的一种尝试。就像人们对神明诉说的，无论我们做了什么，我们都不过是这被倾倒的液体。

神明有时也会端着奠酒的杯子现身。但他们为谁倾倒琼浆？是献给自己？献给生命？他们所献祭的又是何物？是他们自身吗？对他们而言，一切都将永远完美，他们不会失去任何东西，又何谈抱以失去的目的而将此物倾倒？神明的举动从来无解。也许那是他们接上话茬的方式，一种对在神明注视之下凡人做出的那种美丽仪态的带有仰慕意味的暗示，所以现在神明选择模仿此类举动。

"正如他们的身躯与凡人的类似，他们的生活也是如此。"亚里士多德的简明一如往常，他指出希腊诸神不同寻常的一面，即完全的神人同形同性。完全？在每个方面，除却一样：食物。神明的食物不同于凡人的吃食，同样不同的是流淌在两者血脉中的液体。荷

307

马已经完美且条理清晰地做出解释，正因神明"没有血液，故被称作不朽"。神明不朽，因为他们不吃我们的食物。他们没有血液，因为血液需通过凡人的进食补给营养。因此，食物本身就含有死亡的意味，我们对死亡的依赖迫使我们为更多食物进行杀戮，并借此与死亡保持距离，虽然这从不能长久。

正是因为希腊人将神明与凡人的差异降到了最低，所以他们以这样残酷的精准性来衡量两者间的距离：一种无限的，不可桥接的距离。并且从没有人像希腊人那般为这种距离下过清晰定义。没有雾霭萦绕在死亡之路的周围。这是一处深渊，有着剃刀般的锋利边缘，从未被跨越。因此，希腊人十分清楚他们所作献祭的无能为力。每当仪式上有一个活物被杀死，都是一种对所有参与者之必死命运的提醒。他们奉献给神明的烟雾，对神明来说当然不可用作食物。神明所食的唯有仙酒与神食。不，鲜血与烟雾的气息是来自大地的一种讯息，一件毫无意义的礼物，提醒奥林匹斯诸神关于遥远大地的居民们那具有自觉意识且又危险的存在，在其他各方面而言，他们都几乎与神明平等。凡人的特质中为神明所钟爱者恰在于这种差异，这种不稳定性。只有经由凡人，神明方可一尝其中滋味。那是一种他们永远无法从神食或仙酒中获得的感受，也正因此他们会偶尔现身在祭祀的烟雾中，在那另一种生活的呼吸间自我迷失，而后者享有着搅动奥林匹斯空气的宝贵特权。

从依菲革涅亚，到厄瑞克透斯与克洛尼得斯的女儿们的故事中，总有一位光彩照人的处女必须被献祭，并且那场献祭总在自杀与婚礼间如钟摆般徘徊。在一年中，我们指的是自然界中的一个完整周期，总有些"阴郁而不祥的日子"，年轻女孩们的喉咙将在那时被割断。这是人们所知的唯一方式，让那些女孩跨过无形的边界，遇见正在另一边等候她们的不朽的复仇者。

这些复仇者对女孩们的身体怀有一种"狂热而暴虐的欲望"，并持续纠缠她们，但他们无法在可见世界中达到"与这些尸体结合并进入其中"的境地。因此，凡人须找到一种方式以平息**代蒙**那愤怒的羸弱，为达到此番目的，我们将女孩了无生气的尸体留在祭坛上，这是两个世界的边境线，是每一种黑暗欲念的起源地。

从远古时代开始，宙斯与赫拉一直争论不休。赫拉决定躲进欧玻亚。当一位伟大的女神撤退并藏匿时，世界将很快分崩离析。"贫乏而迷茫的"宙斯寻找着她。他漫游过整个欧玻亚。他该做些什么？如何才能令女神从她的隐匿之所现身？

一名男子，阿拉尔克门纽斯（Alalcomeneo），献上一个诡计。宙斯必须假装迎娶别人，事实上他迎娶的是一块雕刻成女孩形状，并由面纱覆盖的橡木。这个僵硬的新娘须被放置在一辆战车上，被带往婚礼现场。他们称她为达厄达拉（Dedala）[1]，这相当于称其为手工艺品，因为她是首个在自身中包含艺术的造物。庆典开始后，载着宙斯那羞涩新娘的战车已蜿蜒穿过普拉提亚（Platea）境内城邦的街道，赫拉无法再忍耐。怒火中烧，她跃上战车，看着那岿然不动的情敌，然后扯下新娘的面纱，这意味着将她的脸庞撕成碎片。然后她意识到自己看到的是什么：一个夏农（*xóanon*），那存在于希腊全境各神庙中无数木制雕像中的一个。女神大笑。这是一种如铃般的残酷笑声，是生发自一个小女孩的笑声。我们应当感激那笑声，因为至少目前为止世界未被撕成碎片。但同样的情节并没有发生在当时的普拉提亚女子们身上。看到女神将自己置于游行队伍的

---

1 传说中由代达罗斯创作的最早的希腊雕像。

领头位置，她们都紧随其后。首先，她们在阿索波斯河中帮助赫拉为雕像沐浴，犹如它是一位新娘。然后她们跟随战车来到喀泰戎（Citerone）[1]山顶的一片被橡树环绕的空地。女神命她们堆起一座巨大的篝火。她将雕像及破碎的面纱置于当中。在树干堆成的篝火四周，忠实的追随者们叠垒起她们奉献的动物。最富有者甚至献上了牝牛和牡牛。她们将美酒与熏香倾倒。然后女神把篝火点燃。

雕像被烧成灰烬，动物们被活活烧死，它们的哀嚎淹没了火苗蹿动的爆裂声。许多年后，在同一个地方，这仪式仍将上演。帕萨尼亚斯看见那用于火葬的柴堆，说道："我从不知道火焰会高耸如斯，在极遥远处仍然可见。"

在被普鲁塔克称为"古生理学"并定义为一种"论述被融合进神话中的本性"的学科中，神婚与献祭成为呼吸系统的两极：被吸进的空气抵达血液并将其滋养，在由此得到的混合产物（神婚）中变得难以识别；被呼出的空气将永远被驱逐（献祭），与世间的空气融合。但是，即使是在距离与张力达到最大化的极点，这两种极端仍互相叠加。

一束高耸的、具有破坏力的火焰；宙斯对女神躯体的侵入。这两桩事件之间存在一个枢纽：一座木制雕像。当赫拉从宙斯那了无生命的配偶身上扯下面纱时，她笑了。但这并不意味着赫拉已放弃杀死她、放弃把雕像当成一个具有攻击性的危险竞争对手而焚烧的念头。至于宙斯，若他想将女神从黑暗中引诱出来，他就必须为这世界增加一件复制品，一幅图像。若没有这些，就难以有效地创造出令这对至高无上的配偶重归于好的枢纽。一件小小的木质复制品

---

1 位于希腊中部，玻俄提亚与阿提刻之间的物理屏障。

被面纱包裹，它被带到这个世界，并将这个世界拯救。但它必须随即被焚毁。这个形象必须被包裹在面纱之中，因它本就是一张面纱，一种附加物，用以隐藏别的东西。新娘被裹在面纱中，而叙事被留给神话。当面纱被撕开，所存的唯有笑声和火焰。首先是为了拯救，然后为了毁灭：事实上这两件事正同时发生。这都是那些散布在每一个神话和每一桩逸事中的"不言而喻之物"的一部分，并且似乎总是"比那些被说出来的更为可疑"。

异教徒世界被基督徒毁灭的程度远不及其自身所为。至于教堂神父们的毒害攻击，难以企及《亚历山大——伪先知》（*Alessandro il falso profeta*）的破坏力，后者是由一位完美的异教徒，萨莫萨塔（Samosata）的琉善写就的一本小册子。它是对一位大骗徒的无可比肩的描绘，是一种盛产欺骗者的文明之典范。阿玻努忒科斯（Abonutico）[1]的亚历山大确有其人吗？一些珠宝、硬币以及铭文证实了他的存在。然而，除却那些缄默的见证者，关于其生活所剩的唯一痕迹就是琉善著述中的那些用以攻击他的激进言论。我们是否应该相信琉善所言？这很难讲，但文学的绝对力量已把这样的问题扫至一旁。

轻蔑任何存在、一切存在，琉善在阿玻努忒科斯的亚历山大身上看到了一种怀揣恶意的复刻，是那另一位亚历山大，西方第一位皇帝的一个可耻的影子。倘若亚历山大大帝没有像一位新的狄俄倪索斯（是第四位，神话作家会这样说）一样启程征服东方？倘若不是他第一个暗示了君主也可以成为神？好吧，阿玻努忒科斯的亚历山大与他类似，举止间仿佛自己是一位神。

---

1 小亚细亚古城，在今土耳其伊内博卢地区。

与亚历山大大帝一样，阿玻努忒科斯的亚历山大也在外省长大，在帕夫拉戈尼亚（Paflagonia）[1]，不过雅典以外的地方都属于外省。在逝去时，他已名闻罗马帝国全境。在少年时代，阿玻努忒科斯的亚历山大极为英俊，肤色洁净，胡须柔软，头发颇长——无人注意那长发是否都是他自己的。"他的眼眸闪烁着一种神圣而迷人的热忱"，他的声音清晰且温柔。他是一位思想家，头脑敏捷到令人惊叹。似乎没有一种品质是他所不具备的。"事实上，在初次与他相遇时，所有人，无一例外都会留下一种印象，即与他们交谈之人是世界上最可敬与最正直的人，同样也是最简单、最未受玷污的。但最重要的是，他具有一种庄严宏大的特质，好似他永远不会为生活中的小事驻足担忧，因他的灵魂指向的永远是最重要的东西。"

而他立刻开始兜售自己的躯体，它相当富有吸引力。他的一个客人是一个江湖术士，即那种兜售护符、邪恶法术以及寻宝地图的人。亚历山大从术士处选好了交易品。正如骗子爱上他的身躯一样，亚历山大也爱上了此人的各种戏法。他学会了所有诡计。可他的朋友很快便过世了，而现在亚历山大的躯体已走下巅峰，难从淫乐中换取最多收入。他决定改变自己的职业，成为一个江湖骗子。他四处游历，施展魅力。在旅途中，他遇见一位富有的马其顿（Macedonia）[2]女子，那女子在两性方面虽有些力不从心但仍旧贪婪，于是他留在她的身边，因为她出价慷慨。

这位女子来自一度辉煌的皮拉镇（Pella）[3]，如今此地不过有几间破败屋舍。亚历山大在这里找到一种不同寻常的蛇类，它们体形

1　小亚细亚古地名，位于安纳托利亚中北部。
2　此处的马其顿，指约前800—前146年间，小亚细亚及希腊地区的马其顿王国（Μακεδονία）。
3　古希腊马其顿王国的首都。

庞大却非常温驯，可与孩童一起入睡，即便你踩到它们，也不会被咬。显然该地区到处是这类蛇，琉善猜想这些蛇中的某一条必定曾与奥林匹斯山的神明结合，诞下亚历山大大帝。现在那些同样的巨蛇对另一位亚历山大也将有所助益。他带走了少数几条，然后心满意足地再度启程。与朋友科柯那（Coccona）一起，那是一个常与他结伴旅行的诗人（因为在有人共同参与时，骗局总显得更加美好），亚历山大得出结论，即除了开设一处神示所外没有其他更好的获利途径。如要开办一处神示所，你需要一个合理的位置。他们环顾四周，寻找那些人们几乎会愿意相信任何事物的地方。经过许多讨论，他们选择了阿玻努忒科斯。但他们必须谨慎地设计自己的出场：于是他们在迦克墩（Calcedonia）的阿斯克勒庇俄斯神庙掩埋了一批青铜碑。然后他们将这些碑挖掘出来，念出刻在上面的神谕：阿波罗，阿斯克勒庇俄斯之父，将在阿玻努忒科斯定居。消息飞快地抵达了它的目的地。阿玻努忒科斯人同意建造一座神庙。而神明不会发现他们并无准备。

在此同时，科柯那在练习使用韵文念诵神谕时被一条毒蛇所伤，然后死去。于是亚历山大只能依靠自己。他的假鬓发长至肩膀，身着一件白紫交织、带有斗篷的长袍。一把弯曲的剑悬挂在他的臀部，与佩耳修斯曾使用的那把极为形似。因为他是佩耳修斯的后裔，来自佩耳修斯母亲的一支，他这样说。自然，帕夫拉戈尼亚的人们非常了解亚历山大及其谦逊的双亲：但当神谕坚持告诉他们，阿斯克勒庇俄斯之子波达利里俄斯（Podalirio）是如何被狂热的激情驱使，从遥远的提瑞卡（Tricca）[1]之境一路漫游并与亚历山大的母亲结合时，人们妥协了。神谕开始生效。亚历山大间或发作，借助于咀嚼树根

---

1 塞萨利的城邦。

313

以让嘴中充满泡沫，但这样的事实还不足够。一处像样的神示所必须有蛇。而亚历山大已带来十条马其顿品种的蛇。

一天夜里，他来到新神庙附近的一处泉眼，在那里他设法找到一枚鹅蛋和一尾幼蛇。他把蛇藏在蛋壳中并埋进泥里。第二天一早，他现身集市，举止像一个疯子，并用希伯来语和腓尼基语发出几句尖叫，他向吃惊的市民们宣布他们即将迎来神明。然后他跑进神庙。

他蹚进泉水，向阿波罗发出祈求。他要来一个奠酒的碗，把它按进泥里。碗从泥土中舀出一枚鹅蛋，他已用蜡将蛋壳拼回一起。每个人都在观望，并感到十分惊讶。然后亚历山大将蛋壳打碎，让幼蛇在他的指间缠绕。新的阿斯克勒庇俄斯，他说。人们跟随他，内心满怀虔诚。这之后，亚历山大小心地不被任何人看见，如此度过数日，然后他等候人群到来。他们奔涌而来，和从前一样轻信，亚历山大如一位神明般躺在一间小室的床上，马其顿蛇正缠绕他的脖颈，它舒展过他的腹部，然后盘绕着垂到地面。亚历山大让围观者们瞥见在他胡子边的一个半蛇半人的假头，里面被他用马鬃填塞。人们以为这是蛇的脑袋。灯光微弱，他们推搡着努力去看清幼蛇，它在短短几天内就惊人地变形成一条长着人头的龙。人们从比提尼亚（Bitinia）、色雷斯以及加拉太（Galazia）蜂拥而至，亚历山大总是保持同一个姿势。出于韵律的考量，他决定将自己的名字改为戈里贡（Glicone），"我是戈里贡，宙斯之孙辈，人类之光明"。就在这时，神示所开始盈利。人们前来探询神谕，在密封的卷轴上写下他们的愿望。亚历山大用一根烧得通红炽热的针打开封印，然后再合上它们，仿佛它们未被打开过，然后他编造出令所有人惊讶的答案。每次探询要价两个欧宝（obolo）[1]。

---

1 古希腊货币单位。

琉善认为他"每年的收入介于七万至八万德拉克马（dracma）之间"。有些人对知识如此渴求，他们向神示所提出十个甚至更多问题。前来问询的人群中有一人是鲁梯里阿努斯（Rutiliano），该地的罗马代表，一位富有经验之人，却随时准备礼拜那些曾在宗教仪式上被涂抹油膏并被加冕的古老石头。亚历山大很快说服鲁梯里阿努斯迎娶自己的女儿，他告诉鲁梯里阿努斯，这女孩是他对塞勒涅的爱之产物。是的，鲁梯里阿努斯也曾拥有恩底弥翁（Endimione）[1]的好运；此事发生在一个夜晚，当月光投射在他白色的、正在梦境中的躯体上。六十岁的鲁梯里阿努斯于是成为新郎，为月亮奉上盛大的献祭，因他梦见月亮成为自己的岳母。亚历山大热衷于在圣殿中伪造宗教的神秘故事，而他最喜欢的部分是关于自己的诞生。在婚礼庆典的第三天，他安排了一场他与塞勒涅结合的表演。他佯装在人群面前睡着，此时从天花板上降下了富有魅力的鲁蒂利亚（Rutilia），仿佛是从空中降临，她是一位官员的妻子，降落在他身上。亚历山大和鲁蒂利亚是一对情人，现在他们有机会在观众面前爱抚对方却不受惩罚，而鲁蒂利亚的丈夫也在观众席间。不时地，就像是出自偶然，亚历山大会让人们瞥见他的一条大腿，上面有黄金在发光。于是人们开始低声说，毕达哥拉斯的灵魂必已轮回到他身上。现在有数十人为他工作。一群年轻男孩从帕夫拉戈尼亚前来应征，已在圣殿服侍许久。他称他们"徜徉于亲吻中"，但他表明一点，即他不会亲吻他们中任何一个年过十八岁者。得幸于他与韦鲁斯皇帝（imperatore Vero）[2]的良好关系，他可铸造特别设计的硬币，那图案是他自己的形象，并由阿斯克勒庇俄斯的队伍以及佩耳修斯

---

1 神话中的美男子。恩底弥翁是一位英俊的牧羊人，有一天，他在放牧时睡着，被塞勒涅看见。月神塞勒涅爱上他，并请求宙斯使他长眠不醒，可以永远在睡梦中与她相爱。

2 即卢基乌斯·韦鲁斯（Lucio Vero，130—169）。与其义兄马可·奥勒留共治罗马帝国。

315

的剑相伴，后者被视作对他祖先的一种致敬。在硬币的另一面，是一条长着人头的蛇。

亚历山大预言自己将活到一百五十岁，只有在被闪电击中时才会死去。事实上他未活过七十岁，因他的一条腿得了坏疽并被蠕虫感染。为了用香脂涂抹他的头发，医者们不得不摘下他的假发。现在谁将继承圣殿？永远忠实的鲁梯里阿努斯认为没有人可以取代先知。去世前，亚历山大设法让罗马当局修改了阿玻努忒科斯的名字。现在此地以艾昂波利斯（Ionopoli）著称。在将近一个世纪中，人们在那里举行亚历山大的祭仪。如今，这座城市被称为伊内博卢（Inebolu）[1]。我们永远不会知道，亚历山大是否真是琉善描述中的卑鄙者，或是一个在后世中选择重新复原最原始场景的智者。那里有着异教徒的自嘲以及基督审判的愤怒，可耻且可笑的统治仍然至高无上，最古老的秘密则通常被隐瞒。

在原始世界的寂寥中，神明的逸事在一个空旷舞台上演，没有窥视的眼睛将它们注视。有一些瑟瑟作响但并不喧闹的声音。然后，从某一点开始（但具体是哪一点？又因何而起？），背景开始闪烁，空气被新生命那黄金般的光芒入侵，尖锐的声调发出高亢的哭泣。达克堤尔斯（Dattili）[2]、库瑞忒斯、科律班忒斯（Coribanti）[3]、忒尔喀涅斯（Telchini）[4]、西勒尼们（Sileni）、卡比洛们（Cabiri）[5]、萨堤洛斯、迈那得斯（Menadi）、巴克坎特斯、勒耳纳斯（Lenee）、提伊

---

1 土耳其北部的港口城市。
2 伊得山的居民，瑞亚的随从。
3 来自佛律癸亚的瑞亚的祭司们。
4 罗德岛的第一批居民。
5 冥界的神灵。

阿得斯、巴萨里得斯（Bassaridi）[1]、弥玛罗尼斯（Mimalloni）、那伊阿得斯、宁芙、提提瑞斯（Titiri）：这些都是何人？召唤他们中的一人，便是召唤他们所有人。他们是帮手、管理者、守卫、护士、教导者，以及众神的观者。变形卷起的涡旋被安抚；一旦被这嘈杂而忠诚的人群包围，神明便同意回归为常见形态。有时那群人也会以一伙谋杀者的形式出现，有时则是匠人们的集会，有时又作为一个舞蹈团体，有时则是一群野兽。

敬神的队伍成为第一个社群，第一个团体，第一个所有成员适用于同一名称的实体。我们甚至不清楚他们是神明，是代蒙，还是人类。是什么令他们联结？他们在做什么？即使彼此迥异且距离遥远？他们是入会者，曾互相见面。他们让自己被神性触动。在他们中间，何人第一个出现？我们无从知晓，因为对于每位神明而言，总有一个相应的男性或女性神明位列他们之前，身边也环绕着这样的信徒——在亚洲，或色雷斯，或克里特，皆是如此。但我们可以把他们统称为**窃蜂蜜者**。

"人们说，在克里特有一个神圣洞穴，蜂群栖息其中。如神话所说，瑞亚在那里诞下宙斯。有一种神圣律法，即没有任何人，无论凡人还是神明，可踏足此地。在每年中的一段特定时日，一束耀眼的火焰会在洞穴里闪烁。神话说这是宙斯出生时溅出的血液在周期性地沸腾。洞穴中栖息着哺育了婴儿时期宙斯的神圣蜂群。拉伊俄斯、刻勒俄斯、刻耳柏洛斯（Cerbero）以及伊格留斯（Egolio）冒险进入洞穴，试图窃走储存其中的大量蜂蜜；他们用青铜盔甲保护自己，然后开始采摘蜂蜜；随后他们看到了宙斯的襁褓，他们周身

---

1 酒神狄俄倪索斯的随从。

的盔甲开始迸裂。宙斯鸣雷并挥舞闪电，但摩伊赖和忒弥斯将他制止。如果有人在洞穴中死亡，此地的圣洁将遭到玷污；于是宙斯把入侵者们变为飞鸟；他们成为那些传递预兆的禽类的先祖：孤僻的麻雀，绿色的啄木鸟，还有仓鸮。每当这些鸟类出现，它们传递的预兆比其他鸟类更真实也更好，因为它们曾见过宙斯的鲜血。"

因此，神明与凡人都被禁止进入克里特之穴，宙斯的出生地。不可有人在此死去。隐藏在那个洞穴中的秘密胜过任何地方。当一种仪式也成为秘密，是因为这种形式"模仿着神圣者的本质，逃离了我们的感知"。但是在这里，神圣者甚至希望摆脱神明的洞察。宙斯不惜一切代价要向其他神明隐瞒的究竟是何物？四个年轻的克里特人踏足一处有甜蜜液体滴落的黑暗空间。岩石上布满一层厚厚的蜂蜜。蜂蜜粘在岩石表面，就如他们的身体紧贴在青铜盔甲上。在阴影中，他们注意到沾血的襁褓。当宙斯睁开双眼时，这些岩石正是他所见的第一种东西。他就像任何一个婴儿那样："沾满血迹和来自母亲子宫的羊水，更像一个刚被杀死的人，而非一个刚出生的人。"四个年轻的克里特人对蜂蜜中的血水抱有这样的想法：或许这里曾发生了一场谋杀？——就在那时他们感到自己的青铜装甲迸裂。宙斯击雷。一道强光迸发。

在克里特，秘密总是对所有人可见。克里特人会在一座山上为人们指出宙斯的坟茔所在。他们道出那些不应被诉说的真相，却没有人相信他们。从此以后，人们会说："克里特人皆为说谎者。"

关于宙斯的生活，他让我们知晓的部分皆关于战争和情色的冒险。再无其他。他把自己的秘密分配给两个儿子，阿波罗和狄俄倪索斯，后者有一天也将拥有统治权力。每个时代都会在不知不觉中践行前一个时代的理想。正如宙斯发现自己正在思考他的父亲克洛诺斯曾经的梦想，同样，狄俄倪索斯与阿波罗也将遭遇宙斯已经历的东西。自然，这些都在秘密中进行。这世界将把那些源自父辈生命中最隐蔽和最深层次的行为与感情归于狄俄倪索斯和阿波罗。

但宙斯无法拥有秘密。宙斯只能如此。"汝向来如此"，一位后世诗人如此叙述。在多多纳，第一批唱诵诗歌的女子如是说："宙斯曾经是，现在是，并理应是，哦，伟大的宙斯。"现在，宙斯的秘密是他将前往并居住在一处黑暗的、难以企及之地，在那里，两位充满活力的年轻神明不得不妥协并接受死亡。宙斯的秘密由两部分组成：他杀死提丰（Tifeo）[1]；在克里特岛洞穴中他作为一名婴儿被杀死。宙斯将第一个秘密传给阿波罗：阿波罗杀死了皮同。第二个则给了狄俄倪索斯：尚是婴孩的扎格柔斯被提坦们杀死。将自己分裂进两个儿子体内，宙斯在二者中的每一人身上都再造了整体。对于阿波罗和狄俄倪索斯，以及他们本身所含的自身之对立面来说，这是处在两个极端间的回旋往复。正如狄俄倪索斯是更撕裂与破碎的一部分，阿波罗既是猎人也是猎物。

每过八年，德尔斐的年轻人将在斯特普忒里亚节（la festa del Septerion）[2]来临时头也不回地逃离德尔斐，身后燃烧着刚被他点燃的小屋，这是在模仿阿波罗从德尔斐的逃离，当时他在杀死皮同后前往坦佩谷将自己净化。但这也是在回顾对皮同的猎杀，它被阿波罗的箭所伤。神明沿着同一条道路追赶那蛇，"现在此路被称为圣道"，去助它摆脱痛苦。但他到得太晚，虽然"只是稍晚了一会儿"。皮同

---

1 该亚与塔尔塔洛斯之子。
2 在皮同被杀死后举行的庆典。后来成为每八年一次的庆典，用于纪念阿波罗。

之子，埃克斯（Aix），即那山羊，已将他的父亲埋葬，这奄奄一息的巨蛇曾迟缓而吃力地拖曳自己，从福喀斯直到塞萨利。

达克堤尔斯，库瑞忒斯——在夜晚则是提坦们：他们是最早的**库罗斯**（*koûroi*）[1]，有着灵活舞动的手指，青铜盾发出回响，长笛的声音尖锐。库瑞忒斯"十分迅捷，是时间的牧人"，能钉住连续的时间。他们围成圆环，挥舞着矛与玩物。藏在圆环中心的是一个手无寸铁的孩子：宙斯或扎格柔斯。他们是否在保护那孩子？他们是否要把他杀死？他们是否把可怕的喧嚷作为武器，以此将他拯救？他们用玩具逗弄他，然后把刀子埋入他的身体。入会者不仅懂得如何抖落身上的罪孽，他们比其他任何人都更有理由犯罪。入会者们的同谋不仅与一种共享的知识有关，还有关一桩共同的罪行。无论我们作何尝试，都永远无法完全断绝入会者与犯罪团伙之间的联系。

在刀落下之前，尚是婴孩的扎格柔斯看见苍白的人形将他围绕，为他奉上玩具，仿佛他们是他的朋友和护卫。是库瑞忒斯？是提坦们？这样的区别仅对神话作家有用。在黑暗中，扎格柔斯看着这些陌生人（他是否认识他们？），他们在脸上涂抹白垩，由一个更具吸引力的人物带领，那人身形高大，他的白色并非来自粉末，而是一些自然的光泽。扎格柔斯曾见过一个同样的存在（也许是一个女子？但女子又是什么？）引领他的护卫库瑞忒斯。那是悄无声息、全副武装的雅典娜，她主持了即将施加给她的兄弟扎格柔斯的酷刑。

男孩抚摸自己的脸庞，感受到提坦们涂抹在上面的柔软粉末。现在他们围着他，不断绕圈，就像在迎合某些童谣的韵律，扎格柔

1　一种自力支撑的古希腊青年雕像。与之对应的是少女雕像，称为科瑞。

斯清楚他们在等待一个恰当的时机将他杀死。他看着周遭的玩具：一个陀螺，四肢关节可动的玩偶，金苹果，一只松果，一面镜子。他够到那面小镜子，并望见镜中的自己。他看见一个"陌生的样貌"，另一张苍白的脸庞。他意识到正是那个人将把他杀死。

就像在履行某种职责，匕首已在一位提坦手中闪烁光芒，扎格柔斯把自己变成年轻的宙斯，变成年迈的克洛诺斯，变成一个婴孩，变成一个青年，变成一头狮子，一匹马，一条蛇，一头老虎。最后他化形为一头牡牛。此时，不知从何处传来赫拉低沉洪亮的声音。惊讶的牡牛僵持在这形态中良久。久到足以让屠刀落下。牡牛倒地。屠刀在杀手间传递，一击又一击，血液喷洒在他们的白色面孔上。

他们烹煮扎格柔斯，将他当场炙烤，然后吞食，提坦们因宙斯的雷电而枯萎。没有什么被留下，除却在克里特岛山上的青草与荆棘表面留下的一层烟灰。然后，雅典娜在闷热的空气中环顾四周，看到地上有一片被丢弃的、仍在颤动的肉块。这是扎格柔斯的心脏，似乎未意识到自己已从扎格柔斯的胸膛中被掏出。它泵吸着一个不可见的淋巴，并再次将它泵回不可见的世界。雅典娜对那颤抖的红色肉团感到着迷。在不成形的肌肉碎片中有某些东西正与她交谈，而此时她与其他一切事物相隔离，灰色与蓝色清晰地勾勒出她盔甲的轮廓。有某样东西正在宣读她的名字。**帕莱涅**（*Pállein*）意为"使跳动"；帕拉斯，意为"脉动的"；正如在冰冷盔甲下的雅典娜，当坚硬的外表遇上不可见的心灵时，她第一次从身外，从那块被丢弃给犬只的肮脏的红色肉块上，审视自己。她优雅地拾起心脏，将它放进一只篮子，然后合上篮盖。随后她便离开。她要把这"好思索的心脏"交给她的父亲宙斯。

长久以来宙斯被哀伤吞没。他回忆着赫拉的嘲讽，因他在自己的儿子被撕成碎片时无所作为。当宙斯发觉自己的苦楚未得到半分缓解时，他取来一些石膏，塑造起一尊青年雕像（*koûros*），那石膏就像一件耀眼的白色盔甲。幻形时代终于落幕，雕像时代已经开启。宙斯再一次开启先例：他为死去的儿子竖起第一尊雕像。完工后，这位神明立即将扎格柔斯的心脏塞入石膏上的一个孔洞，于是它落进了雕像内部。心脏在人造物的黑暗里腔中苏醒。它思索着：那些环绕周匝的白色，好似我的谋杀者们如蜡的面庞，以及那同样的黑夜。但现在舞蹈已经结束，白色仍旧存在，如一片天空，又似石棺的盖子。自外面看，雕像就像一位英俊青年的石棺。在内部，扎格柔斯的心脏正静静地跳动着，思索着[1]。

在《希腊语辞海》（*Etymologicum Magnum*）[2]中，扎格柔斯这个名字被定义为"伟大的猎人"。但在神明之中，还有其他的伟大猎人。宙斯是一位伟大猎人。哈得斯也是一位伟大猎人。苍穹中落下一道铅垂线，穿越大地，直抵冥界深渊：它亦是一位伟大猎人。伟大猎人的鲜明形象从不失色，无关在极高或极深之处，无论在奥林匹斯山间的清新空气中，或是在大地的涡流里，抑或在冥界常年阴沉的气息中。

一位迈那得斯的柔软、光洁的右臂上有一枚小鹿纹样的刺青。她正用自己的乳房哺养一头小鹿，她抚摸它，并与之玩耍。然后她抓住它，将它撕成碎片，并把牙齿埋入那仍在搏动的肉体。为何是这样的顺序？这种序列必永远采用一种突发的形式，它当真是一种

---

1 复活后的扎格柔斯是第二个狄俄倪索斯。

2 Ετυμολογικòν Μέγα，约 1150 年，由一位匿名编纂者在君士坦丁堡完成的希腊语百科全书，借鉴了许多早期词汇、语法和修辞作品。

仪轨吗？迈那得斯的内心又在上演什么？狄俄倪索斯在每一道血管中兴致盎然地将她折磨。迈那得斯不知该作何回应，于是逃离。献祭，那种缓慢而庄严的屠宰，并不足以平息她的癫狂。唯一有效的是"活食生肉的快感"。她漫无目的地在林中徘徊。肢解小鹿时，迈那得斯谴责自己因神明而着魔。当迈那得斯受神明驱使而肢解小鹿时，她也把自己一并肢解。因此，当她吞食鹿肉时，她也将神明吞食，混合着鹿血。被神明掌控的迈那得斯于是也试图去占有神明之一部分。但后来发生了什么？一场盛大的沉寂。树林闷热。透过叶片可以瞥见淌着鲜血的肉块。神明不在此处。生命——并不透明，令人费解。

扎格柔斯，年幼的王者，仅仅在宙斯空出的王座上坐了片刻，因为宙斯的旅程已经开启（去往何处？）。然后他将成为第一只猎物。他会被撕成碎片。然后他带领自己的追随者——那些喜爱他的人，或许还有他的祭司去将其他人撕碎。那牛形的男子带领着吞食牡牛的队伍，活泼而有生气。狄俄倪索斯·扎格柔斯：在他身上我们找到了关于猎人与其猎物的最暴力的存在形式。

俄西里斯与基督的**经历**（*páthē*）被记录并定格为被撕裂或被钉在十字架上的受难者。但对狄俄倪索斯·扎格柔斯而言，循环即将再次开启。迈那得斯被神明驱使，将重复那个杀死神明的特定举动。最重要的是，他们将杀死任何企图打破这循环的人。

俄耳甫斯脱离了对狄俄倪索斯的崇拜，就像遁世者摈弃与精英阶层为伍。在回到森林中与野兽们一起生活之前，他也曾经历"活食生肉的快感"。存在于他思维中的新要素可被概括为 *phónōn apéchesthai*："戒除杀戮"。

323

正如弃教者仍然膜拜吠陀形而上学的框架，俄耳甫斯也仍遵守奥林匹斯的神学。但他知道自己的新认知足以震荡其秩序。他知道自己已打破杀戮与被杀的轮回。太阳从透明、无味的空气中升起，俄耳甫斯身着白衣，从色雷斯的山顶将其迎接。他听闻嘈杂的咆哮从身后的树林中传来。巴萨里得斯，那些曾与他相伴的女子，正向他靠近，要将他撕成碎片。俄耳甫斯的身体只剩下头颅，其余碎块在那沿山谷而下的带着漩涡的河面浮动，却仍在歌唱。

在阿里斯托芬的时代，或许会有人将屠牛的盛宴说成是过去时代的遗迹，一些模糊不清的东西，就如一度被显赫的雅典人扣戴在头发上的金蝉一样。关于雅典的节日，那些为四季增添韵律的可敬传统，以及人们生活中的重要时刻，流传至今的相关文本只有极少数，并已经流散。但是运气再度发挥作用，我们确实找到了一段由波菲利（Porfirio）[1]传抄自泰奥弗拉斯托斯（Teofrasto）[2]的对屠牛（Bouphonia）[3]的描述，这段话使我们得以了解祭祀哲学中最高贵也最清晰的地中海形式。

"往昔，正如我之前所说，人们将大地的果实，而非牲畜，奉献给神明。事实上，他们甚至不食用动物。故事说，在雅典举行的一场公开献祭期间，一位并非在本地区，而是在阿提刻耕种了一些土地的索帕特鲁斯（Sopatro），在桌上放置了面包与糕点，把它们奉献给神明。一头耕作归来的阉牛走到桌旁，吃掉了部分祭品，又踩

---

1 234—305，古罗马哲学家。

2 生活在公元前4世纪的古希腊哲学家和科学家，先后受教于柏拉图和亚里士多德，后来接替亚里士多德，领导其"逍遥学派"。

3 雅典的祭祀仪式，在仪式上以一种古老的方式将一头阉牛杀死，献祭给城邦的保护神宙斯。

踏了剩下的那些。索帕特鲁斯被其激怒，他看到附近有人正打磨一把斧头，于是抓起斧子攻击那牛。在杀死那动物后，他的怒火消退，而他终于意识到自己做了什么。于是他将阉牛埋葬，然后逃往克里特，他自愿把自己放逐此地，因他对自己的恶行感到愧疚。一场干旱降临，伴随可怕的食物匮乏。一个使团前去垂询神谕，而皮提亚告诉他们，那被放逐之人如今正在克里特岛，他可以终结这场干旱：如果他们惩罚杀手，并让受害者经由与被杀时同样的献祭过程而重回世间，如果他们可以吃掉受害者的一部分身体而不至于呕吐，那么事情将得到改善。于是他们前去寻找索帕特鲁斯，他是祸根所在。索帕特鲁斯认为自己或有机会逃离因不洁而陷入的可怕处境，只要他能让所有人都重蹈他曾经的行为。所以当使团找到他时，他告诉他们，城中有一头阉牛必须被杀死。在考虑应由谁真正去杀死那头动物时，这些人都感到十分紧张，索帕特鲁斯提议可由自己去做，只要他们接纳他为一个公民，并同意作为整体共同承担杀死那动物的责任。他们应允，然后回到城中，以如下方式安排此事，这种方式至今未变。

"他们决定让一些女孩提水：水被用于打磨斧头与匕首。当工具变得锋利，他们中的一个递来斧头，另一个用它砍牛，还有一个割断牛的咽喉；然后一些人将它剥皮，他们都品尝了一些牛肉。当一切完成时，他们将牛皮缝合，并在其中填塞干草，使这只动物重新站起，回到它生前所在的地方。他们甚至给它安上犁，仿佛它正在工作。然后他们为这场杀戮举行了审判，所有参与者都可为自己辩护。提水的女孩们指向那些磨刀者，认为他们比自己罪孽更重，而磨刀者指向执斧者。执斧者指向那个割开牛咽喉的人，而后者指着刀。因为刀无法为自己辩护，所以它被判定对此番杀戮负有责任。

从那天至今，在雅典卫城举行的迪波利亚节（Dipolie）[1] 期间，会有一头牛以同样的方式被献祭。把面包与其他糕点放在铜桌上，他们让一些被选中的阉牛环绕桌子行走，吃掉祭品的那头将被杀死。仪式的参与者们如今被分成几个家族。第一个杀牛者索帕特鲁斯的所有后裔被称为 *boutýpoi*（打牛者）；领牛绕行祭品之人的后裔被称为 *kentriádai*（煽动者）；还有将牛喉咙割开之人，他们的后裔被称为 *daitroí*（庆祝者），因为这些庆祝将伴随牛肉被分配的过程。他们把牛皮填充，在审判中现身，并把刀子扔进海里。"

那些最早制定献祭仪轨的人们像神学家一样不露声色，后者声称罪恶只在一个活物被杀死时自我呈现，至于前者：他们留给后世的见解被用以审判那些仅了解人类有限规则的人。如果单是放弃杀戮就已足够，那么生命确实可以变得清白。但是罪恶早已存在于血管之中——只能从一处转移到另一处，自我转化，自我显现，自我赞美。

最原始的罪恶是一种使某种存在消失的行为，即进食行为。因此罪恶成为一种必要，且无法被消灭。由于凡人不可在不进食的情况下生存，罪恶也因此与人的生理机能密切相关，并永远自我更新。但罪恶源自何处？阉牛，那劳作的阉牛，人类的同伴，在某一天食用了献祭给神明的面包与糕点。它迟钝而温驯的举动是对存在的第一次损害，并暗含了往后的每一次损害：这举动偷走了存在之物，就如哈得斯偷走科瑞。从这一举动中衍生出其他所有罪行，并连接成一道环。罪恶已深嵌于存在之中，而将它带入意识的，无非是一头嗅闻乡下糕饼的耕畜。

1　古希腊节日，在雅典举行，将收获的第一批果实献给神明。

但我们在罪恶之链的另一端找到了什么？"无声的"（áphonos）
屠刀。牛与屠刀，仅有的两个被谴责之物，都无法言语。无法言语
者即刻被定罪，能言善辩者——虽然同样有罪，却可在缓刑中永
远幸存。牛与屠刀是那连环的两端，其他所有人都处在这两者之
间：迷人的提水者令人想起五十位达那伊得斯，以及血液四溅的死
亡；冷漠的煽动者利用他们的教唆，让牛走向糕点，令它在不知不
觉中做出有罪之举，以至被选为祭品；还有那些耗费光阴以打磨用
于献祭的刀斧之人；那些愉快地为将要杀死这生灵的屠夫献上斧子
的人；还有持斧砍向阉牛的人，当时女子们带有欢乐与恐惧的尖锐
叫声（ololugé）打破了寂静；那些人在这动物倒下后割开它的喉咙，
因为假如血液没有流尽，动物就不可被食用，死亡即变得毫无意义；
他们用同一把刀割开动物的咽喉，又用它将肉割成块状，分配给每
一位公民；最后，还有那些观看动物被杀死，并参与分食的人：每
一个人都参与其中。

德尔斐的祭司们守护的不仅是**逻各斯**，也有关于献祭的教条。
当雅典人在索帕特鲁斯的残忍之举后探询神谕，皮提亚用残酷的话
语作答，而这些话语使该座城市的建立成为可能，也使任何城市的
建立成为可能，因为城市只能被建立在罪恶之上。**食用受害者的肉
体而不呕吐**：文明伴随这些字眼诞生。其余的便是蜂蜜与橡子，是
俄耳甫斯式的生活，对一个纯洁开端的怀旧。但即便那样的生活也
不可忽视一个事实，即这世界是一场荒芜与损耗。铜桌上摆放着面
包。然后面包消失。消失，一种突然而不可逆转的缺席，是耗散开
始发生的迹象。每一个人，每一条性命——负重的蠢兽以及杀戮者
与他们的金属刀片——都各自在这件事中发挥作用。罪恶渗透进一
切行为。每件事都将被审判。罪恶不会在经历审判后被置放一旁然

后消失。相反，罪恶由神明施加给我们，当时律法甚至还未出现。

　　皮提亚对雅典人讲述了一个由五个片段组成的谜题：那陌生人必须从流亡中被召回；罪行必须被重蹈，并因此变得崇高；杀戮者必被审判；受害者必被"归位原处，以与它被害时相同的献祭过程"；人们必须吃掉受害者的肉体，且不应呕吐。只有当这五个条件同时满足时，"事情可能得到改善"。皮提亚的回答引发了矛盾。陌生人有罪，但必须从流亡中被召回；的确，他是任何可能的救赎方式中的一个基本要素。阉牛有罪，因它吞食了奉献给神明的祭品，但它必须重新出现，再次回归原位，并被填满稻草。（对于那些过分热衷于重生的任何可能形式的现代人而言，在沾血外皮下被填充的牛**不是**被复活的牛：它只是**在场**的那头牛，被带回"它生前所处的同一位置"，也就是说，用以提醒我们，即在死亡面前，真正的罪恶是消失不见。）每个人都因参与屠牛而必须被审判，但每个人也必须立即将它的肉吞下，并且"不会感到想要呕吐"。

　　这一切因何而起？诸神不满足于将罪恶强加给人类。那并不足够，因为罪恶无论如何都是生命之一部分。神明要求的是对罪恶的认知，而这只能通过献祭实现。律法本身被用以惩罚罪恶，但并不是为了让人意识到罪恶存在，而事实上这点更为重要。献祭是宇宙的一种运行机制，让我们的罪恶生命得到觉悟。索帕特鲁斯把斧头砍在牛颈上，然后从自己的愤怒中清醒，仿佛从梦境中醒来，"意识到（*sunephrónēsen*）自己做了什么"。他扔下斧头，然后逃走。此时的索帕特鲁斯单独行动；这是一种个体行为。并且他胆小怯弱，将牛掩埋而未食其肉。他的罪恶并未产生共振。他尚未走完全程。

　　皮提亚要求索帕特鲁斯的斧头继续落下，同时每一个人，整个社群，**城邦**及其每位成员都需参与其中，并意识到自己正在参与犯罪。这还不是全部：这一群体必须欢迎索帕特鲁斯来到他们中间——陌生人索帕特鲁斯——因他所犯的罪行而欢迎他的到来，他愤怒地屠杀了一头耕畜，只因它贪食面包，而那面包旋即消失在了它的嘴里。

科瑞与得墨忒尔是一对双重存在，甚至她们的名字（Deò）也是如此。在令人目眩的转换中，其中一人的每种姿态都对应于另一人的姿态。当她们的故事进入一个将被证明为命中注定的停滞期时——因悲恸而静默的科瑞正坐在哈得斯的宝座上，不安的得墨忒尔则坐在那"不苟言笑的石头"上——一些事情的发生消弭了那种僵硬：科瑞因哈得斯的话语走神，吞下了石榴籽；得墨忒尔则因包玻（Baubò）[1]的下流舞蹈分心，像一个饥饿的旅人般把肉汤喝下。秘密正是在这两种举动中显现。接受并食用了那些既不是仙酒也非神食的食物，得墨忒尔与科瑞分享了专属于凡人的罪恶，并将自己暴露给神明时常嘲笑的那种特殊弱点：对时间的妥协令生灵凋零，与此同时，这些生灵与他们的毁灭者之间存在某种共谋，因为凡人若不使一些其他生灵消失，他自己便无法生存。这些秘密仪式在迄今尚且完整的奥林匹斯世界的表面打开了创口，通过一次又一次的仪式，这些伤口尝试自愈，却是徒劳。而入会者的希望就寄托在这些永不愈合的创口上。

---

1 包玻是厄琉西斯人底萨俄勒斯的妻子。得墨忒尔在寻找佩耳塞福涅时，在厄琉西斯城得到包玻及其丈夫的款待。得墨忒尔仍找不到女儿而焦虑，并无胃口，包玻露出臀部跳舞，以此为女神解忧并将其逗笑，使女神喝下了汤。

palaiòn pénthos，"亘古的哀悼"，在岁月中经久未见衰退，并要求凡人践行一些解放行为。难道这不是秘仪的本质？在不可见的空气中，我们生活的周遭皆漫游着复仇者，他们永不会忘却"久远的玷污"。这是一个奥林匹斯式的悖论，即这种沉重的仇杀对神明和凡人有着同样的影响力。因此，当阿波罗犯下他的第一桩罪行，即杀死皮同后，我们看到这位最骄傲也最冷漠的神明正谦逊地模仿凡人，奠酒，然后踏上流亡之路，就像俄狄浦斯（Edipo）[1] 与俄瑞斯忒斯将做的一样。

当神明触及罪恶，他们便将目光投向凡人，开始模仿他们的姿态，以让自己洗清罪孽。于是，凡人对神明的模仿以及神明对凡人的模仿发展成一种平行关系。斯特拉波写道，人类"在践行善行时，主要是在模仿神明；更准确地说，是当他们感到快乐时"。相比之下，当神明践行或遭受罪恶之事，则是在模仿凡人（对希腊人而言两件事以同样的节点相连：不公 *adikeîn*，不当 *adikeîsthai*），又或者说，是当他们感到不快乐时。关于神明的不悦，证据存在于"论及神明的神话和赞诗中——他们的诱拐，秘密的漫游，放逐，奴役"。这些元素，这些珍贵的线索，正是人类构造的秘仪中关于神明在大地上活动的唯一线索。每一种动作都得到最大化的利用，并被我们如此享受，以至沉默：神话中的凡人重复着神明为摆脱永恒的罪恶而模仿凡人做出的举动。这便是神话的奥秘所在。在凡人纪念神明的所有庆典中，相较于纪念神明出自喜悦而做的举动，那些对神明出自不幸而做出的举动的纪念使凡人更接近神明。

---

1 忒拜国王拉伊俄斯与伊俄卡斯忒之子，卡德摩斯的后代。

那些未在神话中得到启迪的人们似乎更接近凡人的不朽；对于入会者而言，秘仪代表神明被死亡困扰的时刻。普鲁塔克说："许多与死亡和哀悼有关的事件被发现在神秘仪式上相互杂糅。"但是，异教徒世界最危险的叛徒，亚历山大的克雷芒，已变得更一针见血，甚至残忍。"这些秘仪可用两个词语总结，"他说，"杀戮和埋葬。"

不朽者并非经历秘仪的人，他们是秘仪本身。当公众演说家艾利斯·阿里斯蒂德斯（Elio Aristide）[1]在士麦那听说科斯托博契人（Costoboci）[2]的一场突袭已将厄琉西斯城摧毁殆尽时，他说："海上或陆上的战争，法律，章程，傲慢自大，众人口舌，以及所有其他东西，都不复存在：只有秘仪永存。"

佩拉斯吉人（Pelasgi）：希腊人如此指定了自己的起源。佩拉斯吉人曾居住在萨莫色雷斯岛：他们用鹤与侏儒来举行秘仪；是他们最早将岩石制成方形，这些方形石块被雕琢出年轻的头颅以及勃起的阳具。他们是分布在阿耳卡狄亚、伊奥利亚（Eolia）[3]、利姆诺斯岛、印布洛斯岛（Imbro）[4]、阿耳戈斯以及雅典的佩拉斯吉人。数千年来，从埃福罗斯（Eforo）[5]到克拉格斯（Klages）[6]，学者们一直痴迷于追寻佩拉斯吉人的确切定义。但佩拉斯吉人难以参透。你永远无法为他们贴上任何标签：他们永远是沉默的"邻居"（*pélas*），他们的语言与历史早已分崩离析。未加赘述，希罗多德评论说："身为佩拉斯吉人，当雅典人被吸纳进希腊大家族时，他们改变了自己的语

1　118—181，来自密细亚（位于今日土耳其的亚洲部分的西北部）的雄辩家。

2　达契亚人的部落之一，达契亚人与色雷斯人属同族。

3　古希腊地域名称，包括小亚细亚西北部与西部地区。

4　色雷斯海上的岛屿。

5　约前400—前330，古希腊历史学家。

6　1872—1956，德国哲学家。

言。"因此雅典人提出了与自己有关的两种论断：他们是此地的土著，在泥土中诞生，因为他们生来就是佩拉斯吉人；与此同时，他们又拒绝泥土的语言，那是失传的佩拉斯吉语，希罗多德认为这种语言现在已无法被理解。

希罗多德并未说明此事或具有怎样的重要性。但当他身为一个好奇的旅行家抵达多多纳时，圣殿中的三位祭司告诉了他，三位祭司分别是普洛梅尼亚（Promeneia），提玛列捷（Timarete），以及尼坎德剌（Nicandra）。在很久以前，在圣殿久远历史中的某个特定时刻，一群佩拉斯吉人来到宙斯的橡树前（但他们是否称他为宙斯？或者他只被称作一位神明，*theós*？）。他们前来探询神谕。在那时，佩拉斯吉人已经"向神明奉上一切形式的献祭，并向他们祷告，但没有用名字与称号将他们区分，因他们并不知晓此类事物的存在"。现在，一位水手或是其他什么人，从埃及带回了神明的名字。但是否应该使用它们？这些陌生的名字是否正确？橡树告诉他们，那些名号全都正确，使用它们亦十分恰当。是宙斯允许了其他诸神被命名。宙斯是允许事物发生的神。

多多纳的三位祭司告诉希罗多德的故事也是一个寓言，开辟了 *nómos* 与 *phýsis*，即律法（或惯例）与本质的对立和堆叠，并由此奠定了从那以后所有思想体系的结构。只有在那一天，只有在多多纳，希腊人才成为希腊人：如果我们所指的希腊人不过是黑暗和晦涩背景的共存之物，一如树叶的沙沙声，被奉献给任何一种以及每一种权力，伴随来自域外的声响，那声音将永远为这背景附上一个归属无定的名字。佩拉斯吉人对神明的缄默敬意转化成对那些被他们以异域名字称呼却所知甚少的神明的效忠。希腊人由此绷紧了他们形而上学的弓弦；他们将那弓箭举至肩头，这便是他们的风格。

多多纳是最古老的神示所，但直到公元5世纪，宙斯才在此地拥有神庙。圣地的中央有一株橡树，处在一圈三足器的保护中。它俯瞰着一处宽阔而平坦的谷地。山谷的每一边都升起长而起伏的丘陵，就像许多其他丘陵一样，它们的斜坡上有一些绿色补丁般的斑驳土地，那绿茵越积越厚，直到在谷底织成一片坚实的绿毯。多多纳并非德尔斐那般惹人瞩目并有战略意义的显要之地；它也不像奥林匹斯山一样被神明护佑。多多纳没有鲜明的形象，而这种形象是德尔斐的全部。但德尔斐属于阿波罗。凡不属于阿波罗的，都是阿波罗的敌人。相比之下，宙斯是平和的，他接纳并欢迎一切。

宙斯不具性格，但他是每一种性格的拥护者。正如奥林匹亚的宙斯雕像支撑着各类形象与各色门客，他的居所也接纳其他每一处地方。而他的声音，即橡树的沙沙声，则是大地上的一种与海洋的声音最为相仿且几乎毫无差别的声响。只有宙斯能够将存在的平凡背景转变为奇妙之物。其他神明都各自拥有形状、痕迹以及鲜明的形象。宙斯则拥有背景以及背景中的嘈杂。宙斯是一片平凡之地，却支撑起独特之物的存在。倘若失去这种支持，独特者便不复存在。而支撑者却可以独自长存。独特者倾向于善妒，因为总有一些东西不属于它。支撑者却倾向于中立，因为万物都仰赖它。

在多多纳，人们用各种小铅板来请教神谕，我们读到："皮斯塔斯（Pisto）是否从床垫中偷走了羊毛？""欧律达穆斯（Euridamo）希望知道他在哪里可以找到丢失的杯子。"除却这些关于日常器用的琐碎请求，我们也发现了一类完全不同的提问："我应向哪位神明求助，以实现脑海中的想法""佩提俄涅（Pizione）希望知道他是否应向阿斯克勒庇俄斯祷告并奉上祭品""科林斯的赫尔墨涅（Ermone il Corinzio）想知道他应该向哪位神明祈求，以使妻子克剌忒阿（Cratea）诞下健康的孩子"。

在德尔斐，人们询问皮提亚以了解阿波罗关于某事的想法。在多多纳，他们则向橡树求解，请宙斯引领他们穿过神明制造的混乱。那些探询神谕者并不忧心于他们是否要进行献祭。他们忧心忡忡，是因为担心自己会向错误的神明献祭。没有什么比献祭错了神明更加可悲。我们生命中的绝大多数时候都需仰赖他们。正是为规避此类错误，人们追随北方乐土之民的脚步来到多多纳。就像一个高规格的邮局，宙斯为他们的祈求排序，将恳求者们分派给这位或那位奥林匹斯的神或英雄，并建议他们应该为不朽世界的哪一支谱系倾献祭品。不论问题渺小或宏大，都会送达宙斯。阿波罗对那些为他而来的人们施展了诡计，在一座满是战利品的神庙中将他们迎接。宙斯则居住在一株橡木的树干上，在那里，他中立地指出寻回遗失杯子的方法，以及在每一种情形中获得神明垂青的最恰当的途径。

在诸多刺槐与白杨间，多多纳只剩一棵橡树，而且它不能算是一株巨木。但这就是宙斯：他可以是任何一株橡树。只有宙斯能在常态中维持奇迹。

刻在帕莱卡斯特洛（Palekastro）石碑上的赞美诗将宙斯形容为 "*mégistos koûros*"——最伟大的库罗斯。他仿佛只是刚与同伴们分别，就已成为统治者，那独一无二的宙斯；这位神明仿佛诞生在入会者们的推断中。他们在那个走出队列的库罗斯身上看见了自己。他们是敲击着盾牌、围绕着尚是婴孩的宙斯舞蹈的库瑞忒斯。现在他们已准备好追随他历经群山、流浪者、巫师，以及炼金术师。在帕莱卡斯特洛的石碑上，宙斯也被引作 *pankratès gánous*："那流动光辉的统治者"。但无人可为光辉设限。在《希腊语辞海》中，它被赋予以下含义："水 / 欢乐 / 光 / 丰满 / 智慧 / 洁白 / 闪光"（*hýdōr chárma phòs lípos augè leukótēs lampēdṓn*）。然后又添上一些话语，指出了关键所在，但这些话在数个世纪中一直被忽视。在地中海的水域，在雅典与耶路撒冷各自精髓的相遇之处："**光辉**（*Gános*），对于塞浦路斯人而言，意味着天堂（*parádeisos*）。"

光辉是一种物质，一种知觉，一种光芒。宙斯由**光辉**构成；奥林匹斯的十二主神均由**光辉**构成。宙斯掌管着那光芒耀眼的原料，用它塑造出自己的形状，以及环绕周匝的其他主神。这种物质的反光投射在由宙斯塑造的、用以存放扎格柔斯心脏的雕像上。

X

英雄们不时因一些共同冒险聚首：一个狩猎聚会、一次征服、一场战役。猎物们可能是一只毛皮美丽的动物、一个图像、一尊塑像：卡吕冬狩猎（il cinghiale calidonio）[1]、金羊毛、特洛伊木马。英雄们是一道壮丽的风景，在阿耳戈斯海滨，他们组织成纪律严明的方阵，肌肉如火焰般闪耀。苍穹中，所有的奥林匹斯神明都在俯瞰他们。伊阿宋在启程前穿过马格涅特（Magnesi）[2]摩肩接踵的人群，阿耳忒弥斯的女祭司亲吻他的双手并将他凝视，怀揣一种无法言喻的情绪，然后伊阿宋离她而去，就如年轻人离开一位长者。又或当宙斯那善于拳击的儿子波鲁克斯准备好直面俾斯尼亚人（Bebrici）的国王阿密科斯（Amico）[3]时所迸发的一种力量，虽然他的面颊尚未长出胡须，他的眼睛仍如孩子般清澈。正是在这样的时刻，而非在他们的狡黠之举中，英雄们散发光辉。当英雄相遇，他们会显露出自身的某些东西，一些早已存在、在独处中将他们压迫的东西：一种萦绕于脑海之中的深色幕布，一种紧紧尾随他们的高贵的愚笨。除却忒修斯与奥德修斯，他们最伟大的冒险都在孤独中进行。

---

1 卡吕冬狩猎是希腊神话中四次重大的英雄联合行动之一，另三次分别是特洛伊之战、七将攻忒拜、阿耳戈船英雄们的远航。
2 古希腊部落。在《伊利亚特》中，他们是希腊联军的成员。
3 波塞冬之子，发明了拳击，向所有路过的异乡人发出挑战，凡拒绝者都被扔进水中，接受者则在比赛中被打死。后因拒绝向阿耳戈船英雄们提供食物与水，在比赛中被波鲁克斯打死。

启程前，伊阿宋沉浸在一种沮丧的想法中。他感到这场冒险不由自己掌控。这场冒险将迎来如此多的热情，如此多的嘈杂，甚至连大自然也加入其中，伴随着在帕加塞（Pagase）[1]港口与阿耳戈号上发出的呼喊，一种从"神圣光束"中传来的呼喊，那光束从船首照到船尾，像多多纳的橡树般生长。事实上，在阿耳戈船英雄们的冒险开始时，他们的举止如一群梦游者般，仿佛正盲从于一种愚弄他们的机制。被情欲掌控，他们都毫无例外地投身在利姆诺斯岛的女子中。一天夜里，他们错误地进行了一场屠杀，杀死了杜利奥纳人（Dolioni）[2]中最善良的那位，他曾像朋友般将他们款待。又有一天，他们扬帆起航，却发现已把赫剌克勒斯与波吕斐摩斯（Polifemo）落在了身后，返航则为时已晚。开始有人逐渐明白最伟大的英雄为何都如此顽固地要成为入会者，如赫剌克勒斯与狄俄斯库里兄弟最终在厄琉西斯城做的，或是所有阿耳戈船英雄们在萨莫色雷斯岛的所为：他们知道那里有一些他们尚未得到却必需之物；他们知道自己并不完美。

起初，英雄只是间或展现天分，并将自己的职责局限于怪物猎手。但是，当他仍保持这一角色却设法打破角色的既定框架时，当他学会成为一个叛徒，一个骗子，一个诱拐者，一个旅行家，一个流浪汉，一个叙述者时，这位英雄便成为奥德修斯，他的第一份天命是屠杀一切，而现在他可添上一条新的内容：理解一切。

　　阿耳戈船英雄们刚在提伊尼阿岛（Tinia）登陆，那是蓬托斯

1　塞萨利的海湾。

2　居住在基奇科斯岛上的族群。当阿耳戈船英雄们路过此处时，受到杜利奥纳人的款待，英雄们再次启程却被暴风雨刮回海湾，在黑夜中双方都没有认出对方，于是交战，杜利奥纳人的首领被杀死。

（Ponto）[1]中的一个荒芜岛屿。他们疲惫不堪，不间断地划桨已持续一天两夜，他们像套在轭中的阉牛一样淌汗。现在黎明将至。有一个人形出现，那着实为一个巨大的人形。金色的鬈发在他的两颊晃动。他的左手握有一把银弓，在这一天的第一道光芒中闪烁。忽然间海面汹涌，大地震动，愤怒的海浪席卷沙滩。那是唯一的声响。阿耳戈船英雄们在无助的慌乱中跌倒，没有一位敢直视那人，而他未对他们加以理会，却径直走向远方。只有当那神明的双脚踏离岛屿，开始在水面上方的空气中踏步时，他们方意识到那是前往北方乐土的阿波罗。阿耳戈船英雄们保持着俯首。最后俄耳甫斯说："这是黎明时分的阿波罗，让我们在海滩上为他建起一座祭坛。"

阿耳戈船英雄们在芦苇中埋伏，别人无法看见他们。伊阿宋面目冷峻。他十分强壮，但力量总是处在对遭遇另一个比自己稍胜一筹的强壮力量的恐惧中，因为后者可将它毁灭。也许这次他终于遇上了这样的对手，就在这里，就在科尔喀斯：一头不眠的怪物正守卫着悬挂在橡树枝头的金羊毛。伊阿宋知道那个时刻已经到来，他必须解除女神在他体内的束缚，否则只能死去。

高处，在奥林匹斯山的寝殿中，雅典娜与赫拉聚首。她们思忖：但凡哪里出现一头怪物，那里就必有一位女子，而只要有一位女子存在，那里便有阿佛洛狄忒的身影。两位女神前去与她会面，虽然她们已许久未见。阿佛洛狄忒刚整理好赫淮斯托斯的床褥，他已动身前往一个遥远的岛屿工作。在昏暗的房间里，阿佛洛狄忒用一把金梳子整理头发。她托起如斗篷般披在肩膀的长发，然后开始将其编成发辫。阿佛洛狄忒并无任何女性好友；她知道自己在大部分时

---

[1] *海的化身，瑞亚与埃托耳之子。*

间里都与男性共度。她并不习惯两位伟大女神的造访，她们很可能曾妒忌过她，并显然认为她无法理解任何真正重要的事物。她立刻猜出她们此行的目的：她们希望她再次把儿子厄洛斯送往尘世。阿佛洛狄忒让自己的护卫退后片刻，然后对她们讲述了真相：儿子对她的尊重甚至不及对其他女性，因为他与母亲是同一类存在。事实上他会当面将她取笑；无论对她做什么，他都不会感到羞愧。就在她开始谈论自己的烦恼时，雅典娜与赫拉交换了共谋者的恼人眼神。

已经足够，阿佛洛狄忒想着，因为无人对她的话语表现出兴趣。她仍想说明这次自己的行动将多么高效。她在宙斯的果园里找到厄洛斯。那"无可救药的捣蛋鬼"，*áphaton kakón*，正在与加尼米德玩骰子，并一直靠作弊取胜。阿佛洛狄忒知道，再没有什么会比某些特别的玩具更能吸引他的注意：金色骰子，旋转的陀螺，球。这一次，她用曾属于宙斯的物件贿赂他，那是宙斯的乳母阿德剌斯忒亚，那掌管命运的女子们中的一个，赠送给宙斯的：一个金球，表面刻有许多环状纹样，那些圆环被一道螺旋形的珐琅饰贯穿。当你把它抛向空中时，它会留下一道发光的尾迹。对厄洛斯描述着那个玩具，她立即预见男孩会同意这场交易：用金球换取一支射向美狄亚心头的箭，如有可能，仅留箭尾的羽饰在外。于是厄洛斯再次走下奥林匹斯山，他是尘世间永恒而残酷的青春，他发起攻击并从不受挫。他已开始幻想自己将如何在回程中把玩那颗嵌有珐琅质螺纹的金球。

英雄与公主之间存在一个误会，它会在男性与女性的关系中反复出现，至少只要当那男性认为自己是英雄，而女性把自己想成公主时，我们可以说他们几乎向来如此。伊阿宋在科尔喀斯的王宫中现身，就在那个夜晚，美狄亚公主梦见英雄的到访并非为了杀死怪物，而是要把她带走。伊阿宋知道若要击败守护金羊毛的怪物，必须有美狄亚相助。而倘若公主施以援手，她就应该被劫走。这是一场充满沉默的竞技，这竞技关乎那些被理解却未说出口的事：英雄与公主都希望，在对方的眼中看来，杀死妖怪仿佛只是将公主劫走的托词。

在伊阿宋得到金羊毛后，阿耳戈号启程向希腊航行，美狄亚公主也在船上，仿佛她的梦境已经成真。从一开始，美狄亚就把伊阿宋当作一种幻想，"像梦境般诡异，她的思绪紧随他前进的步伐"。那么现在谁还记得那只怪物？对于英雄来说，怪物永远不止一个。因此它不可能被遗忘，因为每一只怪物都是下一只怪物的前兆。更可能的情况是公主才是被遗忘之人。怪物的特质在于扩散，怪物会在自己的每一块碎片中不断出现并自我复制；而每个女子都是一个轮廓，一个新的轮廓会将之前的那些悉数抹尽，而这可能发生在任何时候。所以英雄与公主的故事往往不得善终。也许从这一方面来说，就如在其他方面一样，忒修斯是众英雄中最具远见、也最有分寸的；至少他在回到家乡前，将阿里阿德涅抛弃在一座岛屿上。

来自神明的礼物都被下过毒，并用噩兆作为标记，那些不可见的就因此变得易被察觉。手手相传，他们让毒液渗出。在哈耳摩尼亚与卡德摩斯的婚礼上，阿佛洛狄忒的项链与雅典娜的紫色长袍被一起赠予新娘，这礼物招致了持续两代人的对英雄的屠杀，从七雄攻忒拜，到厄庇戈尼（Epigoni）[1]的复仇与杀戮。与之类似，当狄俄倪索斯裹在圣洁的紫色长袍中入睡，他的头颅枕在阿里阿德涅白皙的胸口。在那克索斯岛的沙滩上，紫色显得十分耀眼。但有一天，那种织物，那曾充溢着幸福的织物，将成为逃离、背弃以及谋杀的

---

[1] 统称，指攻打忒拜的七雄的儿子们。

旗帜。不过，狄俄倪索斯的气息从未离去，去抚摸和凝视这长袍的"甜蜜渴望"也将永不褪色。美惠女神为狄俄倪索斯将它编织。狄俄倪索斯用它裹住阿里阿德涅和自己。然后他把它赠予自己的儿子托阿斯。托阿斯又将它赠予自己的女儿许普西皮勒，后者把它送给自己的恋人伊阿宋，那时她尚未被弃。狄俄倪索斯的紫色长袍成为伊阿宋与美狄亚为她的弟弟阿布绪耳托斯（Apsirto）[1]所备之物，当时他们正决定要将他杀死。

这一切的发生并无目击者，在多瑙河口的一座黑暗小岛上，布里齐人（i Brigi）曾为阿耳忒弥斯建起一座神庙。除此以外，此地再无人类踪迹。美狄亚在神庙门廊中等候她的弟弟。伊阿宋在阴影中伏击。就在伊阿宋像一个解牛的屠夫般袭击了阿布绪耳托斯时，美狄亚移开了视线，用一条洁白的面纱遮住自己的双眼。阿布绪耳托斯像一头有着硕大头颅的牡牛般跪倒在地。临死前，他用手舀起一些黑色血液，设法将其涂抹在姐姐的白色面纱上。伊阿宋环绕尸体走动，割下其双手双脚以及双耳。这是最初的果实。他舔舐那死去之人的鲜血三次，把它含在嘴里。美狄亚举起一支火炬，那是早已与她恋人的朋友们约定好的讯号。

太阳的孙女们，阿里阿德涅与美狄亚之间的联系很快变得显而易见。她们的眼眸都向外投射出一种金色的光芒。她们的出生地相距甚远，分别在大地的最南与最北处。两人各自为一名异乡人提供帮助，被他们劫走，又被他们抛弃。她们未曾谋面，但通过一件织物彼此触碰。她们都染指过那件紫色长袍，它为一个神明而造，纵使他的身体已经消失，长袍却仍然芬芳。

---

1 埃厄忒斯之子。

奥斯特鲁斯（Oistros）[1]是那折磨牛群的牛虻，它在那些引领希腊人的力量中最具影响力，也最无所不在。阿忒这一角色与那些掌管命运的女子，即命运女神相同，那种迷恋也囊括了自我惩罚。奥斯特鲁斯是一个男孩，甚少自我表现。神明、英雄以及神明的后裔，栖居在闷热的神话学热情中，身体半裸，四处走动，明眸含泪，直到从那不朽世界中传来一阵嗡鸣。一根刺蜇咬进他们的灵魂，就这样释放出这些事件。一开始很难分开叙述那些有关情色与谋杀的疯狂行径。两者都来自那间歇的嗡鸣声，来自那种体形微小的恶毒生灵的入侵。只有一次，奥斯特鲁斯在一只美妙的卡诺萨（Canosa）酒碗上展现了他的所有威严，这酒碗现存于慕尼黑（Munich）[2]。画面共时地表现了美狄亚悲剧中的最后一次动荡。角色按三个层次布局。最上方，一如往常的，是一些心烦意乱的神明：狄俄斯库里兄弟望向对方，也许在私下交谈些什么。雅典娜落座，一只手臂倚着盾牌，另一只手拿着头盔。赤裸的赫剌克勒斯拿着武器，正望向雅典娜。下一层展示的是克瑞翁（Creonte）[3]的宫殿。克瑞翁提亚（Creontea）躺在宝座上，头顶的王冠被下了毒，那是来自女巫美狄亚的礼物，后者因嫉妒而疯狂："用毒药制成一顶金冠。"（*coronam ex venenis fecit auream*）克瑞翁提亚的兄弟希波忒斯（Ippote）正跑来摘下她头上的毒王冠，此时她的父亲克瑞翁正绝望地紧攥自己的头发。其他人也跑来帮忙，甚至有一位拄着拐杖的长者。他们都知道一切已无可挽回。在最下方的一层，我们见到了美狄亚，太阳在东方的孙女。她身着最奢侈、最华丽的装束，它将一切隐藏，唯露出她那美丽的、目不转睛的脸庞以及她的双手。她的右手握有一把巨剑，左手自后

---

1 来自拉丁语 *oestrus*，有"牛虻""蜇咬""愤怒"之意。

2 德国巴伐利亚州的首府。

3 忒拜国王，克瑞翁提亚的父亲。

345

抓住她儿子前额的头发。他踮着脚，像是在一座祭台上舞蹈。下一秒，剑将刺入他袒露的胸膛。伊阿宋，那背弃信义者，那曾遭打击的英雄，从右侧跃入画面。他的身体紧绷而强壮，甚至胜过赫剌克勒斯，他的脸上露出盛怒却无能为力的表情。再右边，静止站立着另一位东方的人物，神色庄严。绘碗者在他的头部周围写道："埃厄忒斯（Eete）[1]的影子。"

美狄亚父亲的亡灵一直反对她对伊阿宋的热情，现在它观看着自己早已预见的结局。那结局里也有两件物品，像玩具般落在一张黑暗的背景上：一只打开的盒子，美狄亚已将施了毒的王冠放置其中；一个用于婚礼的水盆，已被掀翻，被遗忘。在画面中央，在美狄亚和伊阿宋之间，一个前胸光洁的长发青年双手各持一支火炬，稳健而挺拔。他站在一辆轻型战车上，那车由两条长蛇拉动，它们盘旋上升，将分叉的舌头伸向美狄亚。

战车上的年轻人是奥斯特鲁斯，是他引导着事件的走向；他是敦促者，是仅此一次展示自己荣光的执政官。但在其他地方，哪怕在他栖身的环境，即那不可见的世界中，奥斯特鲁斯是所有富余之物、所有雕塑以及所有热情的旅伴，而希腊人用这些东西编织了他们的故事。

诺努斯的一生是古代世界最具魅力的谜团之一。关于他，人们几乎不了解任何确切信息，除去他的出生地：埃及的帕诺坡利斯（Panopoli）。关于他的出生日期，学者们所持的意见差别甚多，颇为尴尬，但现在大家似乎已普遍接受为公元5世纪。这个谜团与他的写

---

1 赫利俄斯与佩耳塞斯之子，美狄亚之父，科尔喀斯国王。

作顺序有关：诺努斯留给我们四十八册《狄奥尼西卡》(*Dionisiache*)（这个数字等于《伊利亚特》与《奥德赛》册数的总和）以及圣约翰福音的《释文》(*Parafrasi*)[1]。

　　这位伟大的作家曾一度被贬低为"巴洛克式"，但这样说来也可被公允地描述为洛可可式。他在诗歌中寄托艳丽的田园牧歌以及宇宙哲学的奥秘。《狄奥尼西卡》是对异教徒世界热情四溢的总述，那个世界本已处在灭绝的边缘，却经由他的诗歌在我们眼前徐徐打开，如一片长满水仙的草甸。令人困惑的是，诺努斯唯一的另一部作品——他的圣约翰福音《释文》，却来自一位笃信基督教的作者。没有证据表明《释文》是在《狄奥尼西卡》之后写就的。这导致了以下问题：诺努斯是先在《狄奥尼西卡》中用诗歌赞颂了异教世界之最后的、着实耀眼的光芒，然后转投那个已成主流的新信仰并写下了《释文》？又或以相反的顺序：诺努斯，一位基督徒，颇受异教视角的冲击，仿佛那是一道闪电，以致从《释文》的写作转向了《狄奥尼西卡》中的澎湃潮涌？又或还有第三种假设：诺努斯同时写就《狄奥尼西卡》和《释文》。一方面他讲述着狄俄倪索斯的冒险，而另一方面，他记录着对耶稣的审判。他的思想被这两种不朽的存在同时驱使。也许他甚至不需自问是否两者都信，因为是他写就它们。

　　并无确凿事实能帮助我们解开谜团。我们掌握的只有文本与风格。在诺努斯的作品中，最能直接震撼我们的修辞技巧是他的冗杂。《狄奥尼西卡》是我们可以想见的对冗长变体与猖獗赘述的最华丽的颂扬。但在诗人诺努斯背后隐藏着一位神学家诺努斯。这种无序的

1　有学者认为皈依的基督徒不可能继续为《狄奥尼西卡》这一异教主题长诗投入如此多的工作。

斑斓与其本质一样徒劳，事实上它暗示了他所讲述的神话的终极真相：恰是那些无尽与无意义之物不断改变神明内心的色彩。在诺努斯略过诸多神，去讲述某一位神的唯一一个儿子的故事时，这种现象也未发生改变。这一次他选择的方式不是在史诗中堆砌大量田园牧歌，而是释文，可以说冗余在此处被削减至精华，这样福音书中的每一个简明短语都可被不断扩充，就仿佛一种不可遏制的呼吸作用以及一剂恰到好处的酵母正在生效。

我们也许可以从这种对风格的选择中看清诺努斯的信仰：在它是异教或基督的信仰前，它首先是一种对冗余的皈依，这也正是宇宙得以自证的方式。如果我们继续检视叙事的细节，至少有一个问题会将我们带向诸多假设中看起来最不可能的那一个：诺努斯同时完成了《狄奥尼西卡》与《释文》的写作，或至少我们看不到两者的完成时间存在任何差异。《狄奥尼西卡》以奥斯特鲁斯为主导。我们看到他一次次发挥作用，一些最热烈的爱欲场景都始于那牛虻的嗡鸣。但先让我们跟随诺努斯的叙事，把目光转向巴勒斯坦。犹太人正在控告耶稣。圣约翰福音中说："我们说你是撒玛利亚人，并且被魔鬼附着，这话岂不正对吗（*óti daimónion écheis*）？"诺努斯注释道："现在恶灵丽萨（Lyssa，疯狂）那四处游荡、有仇必复的牛虻（*alástoros oîstros*）正将你驱使。"这准确地表现了诺努斯的一致：对狄俄倪索斯与基督不偏不倚，他在两人的故事中不断发现同一只恶魔般的牛虻，它迫使他们狂热、发怒、谵妄，然后感悟。

十五个世纪之后，能读懂诺努斯著作的读者可用一只手数遍。乔瓦尼·巴蒂斯塔·马里诺（Giovan Battista Marino）[1] 阅读了由伊尔

---

1 1569—1625，意大利诗人。

哈得·卢宾（Eilhard Lubin）翻译的拉丁语本［于 1605 年在哈瑙（Hanau）出版］，认为有一点毫无疑问：诺努斯是唯一可与荷马匹敌之人，唯有他能在作品中抛弃所有英雄式的清醒，鼓励每一种可能的任性与转折，却仍能将叙事限制在一个相当广阔的框架中。这正是马里诺自己的作品《阿多尼斯》所需的：一种古老的权威最终离开了圣墓（Santo Sepolcro）以及其他英勇而高贵的事迹。有诺努斯在前，诗人任自己沉浸于一项至今看来仍对神明颇有亵渎的事业：在艳诗基础上编写宏大的史诗，就如编织起一枚花环。

于是，马里诺经常向诺努斯致以一个作者可给予另一个作者的至高敬意：剽窃——而且这些剽窃的最可爱之处在于它仍是一个秘密，仿佛是两位作者的共谋，因为没有其他人会注意到。马里诺写给阿基里尼（Achillini）[1]一张带有挑战意味的字条："他们（其他文人）不会踏足我垂钓与贸易的海域，他们也不会发现我拿着自己的猎物，除非由我亲自向他们展示。"

早在 1817 年，在约瑟夫·德·迈斯特（Joseph de Maistre）[2]致敬歌德（Goethe）的短文《诗人诺努斯》（*Nonnos der Dichter*）中，这位来自圣彼得堡的年轻而博学的乌瓦罗夫（Ouvaroff），塞纳托耳（Senatore）的友人，只能抱怨："希腊诗歌那遍布鲜花的原野如今已被彻底耕耘，很难找到一个没被认真——我们尚且不说充满热爱地——鉴赏与研究过的诗人；诺努斯独自为那个时代的罪孽付出代价；数世纪来，他的诗歌被判定为一个充满尘埃与锈蚀的废物间，只有最具热情的神话收集者或许会进入其中。很难指出有哪些

---

1 阿里桑德罗·阿基里尼（Alessandro Achillini，1463—1512），博洛尼亚的一位哲学家、医生，信奉温和的阿威罗伊学说，是有关亚里士多德自然哲学的论著者，还写有一本关于相面术和手相术的小册子。
2 1753—1821，萨伏依的哲学家、作家、律师、外交官。

人曾因他诗歌的品质而将其通读，更难得的是指出有谁足够大胆，敢宣称诺努斯是真正的诗人，对辞令有着充分的感知。"只有再过去一百五十年，才会有乔治·德·桑迪拉纳（Giorgio de Santillana）[1] 在一次论坛中的发言，他将诺努斯的《狄奥尼西卡》比作那种"日本花卉"的"绽放"，对他而言这是一种"古老的神话"。

伊阿宋更愿意在家乡过一种享乐生活，正如尼采（Nietzsche）[2] 宁愿在巴塞尔（Basilea）当一名教授，而不是成为上帝。"假如佩利阿斯准许，我会在祖国过得非常幸福。愿神明将我从苦役中解救。"伊阿宋对许普西皮勒说。他的声音听起来就像一个最虚伪的恋人正试图美化残忍的遗弃，或一个看起来十分疲惫的英雄，被要求去杀戮、欺骗、旅行、抛弃，并最终被杀死。当他在船体的阴影中沉睡时，不知出于怎样的运气，被一块掉落的腐朽木板砸死。寓言的美好结局不由英雄选择。他的故事在他出生前已经写就；他的劳役早于他的出现；它们从不任他选择，而是像一波巨浪，向他袭来。

伊阿宋从没成功超越自己的英雄角色，哪怕在极短的时间中。他很快意识到这一点，并保持了阴郁的缄默。他在冒险中履行职责：而这正是关键所在，即他确实履行了职责。即便是那些在偶遇中爱上他的女子，也是他职责的一部分。他将许普西皮勒抛弃，因为他必须发起他的远征。他向美狄亚许诺自己会娶她为妻，但这是因为他必须得到金羊毛，并因此需要她的帮助。之后他确实与她成

---

1 1902—1974，意裔美籍哲学家、科学史家。
2 1844—1900，曾在瑞士巴塞尔大学任教。

婚，因为阿尔喀诺俄斯王（il re Alcinoo）[1]迫使他这样做；在马克里斯（Macris）[2]的洞穴中，金羊毛为他们铺就发光的婚床。然后他将美狄亚抛弃，因他必须让自己的家族与忒拜统治者的家族联姻。他所做的一切都是为了实现一些别的目标，并总是服从于上级下达的命令。有时候，那些有关他残忍行为的记忆看起来更容易被接受：他的所作所为皆出于命运。他的旅程漫长而遥远，他曾拜访最偏远的族群，却依旧活得像一头绕着同一口井辛勤工作的驴子。

从一开始，伊阿宋就对美狄亚产生了一种离奇的排斥情绪，虽然她如此美丽。这位女子只知晓两种情形：或是毫无希望的不幸，抛弃，孤独的苦难，无助的拒绝；或是耀眼的、闪电般迅捷的力量。可以想见，一个人也许能与这样一位女子共同经历各种冒险（她可能很有用处，甚至比一个英雄更加有用）；但你能否与她日复一日共同生活？现在伊阿宋已经年迈，每个人都刻意将他回避。人们为孩子讲述他的冒险，他却找不到任何人倾诉自己的故事。他回到科林斯，在这里他曾目睹令人惊恐万分的事物，他也曾作为国王统治此地。在这里躺着他的船，阿耳戈号，它已被拖上海岸。这是他的首个，他的最后一个，也是他唯一的真正伴侣。不能说它是一位沉默的伴侣，因为船的主板会发出声响，不同于伊阿宋记忆中的其他声响。这声音曾一度令他胆战；现在它就像一位老乳母的声音，用怀旧之情将他刺痛。他看着这艘船，他爱它胜过任何女子，毫无疑问也胜过美狄亚，那个虚伪的蛮族人，她似乎总是身处灾难的边缘，在一天即将结束时从一处宫殿逃往另一处，从一个国度逃亡到下一

---

1 斯刻里亚岛的国王。阿耳戈船英雄们与美狄亚到达斯刻里亚岛时，美狄亚父亲派来的特使已先行到达，并带来将美狄亚带回的命令。阿尔喀诺俄斯成为双方的仲裁人。

2 阿里斯泰俄斯与奥托诺厄的女儿，她给新生的狄俄倪索斯提供蜂蜜，遭到赫拉的惩罚，被放逐到欧玻亚岛。她在得墨忒尔的帮助下躲进了一个小岛的洞穴中。

个，不论走到哪里，她都会播撒不幸，却总能自我保全，连同她的战车与蛇。阿耳戈号的魅力更罕见也更高贵。伊阿宋认为阿耳戈号或许会授予他最后一笔恩惠：他要在船首的斜桅上自缢。然后他又陷入了多虑的沉思，脊背依靠着船只的龙骨。一块腐烂的木材从甲板上掉落，击中他的头颅，将他杀死。

在希腊历史上，英雄们的出现仅占据了一个极短暂的时期。他们相识，或者曾从别人口中听过其他英雄的故事。就如手链环环相扣，克里特之环，阿耳戈船英雄之环，忒拜之环，以及特洛伊之环，都相互联系。而这整个现象将在短短几年内自我覆灭。弥诺陶洛斯之死与阿伽门农之死，之间只隔了两代人。忒修斯把他的剑埋入弥诺陶洛斯的身躯，忒修斯之子阿卡玛斯（Acamante）[1] 则成为埋伏在特洛伊木马中的阿开亚人之一。克里特陨落，迈锡尼陨落，特洛伊陨落，而雅典崛起：英雄们在关键事件中留下足迹，然后消失不见。敏捷是他们的本质。正如希腊人曾想把所有故事集合进可能的最短时间，他们就生活在那些故事的后果之中。英雄时代短暂、拥挤，并且残酷。大地曾经抱怨："为人类的重量所压迫，在他们之中已无人虔诚献祭。"

若以希腊人的眼光来看，一切具有历史意义的罪行都可追溯至特洛伊之战，而这场战争的起源还不甚明了。海伦是整件事的唯一目击者，也是天平之中点，她被归结为宙斯双向计划的诱因：卸下大地的重担，同时给予阿喀琉斯荣耀。这些目标似乎并无联系：一方面我们看到数百名英雄被杀，好似他们只是无名的数字，不过是

1　忒修斯与淮德拉之子。

那践踏着大地之腹的双脚所施加的超额压力；另一方面则是一个独立个体的突显，他也是一位英雄，但重点不在于他的力量，因那力量也不过是被简单地强加于他，重点在于他那纯粹而简单的名字讲述着他的荣耀。所有这一切都经由一个诡计实现：海伦，甚至不是海伦真身，而是她那"会呼吸的幻影"，她的"名字"。通过检视这一致命诡计的本质，我们开始看清宙斯设计的联系，以及它如何向一个单独目标聚拢：在物质世界中挖出一片真空，降低其密度，在皮肤与影子中塑造一个会发声的外壳。荷马式用词的丰满能毫不费力地把由它命名的一切东西都塑造成真实的存在，这是英雄们那多情而残酷的步伐曾遍布并压迫的这片大地的最后遗产。新的故事紧随其后，这之中有些东西已从躯体的实在性转移到言辞的虚空中。

宙斯之所以决定这样做，是因为他知晓阿喀琉斯的出现昭示着一个新的时代——宙斯死后的时代，在这个时代，阿喀琉斯将成为替代，虽然仅持续了极短的时间（但作为一种标志来说，它永远有效），因为忒提斯之子注定会推翻宙斯。纵使宙斯的统治毫发无伤，并且那个儿子从未降生，但改变已经发生，虽不知何故：一位神只能改变已被预设之物的含义，却不能将它销毁。因此在象征物初次出现时，它就成为神明在命运前自保的工具。当宙斯迫使大地吞噬无数英雄的尸身时，他承认自己的身体也在走向衰弱。于是他为语言开辟了一片空间，那是存在于神明自身中的一种虚空，是对另一位宙斯的记忆，他存在于阿喀琉斯之前，如今则在诗人们的吟唱中被赞颂，因他允许他们赞颂阿喀琉斯。

我们所说的荷马式神学是对神明生活的一种鲁莽区分。在一段简短岁月中，世界接受了可见的霸权。而那些隐形的力量并未被削弱。没有人想象过权力可能存在于其他地方。就在那时，不可见者第一次同意根据可见世界的规则来装扮自己，不放过每一个细节，好似他们已被那种不定的存在方式深深吸引。

从不朽者家园的最高处望去，大地上的生命铺陈在一片广阔而战栗的狂热之上：它的价值由其本质决定，与它自身的寿数等长，在阳光下如此显眼。这一世之后的生活既非惩罚也非奖赏，而是所有人共同遭受的苦楚：它蔓延到大地之下，作为对那种虚弱存在的延续，其中的精神力量已被削减至节制的独自抱怨，躯体成为一片无形的阴影，声音则变成蝙蝠吱吱的叫声。只有在荷马的希腊，勇士祈求宙斯让自己被杀死在光明中的呐喊才具有意义："在光明中摧毁我们，因为这为你带来愉悦。"光的使命并非逃离死亡，而是将其引领。在昏暗阴霾中的死亡已成为悲哀后世之一部分，伴随所有的软弱与踌躇，而在一道光芒中的死亡则成为最后的清醒时分。英雄所祈求的光明，与玛兹达（Mazda）[1]幻视并无瓜葛，后者是所有内在与被美化的光明的先驱。它是外化的，几近于凝固，万物在这光芒中凸显轮廓。这是生命之憧憬，以及带有嘲讽意味的紧随而来的后世生活，它们积聚成空前的残忍。更难抗拒的是人们的简短咒语已在光明中出现。这并非一个不安之人可长期承受的。

英雄们在特洛伊城墙下厮杀，不仅因为宙斯希望减少大地的负荷，也因为他们自身难再承受这种生命形式，因此他们在默许中选择共赴死亡。特洛伊城墙下的战斗的最重要之处在于，它是一场血色的告别盛宴。

当涅俄普托勒摩斯之剑悬在老普里阿摩头顶时，前者尚年轻，

1　阿胡拉·玛兹达（Ahura Mazda），古伊朗琐罗亚斯德教的最高神，在善恶二元论中代表光明的善神。

若非武器让他看起来持重，你甚至会说他还是个男孩。他的双足稳固地根植于地面，如成年人般健硕的小腿在发亮的护胫下紧绷。当他沉重的佩剑落在老国王头顶时，被鲜血溅染的头颅向他倾斜过来，仍被绝望的双手抱着。指缝间露出几缕头发，就像白色的杂草。普里阿摩坐在宙斯·赫耳刻伊奥斯（Zeus Herkeios）[1]祭坛的空心石上，经年的血流汇成溪流，形成长条纹路和黑色污垢。他将一具尸体温柔地拥上膝上，那尸体看起来与涅俄普托勒摩斯没有太大不同，但浑身赤裸，前胸、腹部和一条腿上都有深深的伤口：这是赫克托耳之子，阿斯堤阿那克斯（Astianatte）。于是普里阿摩的躯体上汇聚了献祭留下的陈旧血迹，阿斯堤阿那克斯仍在喷涌的鲜血，以及从他自己头部和肩膀创口中流出的血液。

　　属于英雄后裔的时代到来——现在他们正互相残杀，与父辈别无二致，但更加迅速，没有眼泪，没有神明的疯狂，也没有煽动性的话语：故事已经完整；现在不过要为它们盖上最后的封印。伴随涅俄普托勒摩斯举起多腱的臂膀，祭坛旁的棕榈树叶在夜风中弯折，那金属武器必将刺穿普里阿摩的头颅。为了让那颗头颅稳如一块木头，涅俄普托勒摩斯的左手伸进老人被血液浸透的长袍，紧攥住他的肩膀。

　　就在同一时刻，在雅典娜神殿烟雾弥漫的黑暗中，有一只手正伸向另一个躯体。小埃阿斯的手贴近勉强遮住卡珊德拉颈背的短发。有力的手指伴随他燃烧着贪婪的目光游走。与父亲普里阿摩一样，卡珊德拉的身体紧靠着一件圣物：这一次不是宙斯的石坛，而是护城神像。那尊小而僵直的雕像，是手持盾牌、举起长矛的雅典娜，是特洛伊城的守护者。只有雕像所在之处，城池方能幸存，正如一

---

1 宙斯的一个别号，"家庭的保护者"，Herkeios 源自 Herkos（篱笆）。

种语言只能存在于其诗人所在之处。卡珊德拉柔软的身躯将雕像紧紧护住。她完全赤裸，但下巴下系着一个小斗篷，披在肩膀后方，像背景般衬托了她高耸的双乳，乳头指向两侧，似乎想往相反的方向遁逃。小埃阿斯的手指攥紧了她的头发，她的手指则紧握护城神像的侧翼。一种暴力的摇晃从战士指尖传来，穿过阿波罗的女祭司，传递到雕像上。她的父亲，普里阿摩，已用双臂遮住眼睛；四周蜷伏着一些特洛伊女性，她们正在哀泣，饱受惊吓，用双手抱住脑袋；但当卡珊德拉看到小埃阿斯的盔甲向她压来时，她的目光坚定而平静：甚至于她那只尚可自由活动的手似乎挑唆了袭击者，她在英雄的剑与腿股间伸开手掌，催促其攻击。

在所有道路旁，希腊人为死者垒起石头。但那些石柱被用以铭记什么？阿喀琉斯的马匹为帕特洛克罗斯之死流下热泪。它们将头伏在地面，如荷马所言，"就像被埋进土里的石柱"。在它们四周，武器相互撞击。希腊人与特洛伊人正在争夺帕特洛克罗斯的遗体，他们像被鞭笞的牡牛般拖曳那具尸体。汗水与疲乏让肉体化作水，但悲伤将其石化。在他们为亡者竖起的石柱上，希腊人哭泣着复刻了那些全神贯注且半透明的不朽马匹，它们正在哭泣。宙斯从高处俯瞰大地，他并不怜悯在战斗中陨落的勇士，但当他看到马匹凝望着它们跌落的御者，它们主人的朋友，并落下眼泪时，他产生了同情。宙斯感到那些动物比任何凡人都更为亲切。和他一样，它们是不朽的。虽然现在它们任由自己投入神明被禁止之事：落泪。

在帕特洛克罗斯去世后，阿喀琉斯重返战场，咬牙切齿，一道似乎投射自遥远灯塔的光芒反射在他的盾牌上。宙斯又一次召集诸神议事。这一次，宁芙与河神也列席其中。他们都在等待一个预兆。目前没有什么需要被决定，没有神密谋要混入勇士之列。每一个人，神明或凡人，都知晓即将发生之事。阿喀琉斯将死，克珊托斯（Xanto）[1]，那不朽的神马，已在哀悼它的主人。阿喀琉斯感受到自己将近的死亡，仿佛它是一件可触及之物，比如紧扣着脑颅的头盔。宙斯从诸多时机中选择了这一时刻，任由诸神降临战场。"于是他们加入战斗，神明与神明对抗。"他们悉数参与其中。甚至包括赫淮斯托斯与勒托，以及其他此前从未让自己卷入纷争的人。

　　宙斯为何要将他们悉数投入纷争？现在我们即将触及荷马式神学的神经。在最大化的无意义中，存在最为盛大的辉煌。现实会在这些时刻闪耀真正的光芒：在其厚度成倍增加时；在每位伴随在其英雄左右的神回应英雄递出的手臂时；在两个场景——一个可见，另一个因让人眼花缭乱而不可见，它们彼此进入对方内部，结果处处结合成双时。阿喀琉斯已无任何机会延缓自己的终结，这必须发生，因为它已被判定，在一个特定时刻，以一种特定方式。但命运确实将最后的光荣留给了阿喀琉斯，而宙斯无意将其褫夺，因为对这光荣他乐意之至：那最后的战斗将极为艰难、难以预料、激烈喧闹。

　　与此同时，宙斯还在思索些其他东西——他必须确保大地上没有一人能凭借武力做出任何"超越命运"之举，没有人可以成功推迟自己的死亡。阿喀琉斯的愤怒或许能促使他征服那些注定要在未来坍塌的城墙。而这可能为万事运转的秩序留下一道裂缝。在奥林匹斯诸神的干预下，战场上的紧张态势被提升至一个几乎不可承受的地步，与此同时又达到一种新的平衡。冲突膨胀，表明一种前所

1　克珊托斯与巴利俄斯是一对孪生的神马，克珊托斯具有说话的能力。它们是波塞冬赠予佩琉斯的礼物。随阿喀琉斯出征特洛伊。

未有的力量的集聚正在发生。事实上，这喧嚣甚至令哈得斯感到紧张。他是唯一不在战场的神明，却也洞察到大地上的过度紧张，他从王座上起身，担心头顶的草幔会因此断裂，令他那无边的、被神明与凡人共同憎恶的地下世界暴露在光明中。

…

《伊利亚特》中的所有生灵，甚至那匹名为克珊托斯的马，甚至斯卡曼德的河神，都告诉我们，他们并非"起因"，不对任何事件负责。但他们这么说，并非让他人承担指责。不，那种承认是荷马式奉献的至高之举，臣服于压倒性的力量。在这里，每一次自我肯定都是鲁莽的，个体可独立达到的高度与神明允许其完成或赐予其的成就，这之间的差别如此微妙。不过一呼一吸之间，一切就被决定，屠杀节奏中的一丝变化，足以让那在天穹操纵的手转向某一方，或另一方。

荷马式的人物有别于写就于他们之前或之后的所有事物。他们的举止就如一些完美但从不存在的无神论者，相信生命在呼吸中延续。对于一位被科学思想束缚的无神论者而言，死后世界无非是一片模糊的空无。对荷马的角色而言，它则是一种漫长的折磨，一种不具心智或记忆的渴望。并非另一种生活，甚至也不是对他们此生的惩罚，而是一种无力而神志模糊的生理技能，将这短暂的一生终止。

只要他们呼吸尚存，神明就无处不在。赫卡柏（Ecuba）[1]想起阿

---

1 普里阿摩的妻子。

358

喀琉斯，后者曾在每天的黎明时分拖着赫克托耳的尸体绕行帕特洛克罗斯的火葬柴堆。赫卡柏说："但他（帕特洛克罗斯）并未因此复活。"没有哀悼，没有仪式，没有功绩可改变这一事实。正如公式化的标签不断告诉我们，神明"一直都在"；那些人认识到神明的存在，但以为只是在一个短暂时空中。无神论者的谦虚充满自负。在生命的短暂跨度中，他们相信自己可掌控些什么，比如一座孤岛，而它将在之后被拆分为无序的原子。荷马式的英雄不允许自我如此慰藉：生前他们清醒地意识到自己被一种遥远而完整之物维持和渗透，但之后他们将被抛弃给死亡，如同一块破布。

…

在《伊利亚特》的世界中，唐突而险峻的道路将情节相连。阿喀琉斯是它的完美表达。阿喀琉斯与其敌人的父亲普里阿摩一同哭泣，并怀有敬意地望着他，然后，就在片刻过后，阿喀琉斯克制了自己，没有杀死普里阿摩。在每个情节中都存在极度的紧张。每一个情节都独立存在，为自己存在，并不关切在它之前或之后将发生的事物。事情为何要以堆叠的形式存在？一具淌着鲜血的静止身躯，是否就是处在紧张追逐中的那具躯体将遭遇的后果？此番情节彼此相连，就像一面高墙向两翼延伸，直到触及树桩。那些砖块各自独立，我们孤立无援地陷入这强大的分离中，必须一直尝试记住这些墙只构成一条直线。当忒提斯拜访她的儿子阿喀琉斯时，后者正沉浸在对帕特洛克罗斯的哀伤中，她并未试图带领他慢慢走出痛苦。忒提斯看着他，提醒他面包与床铺的存在。然后补充道："与一位女子在爱中结合是一件好事。"

359

当基督徒在异教徒的圣地上建造教堂时，他们把旧的柱头与柱子并入自己的中殿，这些行为恰如赫剌克勒斯对尼米亚的狮子所为，又或雅典娜对戈尔工所为。在英雄与怪物的关系中最重要的是：怪物拥有或保护宝藏，或甚至它们自己就是宝藏。杀死怪物意味着与之合并，并取代其位置。英雄成为新的怪物，裹在先前那怪物的皮毛中，并用一些具有寓意的战利品做装饰。于是赫剌克勒斯不再露出自己的面庞，除非是在那狮皮的颌骨间。那狮子为他所杀，早已静止不动。

怪物是最珍贵的敌人：因此人们启程寻找这位敌人。其他敌人也许只是攻击我们，例如巨人或提坦，他们代表一种替代过程的秩序，或是因为已被替代而寻求复仇，怪物则完全不同。怪物在水源近旁等待。怪物**是**泉眼。它并不需要一位英雄。是英雄出于自己的特殊存在形式而需要怪物，因为他的力量将被它守护，事实上他必须从它身上夺取这种力量。当英雄遭遇怪物，他尚不具备力量或知识。怪物是英雄的"秘密父亲"，用力量与知识将他滋养，而这力量与知识只能属于一个人，并且只有怪物可以给予。

起初怪物处在中心，在大地和苍穹之中心，水自那里升起。当怪物被英雄所杀，它被肢解的躯体在大地的四角重组。然后，它以一个由水和鳞片组成的环形拥抱世界。这是万物的复合边际，是一个画框。画框是怪物的故乡，巴洛克艺术家们过于清楚这一点，他们制作的画框比其所包围的所有田园主题都更复杂，更稠密，也更具古色——也许将在某天令画作本身窒息。然后到了人们不再想要画框的时代。博物馆展出不带框架的图像，它们看起来像被剥光。画框并未过时，但它被疏远。没有了画框，怪物失去了最后的家。于是它转而开始肆意漫游。

希腊人被带入难解之谜。但什么是一个谜语？你可以说那是一个神秘配方。然而这不足以定义一个谜语。有另一件事你必须说明，即谜语的答案也同样神秘。这是谜语与问题的区别所在，虽然它们在希腊文明的初始阶段中通常被混淆。当一个问题被解开，问题与答案都会消失，被吸纳进程式化的公式中。如何爬上一面墙是一个问题，直到你把一架梯子靠在墙上。于是你有了一面墙和一架梯子，既没有问题存在也不再需要答案。谜语则与之不同。以最著名的斯芬克斯之谜为例："什么东西只有一个声音，但有时双足，有时三足，有时四足，足愈多，它就愈虚弱？"俄狄浦斯回答："人。"倘若我们思考这一答案，我们意识到正因为"人"是这样一个谜语的答案，恰表明了人的莫测天性。这样一种不协调的生物，如何从动物性的四足，演变出义肢（年迈者的拐杖），声音却不发生改变？谜语的答案本身就是一个谜团，并且更令人费解。

解开一个谜团意味着将它呈送至一个更高水平，前一个谜团则随即消失。斯芬克斯暗示了人类本质的不可知性，这种难以捉摸并具多重形态的存在，难以对应于"难以捉摸并具多重形态"之外的定义。俄狄浦斯被吸引到斯芬克斯面前，他解出斯芬克斯之谜，自己却成为另一个谜。而人类学者被吸引到俄狄浦斯面前，他们仍对他感到好奇，并将自己与之对比。

俄狄浦斯是最为不幸也最可怕的英雄，但他也比其他英雄更进一步。英雄与怪物的关系就如皮肤间的相互触碰。但俄狄浦斯是不触碰怪物的第一人。相反，他望向怪物，并与之交谈。俄狄浦斯用言语杀戮；他将致命的话语丢向空气，就像美狄亚对塔罗斯说出她的诅咒。在俄狄浦斯说出答案后，斯芬克斯坠入深渊。俄狄浦斯没有爬到谷底去剥下它的皮肤以得到那些斑斓的鳞片，它们曾像东方妓女的华服般将旅人引诱。俄狄浦斯认为自己是能够不触碰怪物却将其杀死的第一人。在他的所有罪行中，最严重的那条却未遭任何人谴责：他从未触碰怪物。俄狄浦斯没有在胸前挂上一只戈尔工用以自卫，没有在双肩披挂野兽的皮毛，也没有在手心紧攥一枚护符，于是他失明并成为了一名乞丐。言辞带给他的胜利太过干净，未留下任何战利品。而权力恰在战利品中驻留。言辞或许可以在其他武器都失败时赢得胜利。但在胜利之后，它仍然赤裸而孤独。

猎杀怪物一事因为俄狄浦斯而分成两个方面：一方面是完全有意识地杀害，就像将斯芬克斯摧毁的言辞；另一方面则是完全无意识地杀戮，就如俄狄浦斯在与旅行者们的争吵中将拉伊俄斯杀死。自那时起，原本与意识相关的清醒被颠覆成厄运的预兆。这是怪物的复仇。怪物可以原谅杀死他的英雄。但它永远不会原谅那不愿屈尊触碰它的英雄。

XI

在历史诞生以前，故事的长链以乌剌诺斯与该亚的交媾为开端，以奥德修斯之死告终，《伊利亚特》和《奥德赛》也穿插其中。这环形始自大地与天空的交融，结束于一次琐碎的斗殴。那是一场命定的意外，发生在异域的土地上。年轻的忒勒戈诺斯（Telegono）[1]不知实情，用鳐鱼刺将他的父亲老奥德修斯杀死。奥德修斯之死开启了无英雄的时代；故事不再具有典范性，而是不断的重复和追忆。所发生之事便被称为历史。

　　我们讲述的故事多半与奥德修斯有关，部分原因在于他如此靠近边界，以至于也更接近环形闭合的位置。它始于起源时庄严但令人窒息的黑暗，并以一个伪装成腓尼基商人的勇士作为终结，也有人怀疑那是一位由腓尼基商人伪装而成的勇士。奥德修斯招致了不敬与暗讽。他得到的尊重自然也少过其他英雄。甚至有传闻说他是荷马的恋人。诋毁者称，诗人因此给他优待，并将他最糟糕的品质隐藏，甚至从《伊利亚特》中删除了帕拉墨得斯这一角色，以免留下任何可能的线索使我们发现奥德修斯策划了对帕拉墨得斯的阴险谋杀。荷马也因此说是奥德修斯打败了塞壬，事实上——一些人坚持认为——是塞壬对这位"鼻子被压扁"的水手不屑一顾，当时他"途经此处，言语粗鄙"。在《奥德赛》的结尾，宙斯令短暂的和平

1　奥德修斯与喀耳刻之子，前往伊萨卡岛寻父，与岛上居民发生冲突时用矛刺伤奥德修斯。他的矛用鳐鱼刺制成，奥德修斯在受伤不久后死去。

降临伊萨卡岛（Itaca）[1]，作为全诗的结束，这的确像是在太多问题被提出前匆忙落下的幕布。但在荷马之后的数世纪中，人们继续对奥德修斯感到好奇，问题与答案将口耳相传，如同不灭的残存火苗。

作为最后的英雄，作为环形的终结，这都是奥德修斯本质的一部分。身为最后的英雄，奥德修斯最接近于后一时代的生命形态。他踏足在边境线上。他的遗赠是一部多形式的长篇小说，并不是《伊利亚特》——它如一块崎岖岩石般被遗弃荒野，而是曲折的《奥德赛》，就如忒勒马科斯（Telemaco）描述自己的寻父："一桩私事，而非公共事件。"奥德修斯作为归来的英雄们中的最后一位，自始至终与开篇中提及的原始力量保持往来——这是多么亲密的接触。他的漫游在一定程度上是一个纲要，一份名单，列举所有已在记忆中凌乱并被搬运到神话国度的生灵与场所。它们因奥德修斯而集体现身，强健有力，却是最后一次。在《奥德赛》中，他们向最后一位作为见证者而亲眼看到它们的旅人致敬。

奥德修斯尚在返回自己所属岛屿的艰难旅途中，与此同时，在伊萨卡宫殿的大厅里，吟游诗人斐弥乌斯（Femio）[2]已在唱诵特洛伊城墙下与奥德修斯一同战斗的勇士们的伟业。他的诉说几乎囊括一切，只剩一处空白有待填补——奥德修斯的事迹，那是完工前的最后一块砖。奥德修斯，语言大师，只要他那熠熠生辉的事迹仍失踪不见，我们就相信并非所有事迹都已被话语记述。在他回到伊萨卡后，在《奥德赛》之后，凡人只能经由文学去探索那些原始的生灵与场所。

---

1 伊俄尼亚海的一个岛屿，奥德修斯的家乡。
2 《奥德赛》中的伊萨卡诗人，在奥德修斯的家中演唱叙事诗。

在阿开亚首领中，奥德修斯总是眉目低垂，但并非出于恐惧。在目光低垂中奥德修斯集中精神，以一种同伴们并不习惯的方式将思想与周遭一切相隔离，他在构思一个密谋，或塑造一种机械（mēchanē）。他站在那些被各种力量、机器以及自然与神明所赋予的机制持续裹挟之人的对立面。奥德修斯煞费苦心地为他们那不可见的混乱增添了一道新的机制（mēchanai）。现在他拥有了一个秘密，即他不必顺从这种机制。于是他为竞技中的各要素添加了更多混乱，并利用这种混乱以躲避各种陷阱。英雄的冲锋对他而言毫无吸引力。奥德修斯在面对克洛诺斯的复杂思维时先后退了一步，这助跑使他完成超越英雄的一跃。当英雄们死亡或者老去，奥德修斯仍然面向大海，预感到大海将带给他死亡，但仍梦想着再次启航，也许这一次驶向一片土地，那里的居民从不知盐为何物。

奥德修斯与俄狄浦斯是最具智慧的英雄，他们杀伐，然后被误杀。奥德修斯被自己的儿子忒勒戈诺斯杀害，后者没有认出那是自己的父亲；俄狄浦斯则杀死自己的父亲拉伊俄斯，并且也没有将他认出。在这两件事中，死亡都是一场无故争执的后果：关于谁可以优先通过一个路口，或是发生在伊萨卡王宫守卫与陌生人之间的口角。奥德修斯与俄狄浦斯的清醒释放出阴郁而凶残的雾霭，萦绕在他们四周。

苏格拉底并非希腊人中第一个因为正直而被杀害之人。在特洛伊战争期间，同样的命运降落在帕拉墨得斯身上，虽然他不仅有道德，而且聪慧。特洛伊城墙下的十年中只发生过一些零星冲突，伴随纷争的尘埃与碰撞。相比恐惧，无聊是勇士们更常见的同伴。他们在一片沉闷的亚洲平原上搭起小屋，然后望向地平线。这里没有女性，而男性们的激情可能已变得单调乏味。年复一年，他们只有一个珍贵的消遣：一位和他们一样的男性，一位勇士，帕拉墨得斯，教会他们把玩骰子、棋子以及珠串。坐在棋盘边，盯着那些滚动的小物件，他们设法将时间遗忘。据说帕拉墨得斯还发明了其他东西：字母表上的一些符号，每个月的长度，还有烽火。但作为一名普通士兵，他是游戏的发明者，那是一种静止不动、没有尽头的咒语。除此之外，帕拉墨得斯与其他人一样是一位王子。唯一将他与他人区分的特征在于他尚未长出胡须。但是他被一位强大的人痛恨：奥德修斯。

事情发生在伊萨卡。有一天，当奥德修斯正在装疯以逃避出征特洛伊，他看见阿伽门农、墨涅拉俄斯与帕拉墨得斯穿过田野，向他走来。他继续耕作。他将一把盐丢进犁沟，然后把一头耕牛与一头驴子套在一起。他把造成绝产的海水引入肥沃大地的山谷。将有一天，在阅尽世界之后，他会带着一身咸味来到一个地方，这里的人们从未听闻过海洋。但现在为时过早，奥德修斯尚不懂得自己的动作恰再现了他的生活。为给自己的伪装更添一份傲慢，他在头上戴了一顶尖帽，就像卡比洛安秘仪（Cabiro）[1]的入会者们穿戴的那样。只有另一位入会者能看懂他的把戏。帕拉墨得斯观察着他。然后，颇为突然地，他从佩涅罗珀的怀抱中抢走尚是婴儿的忒勒马科斯，并把他扔在犁前的土地上。这使奥德修斯停下了动作。他被击败了。帕拉墨得斯迫使他打破伪装。没有什么比这更让奥德修斯心怀不甘，即使他知道事实并不像看起来的那样，模仿必应是无所顾忌的。这是他的秘密，使他区别于埃阿斯们强烈而简单的感觉。模仿意味着从极高处滑翔而下，用一人的眼睛观望一切，且不被另一

1　对冥界神明卡比洛的祭祀，其仪式与对火神赫淮斯托斯的祭祀相关。

双眼睛在更高处观望。帕拉墨得斯正是那另一双眼睛。

奥德修斯跟在帕拉墨得斯身后，一言不发。他酝酿着一种从无任何敌人得以激发的恨意，并将它紧锁心中。他们将并肩战斗多年。与奥德修斯相比，帕拉墨得斯"思维更敏捷，但不那么擅长自取所需"。他的发明令士兵们陶醉，却未有任何获益。士兵们服从于抽象的权力，同时也遵守自然规律。帕拉墨得斯知晓这一点。他在阿耳戈斯的堤刻神殿中把自己发明的骰子献给女神。彼时堤刻并非一位广受欢迎的神明。但有一天，每一个人都将把她视作与自然最相近的形象。当生命褪下所有华服，余下的便是命运。所发生的一切都源自一粒骰子被抛出后的不停滚动。有一天，这幅图景将被固化在人们心中，且永远不会被替代。但帕拉墨得斯是特洛伊城墙下的人群中唯一看清这严酷真相的人。奥德修斯因此厌恶他，他觉得此人与自己太过相像，以致带来不适。奥德修斯的智慧需要孤独并远离人群。他无法接纳一个自己从未想要寻找的同谋。

当阿开亚人需要找到阿喀琉斯并把他带到特洛伊时，奥德修斯立刻想起了帕拉墨得斯曾用以将他揭穿的伎俩。他伪装成一名商人前往斯库洛斯岛，让人们把他带去女子生活的区域。他带来一箱贵重物品，现在他正把它们放在地上。少女们的双手立刻开始翻动织物，挑选珠宝。在这堆东西中还有一面盾牌与一支长矛。一个红发者立刻抓住了它们，仿佛在其一生中这些物品都将被她扛在肩上。那是阿喀琉斯。借助于帕拉墨得斯的把戏，奥德修斯知道自己已赢得战争。有阿喀琉斯加入他们的阵营，特洛伊已经陨落。现在他要做的就是报复帕拉墨得斯。

多年来他一直筹谋此事。最终他选择了最为卑劣、最有把握，也最泰然自若的伎俩。在揭露奥德修斯是假装发疯时，帕拉墨得斯证明了存在于模仿背后的一个真相。关于姿态的真相。奥德修斯则通过证明其对立面作为回应：最真实的姿态也可能被判决为一种完美的假装。他带来一名特洛伊囚犯并给他一封伪造成是普里阿摩给帕拉墨得斯的信件。这封信谈及以金子换取彼此的共识。然后他杀死那名特洛伊犯人，并设法让这封信看起来是被偶然发现的。同时他将一些金子藏在帕拉墨得斯床下。在信件被发现而帕拉墨得斯声明自己无辜时，奥德修斯建议人们搜查他的床底。据此，帕拉墨得斯被他的同伴们一致谴责，并被判处石刑。每一个曾玩过骰子的人都向他掷出一块石头，阿开亚人的领袖们也这么做了，还有奥德修斯，以及阿伽门农。帕拉墨得斯临死前唯一的话语是哀悼先他而死的真相。那些话语是他对奥德修斯的回答。帕拉墨得斯的敌人证明了世界与心灵的完美共识可能本身并不正确。在对帕拉墨得斯的谴责中，所有人都怀着由衷的愤慨，因为他们目睹了在他床底的黄金。谎言比真理更加始终如一。当他的智慧在狂喜中悄然溜走时，奥德修斯终于可以再次享受独处。

对于身处冥界的奥德修斯而言，亡灵的阵列就像一群女子。她们受女王佩耳塞福涅驱使。但她如何驱使她们？她用什么将她们从冰冷的灌木丛中唤醒，让她们聚拢在黑色的血液前，在那位强壮腿股上悬挂有一把剑的男子面前？她们曾是英雄的女儿与床伴，还有一些属于神明。她们嗜血并渴望交谈。那群女子是自然状态中的记忆：全都一样，是同一片云团的所有微粒。理智因这片总与其相伴的云团感到恐惧，因它如影随形。而理智的力量在于它能巧妙地将这些粒子彼此分离，然后将它们逐一质疑。

奥德修斯拔剑威胁她们。女人们排起长队。她们逐一饮血并发言。奥德修斯希望聆听所有人的话语。他听到的是原初形式的知识：系谱学。有一人谈及波塞冬的"多情之作"，当时她正在河中沐浴，一个波浪将她举至山一般高；有一人诉说了一次绞刑；又有一人讲述了珍贵的礼物，那是对背叛的回报；另一人说起对一些藏匿奶牛的找寻。在奥德修斯洗耳恭听时，那些后裔[1]如错综复杂的蛛丝，将他的头脑占据：丢卡利翁的后裔（i Deucalionidi），伊那科斯的后裔（gli Inachidi）[2]，阿索波斯的后裔（gli Asopidi）[3]，阿特拉斯（Atlas）[4]的后裔（gli Atlantidi），佩拉斯吉人的后裔（i Pelasgidi）。并非每一支血统都汇聚在那张网上。有一些相互叠压，纠缠成结；一些自我扭转成精致的形状；其他的则被遗弃，蔓延进黑暗中。

奥德修斯的时代，英雄们的混血时代，就存在于那些名字、那些血统、那些事迹的交集中。如果他有无尽时间去聆听所有女子的诉说，一个紧接一个，他便会知道从未向人揭晓之物：一段历史，一段将与他一同消失殆尽的时代的历史。但很快，又或者已过了很长时间，佩耳塞福涅在蝙蝠的尖叫声中把那些女子驱散。

在英雄时代之后，希腊人用阿耳戈斯赫拉神庙中女祭司的更替来计量时间。在英雄时代，时间的流逝则在一系列神明的强奸行为中汲取节奏。《列女传》（*Catalogo delle donne*）的匿名作者列出丢卡利翁后裔中的十六位，伊那科斯的后裔则有八位。而佩拉斯吉人的后裔实属罕见。在这些族群中神明的强奸十分频繁，远古的神话大地间的联系、交互，以及混血也同样如此。在这些民族中，海路开放，王国兴衰，朝代更迭。而在那些神明的强奸较罕见发生的族群

---

1 这些后裔的命名方式都源自祖先姓名的合称。
2 特指伊那科斯（Inaco）的男性后代，包括福洛纽斯与埃癸阿琉斯。传说伊俄是他的女性后代。
3 阿索波斯娶河神拉东的女儿墨托珀为妻，育有两个儿子和二十个女儿。
4 提坦神之一。其后裔统称为阿特兰提得斯，包括赫耳墨斯、普勒阿得斯姊妹、赫斯珀里得斯姊妹。

中，事情依然受到局限，就像佩拉斯吉人的后裔们被困在阿耳卡狄亚的山上。

Ē hoiē，"又或那……的她"：这是《列女传》中常见的表达，数世纪中它被认为是赫西俄德所作，然后逐渐佚散。一次又一次，名录中另一个女子的故事即将开始。代际间的新联系就这样被建立，对于希腊人而言这是记录英勇过往的唯一方式，从开始到结束，被记下的并非君王的谱系，而是女性与她们的故事，伴随单调的叙述与令人乏味的承启。末了，《伊利亚特》与《奥德赛》只讲述了故事中的几天与几年，那是英雄时代的最后阵痛。若要将这一时代作为整体叙述，就只能以一系列女子的故事进行，就如翻过一页页家庭相册。至于那些博闻广知的系谱专家，他们最初的目标是通过所有枝杈构建时间之树，而能囊括英雄时代的唯一框架就在这两个词汇中：*Ē hoiē*……（又或那……的她）。

不同于之前时代的人们——黄金时代，白银时代，青铜时代——英雄们不以金属作为自己与自己世界的典范。他们的生理结构是一个触摸不到的混合体，因为他们身体中的一半构成物质与神明相同。他们的出现打破了血统的次序，从一个金属时代跌落至另一个金属时代。

颇为突然地，青铜时代的人们，一群肌肉强健、全副武装的勇士相互厮杀，再次来到大地之下，身后只留下沉默，没有名字，没有荣耀，甚至没有一人幸存——颇为突然地，宙斯产生一种异想天开的想法，暂时打破凡人族群间的联系，让神明得以遵循宙斯的先例与凡人的女儿们结合，那是最早也最重要的先例。历史就在这样一种简单而危险的吸引中诞生。这是英雄时代。名号只有在这时才会登场，它们的存续将远远久于它们来自的族群。直到有一天，海伦刚在斯巴达诞下赫耳弥俄涅，宙斯身边围满了争吵的神明，他开始思索。他认为这一种族也应像其他族群一样消亡。那一刻终于到来。英雄们，世间诸事及金属时代承袭间的插曲，必须被消灭。黑铁时代即将来临，那个时代的人们将活在对英雄的记忆中。宙斯思索着，围绕在他身旁的其余主神无一意识到发生了什么。他们已习惯英雄的存在，并卷入其中，他们认为这种情况将永远持续，仿佛英雄们不过是为奥林匹亚诸神所拥有的在大地上的可爱玩物，现在他们每天都为这些玩物争吵。

气候开始变化。希腊人在奥利斯扎营，他们惊讶于反季节的风暴，那些永无止境、毫不间断的狂风阻止了他们的出航。与神明一样，他们并未意识到这些不同寻常的风暴标志着英雄时代的终结已经开始。尚有几年时间剩余，但足以消灭所有即将出征特洛伊并在其平原上战斗的人们。这些年中的故事将被详细讲述，因为此前从未有过同样的事情发生，天空中仿佛有一枚巨大的镜头在捕捉每一个微小的手势。如果时间加速向终点推进，焦点自会扩大：在最后一代英雄中，甚至那些住在荣耀者影子里的人们，那些斟酒者、舵手以及女佣，他们的名字都将第一次被铭刻在风中。

宙斯为何决定消灭英雄？一千个部落践踏着大地，"看到这一景象，宙斯在他的沉思中深感悯惜"，《库普里亚》(*Kypria*)[1] 的作者如是说。但为何宙斯，那从不轻易产生怜悯之情的神，会关心大地的广阔身躯，即便英雄的种族无论多么庞大，从高处望去与其他紧贴大地的寄生虫也并无太大差别？

或许英雄们的罪行并不在于践踏大地，而是与大地分离。是英雄们最早将面前的大地视作客体。把它视作一个物体，于是击打它。

---

1 古希腊文学中的一首侠散史诗，被认为是塞浦路斯诗人斯塔西努斯（Stasino）所作。

阿波罗是他们的典范，他把箭射向皮同的鳞片，那斑驳的鳞片就像德尔斐坡地上的杂色灌木。他袭击那蛇，于是也击打大地，因为蛇类就在地面蜿蜒滑行，大地因此涌现泉眼。现在英雄们效仿着阿波罗，阿波罗则效仿宙斯。模仿是世界秩序中最危险的活动，因为它倾向于打破边界。正如柏拉图想把诗人们驱逐出城市，虽然他爱他们，宙斯亦希望看到他所爱的英雄们被从大地表面抹去。他们不得不离开，在他们带着那奥林匹斯诸神曾在凡人面前表现的无情，并开始践踏大地之前。

但宙斯不只想让英雄死去："他迫使希腊大地与不幸的佛律癸亚人发生战争，如此可为大地母亲减少大量凡人产生的负重，而希腊人中最强壮者亦可因此出名。"宙斯的计划颇令人震惊。整个族群的灭亡反成为一个必要步骤以提升一位个体——阿喀琉斯的光荣，在一个仍需发现何为光荣的世界，在对一种超越种族的力量的感知中。赋予一位英雄以光荣，意味着赋予所有英雄以光荣。这也意味着唤醒光荣本身，它是金、银、铜时代的人民所不知的东西。光荣是与时间的约定。得益于英雄们的死亡，凡人为自己赢得与时间的联系。这是一切联系中最艰巨者，也最具形而上学的优越性。宙斯希望英雄以一种新的方式死去。死到底意味着什么？再一次被大地覆盖。但在有了英雄之后，死亡便与光荣相伴。现在光荣成为可呼吸之物。铁器时代的人们不像英雄一样身心镇定，但他们在浸润了光荣的空气中行动，因为他们的先辈居住在"迷人的"代蒙之间，那三万个隐形的由黄金时代的生灵转化而成的"凡人的守护者"。

英雄们如何解释宙斯这一要求他们灭绝的计划？他们未做解释，只是照做。但有两人胆敢猜测这计划背后的动机：海伦与阿尔喀诺俄斯。寥寥数语，内容类似。海伦两次对赫克托耳提及自己是一名

"荡妇"，她总结道："宙斯已为我们准备了不幸的命运，以使我们在未来或许会被吟游诗人唱诵。"阿尔喀诺俄斯是一位王者，统治一个中等大小的城邦，他来自摆渡人的族群，他们在时间中穿梭，而非穿行于水上。阿尔喀诺俄斯偶遇奥德修斯，后者在听闻特洛伊之劫时试图藏起自己的泪水，阿尔喀诺俄斯说："这是神明的杰作，他们给凡人带去毁灭，以使其他人在未来或以诗歌将其唱诵。"阿尔喀诺俄斯与他的人民一样热爱集会、航海，以及乐曲。他喜好"频繁变化的着装，温暖的浴缸与床褥"。此外再无其他。他统治着那近乎完美的边缘世界，与所有人保持着良好的安全距离。海伦则相反：她的身躯处在灭绝风暴之中心。但她躯体的存在方式是否与他人一样？海伦在思考什么，虽然从没有人关注过她的思想？

荷马遭遇诽谤的首要与最主要原因在于他允许海伦在特洛伊的陨落中幸存。当忒勒马科斯抵达斯巴达时，他看见海伦正坐在墨涅拉俄斯身侧，在一个以镶嵌物装饰的座位上，双脚则搁在凳子上，手中有一枚金色纺锤，看起来与阿耳忒弥斯相似。许多年前，另一位客人——帕里斯——曾看见她以相同的姿势入座。唯一的区别似乎在于：现在有故事可被讲述，是它们自己要求被述说。甚至在海伦尚未进入房间时，墨涅拉俄斯就已开始与两位陌生人谈论起他从特洛伊的漫长而曲折的返航。

海伦勉强坐下，直直望着忒勒马科斯。她马上将他认出：他必是奥德修斯之子。几分钟后他们都开始哭泣，包括海伦。他们同时被"啜泣的渴望"攥紧。他们中的每一人都有他或她的逝者需要悼念。所有那些死去之人都属于同一个故事，这故事恰是从那同一所房间开始，当另一位陌生宾客被殷勤招待，当帕里斯凝视海伦。年轻的佩西斯特拉托斯（Pisistrato）[1]第一个擦干眼泪，他是涅斯托耳那欢乐血统的后裔，与忒勒马科斯结伴旅行。战争发生时他并不在特洛伊，但他失去了一位心爱的兄弟。带着家族典型的温柔善良，他建议他们把眼泪留到之后的哀悼中。墨涅拉俄斯应允。他们重新开始享受聚会。

但让我们暂且离开那些男性，去看看海伦的心灵，她是他们中最不可思议者。一个想法掠过她的脑海。她拿起一只碗，将酒液与一种药物混合。那是鸦片，是干燥后的罂粟汁液，那些花朵生长于一片有魔法的土地。当海伦身处埃及时，女王波利达米亚（la regina Polidamna）[2]将此花赠予她。海伦知道这种药物可令人停止哭泣，药效将持续一整天，哪怕"他亲眼看见一位兄弟或心爱的儿子被剑刺死"。她等待这些人喝下药酒，然后邀请他们投入"谈话的乐趣"（*mýthois térpesthe*）。她决定由自己开始这一轮谈话，并补充了一些"恰当"之物。海伦说，奥德修斯喜欢装扮成一名乞丐。有一次他企图在特洛伊街道上玩这个把戏。除了海伦，没有人能将他认出。他们发生了一场争执，因为奥德修斯并不信任海伦。然后他决定尾随她。海伦为奥德修斯沐浴，并为他更衣，向他保证她作为叛徒的忠诚值得信赖。于是奥德修斯抽出一把长刀开始屠杀特洛伊人。后来，当海伦听见女子们为那些淌血的尸体哀号时，她感到欣喜。阿佛洛狄忒的**神圣迷醉**曾支配海伦的生命，现在它似乎已经平息。"她的心已掉转方向，渴望回家。"

那个夜晚，奥德修斯设法得到了雅典娜神庙中的护城神像。身为一个幻影，一个偶像，海伦知道一座城市的命运依赖于一个象征，

---

1 《奥德赛》中，他是特洛伊之战中的希腊英雄涅斯托耳之子。
2 《奥德赛》中的人物。

当那象征抛弃它时，城市便将沦陷。海伦讲述这个故事，用以赞美那年轻访客的父亲之诸多功绩中的一个。墨涅拉俄斯给了她一个喜悦而朦胧的眼神。他认可这个故事，他告诉她，并称她为"亲爱的"，就像一次狩猎后的夜晚，每个人都在等待轮到自己来讲述一天中的趣事。

若他们意欲知晓奥德修斯的故事，那么还有许多。举例来说，墨涅拉俄斯讲述了奥德修斯在特洛伊沦陷之夜的所作所为。当淮阿喀亚人（i Feaci）[1]的宫廷诗人得摩多科斯（Demodoco）在韵文中追忆那个夜晚时，奥德修斯未能抑止自己的眼泪。对于得摩多科斯而言，那无非是文学作品，以及一段新近的历史。但现在墨涅拉俄斯想讲述那个夜晚的故事，一个他与海伦都亲自参与的故事。他讲述它，是为在英雄的儿子面前回忆已逝去的朋友的伟大事迹。

英雄们蜷缩在木马的光滑腹腔中。一整天过去，身处黑暗之中，空气污浊，只有一股空气从巨兽吻部的一个开口处渗透而下，他们听到不断的声响。木马已被拖至特洛伊城墙，就像一只站在硕大轮子上的玩物。然后他们用绞索把它运到卫城。与此同时，争论仍在继续。有人想将它开膛剖腹，有人想烧毁它，有人守卫它，把它视作一尊神圣的雕像。木马的外观引发了"恐怖与美妙"的感受。它的鬃毛呈金色，眼眸闪烁着绿宝石与紫水晶的色泽。特洛伊人为木马戴上新鲜花朵编成的花环。他们在木马前的土地上铺开玫瑰花毯。孩子们尖叫着，围绕着木马大声呼喊。

忽然间，卡珊德拉的尖锐声音将其他声音盖过。她提及雅典娜，说她是城市的灾难，并指出女神准备了这个计谋。她预见了鲜血。

---

[1] 淮阿克斯的后代，淮阿克斯带领他们在斯刻里亚岛定居。当奥德修斯被海浪抛到这里时，受到他们的款待。

她讲述的正是事实。但人们随即听见了老普里阿摩的声音，他谈论着舞蹈、蜂蜜以及自由。他让女儿走开。暮色降临，隐藏在马腹中的勇士们不再听到争辩声。取而代之的是聚会的喧闹。然后喧闹也隐去。聚会即将结束。慢吞吞的脚步，声音越来越远。海伦就在那时到来，由她的新一任丈夫得伊福玻斯（Deifobo）陪同。

她在木马前驻足。现在一切归于沉默。她绕木马缓缓而行，然后伸手触摸装满勇士的马腹。忽然，海伦的手掠过木板，轻轻叩击，就像在敲击一位情人的门扉，他们听到她的声音。她呼唤着一些名字。她呼唤墨涅拉俄斯、狄俄墨得斯、奥德修斯、安提克卢斯（Anticlo）。她以不同的声音呼唤每一个名字。黑暗中，勇士们谨慎地不让护腿发出任何响动，一些英雄变得亢奋。齐声的咯吱声令人窒息。这是最不适宜表达思乡与欲望的时间与地点。然而墨涅拉俄斯与狄俄墨得斯正在努力站起身。安提克卢斯难以自持，张嘴想回应海伦的呼唤。但奥德修斯捂住了他的嘴，并用强壮的双手紧掐他的脖子。海伦的声音继续呼唤着英雄们的名字，而安提克卢斯已被勒死，慢慢吐出了最后一口气。伴随他的最后一阵抽搐，其他英雄小心地将他搬动，把他放在木头上，用一条毯子盖住。

墨涅拉俄斯陷入了沉默，他仍沉浸在讲故事的乐趣中。忒勒马科斯看着他，说出了几句清醒的话。是的，的确如此，他的父亲奥德修斯有一颗"铁铸的心"。然而，他也将迎来一个悲惨结局，神明知道将发生什么。是时候入睡了，他说。他们理应"享受甜蜜的睡眠"。海伦已吩咐仆人为门廊中的客人们收拾床铺。然后她身着长袍走进宅子深处的房间，墨涅拉俄斯将躺在她身侧。

墨涅拉俄斯没有告诉忒勒马科斯，特洛伊的那个夜晚有着怎样的结尾。海伦离开后，卫城被一片寂静笼罩，甚至没有一声犬吠打破这沉默。英雄们准备好拥到地面，"就像橡树干上的蜂群"。无声的屠杀在特洛伊的卧房中上演。墨涅拉俄斯与奥德修斯甚至不需掩护自己的后侧。他们冲到得伊福玻斯的居所，发现他正躺在床上，身体仍留有海伦怀抱的余温。墨涅拉俄斯坚决地要将那人系统地肢解。他砍下他的双手与双耳，割开他的太阳穴，并沿着鼻子将他的头颅切成两半。然后他走进那座巨大宅邸的深处。在最后一间房间中他发现了海伦。他一言不发，手中的剑沾染了血污，直指她的腹部。海伦望向他，露出自己的乳房。墨涅拉俄斯的剑落下。

根据斯特西科罗斯与欧里庇得斯的说法，海伦是**一个**幻象。根据荷马的说法，海伦**即**幻象，*eidōlon*。目前来说荷马的版本更令人棘手与惊恐。与一个幻象相处的同时了解自己将在现实中与之对抗，这带来的紧张感不及与一个幻象相处的同时也知道它是一种真实的存在。海伦就像是黄金之于商品：黄金也是一种商品，但它可以代表所有其他商品。幻象或图像，正是再现的表达。在特洛伊被焚烧时，墨涅拉俄斯发现自己面对着海伦的裸露前胸。他可以让它们在血泊中窒息，重复他方才对得伊福玻斯的所为。但是人如何能将黄金杀死？海伦将在谋杀她的人的脑海中占据一处壁龛并继续存活，就像所有想要回应她那诱惑的声音的勇士们在脑海中所想的一样，然而他们必须在马腹中保持沉默。海伦是水面的波光。你如何能杀死一道反光却不杀死那水？你又如何能将水杀死？在墨涅拉俄斯的剑落下时，他事实上并没有想到这一点，但正是它让他丢下了剑。

当时他正想着完全不同的东西。他在想着阿伽门农。他害怕他的兄弟会再一次把他当成懦夫或胆小鬼。所以他决定像其他人一样变得聪明。他捉住海伦的手腕，拖曳着她，一路来到屠杀现场。阿伽门农终于现身。墨涅拉俄斯不得不假装是他的兄弟说服他不要杀死海伦。阿伽门农在无意中扮演了他应做的部分。普里阿摩曾说过的话语如今从他的嘴唇中吐出："海伦并非这一切的原因。"墨涅拉俄斯没有浪费任何时间就表示了同意。现在还有最后一个问题：勇士们的大军。再一次，墨涅拉俄斯决定扮演一个复仇丈夫的角色。他来到阿开亚人的营地，紧紧捉着海伦的手腕，面目严峻。人群在他们面前分开。他们都在手中拿着石块。他们已谨慎地决定对海伦施以石刑。墨涅拉俄斯更用力地拖曳他那不忠的妻子，当勇士们在他们周围形成一个半圆时，他听到石头纷纷落在地面的沉闷声响，它们已被遗忘。

在罂粟带来的深邃宁静中，墨涅拉俄斯设法摆脱怨恨带来的战栗，去回忆海伦如何最后一次尝试为希腊人带去毁灭。因为她，安提克卢斯被勒死。但如果奥德修斯没有勒死他，如果有一位英雄应答了她诱惑的呼唤，他们可能已被活活烧死在马腹中。又或者特洛伊人会为他们想出些其他死法。然而，墨涅拉俄斯在海伦与他们的宾客面前重新回忆了这一插曲，仿佛它是一幅充满愉悦的光荣画面。

二十年后，墨涅拉俄斯已对身侧女子略知一二。他不再思考对她的惩罚，虽然他已考虑了许多年并沉迷于这种幻想。他很高兴自己终于对她有所了解，虽然这了解犹不及对她长袍褶皱的熟悉。在许多事中，他终于懂得的是：海伦对希腊人与特洛伊人都造成了幻象与图像带来的危险。与幻象共同生活是具有毁灭性的，但双方都没有想过离开它继续生活。他们为这幻象而战。现在这幻象继续威胁着希腊人的生活，却也使它愈加迷人。

在特洛伊被火点燃的那个夜晚，海伦曾把希腊人与特洛伊人面临的危险都推向极致，因为这是她的本质所在。她的声音渗入木马腹中沸腾的黑暗，撼动着阿开亚勇士的魂魄。然后，仅过了一会儿，当她在卫城中与其他特洛伊女性一起舞蹈时，她挥舞着火炬，向在船上等待的其他阿开亚人发出信号，告诉他们进攻的时机已经到来。两种行为互不相容，一个紧接着另一个。海伦以相同的平静将它们完成。两种行为都出自海伦。她从未像在那个夜晚一样如此彻底地暴露自己。一轮巨大的，令人陶醉的月亮将它的光芒倾泻在万物之上。

流亡的不幸在于何处？"独自一人，感到害怕"，波吕尼刻斯称自己"没有言论（parrēsia）自由"。他的母亲伊俄卡斯忒（Giocasta）补充道："更不必说有人认为那是奴隶的行事方式。"坦率是贵族式道德的首要特征，它与民主一起进入自由的言论并因此向世俗化发展。奥德修斯明确地驾驭了两者。当他假装自己已疯，以此逃避出征特洛伊时，他放弃了勇士的坦率；当他装扮成一名流浪的乞丐，当一个最微不足道的奴隶都可让他闭嘴并将他驱逐时，他放弃了言论自由。

是奥德修斯第一个认为凯旋不必迅疾、出场可以延缓、倔强的头脑可以胜过直率。数世纪以来，被分配给商人、异乡人、犹太人，以及流浪顽徒的性格皆在奥德修斯一人身上铸成。他预测了人类的一种状态，在那里，不论是贵族式的坦率还是民主的言论自由都不再足够。数世纪之后那种状态似乎已是寻常，但在奥德修斯的时代，这是一个总是独行于天地间的旅人的远见。所以，当阿喀琉斯与阿伽门农在我们的记忆中作为另一种创造的余韵脱颖而出，而那另一种创作已被灾难消磨殆尽时，我们仍对奥德修斯十分熟悉，他是一位不可见的同伴。他宣布放弃存在，却在记忆与历史的洪流中得到救赎。关于阿喀琉斯的记忆需要被唤醒；奥德修斯却早已存在于我们身旁，无论我们身处何地，境遇何如。

在奥德修斯的一生中，尤其是从特洛伊返航的漫长岁月里，他一直与雅典娜低声交谈。凡发生在英雄身上的事，其中必有那耳语的存在。仅有一次，它消失殆尽。于是奥德修斯寻找另一个女性的声音，它更为遥远，所有声音都在它身后陷入沉寂。他正紧抓着亲手在卡吕普索（Calipso）[1]的岛屿上建造的木筏。巨浪拍打着桅杆。浑身赤裸的奥德修斯紧贴在几片木板上，他可能是身处在那涌动海水中的第一也是最后一人。他无法听见雅典娜的声音。然后，在涡旋的泡沫中，他看见一只白色海鸥停歇在桅杆顶部，喙中叼着一条紫色丝带。

那丝带在风暴中并不协调，这让他回想起一些东西。在这种时刻还试图回忆些什么，这看似十分荒谬，因为波浪随时可能袭来，将他的木筏永远吞没。但奥德修斯坚定地认为自己记得。曾有一天，当他在萨莫色雷斯岛参与卡比洛的入会秘仪时，一位无名氏来到他身旁，在他的腰部围上一条紫色腰带，*krédemnon*。现在那腰带似乎正在海鸥的喙中飘动，奥德修斯意识到他与死亡之间仅隔了一道面纱，那面纱即为入会。当一切被削减到最低层面，并即将被吞噬时，黑暗中仍有一条丝带在飘动。

奥德修斯并没有试图保护自己不受波浪侵袭，相反，他将自己暴露在怒涛前，伸出手臂从海鸥的喙上取下紫色丝带，然后将它系在腰间。他重演了萨莫色雷斯岛的仪式，这一次无名氏的双手被他自己的代替。将奥德修斯拯救于船难的那条紫色腰带曾在多年中被白色女神琉科忒亚（Leucotea）系在发间。在成为落难水手们的拯救者前，女神琉科忒亚曾是一位可怜的疯女人，她从悬崖上跃入大海，将自己淹死，且有婴儿在怀。当时她名为伊诺（Ino），是卡德摩斯的

1　俄古癸亚岛的宁芙。

四个女儿[1]之一，是阿塔玛斯（Atamante）[2]的妻子。在她的母亲哈耳摩尼亚的一生中，那些最相异与最疏远的元素统统服从于相同的束缚，也许这部分源自哈耳摩尼亚"知道蛮族与希腊人在过去犯下的诸多罪孽"。后来，在哈耳摩尼亚的女儿们的一生中，每一次团聚都将被四分五裂，仿佛神明想让每个人都迅速懂得，将相异元素整合于一体的和谐束缚是一切形式中的最不稳定者。

伊诺是卡德摩斯的小女儿，她发狂并进行杀戮。她曾目睹母亲化为灰烬，曾看见阿高厄（Agave）[3]把自己的儿子彭透斯（Penteo）撕成碎片，也看到奥托诺厄[4]"捧起她的儿子阿克泰翁所变牡鹿的遗骸，那牡鹿被阿耳忒弥斯的猎犬撕成碎片"。这些惨状历历在目，当她最后一次回顾它们时，她把小墨利刻耳忒斯（Melicerte）扔进一锅沸水，她的另一个儿子勒阿耳科斯（Learco）则被他的父亲刺穿。然而自杀的公主被救下并成为一名拯救者，这是为何？她曾对孤儿狄俄倪索斯展现了自己的善良——把他伪装成自己宫殿中的一个小女孩；她用自己的雪白乳房对他哺育，就像对待自己的儿子墨利刻耳忒斯一样；她把他裹进紫色面纱，藏在一个暗室，与此同时女佣弥思梯斯（Mystis）让他第一次听闻铙钹与小手鼓的声音，并把那些神奇物件作为玩具赠送给他。不过并非只有狄俄倪索斯记得伊诺。阿佛洛狄忒也记得她。"*Spuma fui*（我也曾是泡沫）"，女神对波塞冬说，为了鼓励他接受伊诺成为海中诸神的一员。那泡沫是琉科忒亚头发上的丝带；它是围在萨莫色雷斯岛入会者胯上的遮蔽物；它是缓慢

---

1 卡德摩斯与哈耳摩尼亚共生育四个女儿：阿高厄、奥托诺厄、塞墨勒、伊诺。

2 埃俄罗斯与厄那瑞塔之子，玻俄提亚国王，共有三任妻子，伊诺是他的第二任妻子。

3 阿高厄曾诽谤自己的妹妹塞墨勒，后遭到塞墨勒与宙斯所生之子狄俄倪索斯的惩罚。阿高厄之子彭透斯在忒拜执政，他反对酒神崇拜，并试图窥视酒神女信徒们的仪式。阿高厄也参与了该仪式，并与其他发狂的女信徒们一起把彭透斯撕碎。

4 阿里斯泰俄斯的妻子。她也参与了酒神女信徒们杀死彭透斯的事。

向上生发的光芒，当那些被隐藏的在黎明中变得寡淡；它是外表的洁白与血液的殷紫；它是覆盖沉船的唯一面纱。

我们在希腊遇见的最后一件物品是面纱，或一些可包裹、卷绕、捆绑的东西，一缕缎带，一条肩带，一根箍环。在面纱之外没有别的东西存在。面纱就是其余一切。它告诉我们现下的世界孤立无援，并不稳固，至少它需要被不断掩盖和发现，以此不断出现和消失。但凡那些已被完成的，无论是入会、婚姻或者献祭，都需要面纱，正因为已完成之物是完美的存在，而完美象征一切，面纱也被囊括其中，它是一种过溢，是事物的芬芳。

没有谁比卡吕普索更寂寞。她在洞穴出口凝望着紫色的波浪，知道没有其他神明对她抱有兴趣。她听到身后有漩涡在地底深处冒泡，水从四个方向涌出地表。她是不朽的女主人，时间为她拒绝了一切访客。四周的海洋为何如此空虚，向她祭祀的烟雾为何没能从陆地上一直飘至此处？卡吕普索与世界的距离不可仅以那广阔水面来丈量，时间才是首要也最重要的尺度。阿特拉斯，卡吕普索的父亲，"知晓海洋的所有深渊"，并看守着分离大地与天空的雄伟柱子[1]，卡吕普索与父亲一样，居住在宇宙的交叉点：俄古癸亚（Ogigia），一座原始岛屿，不可与其他岛屿混淆，就如斯提克斯（Stige）[2]之水可以溶解任何实体，甚至令奥林匹斯神明感到惊恐，因此不可与其他任何液体混淆。但是没有人会注意这些地方。他们是失落时代的孤儿，是被篡夺的克洛诺斯王国的孤儿。在那些日子里，神明坐在

---

1 荷马史诗中，阿特拉斯顶着分离天地的石柱。
2 恨河，冥界五条河流之一。

山上，焕发光芒。

卡吕普索名字的含义为"是她将事物隐藏"。藏匿是她的热情所在，她将东西隐藏在面纱中，就像有时会用面纱包裹头部。但没有什么可供她藏匿，除却在洞穴下方不断汇聚的分别来自天堂与尘世的水流，那是一种沉闷声响，她可以完美地将它与面前大海的声音相区别。在她还是一名小女孩时，曾与佩耳塞福涅和其他宁芙在鲜花盛开的牧场上玩耍。现在唯一可见的是她的两名女仆，以及栖息在洞穴四周漆黑树木上的鸟儿。奥德修斯被卡吕普索吸引，就如吉尔伽美什（Gilgamesh）被麦酒夫人西杜里（Siduri）[1]吸引，那个在柜台后倾倒酒液的女子既健谈也善于倾听。在那种吸引中隐藏着什么？奥德修斯知晓，但不久便将它遗忘：它隐藏着那个在亡灵国度的入口迎接他们的女子。

在不同世界之间的那个被暂停的世界里，人们饮酒与掷骰子，这是唯一一个地方，人可欺骗自己，可超越生死。与倒酒女子的谈话仍在持续，并将贯穿那个无尽的夜晚，丝毫不受渗透进窗格的黎明威胁。在奥德修斯之后，人们将会遗忘；但他们仍能感觉到女主人、女侍者们的一种模糊的吸引力，好似每一个有酒液被倾倒的柜台都是迈入另一个世界的门槛。

奥德修斯与卡吕普索共度七年光阴，时间如此之久，足以让许多对手相信他已失踪。在这些年里，时光将他带至一个美妙的监狱，它也是一处漂浮的坟冢。如果他看向地面，会看到紫罗兰与拉维纪草，这些植物通常被撒在死者身上。如果他抬起眼睛，则会看到桤木，柏树，黑杨，柳树：亡灵之树。一切拥有原始美丽之物，甚至让神明也感到惊奇。与阿喀琉斯在冥界的交谈已使奥德修斯不再惧

1《吉尔伽美什史诗》中的角色，是与发酵相关的智慧女神。

怕死亡的恐吓。现在，他发现四周存在另一种形式的死亡，它表现为不定的幌子，展示着一种更美好的生活，实则是时间的静态沉溺。奥德修斯知道更美好的生活并不存在。就像乐土或赫斯珀里得斯姊妹的花园，俄古癸亚岛是一个获取知识之地，而非一个可供居住之地。日复一日，奥德修斯蹲在海滩上，对卡吕普索讲述特洛伊之战。他用棍子在沙地上画出营地与军队的位置。在每一次讲述中，他都会对故事内容或讲述方式做些改动。卡吕普索沉默地坐在他身旁，全神贯注。然后一个巨浪将抹去沙子上的线条。卡吕普索曾对他说："你看，这即是海的作为。而你意图将生命托付给海？"之后奥德修斯便不再与她同去海滩。现在他独自坐在那被暴晒最严重的一块岩石上，并且哭泣。他在日落时分回到洞穴，仿佛结束了一天的工作。每个夜晚都是如此。奥德修斯坐在金凳子上，越过桌子去取属于他的人类食物。它们被放置在卡吕普索的神食与红色仙酒旁，她坐在对面，正看着他。七年中的每个夜晚，卡吕普索都希望奥德修斯能品尝她的食物。然后他便会成为不朽的、永恒的、迷失在世界边缘的半神。但奥德修斯从未将其触碰。之后他们的身体将在洞穴深处的床褥中纠缠，在那些夜晚，卡吕普索觉得自己真正活着，因为她正把奥德修斯藏匿在她的身躯与被褥之间。其余时间里，她被忧郁与疑心压迫，仿佛她的生活不及奥德修斯所谈及的勇士们的名字真实，她已熟悉那些名字，却仍难理解它们的存在。

当卡吕普索告诉奥德修斯自己会放他离开时，奥德修斯怀疑她的话语可能隐藏着一些伎俩，"另一种邪恶之物"，以将他困在此地。他们是敌人，最后一次在沉默中亮出各自的武器，没有证人旁观。卡吕普索被柔情刺痛，她呼唤奥德修斯为 *alitrós*，"淘气鬼"，然后"她用手爱抚他"。奥德修斯再不会听到其他女子如此亲密而准确地使用这个词汇。

海伦的表亲佩涅罗珀将要嫁给捷足而强健的求婚者奥德修斯，在所有人中他跑得最快。伊卡里俄斯，她的父亲，对这桩婚事并不满意。他尾随这对夫妇，在他们离斯巴达已有一段距离时将他们拦下。但佩涅罗珀坚持自己的立场。她是一只顽固的鸭子。

数年之后，当奥德修斯仍在特洛伊城墙下战斗时，有人来到此地，谎称他已经死去。佩涅罗珀在绝望中投海，但是一群鸭子跟随她下潜，用喙拉住她湿透的衣物，将她带到水面。

潘是最疯狂而卑劣的神明，是手淫者，是恐吓者，却选择了那位将在数世纪中被人们视作贞洁与忠诚之典范的女子作为自己的母亲：佩涅罗珀。关于潘的诞生有两种说法。一些人说，当奥德修斯回到伊萨卡时，发现"他的房子已被好色之徒上下翻遍"。佩涅罗珀处在他们中央，"她是巴萨里得斯，那放荡的狐狸，威严地守护着她的娼馆，并洗劫了每一个房间中的财富，在她的盛宴上挥霍那可怜人的财产"。可怜人是她的丈夫奥德修斯。于是英雄将她赶走。她只能再次回到父亲身旁，她曾经十分乐意离开父亲，为与奥德修斯如影随形。于是佩涅罗珀再次见到斯巴达的平原与环绕四周的山脉。在曼提尼亚（Mantinea）[1]的高地上，她与赫耳墨斯造爱。她在生下潘后死去。自那以后，潘就在阿耳卡狄亚的岩石间四处乱跑，玩着他的笛子。

也有人说，当奥德修斯回到伊萨卡时，佩涅罗珀已让一百八十位求婚者中的所有人以自己的方式与她结合。他们都是潘的父亲。奥德修斯的脚步声在宫殿的荒凉走廊中回荡，求婚者们躺在血泊里，而佩涅罗珀仍在沉睡。他打开一扇房门，他并不记得这里有这样一

---

1 位于阿耳卡狄亚地区。

间屋子。那房间完全空置。在黑暗中一个面目狰狞的孩子正望着他。从他的鬈发中萌生出两只纤弱的犄角，他的双足看起来就像山羊。两只闪光的蹄子从包裹着年幼的潘的野兔皮中戳出。奥德修斯立即关上房门。他在一言不发中走向海港，再次启航离开伊萨卡。这一次他独自一人，没有目的地。

　　求婚者们的尸体交织成一张由肉块、血液、内脏，以及尘埃组成的地毯。在宫殿大厅外，在院子里，十二个不忠的女仆被绞死，身体在风中摇曳。所有东西都维持着原状，除却狗爪正在抢夺墨兰提俄斯（Melanzio）[1] 的睾丸与阳具。

　　佩涅罗珀仍在沉睡。今晨的睡眠是二十年来最醇厚的一次。她合上沉重的眼睑，沉迷在这不负责任的快乐中。房门之外，透过厚厚的墙壁，传来躯体摔倒的声音以及弓弦被绷紧时的音调。当欧律克勒亚（Euriclea）将她唤醒，告诉她奥德修斯已经归来并将那些求婚者杀死时，佩涅罗珀对老妇人的激动与慌乱表示了轻蔑。于佩涅罗珀而言，过于仓促是罪恶之事。在一生中她都精明地避免仓促。奥德修斯时常低垂目光让自己得以思考，周围人皆无法看到他的面容，佩涅罗珀一如她的丈夫。当佩涅罗珀走下高大的台阶时，她用长袍遮掩面颊，不露出任何表情。现在她必须再次下楼，去迎接——如他们所说——刚刚归来的奥德修斯。

　　空旷的大厅弥漫着硫黄的气息。人们常用硫黄与火焰掩盖屠宰后的血腥味。佩涅罗珀与奥德修斯发现他们正在火焰的绚烂光芒中直面彼此。又一次，奥德修斯双眸低垂。佩涅罗珀的目光将他一寸

---

1 《奥德赛》中的人物，奥德修斯的牧羊人，他背叛了奥德修斯与佩涅罗珀，并试图为求婚者们提供武器，遭到奥德修斯的惩罚。

寸扫视。当沉默的张力在两人间紧绷时，他们之间有着前所未有的亲密与敌对。这是两颗"铁铸的心"，两人各自树起精神上的防御，偶尔也以力量和美貌为武器，但随即撤退到不可见的堡垒中。长期习惯于独居生活，他们抗拒认出曾与之分享长篇大论的人。佩涅罗珀被形容为**谨慎**（*periphrōn*）与**慎重**（*echéphrōn*）；奥德修斯则是**智慧**（*polýmētis*），这些词汇暗示着精神的卓越：在佩涅罗珀的情况中是精明掌控的技巧，在奥德修斯的例子中，则是恒定而复杂的创造。在肉体之外，他们还分享智慧。但智慧是孤立并抱有怀疑精神的；因此，在彼此相认之前，他们先彼此抵触。

他们的儿子忒勒马科斯无法理解这一点。他对母亲的冷漠表示生气。佩涅罗珀回答道，只有当奥德修斯给她一个"只有他们自己知道的讯号"时，她才能与之相认。浅浅的笑意在奥德修斯的面庞上掠过。是的，佩涅罗珀也想"让他经历考验"。末了，这永远是他生命中的常客。即便雅典娜——这位女神将他守护，也允许求婚者们侮辱他，使"悲哀可以更深地噬咬奥德修斯的心脏，他是莱耳忒斯（Laerte）之子"。最后，奥德修斯与求婚者们的战斗已经开始，女神像燕子般栖息在梁上观看屠杀，即便在那时，她仍选择"考验他的力量和勇气"。一个接一个，优待与抛弃构成他生命中无休止的跌宕起伏，这两者之间的唯一联系是奥德修斯承受好运与厄运的能力。每一次的幸与不幸都是考验：认出它们，处理它们，以旅人那秘密而无关紧要的好奇心与它们共存，这便是思想的治理。

奥德修斯从座位上起身，开始发号施令。仿佛回到二十年前。佩涅罗珀仍然一言不发。奥德修斯的仆人为他沐浴并涂抹油膏。雅典娜再次降临，"使他的头颅与胸膛承蒙恩惠"。现在佩涅罗珀已将他认出。但是，在让双膝变得疲软前，她希望至少让他给出一个他们的秘密讯号。她以威严的声音命令欧律克勒亚移动奥德修斯的床榻。奥德修斯立刻中了圈套。没有人能够移动他的床，奥德修斯说，除非他们先将它敲成两半。是他亲手用一块硕大的橄榄树干制成此床。卧室就围绕树干建成。

这正是佩涅罗珀期待的讯号。现在她放任自己双膝跪地，去拥抱奥德修斯，泪流满面。奥德修斯也哭泣良久。当他再次开口说话时，却未提及屋舍与这名女子，虽然他们是他归的原因。他再次谈论考验，一个最后的考验，在可见的未来隐约浮现。"女人，我们尚未抵达磨炼的尽头；仍有一个伟大的、危险的、非凡的任务在等待着我，我必须仔细将它探索。"奥德修斯在佩涅罗珀与他相认后说出的第一句话中期待着一场新的考验和一次新的别离。但考验亦是他们的私密语言。它将他们在生活中分离，并让他们在精神中重聚。佩涅罗珀已准备好再次期待未来。她询问此番考验的个中细节。奥德修斯谈论着新的旅程，他将从一座城市去往下一座城市，一如既往地独自一人，直到抵达一个地方，那里的人们"对于海洋一无所知"。佩涅罗珀只是以其惯有的冷静说道："如果神明计划赐予你一个更好的老年，那么你可期待所有的麻烦都有出路。"欧律诺墨（Eurinome）手持火把走来，领他们走到那根系发达的床前。

XII

宙斯的行为从不荒谬，因为他并不在意自己的尊严。"权威与爱情 / 既不会一起出现，也互不相容。"（*Non bene conveniunt nec in una sede morantur /Maiestas et amor.*）奥维德如是说，他精通风流韵事。用握在手中的一束闪电去诱惑一名女子，这并不明智，甚至也不令人兴奋。但一头白色的牡牛，一只鹰，一只天鹅，一位假扮的萨堤洛斯，一匹牡马，一条流淌着黄金的溪流，一束火焰：它们皆具神性。只有在化作这些形象时，他才能顺利"将宙斯这一特殊存在暂且搁置"。因此当这位神走下奥林匹斯山去诱惑凡间女子时，他将闪电置于身后并将其遗忘。当宙斯化形为最卑贱的牲畜，将自己暴露在牛虻的肆意蜇咬中时，他偏好于不负任何武装。厄洛斯是这位统治者的软肋：力量堕落成难以捉摸之物，一种会蜇咬的东西。

在宙斯诱惑宁芙布吕拓（Pluto）时，该亚，奥林匹斯时代所有受害者们的复仇者，向她的儿子堤丰顿了顿首，那是一名暗杀者在向另一名授意行动的讯号。一具庞大的身躯在天地间舒展：一条手臂，是那躯体两百条手臂的其中之一，伸向奥林匹斯，手指在岩石后摸索，正有雾霭从那岩石中升起。堤丰的双手已紧紧捉住宙斯的雷电。主神失去了他的武器。奥林匹斯被恐惧袭击。神明像逃窜的兽群般奔逃。

他们脱离了人形，因它使他们太易被识别，并且也过于独特。

他们战栗地伪装在动物的皮肤下：白鹮、豺狼、犬只。他们逃往埃及，在那里他们将能混入成千上万的白鹮、豺狼以及犬只中，那是些静止不动的彩绘护卫，守护着坟墓与神庙。

欧罗巴的美丽长发闪烁着光彩，她成为消失在广阔海洋中的一粒微尘。阿革诺耳王（re Agenore）[1] 将他的儿子们召于一堂，喀利克斯（Cilice）、福尼克斯、刻甫斯（Cefeo）、萨索斯（Taso）以及卡德摩斯，命令他们去寻找他们的姊妹欧罗巴。除非能够将她带回，否则他们永远不可在西顿露脸。儿子们曾与父亲漫游多年，旅程跨越埃及、亚述以及腓尼基。现在他们不得不再次出发，这一次必须独行。于是卡德摩斯开始了他的漫长旅行。他的兄弟们也已启程，但很快就因各自家事分心。卡德摩斯想到了那头牡牛，那头"没有凡人能够寻得"的牡牛。

仍在徘徊中寻找妹妹，卡德摩斯来到喀利喀亚（Cilicia）群山。在他穿越茂密的林地时，一群飞鸟掠过他的头顶向南飞去，扑扇的翅膀呼呼作响。卡德摩斯感到天地上下都有一种刹那的空虚。他不知道鸟群是奥林匹斯诸神，正要逃往埃及。奥林匹斯山现已无人居住，如同一座夜间的博物馆。距离卡德摩斯几步之遥有一处洞穴，虽然他现在还未找到这个地方，洞穴里躺着无助的宙斯。堤丰裹挟了神的躯体。他设法从宙斯手中夺过那把坚硬的镰刀并割断他手足的肌腱。现在，宙斯的肌腱被从身体中拔出，成为一束深色而发亮的茎秆，与躺在它们近旁的一束闪电并无不同，虽然后者十分明亮且冒着烟气。他的躯体在阴影中若隐若现，已成为一只被丢弃的麻布袋。包裹在一张熊皮里，宙斯的肌腱被德尔菲涅（Delfine）看守，它一半是少女，一半是蛇。堤丰的呼吸声从洞穴内传来，他有许多

---

1 利比亚之子，腓尼基国王。

张嘴。堤丰由数千条蛇组成，拥有成百的头颅。奥林匹亚诸神已被击败。大自然在逐渐退化。唯一在场的目击者是一位装扮成牧人的、在森林中迷失的旅人。

卡德摩斯感到一种从没有人感受过的孤独。自然的灵魂正在褪色，秩序在慌乱的喘息中死去，命运坍缩成一个点，在那树林中，在那个洞口，一位腓尼基王子正准备与堤丰这一原始而邪恶的生灵较量。卡德摩斯没有武器，除却他脑海中不可见的源泉。他重温了自己的童年，当时他已习惯于跟随父亲旅行，埃及神庙的祭司将"书籍中不可言喻的乳汁"挤进他的嘴里。他记起自己所知最强烈的快乐：有一天阿波罗向他揭晓"恰到好处的音乐"，且唯独向他一人透露。什么是恰到好处的音乐？无人知晓，但现在卡德摩斯决定对怪物演奏这音乐，那是已经荒废的神明世界的最后声音。他隐藏在树丛中，开始吹奏笛子。那些片段渗透进堤丰的洞穴，将他从快乐的蛰伏中唤醒。卡德摩斯看到堤丰的一些手臂向他伸来。一个个脑袋来到他面前，直到其中唯一的人头以友好的声音与他交谈。堤丰邀请卡德摩斯与自己竞赛：那是笛子与雷霆的较量。他的语气就像一个亟需同伴的强盗，抓住一切机会炫耀力量。吹嘘者在咆哮中向卡德摩斯承诺了许多奇妙之物，虽然在这一特殊时期，这位吹嘘者确实是宇宙的唯一主人。在说话时，他一直努力模仿宙斯，长久以来他心怀怨恨地将其观察。他告诉卡德摩斯他会带他去往奥林匹斯山巅，并把雅典娜从未被染指的身体奖赏给他。如果不喜欢雅典娜，他也可以拥有阿耳忒弥斯、阿佛洛狄忒或者赫柏。只有赫拉不在选择范围中，因为她属于他，那位新的主神。从没有人像堤丰这般荒谬，这般强大。

卡德摩斯设法让自己看起来庄严而恭敬，但不会被惊吓。他说尝试用笛子比赛并无意义。但若有一把七弦竖琴，或许还有可能。

他编造出一个曾与阿波罗比赛的故事。并说为了挽回儿子被打败的尴尬，宙斯把卡德摩斯的琴弦灼烧为灰烬。如果他能拥有一些优质的坚韧肌腱为自己做一把新琴该多好！如有七弦竖琴的音乐，卡德摩斯说，他将能阻止星辰运行，并对野兽施展魔法。这些话语说服了天真的怪物，只有当对话集中于权力时他才会享受谈话，巨大的权力是他唯一感兴趣之物。堤丰同意了卡德摩斯的提议。他的诸多脑袋缩回洞穴中，然后再次出现。在一只手中，堤丰拿着一捆发光的宙斯肌腱。他把它们交给卡德摩斯，说这是送给客人的礼物。他认为统治者应当如此表现。卡德摩斯用手指梳理着神明的肌腱，就像一名工匠在检查他的原料。然后他着手制作乐器。他把宙斯的肌腱藏在岩石下方，然后来到灌木丛中。他熟练地为笛子校音，开始演奏乐曲。

堤丰竖起数百只耳朵聆听。他听闻曲调却无法将其领会。但和声确实已经对他起效。卡德摩斯告诉堤丰，他谱成此曲用以庆祝神明从奥林匹斯山的逃离。堤丰沉浸在自我满足中。音乐以其甜美的刺激将他煽动。他冒险来到洞穴外以便更好地聆听。当他的目光停留在一位将要臣服于他的女子的胸襟与臀部时，他第一次感到自己理解了宙斯必定有过的感受，这种感觉对堤丰而言晦涩朦胧且颇为费解。但若要取代宙斯的位置，现在他应学习一切。堤丰沉浸在音乐中，他的一百个头颅已经转移注意。宙斯趁此刻潜出洞穴。他耗费极大努力将自己拖行于地面，然后在岩石后方找回了肌腱。片刻过后，闪电回到宙斯手中。他曾在黑暗中看见它们身上的烟雾。堤丰回过神来，回到洞穴中，发现那里已空空如也。

在卡德摩斯着手准备与堤丰的音乐比赛之前，宙斯以牡牛之形在他面前现身，充满苦恼，担心失败与嘲讽。宙斯害怕宇宙的寂静会被突然打破，伴随着他老父亲克洛诺斯如咆哮般的讽刺哂笑。他也担忧"希腊（Ellade），神话之母"会重新安排她的所有寓言，将关于统治权的悦耳的修饰语悉数转赠堤丰，而它们曾为宙斯所享，直至此刻。所以那牡牛和堤丰一样，郑重地许诺给卡德摩斯一位女子，以及一些其他东西：他将与哈耳摩尼亚共枕，并成为"宇宙和谐的拯救者"。

于是，在卡德摩斯欺骗了堤丰以后，在宙斯——得益于他已收回的雷电——把怪物扔进埃特纳（Etna）[1]的深渊后，这位腓尼基旅人再度出发，但现在他寻找的女子不是一人，而是两个：欧罗巴与哈耳摩尼亚。冬天即将结束，猎户星座（Orione）[2]正在上升。卡德摩斯走下托罗斯山脉，沿着喀利喀亚的溪流前行，河岸被藏红花映亮。他又一次扬帆远航。宙斯那"先知的微风"一路将他吹拂。他不知该去往何处，只知自己要寻找哈耳摩尼亚。卡德摩斯的水手们躺在萨莫色雷斯岛的海滩上入睡。水面在无风时保持平静，仿佛能够永续。

黎明时分，卡德摩斯被奇怪的声音唤醒。鼓皮发出的共振，谨慎的脚步声，橡树的沙沙响动，以及在叶子后面传来的声音。他进入内陆，将海岸抛在身后。在靠近城市时他偶遇一群踏着脏衣的洗衣女在水中歌唱。卡德摩斯颇感兴趣，他驻足观看并感到愉悦，仿佛已不急于抵达城里。但现在他已穿过狭窄的街道来到宫殿面前。它看起来很新，熠熠生辉，几乎要在密集的装饰中窒息。门廊装点着历史场景、苍白的粉饰、一座穹顶、棕榈树、风信子。在

---

1 意大利西西里岛东北部的活火山。

2 俄里翁，巨人、猎手，因冒犯阿耳忒弥斯，被女神放出的蝎子咬死。为嘉奖这只蝎子，众神将其化为天蝎座（Scorpione），俄里翁化作猎户星座，位置总在天蝎座之前。

花园中央是一处喷泉，周围是金色与银色的年轻男女雕像。还有犬只的雕像：只有当卡德摩斯靠近时，这些犬只才会自动吠叫，并摇摆它们的尾巴。震撼于他的容貌及眼神中流露的表情，赫尔玛丢斯（Emazio），此地的王者，将卡德摩斯作为一名访客迎接。

在宴会即将结束时，卡德摩斯讲述了自己的故事，因为所有访客都必须这么做。开篇词与奥德修斯将在未来某一天，在阿尔喀诺俄斯王的宫殿中所讲述的没有很大区别。然后他回顾了复杂的家谱，从伊俄，那在海洋之间跋涉的牝牛开始，一直到从海中升起的牡牛劫走了他的妹妹欧罗巴作为结束。"因她之故，我的漫游不得停歇，于是来到如此遥远的国度。"在他说这些话时，卡德摩斯知道自己需跳过最重要的事，即在寻找被劫掠的姊妹之同时，他实际上是来萨莫色雷斯岛赢得另一位女孩，现在她正在怀疑的沉默中听他说话。

在宴会即将结束时，曾坐在异乡宾客旁的母后厄勒克特拉看到一位脸颊上垂着鬈发的年轻人前来与她说话。这是赫耳墨斯。神把女王带到一边，解释说，宙斯，即她的第一位爱人，命令她把女儿哈耳摩尼亚嫁给这位异乡人。仅此一次，赫耳墨斯采用了一种庄严的语调："是此人在苦难中保护了你的情人，是此人将奥林匹斯的解放之日呈现。"

厄勒克特拉陷入了回忆：她记起自己的童年与六位姊妹，她们是普勒阿得斯七姊妹（le Pleiadi）[1]。在年轻时代她曾被宙斯诱惑，诞下赫尔玛丢斯。有一天，阿佛洛狄忒在她为儿子哺乳时降临，怀抱着一名女婴。那是厄勒克特拉初次见到哈耳摩尼亚，她是阿佛洛

---

1 阿特拉斯与普勒俄涅的七个女儿。

398

狄忒与阿瑞斯所生的可爱后代。女婴的母亲把她从奥林匹斯山偷走，希望把她委托给厄勒克特拉抚养。厄勒克特拉将哈耳摩尼亚的嘴按在自己的乳房上，好像对待亲生女儿一般。正如哈耳摩尼亚在某一天突然到来，这位"从天堂降临的少女"也注定要在某一天消失。

获得哈耳摩尼亚的同意并不容易。哈耳摩尼亚将自己反锁在少女时期所居的卧室中，淌着愤恨的泪水，她触摸所有亲切的物品，不愿将它们抛下。她的母亲为何要将她嫁给这个口吐无稽之谈，除却船具以外一无所有的年轻人？他是一个漂流者，一个逃犯，一个水手，一个既无炉膛也没有家园的男子。最终说服哈耳摩尼亚的并非厄勒克特拉，而是少女的朋友佩西诺厄（Peisinoe）。她来到哈耳摩尼亚的房间，与后者一起反锁在里面。她想要坦白，在腹部上方她感到一种空虚、一阵灼热，她无法停止对那位英俊的陌生人的思念。怀着一个小女孩的痴心，她描述着卡德摩斯的躯体，幻想他的手掌大胆地触碰她浑圆的双乳，幻想自己褪去他颈背上的织物。哈耳摩尼亚在聆听中意识到自己的内心正在发生改变：在友人的欲望中她也坠入了爱情，与此同时她继续绝望地环顾四周，因为她知道，一旦离去，自己将永远不会再次见到这个房间。

她初次感受到一种刺痛，它不会让她安宁。她开始在心中默念道别之语。她向卡比洛洞穴与科律班忒斯的尖锐嗓音道别，向自己成长于斯的宫殿以及萨莫色雷斯的崎岖海岸道别。在一刹那中她理解了神话，理解了神话是每一种行为的先例，是隐形的、永恒的衬里。她不必惧怕在眼前徐徐展开的未知生活。无论她那四处漫游的丈夫选择了哪一条路，神话都会如腰带般环绕着年轻的哈耳摩尼亚。对于即将踏出的每一步，脚印都已提前存在。哈耳摩尼亚惊讶地发现自己说出以下话语："我将跟随这位少年，援引神明的婚姻为参照。

若我的爱人引导我穿越海洋，去往东方，我会赞美厄俄斯（Eos）[1] 对俄里翁的渴望，也会铭记刻法罗斯（Cefalo）[2] 的婚床；如果我将前往神秘的西方，塞勒涅会成为我的慰藉，她同样在拉特穆斯山（Latmo）为恩底弥翁受苦。"当她回到宫殿大厅去见其他人时，哈耳摩尼亚的眼中流露出兴奋。她的指尖掠过门框，与女仆们拥抱，然后返回房间，敲着卧榻与墙壁。她捧起一抔土，把它举至唇边。

是时候启程了。卡德摩斯与哈耳摩尼亚在船首站立，像一对装饰在船头的双人像，他们的头发被风吹起，相互交织。他们四周是一群陌生的乘客，大部分为商人，支付了从亚细亚海岸到希腊的船费。所有人都看着这对年轻人，他们正充满梦想地面朝大海，更似两位结伴的旅行者——那种仅在旅途中相遇，以后再不会相见之人。但他们散发着美丽的光环，其他人不禁将此作为一场跨海航行的吉兆。

许多天过去，卡德摩斯与哈耳摩尼亚必须先经历许多冒险，在幸存后方能庆祝他们的婚礼。他们走在一群徒步旅人的前列，马车中堆放着行李。他们抵达了德尔斐。在那里，卡德摩斯听到皮提亚的宣告，这些话语将决定他的生命进程："皆是徒劳，卡德摩斯，虽然你既深且广地踏出了流浪的步伐；你找寻着一头不由任何牝牛所生的牡牛；你找寻着没有凡人可以寻得的牡牛。忘记亚述吧；以尘世间的牝牛为向导，跟随它；不要寻找奥林匹斯的牡牛。没有牧人能够牵引欧罗巴的配偶；它既不在牧场，亦不在草甸，不被任何事物驱使。那牡牛选择了阿佛洛狄忒的温柔束缚，而非轭或犁。它只

---

1 "黎明"的化身，许珀里翁与忒亚的女儿，她爱上俄里翁，将他拐走，带到得罗斯岛。
2 娶厄瑞克透斯的女儿普洛克里斯为妻，恩爱异常。

对厄洛斯低首，而非得墨忒尔。把你对推罗（Tiro）[1]与对父亲的思念抛在脑后。去一片异域土地定居，去寻找一座城市，冠之以你家乡的名字，埃及的忒拜。经由神明的启迪，在一头小牝牛降生之处找到这座城市，那生灵正舒展它疲惫的蹄子。"

在塔纳格拉（Tanagra）的山谷里，牝牛的毛在其身下弯折。卡德摩斯即刻动身寻找一处泉水，以便在献祭小牝牛前将自己净化。他找到一处泉眼。但是阿瑞斯的巨蛇正盘踞在清澈的水流上，伺机而动。在卡德摩斯得以将它击败之前，英雄的许多伙伴被蛇缠断骨头。他能感觉到自己的双腿被怪物缠住，此时雅典娜前来，以一些振奋人心的话语将他鼓舞。然后女神离去，足迹在风中消失。卡德摩斯感到一种新生的力量正填补进胸膛：他举起一块岩石砸向蛇头。然后他拔出悬挂于腿股上、用于献祭的匕首。他将匕首埋入怪物体内。在同伴们的观望中，他巧妙地用匕首环割蛇头，像极了一位熟练的屠夫。最后他设法切下蛇头，把它举在空中，蛇尾则在尘土中继续扭动。

现在卡德摩斯必须找到他的城市。他将把哈耳摩尼亚的卧榻放在那座城市正中。在它周围，一切都模仿天堂的几何架构而造。金属咬合进土壤，通过计算得到参考点。采集自喀泰戎山、赫利孔山以及提莫索斯山（Teumesso）[2]的各色石头成堆分布，宛如行星的标记。城市七座大门的布局对应着七座天堂，每一个都被奉献给一位神明。卡德摩斯注视着已竣工的城市，仿佛它是一只新玩具，他决定他们的婚礼现在可以继续。

1　又译作"苏尔"，一座位于黎巴嫩南部的古老的腓尼基城市。
2　位于玻俄提亚地区。

忒拜宫殿中的许多大厅都充斥着一种持续不断的絮叨，敏捷的脚步发出沙沙声响，还有悦耳的会面与问候。为参加卡德摩斯与哈耳摩尼亚的婚礼，诸神自奥林匹斯山降临。他们在各色房间中穿梭漫游，忙碌而健谈。阿佛洛狄忒负责装饰婚床。笨拙而快乐的阿瑞斯松开他的武器，尝试跳了一两支舞。缪斯们演奏着乐曲的完整篇章。尼刻将自己扮作女佣取乐，她的羽翼掠过厄洛斯的翅膀，后者正瞄准弓箭。

新婚夫妇终于到来，他们笔直地站立在用一头狮子与一头野猪拉动的战车上。阿波罗在战车一旁演奏西塔拉琴。没有人因眼前的奇异生物感到惊讶：那不正是哈耳摩尼亚的含义，即将对立物与野性都拴在同一道轭上？伴随黄昏来临，数千火炬燃起。宙斯在忒拜的街道上行走。他喜爱这座城池，因它让他想起天堂。它也像一个舞池。他们为此宴席聚集一堂，在金椅上落座。宙斯与卡德摩斯并肩坐在同一张桌子旁，为彼此斟酒。宙斯望向卡德摩斯，眼神就似在看着一位保守了秘密诺言的朋友。当龙在天空中闪现时，陪伴新娘走向婚床的时刻到来。现在奥林匹亚诸神站在队列中，呈上他们的礼物。宙斯的礼物是其中最神秘也最庄严者。他赠予卡德摩斯"一切完美"。这有何意味？卡德摩斯低下头颅以示感激。

阿佛洛狄忒来到她的女儿哈耳摩尼亚面前，在她的脖子上挂上一条命运的项链。它是不是赫淮斯托斯为庆祝弓箭手厄洛斯的诞生而锻造的美丽项链？或是宙斯赠予欧罗巴的项链，当他在克里特岛的一棵梧桐树下把她放下？哈耳摩尼亚的脸颊泛起绯色，一直蔓延到脖子，她的肌肤在项链冰冷的重量下震颤。这项链是一条穿越群星的蛇，是一尾双头蛇，两端各有一头，咽喉大张，直视对方。然而这两张大嘴永远无法咬住对方，因为它们之间有两只起飞的金鹰正张开翅膀，被蛇牙咬住。金鹰滑入蛇的双喉，形成扣环。宝石辐射着欲望。它们是蛇，是鹰，是群星，也是海。石头的光芒在空气中战栗，仿佛处在一片波涛之上。在那条项链中，秩序与华饰合为一体，仅此一次。

伊阿西翁也在宾客中现身，他是哈耳摩尼亚的兄长，从萨莫色雷斯岛匆忙赶来。在宴席的准备期间，得墨忒尔在人群中瞥见他，并立刻燃起对他的渴望，奥林匹亚诸神已对她的浓郁热情十分熟悉。每个人都向婚礼的内室走去。环顾四周，宙斯意识到得墨忒尔与伊阿西翁已经消失。他去到屋外，步入夜色，聚会的喧闹在远处逐渐淡去。他跨过城市七道门的其中一个。现在周遭均为旷野，黑暗衬托着火炬的光辉和后方的宫殿。在黑土的一道沟壑中，他看见两具身躯正交织在一起，混着泥土。他辨认出伊阿西翁与得墨忒尔的声音。

神明与凡人使用相似词汇的遥远时代已经过去，将神明邀请至自己的居所，这成为人能做到的最危险之事，它是错误与诅咒的根源，标志着天地之间如今已不可逆转的不安。在卡德摩斯与哈耳摩尼亚成婚时，阿佛洛狄忒赠予新娘一条项链，从一人手中传递到下一人手中，这项链将诱发一场又一场灾难，直至忒拜城墙下对厄庇戈尼的残杀，以及其他种种。在佩琉斯与忒提斯的婚礼上，未被邀请的厄里斯制造了帕里斯的裁判，他认为阿佛洛狄忒胜过赫拉与雅典娜，特洛伊之战的前提就这样被建立。在吕卡翁的宴席中，人与动物的肉体被一起呈上，这将招致洪水。在坦塔罗斯的宴会上，小佩罗普斯被放在锅里烹煮，标志着一系列罪行的开端，它们将相互纠缠，愈演愈烈，直到有一天，雅典娜投票判决逃亡中的俄瑞斯忒斯无罪。

我们能得出什么结论？邀请神明会破坏我们与他们的关系，但历史得以运行。一种神明不被邀请参与其中的生活并不值得体验。那样的生活会愈演愈安静，没有任何故事发生。你可以假定这些危险的邀请事实上由神明主导，因为神明对没有故事的人类感到厌倦。

神明并未意识到，人类也没有意识到，忒拜的婚宴是他们彼此间最亲密的时刻。第二天早晨，奥林匹斯诸神已离开宫殿。卡德摩斯与哈耳摩尼亚在阿佛洛狄忒为他们铺好的床上醒来。现在他们已是一位国王与他的王后。

他们育有四个女儿：奥托诺厄、伊诺、阿高厄、塞墨勒。多年后的一天，卡德摩斯在宫殿之外极近处的塞墨勒墓前驻足，他已生华发，如羊毛般覆盖着消瘦的头。这里有一地碎石，薄薄的烟雾升起在塞墨勒的床榻曾经所在的位置，宙斯曾在此处与她结合。葡萄藤的根须在剥落的岩石中盘曲。在这荒废而繁茂的场景中，卡德摩斯看见了自己的生命图景。那缕烟雾是宙斯的雷霆留下的标记，应归功于卡德摩斯，宙斯得以将它从堤丰的洞穴中拾回。但卡德摩斯不能向任何人提及此事。久远的故事被他封印。宙斯曾在失败中被一介腓尼基旅行者拯救，这样的叙事并不恰当。谈及从宙斯身躯中偷走的肌腱就更不合时宜。关于此事，没有人会得知任何讯息。卡德摩斯继续凝视塞墨勒的墓冢。破碎的石柱被一层薄灰覆盖。谁能猜到那些灰尘来自塞墨勒柔软身躯的哪一部分——塞墨勒，他最小也最美丽的女儿，在出生时就被姐姐们嫉妒，虽然她们也很美丽。正如欧罗巴已消失在水面，塞墨勒也已在火焰中不见。是宙斯，一直是宙斯，那包围者。但这已是另一个不可言说的故事。卡德摩斯的其他女儿强烈憎恨着她们的妹妹，说她无耻地与一位陌生人交合，却谎称是宙斯来到她的床帏。塞墨勒的姐姐们乐于看到她被烧成一捧灰烬。而卡德摩斯甚至不能为她哀悼，或把她作为一位新近同时也相当古老的神的母亲来崇拜，这位神在盘曲于碎石间的葡萄藤中宣示了自己的存在，那是他的外孙：狄俄倪索斯。

卡德摩斯继续凝视塞墨勒的墓冢。灾难的风暴尚未结束。当他与年轻的哈耳摩尼亚成婚时，世间极端之物的两极最后一次相聚成可见的一致。紧接着它们快速分裂和解体。塞墨勒被烧成灰烬；她的所有姐姐都会在生命中的某个时刻被切成碎片或将他人切碎。没有人曾像哈耳摩尼亚的女儿们那般施加或遭受撕裂。阿克泰翁，奥托诺厄之子，被阿耳忒弥斯的猎犬撕成碎片。勒阿耳科斯，伊诺之子，被他的父亲阿塔玛斯劈成两半。时间仍在酝酿其他裂痕。卡德摩斯不再是忒拜的国王。他已将王位传给孙子彭透斯，阿高厄之子。这位孙儿或多或少地将他视作一个一无是处的老人。彭透斯选择与新神狄俄倪索斯不和，他并不了解这位神，能理解的就更少。卡德摩斯被迫扮演一个毫无威严的老迈角色，在持酒神杖的舞蹈中抬起瘦弱的腿。彭透斯鄙夷地看着他。彭透斯认为是自己成就了这座城市。他拒绝回忆在卡德摩斯用犁耕地之前，忒拜不过是野草丛生的山丘。卡德摩斯与忒瑞西阿斯动身前往神志不清的迈那得斯曾居住过的山脉，两位老人互为依靠。在女祭司中，在那些难以辨认、沉浸在梦境或狂喜的躯体中，有三位公主：奥托诺厄，伊诺，阿高厄。卡德摩斯与忒瑞西阿斯迈着谨慎的步伐，继续在林中前进。他们知道凡人不应与神明发生争执。

卡德摩斯及时赶回忒拜，得以收拾彭透斯的破碎尸身，这孩子在山顶被母亲亲手撕成碎片。他呼唤着自己的老妻哈耳摩尼亚，告诉她准备启程，最后一次离开。在他们相遇时，他曾是一位漫游者，现在他们将作为漫游者度过此生的最后时光。不久之后，狄俄倪索斯在忒拜现身，他占领此城并驱逐了阿高厄、卡德摩斯以及哈耳摩尼亚。在彭透斯的惨烈死亡后他们都遭玷污。在侍者的帮助下，卡德摩斯将几只麻袋装上一辆二轮车。哈耳摩尼亚已在手中握紧缰绳。狄俄倪索斯为他们指出道路。他们必须前往大地的西境，进入伊吕里亚（Illiria）[1]的雾霭。

在婚礼当日，卡德摩斯与哈耳摩尼亚乘坐一辆由一只狮子与一只野猪拉动的战车到来，青春年少，光彩夺目。现在他们被逐出家园，两位被流放者爬上一辆由一对阉牛拉动的简易却载满回忆的二轮车。车轮开始滚动，卡德摩斯与哈耳摩尼亚并肩坐下，忒拜人看见这对夫妇的背影相互依偎，宛如蛇形。卡德摩斯与哈耳摩尼亚驱车离开，在一双蛇形的身躯之上高昂着头颅。今日，我们仍可在卡德摩斯与哈耳摩尼亚墓冢的石碑上看见他们的形象，那坟冢位于"伊吕里亚河黑暗峡谷的边缘"。

卡德摩斯与配偶紧紧相依，驾车驶向西方，就如为时已晚却仍在寻找一处新落脚点的顽固移民。卡德摩斯思忖自己的过往。它究竟留下了什么？牛车上的几捆什物，以及身后那座已被狄俄倪索斯用一场地震撼动的城池。卡德摩斯曾拯救过宙斯，却并不能使自己的一生免遭颠沛。他曾启程寻找妹妹欧罗巴，并赢得了年轻的哈耳摩尼亚。一位旅人曾告诉他，欧罗巴已成为克里特女王。哈耳摩尼亚就在他身旁，已是一条老迈的蛇。他的感觉恰如在萨莫色雷斯岛登陆那日，在刚下船时：一位没带礼物的人，因他所拥有的一切都在那二轮车上。但卡德摩斯的礼物不可触摸。

达那俄斯，另一位来自埃及的王，与他的五十位嗜血的女儿一起，把水作为礼物带给希腊。卡德摩斯则带来"思想的馈赠"：元

---

1 位于希腊西部，卡德摩斯在晚年迁居此处。

音与辅音在细小的符号中互相匹配，"一种沉默的蚀刻模范，可以言说"——字母表。有了字母表，希腊人学会在思想的沉默中感知神明，他们不再经由完全的凡人样貌现身，如卡德摩斯在自己婚礼上经历的那般。他想起失守的王国：女儿与孙儿们或被撕成碎片，或将他人撕成碎片，或在沸腾的水中被煮烂并和着唾液被吞下，或在海水中溺亡。忒拜已成为一堆瓦砾，但没有人可将那些小小的字母抹去。那些蝇头小字被卡德摩斯，那腓尼基人，散布到希腊全境。是风应他的请求将他带至此地，为了寻找欧罗巴——她被海上升起的牡牛劫走。

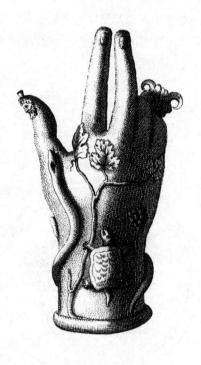

参考文献

（按照引文出现的先后顺序排列）

1. *Inno omerico a Demetra*
2. Licofrone, *Alessandra*
3. Erodoto, *Storie*
4. G. Moreau, *Pasiphaé*, in *L'assembleur de rêves*
5. Diodoro Siculo, *Biblioteca storica*
6. Plutarco, *Vita di Teseo*
7. Virgilio, *Eneide*
8. Ovidio, *Fasti*
9. Cheremone, *Il Centauro*, in *Tragicorum Graecorum Fragmenta*
10. Euripide, *Ippolito*
11. *Iliade*
12. Callimaco, *Aitia*
13. Nonno, *Dionisiache*
14. F. Solmsen, *Eratosthenes' Erigone. A Reconstruction*, in « Transactions of the American Philological Association »
15. Igino, *Astronomia*
16. Ovidio, *Metamorfosi*
17. Eratostene, *Erigone*
18. R. Merkelbach, *Die Erigone des Eratosthenes*, in « Miscellanea di studi alessandrini in memoria di A. Rostagni »
19. *Rig Veda*

20. Diodoro Siculo, *Biblioteca storica*

21. Plutarco, *Iside e Osiride*

22. Clemente Alessandrino, *Esortazione ai Greci*

23. Nicola Damasceno, *Die Fragmente der griechischen Historiker*

24. Igino, *Favole*

25. *Catalogo delle donne*

26. Esiodo

27. Isillo, *Stele di Epidauro*

28. *Odissea*

29. Pausania, *Descrizione della Grecia*

30. München, Museum antiker Kleinkunst, *Corpus Vasorum Antiquorum*

31. Pindaro, *Pitiche*

32. Apollonio Rodio, *Argonautiche*

33. Isocrate, *Elogio di Elena*

34. J. J. Bachofen, *Das Mutterrecht*, in *Gesammelte Werke*

35. Tzetze, *Scolio al Pluto di Aristofane*, in *Scholia in Aristophanem*

36. Eschilo, *Supplici*

37. Strabone, *Geografia*

38. Eschilo, *Coefore*

39. Eschilo, *Danaidi*

40. J. J. Bachofen, *Das Mutterrecht*

41. Eschilo, *Mirmidoni*

42. Pseudo-Luciano, *Amori*

43. Callimaco, *Inni*

44. Plutarco, *Il demone di Socrate*

45. Euripide, *Alcesti*

46. Plutarco, *Sull'amore*

47. Platone, *Simposio*

48. Esichio, *Lexicon*

49. Teocrito, *Idilli*

50. Anacreonte

51. Achille Tazio, *Le avventure di Leucippe e Clitofonte*

52. Eschine, *Contro Timarco*

53. Simonide, in *Antologia palatina*

54. Aristofane, *Nuvole*

55. Esiodo, *Teogonia*

56. Tucidide, *Storie*

57. M. Parry, *The Making of Homeric Verse*

58. Apollonio Rodio, *Argonautiche*

59. Eschilo, *Prometeo incatenato*

60. Sofocle, *Antigone*

61. Luciano, *Immagini*

62. Parmenide

63. Platone, *Repubblica*

64. R. B. Onians, *The Origins of European Thought*

65. P. Chantraine, *Dictionnaire étymologique de la langue grecque*

66. Sofocle, *Trachinie*

67. Arriano, *Anabasi di Alessandro*

68. Macrobio, *Saturnali*

69. Simia, *Le ali dell'amore*, in *Antologia palatina*

70. Filostrato, *Immagini*

71. Callimaco, *Ecale*

72. Fr. Hölderlin, *Lettera a Böhlendorff del 4 dicembre 1801*

73. Fr. Hölderlin, *Über Achill*

74. Filostrato il Giovane, *Immagini*

75. Euripide, *Ifigenia in Aulis*

76. Plinio, *Storia naturale*

77. Eschilo, *Sfinge*

78. Eschilo, *Prometeo liberato*

79. Ateneo, *I sofisti a banchetto*

80. Ch. Daremberg–Edm. Saglio, *Dictionnaire des antiquités grecques et romaines*

81. Luciano, *Sui sacrifice*

82. Saffo

83. Platone, *Leggi*

84. Eschilo, *Agamennone*

85. Euripide, *Ecuba*

86. *Scolio a Ecuba*

87. Licofrone, *Alessandra*

88. *Etymologicon Magnum*

89. Euripide, *Andromaca*

90. Ovidio, *Eroidi*

91. *Kypria*

92. Teocrito, *Idilli*

93. Isocrate, *Elogio di Elena*

94. Plutarco, *Vite dei dieci oratori*

95. Stesicoro

96. Euripide, *Troiane*

97. Darete Frigio, *L'eccidio di Troia*

98. Aristofane, *Lisistrata*

99. Orazio, *Satire*

100. Euripide, *Ciclope*

101. Ammiano Marcellino, *Storie*

102. Pindaro, *Peana*

103. Museo di Olimpia

104. Apollonio Rodio, *Argonautiche*

105. Platone, *Fedone*

106. Euripide, *Ione*

107. Plutarco, *Questioni greche*

108. Plutarco, *Sul principio del freddo*

109. Plutarco, *Sulla E a Delfi*

110. Quintiliano, *Istituzione oratoria*

111. *Frammenti orfici*

112. Euripide, *Elena*

113. Arnobio, *Contro le nazioni*

114. Anonimo Tarentino, presso Clemente Alessandrino, *Esortazione ai Greci*

115. Platone, *Alcibiade*

116. Virgilio, *Georgiche*

117. Lucano, *Farsaglia*

118. *Scolio ad Aristide*

119. Gregorio di Nazianzo, *Orazioni*

120. *Inni orfici*

121. Rufo, *Sulla denominazione*

122. Oppiano, *Sulla pesca*

123. Sofocle, *Aiace*

124. Eschilo, *Eumenidi*

125. *Oracoli caldei*

126. G. De Sanctis, *Atthís*

127. Aristotele, *Costituzione degli Ateniesi*

128. Giamblico, *Introduzione all'aritmetica di Nicomaco*

129. Pindaro

130. Ippolito, *Refutazione di tutte le eresie*

131. Aristofane, *Rane*

132. Euripide, *Baccanti*

133. *Scolio a Pluto*

134. Euripide, *Reso*

135. Cornuto, *Compendio di teologia ellenica*

136. J. Burckhardt, *Griechische Kulturgeschichte*, in *Gesammelte Werke*

137. Platone, *Protagora*

138. Plutarco, *Vita di Licurgo*

139. J. Burckhardt, *Griechische Kulturgeschichte*

140. Platone, *Ippia maggiore*

141. Tirteo, *Elegie*

142. Platone, *Alcibiade*

143. Isocrate, *Panatenaico*

144. Plutarco, *Vita di Aristide*

145. Plutarco, *Narrazioni amorose*

146. Sofocle, *Edipo a Colono*

147. Platone, *Fedro*

148. Ibico

149. Aristotele, *Politica*

150. Plutarco, *Vita di Cleomene*

151. Plutarco, *Vita di Agide*

152. Plutarco, *Vita di Alcibiade*

153. Antifonte

154. Lisia

155. Plutarco, *Gli oracoli della Pizia*

156. Manetone, *Sulle cose egizie*

157. Posidippo, presso Ateneo, *I sofisti a banchetto*

158. *Laminetta orfica di Turi*

159. Plutarco, *Il tramonto degli oracoli*

160. Plutarco, *Sul volto che appare nel cerchio della luna*

161. Platone, *Fedone*

162. *Intorno al sublime*

163. Eraclito

164. Pseudo-Erodoto, *Vita di Omero*

165. Isidoro di Siviglia, *Etimologie*

166. Luciano, *La dea siriaca*

167. Aristotele, *Politica*

168. Plutarco, *Moralia*

169. Luciano, *Alessandro il falso profeta*

170. Antonino Liberale, *Metamorfosi*

171. Plutarco, *Sull'amore della prole*

172. Porfirio, *Sulle immagini degli dèi*

173. Teofrasto, *Sulla devozione*

174. Aristide, *Orazione eleusina*

175. Museo di Ioannina

176. *Inno di Palekastro*

177. Apollonio Rodio, *Argonautiche*

178. *Vangelo di Giovanni*

179. Nonno, *Parafrasi del Vangelo di Giovanni*

180. G. B. Marino, *Lettera al Signor Claudio Achillini*, in *Epistolario*

181. S. Ouvaroff, *Nonnos der Dichter*, in *Études de philologie et de critique*

182. Giorgio de Santillana, *Les grandes doctrines cosmologiques*, in *Reflections on Men and Ideas*

183. Apollonio Rodio, *Argonautiche*

184. Filostrato, *Eroico*

185. Esiodo, *Le opere e i giorni*

186. Trifiodoro, *La caduta di Troia*

187. Quinto Smirneo, *Il seguito di Omero*

188. Licofrone, *Alessandra*

189. Luciano, *Caridemo*

190. Apollonio Rodio, *Argonautiche*

图片来源

外封：Valentin Serov, *Похищение Европы*（*The rape of Europa*）

内封：After John Flaxman RA, *Mercury bringing Pandora to Earth*

环衬：Hendrik Goltzius, *Jupiter and Io*

扉页：Engravings on Wood, *The Gorgon Medusa*

题辞页：Bernard de Montfaucon, *L'antiquité expliquée*

第一章：Bernard de Montfaucon, *L'antiquité expliquée*

第二章：W. H. Roscher, *Ausfürliches Lexikon der griechischen und römischen Mythologie*

第三章：de Montfaucon

第四章：Roscher

第五章：de Montfaucon

第六章：de Montfaucon

第七章：O. Jahn, *Die Entführung der Europa auf antiken Kunstwerken*

第八章：A. B. Cook, *Zeus*

第九章：de Montfaucon

第十章：de Montfaucon

第十一章：de Montfaucon

第十二章：de Montfaucon

第 407 页：de Montfaucon

第 408 页：de Montfaucon

出版后记

本书 1988 年由意大利阿德尔菲（Adelphi）出版社首次出版，于 1991 年获维隆文学奖（Prix Européen Veillon），并于 1992 年被评为最佳外国文学（Prix du Meilleur Livre Étranger）。本书仅在意大利就售出七十五万册左右。如今，它的出版已成为一个国际性的文学事件，被翻译为二十多种语言，并被译介到二十多个国家。三十多年来持续不断地再版与翻译，使它有将近三十个不同的版本。

书中译名主要参照《古希腊罗马神话辞典鉴赏》（晏立农、马淑琴编著，吉林人民出版社），该书未收录的译名按意大利原文文献进行了音译。为方便读者进行查阅，在译名后面加注了意大利原文，并保留了拉丁语、法语等引文原文。

《与神共宴：古希腊诸神的秘密与谎言》原版书名为 *Le nozze di Cadmo e Armonia*（《卡德摩斯与哈耳摩尼亚之婚宴》），有其内涵：卡德摩斯是凡人、欧罗巴的长兄，因解救宙斯而得以与哈耳摩尼亚婚配。这是众神第一次出席凡人的婚礼。在这场盛大的宴席上，阿佛洛狄忒式的项链与雅典娜的长袍被一起赠予新娘，但这些礼物会给持有它们的人带来灾难。书里讲述了可能的原因："邀请神明会破坏我们与他们的关系，但历史得以运行。"

诗人雪莱曾说："我们全都是希腊人。我们的法律、文学、宗教，根源皆在希腊。"《与神共宴：古希腊诸神的秘密与谎言》作为一本研究古典文学的非虚构作品，以不同寻常的手法表现了希腊式的迷醉，但读后又给人以头脑的清醒与情感的升华。卡拉索以当代的方式重述古希腊神话，意在寻求西方的自我意识之源，并使我们领悟自身的本性。